# EDUCAÇÃO E DIVERSIDADE EM DIFERENTES CONTEXTOS

**Amilcar Araujo Pereira e Warley da Costa**
*(Organizadores)*

Rio de Janeiro, 2015

Copyright 2015 © Amilcar Araujo Pereira e Warley da Costa

EDITORAS
Cristina Fernandes Warth
Mariana Warth

PRODUÇÃO EDITORIAL
Aron Balmas
Livia Cabrini

PREPARAÇÃO DE ORIGINAIS
Eneida D. Gaspar

REVISÃO
Dayana Santos
Marina Vargas

DIAGRAMAÇÃO
Abreu's System

CAPA
Rafael Nobre e Igor Arume
Babilonia Cultura Editorial

(Este livro segue as novas regras do Acordo Ortográfico da Língua Portuguesa.)

Todos os direitos reservados à Pallas Editora e Distribuidora Ltda.
É vedada a reprodução por qualquer meio mecânico, eletrônico, xerográfico etc., sem a permissão por escrito da editora, de parte ou totalidade do material escrito.

CIP-BRASIL. CATALOGAÇÃO-NA-FONTE
SINDICATO NACIONAL DOS EDITORES DE LIVROS, RJ

E25

Educação e diversidade em diferentes contextos / organização Amilcar Araujo Pereira, Warley da Costa. - 1. ed. - Rio de Janeiro : Pallas, 2015.
328 p. : il. ; 23 cm.
Inclui bibliografia
ISBN 978-85-347-0529-5

1. Educação - Brasil. 2. Igualdade na educação - Brasil. 3. Integração social. 4. Pluralismo cultural. I. Pereira, Amilcar Araujo. II. Costa, Warley da.

15-21017.
CDD: 370.981
CDU: 37(81)

Pallas Editora e Distribuidora Ltda.
Rua Frederico de Albuquerque, 56 – Higienópolis
CEP 21050-840 – Rio de Janeiro – RJ
Tel./fax: 21 2270-0186
www.pallaseditora.com.br
pallas@pallaseditora.com.br

# Sumário

7   LISTA DE SIGLAS
11  APRESENTAÇÃO
17  PREFÁCIO

19  **PARTE I** | A Universidade face aos novos desafios: O PET-Conexões de Saberes na UFRJ

21  **A COMUNIDADE VAI À UNIVERSIDADE: SOBRE OS PROCESSOS DE IDENTIFICAÇÃO E INTEGRAÇÃO DOS ESTUDANTES DE ORIGEM POPULAR NO ESPAÇO ACADÊMICO E AS NOVAS CONEXÕES DE SABERES**
*Warley da Costa*

33  **PERTENCIMENTO E IDENTIDADE: DISCUTINDO O ACESSO E A PERMANÊNCIA DE ESTUDANTES DE ORIGEM POPULAR NO ENSINO SUPERIOR**
*Elisa Mendes Vasconcelos*

45  **ESTUDANTES UNIVERSITÁRIOS DE ORIGEM POPULAR: RETRATO DA PRESENÇA DA COMUNIDADE NA UNIVERSIDADE**
*Ágatha Miriã Pereira*
*William Santos*

59  **A UFRJ E A EXTENSÃO UNIVERSITÁRIA POR MEIO DAS AÇÕES DA DIUC**
*Ana Cláudia Reis Corrêa*
*Rogério Laurentino*
*Wallace Souza*
*Warley da Costa*

73  O GRUPO PET-CONEXÕES DE SABERES
– DIVERSIDADE E AS CONSTRUÇÕES DE
IDENTIDADES NA UNIVERSIDADE E NAS ESCOLAS
*Amilcar Araujo Pereira*

85  ENTRE A NOITE E A ALVORADA: UMA ANÁLISE
DE DIFERENTES PERSPECTIVAS SOCIAIS NO
INÍCIO DO SÉCULO XX
*Thayara Cristine Silva de Lima*

95  REFINANDO O MASCAVO NACIONAL: UMA
ANÁLISE DA EDUCAÇÃO PÚBLICA DA CIDADE
DO RIO DE JANEIRO ENTRE AS DÉCADAS DE 1920
E 1930
*Stephanie de Sousa Albuquerque*

105  A QUESTÃO RACIAL E A DESIGUALDADE: A
DISCUSSÃO DO RACISMO ENQUANTO ESCOLHA
PEDAGÓGICA
*Juliana Marques de Sousa*

115  CONTOS E RECONTOS: ANÁLISE DE TEMAS E
PERSONAGENS NOS CONTOS TRADICIONAIS
AFRICANOS
*Luciana Santos da Silva*

127  FELIZES PARA SEMPRE?
DISCUTINDO O USO DA LITERATURA INFANTIL
PARA TRABALHAR DIVERSIDADE ÉTNICA NA
ESCOLA
*Ana Angélica Carvalho Ferreira*

135  ABDIAS NASCIMENTO E AS ARTES VISUAIS
*Julio Cesar Correia de Oliveira*

147  A UNIVERSIDADE, A ESCOLA E O TEN
*Hudson Batista*

157  VEM DANÇAR, VEM JOGAR, VEM LUTAR: A
PERSPECTIVA CULTURAL DO MOVIMENTO NEGRO
A PARTIR DO FECONEZU
*Maria Eduarda Bezerra da Silva*

167 **PARTE II** | Educação e diversidade, pesquisa e extensão

169 **EXTENSÃO, CONHECIMENTO E FORMAÇÃO ACADÊMICA: ARTICULAÇÕES EM MEIO A PROCESSOS DE DEMOCRATIZAÇÃO UNIVERSITÁRIA**
*Patricia Santos*
*Carmen Teresa Gabriel*

187 **A UNIVERSIDADE COMO DEVIR: NOTAS SOBRE O PET-CONEXÕES – COMUNIDADES POPULARES URBANAS INTERDISCIPLINAR**
*José Henrique de Freitas Santos*

197 **DIVERSIDADE CULTURAL EM CONTEXTO DE INTEGRAÇÃO NA TRÍPLICE FRONTEIRA**
*Diana Araujo Pereira*

209 **PARA ALÉM DA INCLUSÃO: PROMOÇÃO, VALORIZAÇÃO E ELABORAÇÃO DE NARRATIVAS ACERCA DA IDENTIDADE COMO AÇÃO AFIRMATIVA**
*Andréa Lopes da Costa Vieira*
*Ana Carolina Lourenço Santos da Silva*
*Laura Regina Coutinho Ghelman*

221 **PARTE III** | Experiências de educação e diversidade em diferentes contextos nacionais

223 **IDENTIDADE E ETNOEDUCAÇÃO COMO ESTRATÉGIAS DE REPRESENTAÇÃO E POSICIONAMENTO POLÍTICO DOS AFRO-EQUATORIANOS**
*Rocío Vera Santos*

239 **EDUCAÇÃO E DIVERSIDADE EM CABO VERDE: UM ESTUDO SOBRE A PEDAGOGIA DE EXCLUSÃO DA LÍNGUA MATERNA DO SISTEMA DE ENSINO**
*Fernando Jorge Pina Tavares*

259 EDUCAÇÃO E DIVERSIDADE NA FRANÇA: UMA QUESTÃO DE INTEGRAÇÃO
*Aderivaldo Ramos de Santana*

275 O ENSINO DO MOVIMENTO PELOS DIREITOS CIVIS DOS NEGROS NO ALABAMA
*Briana Royster*
*Teresa Cribelli*

289 REFERÊNCIAS

289 APRESENTAÇÃO

290 PARTE I: A UNIVERSIDADE FACE AOS NOVOS DESAFIOS: O PET-CONEXÕES DE SABERES NA UFRJ

304 PARTE II: EDUCAÇÃO E DIVERSIDADE, PESQUISA E EXTENSÃO

309 PARTE III: EXPERIÊNCIAS DE EDUCAÇÃO E DIVERSIDADE EM DIFERENTES CONTEXTOS NACIONAIS

317 APÊNDICE

321 SOBRE OS AUTORES

# Lista de siglas

BM. Banco Mundial.
CECAN. Centro de Cultura e Arte Negra.
CENPES. Centro de Pesquisas e Desenvolvimento da Petrobras.
CEPAL. Comissão Econômica para a América Latina e o Caribe.
CIEP. Centro Integrado de Educação Pública.
CONAMUNE. Coordinadora Nacional de Mujeres Negras – Equador.
DIUC. Divisão de Integração Universidade Comunidade (Pró-reitora de Extensão, UFRJ).
EJA. Educação de Jovens e Adultos (antigo curso supletivo).
ENEM. Exame Nacional do Ensino Médio – MEC.
EUOP. Estudante Universitário de Origem Popular.
FEABESP. Federação das Entidades Afro-Brasileiras do Estado de São Paulo.
FECONEZU. Festival Comunitário Negro Zumbi.
FMI. Fundo Monetário Internacional.
FNB. Frente Negra Brasileira.
FOGNEP. Federación de Organizaciones y Grupos Negros de Pichincha – Equador.
FUNAFRO. Fundação Afro-Brasileira de Arte, Educação e Cultura.
FUNAI. Fundação Nacional do Índio.
IBGE. Instituto Brasileiro de Geografia e Estatística.
IES. Instituição de Ensino Superior.
IFA. Instituto de Formación Afro – Equador.
IFCS. Instituto de Filosofia e Ciências Sociais (UFRJ).
IFES. Instituição Federal de Ensino Superior.
IH. Instituto de História (UFRJ).
INEP. Instituto Nacional de Estudos Pedagógicos.
INRC. Inventário Nacional de Referências Culturais do IPHAN.
IPCN. Instituto de Pesquisa das Culturas Negras.
IPE. Instituto de Pesquisas Educacionais.
IPEA. Instituto de Pesquisa Econômica Aplicada.
IPEAFRO. Instituto de Pesquisa e Estudos Afro-Brasileiros.
IPHAN. Instituto do Patrimônio Histórico e Artístico Nacional.
LDB. Lei de Diretrizes e Bases da Educação Nacional.
MAEC. Movimento Afroecuatoriano Conciencia – Equador.
MEC. Ministério da Educação (Brasil).
MinC. Ministério da Cultura (Brasil).

MNU. Movimento Negro Unificado, antigo MUCDR.
MOMUNE. Movimiento de Mujeres Negras de la Frontera Norte de Esmeraldas – Equador.
MSU. Movimento dos "Sem Universidade".
MUCDR. Movimento Unificado Contra Discriminação Racial, depois MNU.
NIAC. Núcleo Interdisciplinar de Ações para a Cidadania (DIUC, UFRJ).
OSCIP. Organização da Sociedade Civil de Interesse Público.
PCN. Parâmetros Curriculares Nacionais do MEC.
PCS/UFRJ. Projeto Conexões de Saberes da UFRJ.
PDT. Partido Democrático Trabalhista.
PET. Programa de Educação Tutorial (programa de ações afirmativas do MEC – DIUC, UFRJ).
PIBIC. Programa Institucional de Bolsas de Iniciação Científica (do CNPq, Conselho Nacional de Desenvolvimento Científico e Tecnológico).
PROUNI. Programa Universidade para Todos do MEC.
PTB. Partido Trabalhista Brasileiro.
PUC. Pontifícia Universidade Católica.
PVCSA. Pré-Vestibular Comunitário Santo André, que atende estudantes de baixa renda da região metropolitana do Rio de Janeiro.
REUNI. Programa de Apoio a Planos de Reestruturação e Expansão das Universidades Federais (MEC).
SEAFRO. Secretaria Extraordinária de Defesa e Promoção das Populações Afro-Brasileiras.
SECAD. Ver SECADI.
SECADI. Secretaria de Educação Continuada, Alfabetização, Diversidade e Inclusão (antiga SECAD).
SEES. Serviço da Estatística de Educação e Saúde.
SENAC. Serviço Nacional de Aprendizagem do Comércio.
SENAI. Serviço Nacional de Aprendizagem Industrial.
SESu. Secretaria de Educação Superior, MEC.
SPHAN. Serviço do Patrimônio Histórico e Artístico Nacional.
TCC. Trabalho de Conclusão de Curso.
TEN. Teatro Experimental do Negro.
UENF. Universidade Estadual do Norte Fluminense.
UERJ. Universidade do Estado do Rio de Janeiro.
UFBA. Universidade Federal da Bahia.
UFESBA. Universidade Federal do Sul da Bahia.
UFOB. Universidade Federal do Oeste da Bahia.

UFRB. Universidade Federal do Recôncavo da Bahia.
UFRJ. Universidade Federal do Rio de Janeiro.
UnB. Universidade de Brasília.
UNE. União Nacional dos Estudantes.
UNEB. Universidade do Estado da Bahia.
UNESCO. United Nations Educational, Scientific and Cultural Organization (Organização das Nações Unidas para a Educação, a Ciência e a Cultura).
UNICAMP. Universidade Estadual de Campinas.
UNICEF. United Nations Children's Fund (Fundo das Nações Unidas para a Infância).
UNILA. Universidade Federal da Integração Latino-Americana.
UNILAB. Universidade da Integração Internacional da Lusofonia Afro-brasileira.
UNIRIO. Universidade Federal do Estado do Rio de Janeiro.
UNIVASF. Universidade Federal do Vale do São Francisco.

# APRESENTAÇÃO

> *Temos o direito de ser iguais quando a nossa diferença nos inferioriza; e temos o direito de ser diferentes quando a nossa igualdade nos descaracteriza. Daí a necessidade de uma igualdade que reconheça as diferenças e de uma diferença que não produza, alimente ou reproduza as desigualdades. (SANTOS, 2003, p. 56)*

Nas últimas décadas, as discussões em torno da pluralidade cultural no mundo, assim como na sociedade brasileira, têm conquistado cada vez mais importância, em especial no campo educacional. Tensões como as explicitadas na epígrafe acima, seja nas lutas pelo reconhecimento das diferenças, seja nas lutas por igualdade em sociedades desiguais como a brasileira, têm gerado demandas políticas que marcam a nossa contemporaneidade e trazem à tona as diversas configurações das lutas identitárias em disputa nas sociedades. Essas lutas se apresentam como verdadeiros desafios a serem enfrentados atualmente em diferentes contextos da vida social. O processo de globalização, que se expande pelo mundo, se por um lado possibilitou uma pretensa homogeneização cultural, facilitando o acesso ao "capital informacional", nas palavras de Bourdieu (2008), por outro acirrou os processos de diferenciação, deixando evidentes, para quem quiser ver, as disputas políticas relacionadas à questão da diversidade cultural no planeta.

No Brasil, as discussões em torno da pluralidade cultural têm provocado polêmicas e controvérsias nas últimas décadas, o que demonstra em grande medida a dificuldade que ainda temos, como sociedade, para lidar com temáticas como o preconceito e a discriminação racial ou étnica. Ao mesmo tempo, as lutas políticas protagonizadas por movimentos sociais de caráter identitário, especialmente pelo movimento negro, conseguiram subverter os "mitos" que reforçavam a representação de um Brasil homogêneo e colocaram de vez em xeque a suposta "democracia racial", antes afirmada com tanta força por governantes brasileiros até meados da década de 1990,* quando os questionamentos sobre a aludida "homogeneidade cultural e étnica" e as pressões políticas dos movimentos sociais resultaram, entre outras coisas, na construção do tema transversal

---

\* Os sucessivos governos brasileiros, desde meados do século XX, afirmaram em fóruns internacionais a existência de uma verdadeira "democracia racial" em nosso país. Somente em 1995, o sociólogo Fernando Henrique Cardoso tornou-se o primeiro presidente a reconhecer publicamente a existência de discriminação racial no Brasil.

"Pluralidade Cultural" presente nos Parâmetros Curriculares Nacionais (PCNs), elaborados e publicados naquele contexto.*

Como desdobramento das diversas lutas pelo reconhecimento das diferenças e pelo combate às desigualdades, especialmente as étnico-raciais, políticas de ação afirmativa para negros e indígenas, bem como para alunos de escolas públicas, têm sido implementadas nos últimos anos por diferentes instâncias governamentais. Essas políticas de ação afirmativa suscitaram intensos debates, especialmente "acalorados" quando as questões giravam/giram em torno das políticas de cotas nas universidades públicas, que vêm aos poucos ampliando o acesso de grupos sociais e raciais que até bem pouco tempo atrás praticamente não estavam representados em espaços de poder como as universidades públicas brasileiras.

A construção e a implementação da Lei 10.639/03, que tornou obrigatório o ensino de histórias e culturas africanas e afro-brasileiras na educação básica e é resultado direto das lutas e reivindicações do movimento negro ao longo do século XX, ao mesmo tempo em que têm proporcionado muitas ações práticas e discussões em escolas e universidades, têm mobilizado diferentes sujeitos sociais para o debate acerca da construção dos currículos escolares e universitários.

Em meio a essas mudanças, tanto sociais quanto curriculares, que repercutem atualmente no ensino superior no Brasil, as universidades públicas também foram chamadas a se posicionar em relação às políticas de extensão universitária. As ações extensionistas, nas quais se produzem e se articulam diversos saberes acadêmicos e sociais, são consideradas nas universidades públicas brasileiras, atualmente, como parte do tripé universitário (ensino, pesquisa e extensão) na busca pelo reconhecimento social de seu trabalho, através das relações dialógicas com as comunidades, tendo em vista a articulação entre as demandas sociais e a produção e legitimação do conhecimento acadêmico. Neste campo, as novas perspectivas sobre as políticas de extensão universitária aqueceram a discussão sobre os diferentes contextos discursivos, tendo como pano de fundo as lutas contra-hegemônicas realizadas a partir das reivindicações históricas por igualdade e pelo reconhecimento das diferenças.

Considerando a complexidade do quadro social mencionado, diferentes grupos têm se mobilizado no sentido de avançar nos debates em torno dos processos de identificação e diferenciação que marcam de forma contundente as desigualdades étnico-raciais e sociais na atualidade. É em meio ao contexto brevemente apresentado acima, diante dos vários desafios cotejados, que estão situados os artigos presentes nesta coletânea. Seus

---

* O tema "Pluralidade Cultural" foi definido pelos autores dos PCNs como um dos seis temas transversais (Ética, Pluralidade Cultural, Saúde, Orientação Sexual, Meio Ambiente, Trabalho e Consumo). Segundo os próprios autores no texto de apresentação dos PCNs, os temas transversais "correspondem a questões importantes, urgentes e presentes sob várias formas na vida cotidiana" (BRASIL, 1998, p. 17).

autores dialogam de maneira diversa com os debates e com os investimentos políticos que têm contribuído para o avanço e a intensificação das lutas aqui referidas, não somente no cenário nacional. Quer no âmbito da universidade na qual são desenvolvidos os projetos dos dois organizadores desta obra, a UFRJ, quer no âmbito de outras universidades situadas em diferentes regiões brasileiras, ou mesmo em diferentes continentes (África, América do Sul, América do Norte e Europa), esses debates ampliam os questionamentos e as reflexões, em diferentes contextos, sobre a questão da diversidade ou pluralidade cultural e sobre as estratégias políticas para a superação dos desafios presentes no campo educacional.

Nesse sentido, reunimos nesta obra textos de autores que têm discutido acadêmica e socialmente sobre diversas possibilidades de transformação social em diferentes contextos, e que têm apostado na superação das desigualdades étnico-raciais através de lutas contra-hegemônicas travadas nos campos social e educacional. Este livro mobiliza, em diferentes contextos espaciais e discursivos, variadas esferas de problematização, e foi organizado em três partes. Sendo assim, os artigos que compõem esta coletânea foram agrupados da seguinte forma: estudos, pesquisas e ações extensionistas desenvolvidos na UFRJ; trabalhos e reflexões desenvolvidos em outras universidades públicas brasileiras; e finalmente estudos realizados em outros países, precisamente no Equador, em Cabo Verde, na França e nos Estados Unidos.

A primeira parte, "A Universidade face aos novos desafios: O PET-Conexões de Saberes na UFRJ", reúne dois grupos de textos que tratam de questões referentes às pesquisas e ações dos Projetos PET-Conexões de Saberes na UFRJ. O primeiro grupo de artigos apresenta quatro textos do projeto coordenado por Warley da Costa que discute as questões relacionadas aos Estudantes Universitários de Origem Popular (EUOP) na UFRJ. Warley da Costa, em seu texto "A Comunidade vai à Universidade: sobre os processos de identificação e integração dos estudantes de origem popular no espaço acadêmico e as novas conexões de saberes", aponta os desafios enfrentados pela universidade no século XXI e as possibilidades de superação através das políticas de ações afirmativas e das atuais políticas de extensão desenvolvidas nas universidades públicas em relação aos EUOP. Os três textos seguintes desse primeiro grupo são, ao mesmo tempo, desdobramentos e resultados das ações do Projeto PET-Conexões de Saberes – Identidades. Elisa Mendes Vasconcelos, em seu artigo "Pertencimento e identidade: discutindo o acesso e a permanência de estudantes de origem popular no ensino superior", buscou investigar a percepção que os alunos integrantes de um pré-vestibular comunitário tinham sobre um ambiente que lhes era longínquo e remoto: a universidade. Nesse pré-vestibular os conexistas haviam desenvolvido oficinas sobre o acesso dos estudantes de origem popular às universidades públicas. O artigo seguinte, de autoria de William Helson Santos e Ágatha Miriã Pereira, "Estudantes universitários de origem popular: retrato da presença da comunidade na universidade" investiga de que forma os estudantes das licenciaturas da UFRJ se reconhecem e reconhecem os seus colegas. O último artigo desse primeiro grupo de textos, "A UFRJ e a Extensão Universitária por meio das ações da DIUC", de autoria de Rogério Laurentino, Ana Cláudia Reis, Wallace Souza e Warley da Costa, busca compreender se as ações de dois projetos alocados na Divisão de Integração Universidade Comunidade (DIUC), o NIAC (Núcleo Interdisciplinar de Ações para a Cidadania) e o PET-Conexões de Saberes – Identidades (do qual fazem parte), são desenvolvidas em consonância com a política de extensão da UFRJ.

Um segundo grupo de artigos, alocados ainda na primeira parte do livro, reúne textos de autores que participam do Projeto PET-Conexões de Saberes – Diversidade, coordenado por Amilcar Araujo Pereira, que em seu texto "O grupo PET-Conexões de Saberes – Diversidade e as construções de identidades na Universidade e nas escolas" apresenta os contextos teórico e social em que se articulam questões relacionadas às identidades culturais e às desigualdades raciais e sociais, nos quais atua o seu grupo de pesquisa e extensão. Os oito textos seguintes, de autoria dos bolsistas que participam deste projeto, são desdobramentos das pesquisas e ações extensionistas realizadas no âmbito do grupo PET citado, na medida em que em cada artigo há resultados das pesquisas e das oficinas temáticas que foram realizadas em escolas públicas parceiras do projeto. O artigo "Entre a noite e a alvorada: uma análise de diferentes perspectivas sociais no início do século XX", de autoria de Thayara Cristine Silva de Lima, considerando a chamada imprensa negra, que se tornou um forte instrumento na busca pela integração da população negra na sociedade naquele período, faz uma análise comparativa entre as edições dos jornais *O Clarim d'Alvorada* (1924-1932) e *Folha da Noite* (1921-1959), atual *Folha de S.Paulo*, trazendo à tona suas diferentes perspectivas sociais. Já em "Refinando o mascavo nacional: uma análise da educação pública da cidade do Rio de Janeiro entre as décadas de 1920 e 1930", Stephanie de Sousa Albuquerque, dentro da temática proposta pelo grupo, procura analisar a influência do pensamento racista nas políticas e práticas educacionais durante as décadas de 1920 e 1930. Seguindo a trilha das preocupações acerca das relações étnico-raciais, Juliana Marques de Sousa desenvolveu o artigo "A questão racial e a desigualdade: a discussão do racismo enquanto escolha pedagógica" procurando refletir sobre o racismo, considerado como o marco produtor e mantenedor de desigualdades sociais no Brasil, a partir de uma oficina temática realizada em uma escola pública do município do Rio de Janeiro. Já articulando os contos tradicionais em culturas de origem africana com os debates sobre a implementação da Lei 10.639/03, Luciana Santos da Silva elaborou o artigo "Contos e recontos: análise de temas e personagens nos contos tradicionais africanos" a partir da pesquisa e análise de contos africanos, a autora desenvolveu oficinas em escolas da rede pública. Ainda nas trilhas da cultura, com o artigo "Felizes para sempre? Discutindo o uso da literatura infantil para trabalhar diversidade étnica na escola", Ana Angélica Carvalho Ferreira se propõe a discutir o uso da literatura infantil como um recurso para se trabalhar com a diversidade étnica na escola, buscando na literatura infantil brasileira valorizar as imagens do negro e do índio, assim como suas culturas. Julio Cesar Correia de Oliveira, em seu artigo "Abdias Nascimento e as artes visuais", analisa aspectos da contribuição social da produção artística visual de Abdias Nascimento, reconhecido como um dos maiores ícones do movimento negro na sociedade brasileira. Ainda em torno da produção de Abdias Nascimento, Hudson Batista, em "A Universidade, a escola e o TEN", apresenta a trajetória de luta desse militante na criação do Teatro Experimental do Negro (TEN). Finalizando esse conjunto de trabalhos resultantes do PET-Conexões – Diversidade, em "Vem dançar, vem jogar, vem lutar: a perspectiva cultural do movimento negro a partir do FECONEZU", Maria Eduarda Bezerra da Silva discute, a partir das características do Festival Comunitário Negro Zumbi (FECONEZU) realizado em São Paulo desde 1978, as tensões presentes na relação cultura *versus* política, na luta contra o racismo no Brasil.

A segunda parte do livro, "Educação e diversidade, pesquisa e extensão", reúne textos de autores que têm ou tiveram uma militância no Programa Conexões de Saberes ou no atual PET-Conexões de Saberes em diferentes universidades. No primeiro artigo, "Extensão, Conhecimento e Formação Acadêmica: articulações em meio a processos de democratização universitária", Patricia Elaine Santos e Carmen Teresa Gabriel, contribuem para o debate sobre o lugar da extensão no processo de produção e distribuição do conhecimento científico e seus efeitos na formação acadêmica de estudantes universitários de origem popular. Em "A universidade como devir: notas sobre o PET-Conexões Comunidades Populares Urbanas Interdisciplinar", José Henrique de Freitas Santos contextualiza o surgimento do programa em diferentes instituições do ensino superior no Brasil para em seguida discutir a potencialidade do trabalho que o seu projeto desenvolve junto aos jovens estudantes que adentram a Universidade Federal da Bahia (UFBA). Apresentando a diversidade cultural, étnica e linguística vivenciada em sua atuação na Universidade Federal da Integração Latino-Americana (UNILA), Diana Araujo Pereira, em seu texto "Diversidade cultural em contexto de integração na Tríplice Fronteira", discute as potencialidades para o debate sobre a diversidade no desenvolvimento do seu projeto PET-Conexões na tríplice fronteira (Paraguai, Brasil, Argentina). Fechando a segunda parte do livro, Andréa Lopes da Costa Vieira, Ana Carolina Lourenço Santos da Silva e Laura Regina Coutinho Ghelman analisam, no artigo "Para além da inclusão: promoção, valorização e elaboração de narrativas acerca da identidade como Ação Afirmativa", os processos que envolvem a construção e reconstrução de identidade e a produção de novas narrativas sobre o mundo em meio aos debates sobre ações afirmativas nas universidades.

A terceira parte do livro, "Experiências de educação e diversidade em diferentes contextos nacionais", enriquece esta obra na medida em que oferece ao leitor uma visão sobre aspectos dos debates mencionados acima, que vêm sendo realizados em outros países, ampliando em diferentes perspectivas os debates para além de nossas fronteiras. O primeiro texto, "Identidade e etnoeducação como estratégias de representação e posicionamento político dos afro-equatorianos", produzido por Rocío Vera Santos, discute, a partir da análise de diferentes publicações e materiais pedagógicos, a relevância de uma proposta etnoeducativa para a construção das identidades afro-equatorianas, além de situar a importância do movimento social afro-equatoriano naquele contexto social. Estendendo para Cabo Verde a discussão sobre educação e diversidade, o texto de Fernando Jorge Pina Tavares, "Educação e diversidade em Cabo Verde: um estudo sobre a pedagogia de exclusão da língua materna do Sistema de Ensino", fomenta um importante debate sobre como a língua e a cultura crioulas foram subjugadas à condição subalterna no contexto da institucionalização da escola e do português como língua oficial no ensino naquele país africano. Em "Educação e diversidade na França: uma questão de integração", Aderivaldo Ramos de Santana discute as tensões e os desafios para o sistema educacional na França diante das especificidades da diversidade cultural naquele país europeu, ex-metrópole imperialista que tem recebido intensos fluxos migratórios de suas ex-colônias nas últimas décadas. Finalizando a sequência de artigos internacionais, Briana Royster e Teresa Cribelli, em "O ensino do Movimento pelos Direitos Civis dos negros no Alabama", apresentam, por meio de entrevistas com professores e alunos e de análises de documentos curriculares, um breve panorama do ensino sobre o Movimento pelos Direitos Civis dos negros no Alabama e também um quadro comparativo sobre o que se tem ensinado, nesse sentido, nas escolas dos Estados Unidos.

Com a publicação deste livro, encerramos um ciclo de três anos de realização de pesquisas e ações extensionistas nos dois projetos por nós coordenados no âmbito do programa PET-Conexões de Saberes na UFRJ, sempre em interlocução com professores e alunos de outras universidades brasileiras e estrangeiras, aqui representados pelos autores convidados, que contribuíram muito para os nossos trabalhos nos últimos anos. Esperamos que este livro possa despertar ou alimentar, no leitor, o interesse em se aprofundar nos debates sobre educação e diversidade, assim como esperamos que as questões, experiências e reflexões aqui apresentadas possam contribuir para o avanço das lutas por um mundo mais plural e democrático e muito menos desigual.

Amilcar Araujo Pereira e Warley da Costa

# PREFÁCIO

Fazer o prefácio de um livro significa assumir o desafio da arte da persuasão. Afinal, prefaciar uma coletânea é mais do que apresentá-la formalmente. Trata-se de, ao introduzi-la, convencer, persuadir seus leitores em potencial de que a leitura do conjunto dos textos que a compõem vale realmente a pena, de que ela pode ser uma experiência prazerosa de diálogo, uma contribuição relevante para a reflexão sobre um tema, uma possibilidade de sustentar ou contestar argumentos sobre determinadas questões em debate.

Em outras palavras, um prefácio tem como função primordial recomendar o livro que ele precede e, para tal, destaca aspectos que considera potentes para justificar essa recomendação. Foi, pois, o que procurei fazer neste prólogo.

Entre os diferentes pontos possíveis de serem transformados em justificativa para a sua leitura, a opção pela abordagem articulada entre temas como: *extensão universitária*, *diversidade cultural* e *formação* me parece suficientemente potente para ser aqui destacada e explorada. Refiro-me particularmente à potência política de tal articulação que atravessa os diferentes textos desta coletânea, seja pelos temas tratados, seja pelo perfil dos autores que dela participam.

Essas três temáticas estão presentes no conjunto dos textos que, embora com ênfases diferenciadas, apontam para a força da sua articulação no debate sobre a democratização do sistema de ensino tanto brasileiro quanto de outros contextos nacionais.

A temática da extensão universitária atravessa esta coletânea em diferentes dimensões. Em primeiro lugar, ela é o lócus onde a mesma foi, em grande parte, gestada. Em seguida, e justamente por essa característica, esta coletânea desestabiliza uma das definições mais recorrentes e hegemônicas sobre essa atividade acadêmica. Longe de reproduzir um sentido de extensão como lugar ou meio de aplicação de um conhecimento produzido fora de seus limites, a concepção e produção desta obra é uma prova viva de que é possível e politicamente relevante operar com um outro sentido de extensão universitária.

A extensão é, pois, aqui significada como espaço de produção de conhecimento e de formação acadêmica. O que está em jogo não é fazer com que os estudantes universitários-autores "façam extensão", mas sim que a vivenciem, a experimentem e, desse modo, possam ampliar os sentidos atribuídos à sua formação. Um lugar de estabelecimento de relações com o conhecimento acadêmico, mas também de subversão epistêmica na medida em que a extensão, tal como significada no conjunto dos textos dessa coletânea, abre a possibilidade de legitimar outros conhecimentos historicamente excluídos, negados no âmbito da cultura universitária. Ao colocar como centrais as temáticas da diversidade e da produção da diferença, este livro reforça essa afirmação.

Não é por acaso que a interface extensão-formação-diversidade cultural é o objeto de reflexão de uma grande parte dos textos, evidenciando a urgência e pertinência desse enfoque. Com efeito, entre as demandas de direito que ecoam no cenário político internacional contemporâneo, não é mais possível ignorar as formuladas pelos diferentes movimentos sociais que se organizam em torno de reivindicações de pertencimentos identitários, interpelando de forma contundente as instituições de formação de diferentes níveis.

Preconizar a democratização da universidade e da escola de educação básica implica simultaneamente o combate à desigualdade de acesso ao conhecimento e o reconhecimento da produtividade da diferença no estabelecimento de uma relação de qualidade com o conhecimento ao qual se tem acesso. Se a defesa de uma distribuição igualitária do conhecimento, via democratização do acesso às instituições de formação, é um posicionamento político relativamente compartilhado – embora ainda longe de alcançado, principalmente se considerarmos o ensino superior –, não é possível dizermos o mesmo em termos da temática da afirmação da diferença.

Como estratégia de democratização do ensino, a problematização da natureza do conhecimento selecionado e legitimado para ser ensinado e sua relação com as questões de identidade/diferença precisam ser mais bem exploradas e incorporadas nas práticas cotidianas das salas de aula.

Esta coletânea contribui sem dúvida para argumentarmos nessa direção e reforçarmos os argumentos favoráveis para a fixação de um sentido de formação democrática no qual pretendemos investir.

Boa leitura e bom proveito!

Lille, setembro de 2014
Carmen Teresa Gabriel Le Ravellac

**Parte I**

*A Universidade face aos novos desafios: O PET-Conexões de Saberes na UFRJ*

# A COMUNIDADE VAI À UNIVERSIDADE: SOBRE OS PROCESSOS DE IDENTIFICAÇÃO E INTEGRAÇÃO DOS ESTUDANTES DE ORIGEM POPULAR NO ESPAÇO ACADÊMICO E AS NOVAS CONEXÕES DE SABERES

*Warley da Costa*

Este texto, assim como os próximos três artigos publicados nesta coletânea,* se insere nos debates que emergem em torno do papel da universidade na atualidade. Situa-se em meio aos embates travados acerca da democratização do ensino superior e em particular da universidade pública no Brasil. Na esteira desses debates, a ampliação do número de estudantes de origem popular que ingressaram nas universidades públicas nos últimos anos, quer pelas políticas de ações afirmativas quer pela ampla concorrência, desestabilizou a universidade, colocando em xeque sua própria "razão de ser". Criada nos ventos da modernidade, com o intuito de formar uma elite intelectual dirigente, ela enfrenta atualmente o desafio de ressignificar o seu papel diante dos diferentes grupos que circulam no espaço acadêmico. No bojo dessa verdadeira "crise", vários autores (CHAUÍ, 2003; GABRIEL, 2003; MOEHLECKE, 2011; SANTOS, 2004) têm se debruçado sobre os seus "sintomas" e apontado para diferentes perspectivas de superação dessa crise institucional. Neste cenário a universidade questiona-se: Que conhecimentos podem ser considerados legítimos? Como equacionar a tensão entre o "conhecimento científico", legitimado pela academia, e outros conhecimentos? Como equalizar a hierarquização entre ensino, pesquisa e extensão nesse novo quadro? De que forma outro sentido de extensão universitária se presta a subverter esta ordem?

Se, por um lado, a instituição passa por conflitos na busca por mudanças para acompanhar as transformações sociais, por outro, os diferentes grupos historicamente alijados desse processo enfrentam também os desafios de ingressarem em um espaço que lhes

---

* "Pertencimento e identidade: discutindo o acesso e a permanência de estudantes de origem popular no ensino superior" (Elisa Mendes Vasconcelos); "Estudantes universitários de origem popular: retrato da presença da comunidade na universidade" (Ágatha Miriã Pereira e William Santos); "A UFRJ e a Extensão Universitária por meio das ações da DIUC" (Ana Cláudia Reis Corrêa, Rogério Laurentino, Wallace Souza e Warley da Costa).

parece totalmente estranho, ao qual não sentem pertencer. É como se estivessem participando de uma festa para a qual não haviam sido convidados. Esses estudantes, supostamente, se percebem em posição de desvantagem em relação aos outros alunos oriundos de escolas "de excelência". Deste modo, essas questões, levantadas com o ingresso desses grupos, nos convidam a pensar na complexidade do processo de democratização da universidade. Trata-se não apenas da ampliação do número de vagas disponíveis neste nível de ensino. Os embates travados acerca desta temática não se limitam apenas à dimensão quantitativa, mas principalmente à dimensão qualitativa no que se refere à produção do conhecimento universitário e do ensino de qualidade. A relação entre a expansão dos cursos, acentuando-se o aspecto quantitativo, e a qualidade do ensino ainda carece de muita discussão e empenho.

Dessa forma, no bojo desse embate, e argumentando do lugar de coordenadora do Projeto PET-Conexões de Saberes: A Comunidade vai à Universidade: sobre os processos de identificação e integração dos estudantes de origem popular no espaço acadêmico ou PET-Conexões de Saberes – Identidades (nome que adotaremos doravante), entro no debate em defesa de uma universidade mais plural e menos desigual, apostando nas transformações que estão por vir.

Diante do exposto, e acompanhando as problematizações até aqui elencadas, organizei este estudo em três eixos de discussão: no primeiro, discuto os principais desafios e enfrentamentos da universidade no século XXI, tendo em vista a crise de legitimidade que ela atravessa, especialmente após a implementação das políticas de cotas e a maior presença de estudantes de origem popular em seus cursos; no segundo eixo apresento os dilemas e impasses experimentados pelos estudantes em sua vida acadêmica, sem, contudo, deixar de lado os processos de identificação, o sentimento de pertencimento/não pertencimento e a luta por sua integração a esse sistema de ensino; finalmente, no terceiro eixo, discuto os sentidos de extensão e a experiência do Projeto PET-Conexões de Saberes – Identidades, em sua nova configuração, como possibilidade de superação desses impasses.

## Desafios e enfrentamentos da universidade no século XXI

Ao trazer para o centro da discussão a questão do acesso e da permanência de alunos de origem popular na universidade pública, é pertinente travar, antes de mais nada, o debate sobre o papel social dessa instituição. Desse modo, é possível compreender as tensões e as lutas hegemônicas que atravessam o espaço acadêmico frente às novas demandas da atualidade, especialmente após a inclusão de grupos étnico-raciais que até então tinham sido sub-representados neste espaço. Apesar das "crises"* que atravessa (SANTOS, 2010) e do conhecimento nela produzido encontrar-se "sob rasura" (GABRIEL; FERREIRA; MONTEIRO, 2008), ainda vale a pena investir no debate em torno dessa instituição. E foi pensando no potencial político desse espaço como campo discursivo que apostei na execução do Projeto PET-Conexões de Saberes. Assim, aposto no potencial da universidade pública como *front* de resistência aos diferentes papéis políticos e ideológicos que lhe são atribuídos, configurando-se assim como um espaço discursivo onde são travadas lutas hegemônicas em torno de busca de sentidos. Vista aqui como um sistema discursivo, constitui-se como um terreno de disputas e conflitos permeados por relações de poder. No bojo das reformas educacionais e na luta pela democratização do ensino, a universidade pública, nas últimas décadas, foi chamada a enfrentar novos desafios diante das novas demandas sociais, desestabilizando o seu papel inicial. Dessa forma, ela tem sido forçada a lidar com inúmeras tensões que revelam a contradição interna de suas diferentes funções sociais (econômica, política, epistemológica). Vale ressaltar que, em se tratando do debate sobre o acesso do estudante de origem popular à universidade, a "crise de legitimidade" (SANTOS, 2010) ganha destaque, uma vez que os saberes "científicos" produzidos foram contestados pelas reivindicações sociais e políticas de democratização do ensino superior. Os saberes por ela produzidos foram colocados em xeque, desafiados pelas novas demandas sociais. No Brasil, a partir dessa instabilidade institucional, os debates em torno do acesso desses grupos avolumaram-se, demarcando diferentes campos de força política. Por um lado, enfileiraram-se grupos endossando a luta pelas exigências por igualdade de condições para que filhos das classes populares adentrassem na universidade; por outro, formavam-se grupos em defesa do acesso pelo mérito, engrossando os discursos contra as ações afirmativas.** Não cabe, pela limitação do tamanho deste artigo, aprofundar essa discussão. Entretanto, cabe reforçar que, quer se queira quer não, a incorporação, ainda que tímida, desses novos estratos sociais nesse espaço, quer pela força das políticas de ações afirmativas quer pela expansão do sistema de ensino superior, se fez perceptível, permitindo mobilizar os diferentes sujeitos sociais para o debate.

---

* Segundo Boaventura Santos (2010), a universidade pública enfrenta uma crise geral que tem como desdobramento a "crise de hegemonia", a "crise de legitimidade" e a "crise institucional". A primeira se refere ao conflito vivido pela universidade dividida entre desempenhar as funções tradicionais, como a produção do conhecimento científico para uma elite e a produção dos padrões culturais médios; a segunda crise se refere à perda da hegemonia como produtora de saberes privilegiados, perdendo a sua supremacia e singularidade no controle do ensino superior e na produção de pesquisa; a crise institucional nada mais é do que uma crise de autonomia da universidade pelo direito de definir seus próprios valores e objetivos, uma vez que tem que se submeter a uma crescente pressão ditada pelos critérios de eficácia e de produtividade, de caráter empresarial ou de responsabilidade social.

** Segundo Heringer (2010), as primeiras políticas de ação afirmativa tiveram início em universidades estaduais (UERJ, UENF e UNEB) e, entre as federais, a UnB foi a pioneira.

Apontando para o perfil desses grupos ingressantes e ainda minoritários, Gabriel e Moehlecke (2011) argumentam:

> *Esses novos aspirantes à educação superior provêm de classes sociais mais desfavorecidas que a classe média, absorvida pelo setor privado até então, cursaram a educação básica majoritariamente em escolas públicas e pertencem a grupos que historicamente estiveram distantes desse espaço.*

As autoras, como coordenadoras do Projeto Conexão de Saberes da UFRJ (2005-2011), se debruçavam sobre as questões pertinentes a esses grupos, deixando como desdobramento e possibilidade de continuidade as ações do nosso Projeto, agora engajado no Programa de Educação Tutorial (PET). Dando continuidade a ações que buscam garantir o acesso e a permanência de qualidade desses estudantes na universidade, esses projetos também redimensionaram a relação entre pesquisa, ensino e extensão. Esta última, tradicionalmente ocupando um lugar hierarquicamente inferior, ganhou novas configurações, sendo ressignificada na medida em que, em meio às lutas hegemônicas, ganhou novos sentidos, afastando-se do seu veio assistencialista. É sobre esses "novos aspirantes ao ensino superior", que ingressam na universidade pública por cotas raciais e sociais (ou não), que nos debruçaremos a seguir. A fim de entender o perfil socioeconômico, conhecer as representações que fazem de si e desse espaço, refletir sobre os processos de pertencimento e identificação que desenvolvem a partir de suas experiências, temos investido em nosso trabalho em ações de ensino, extensão e pesquisa de modo a compreender essas mudanças e contribuir para a democratização desse espaço.

## Sobre os processos de identificação e diferença na academia: em pauta o estudante de origem popular

> *É precisamente porque as identidades são construídas dentro e não fora do discurso que nós precisamos compreendê-las como produzidas em locais históricos e institucionais específicos, no interior de práticas discursivas específicas, por estratégias e iniciativas específicas. Além disso, elas emergem no interior de jogos de modalidades específicas de poder e são, assim, mais um produto de marcação da diferença e da exclusão do que um signo de uma unidade idêntica, naturalmente construída, de uma "identidade" em seu significado tradicional – isto é, uma mesmidade que tudo inclui, uma identidade sem costuras, inteiriça, sem diferenciação interna. (HALL, 2000, p. 109)*

No bojo das mudanças que atravessam a nossa contemporaneidade, como tratei na primeira parte deste estudo, e que por tabela afetam também a universidade, levanto algumas questões que considero relevantes acerca do estudante de origem popular que ingressa no espaço acadêmico, e que devem nortear essa discussão: Quem é o estudante universitário de origem popular (EUOP)* que ingressa na universidade brasileira hoje? Quais são as potencialidades dessa categoria analítica, EUOP, e como nos apropriamos dela? Como são produzidos os processos de identificação desses estudantes ao se tornarem estudantes universitários? Antes de aprofundar essas questões, se faz necessário apresentar um novo quadro de inteligibilidade para a compreensão do processo de identificação desses sujeitos no ensino superior, e explicar o quadro teórico do qual me aproprio como alternativa para se pensar os sentidos de EUOP/não EUOP produzidos nesta arena discursiva tão plural, a universidade. De antemão, concordando com o autor da epígrafe que inicia esta seção, os fluxos de sentido que constituem essas identidades só são possíveis de serem percebidos em um tempo específico "em locais históricos e institucionais específicos, no interior de práticas discursivas específicas". Trata-se de pensar essa identidade como algo dinâmico, inscrito em um quadro teórico nunca pronto, inacabado, buscando nesta chave de leitura trazer à luz contribuições para problematizar as perspectivas essencialistas dos sujeitos. De acordo com o autor supracitado, o conceito de identidade, "crise de identidade" e produção da diferença (HALL, 1992), embora seja "um dessses conceitos que operam sob rasura, ainda encontra-se em pauta nas discussões das lutas hegemônicas como estratégia reivindicatória de diferentes grupos culturais" (HALL, 2009). Esse conceito-chave "identidade", como um evento da pós-modernidade, retorna ao cenário e ainda temos que "continuar com eles" [os conceitos] (HALL, 2000, p. 104).

Nas palavras desse autor,

> [...] *a chamada "crise de identidade" é vista como parte de um processo mais amplo de mudança, que está deslocando as estruturas e processos centrais das sociedades modernas e balançando os quadros de referência que davam aos indivíduos uma ancoragem estável ao mundo social.* (HALL, 2003, p. 7)

As identidades, antes compreendidas como estáveis e imutáveis, são agora instáveis e fluidas.

---

* Consideramos aqui o conceito de EUOPs desenvolvido pelo Programa Conexões de Saberes e adotado por pesquisadores que estiveram à frente da implementação do mesmo, como Gabriel (2011) e Jaílson Silva (2011).

[...] *as velhas identidades, que por tanto tempo estabilizaram o mundo social, estão em declínio, fazendo surgir novas identidades e fragmentando o indivíduo moderno, até aqui visto como um sujeito unificado. (HALL, 2000, p. 7)*

Assim, o sujeito constituído por sentidos predefinidos, em identidades "puras", recorrendo às raízes "ancestrais", entrou em declínio, dando espaço às identidades abertas, inacabadas, do sujeito pós-moderno. Nessa perspectiva, ele seria constituído por meio de processos de identificação e significações contingentes que se desenvolvem em meio às lutas hegemônicas.

O conceito de sujeito na "modernidade tardia" (HALL, 2005) está associado à crise representacional*que colocou "sob suspeita" a relação estabelecida entre sujeito e objeto na construção de grades de leituras de mundo. Pode-se dizer que o fenômeno está diretamente relacionado com a desconstrução de referências que vinham norteando o pensamento da modernidade no qual a linguagem se constituía como o espelho da realidade. Nesta condição, o foco da questão está direcionado para a complexidade da relação entre as palavras e as coisas, e não do para o diz respeito à interpretação da "realidade" que orienta as nossas escolhas, no que tange às interlocuções teóricas com as quais dialogamos.

De acordo com as ciências sociais clássicas, a realidade é concebida como existindo independentemente do conceito que se produz sobre ela, ou seja, um conceito apenas definiria a realidade como ela é, desvelando-a e descrevendo-a. Entretanto, na perspectiva pós-estruturalista, o caráter constitutivo da realidade é sempre mediado por processos de significação (LACLAU, 2005; BURITY, 2008) constituídos simbolicamente. Neste caso,

[...] *não há uma apreensão possível da realidade que não demande constitutivamente uma passagem pelo discurso, pelo sentido, pela inserção de fatos físicos, humanos ou naturais, em sistemas de significação que situem e hierarquizem esses fatos no mundo, e que se articulem ou disputem com outros a estabilização do ser dos objetos que descrevem e situam no mundo. (BURITY, 2008, p. 41)*

Apoiando-se nas contribuições teóricas das teorias pós-críticas, foi possível problematizar conceitos como "identidade", vista aqui como processos de identificação, diferença, cultura, poder, representação entre outros, de forma não essencializada.

A linguagem, nessa perspectiva, assumiu um lugar de peso, sendo considerada como uma "virada linguística" no entendimento de Hall (1992). Para Gabriel, Ferreira e Monteiro (2008, p. 219), "essa revolução conceitual colocou em evidência o papel constituti-

---

\* Essa expressão está associada a outra, "virada linguística", que se caracteriza pelo papel central que passam a ocupar a linguagem e o discurso nas explicações do mundo elaboradas pelas teorias pós-estruturalistas.

vo desempenhado pela linguagem, pelos significados, pelos sistemas de significação, nos quais os objetos e os sujeitos são posicionados e se posicionam frente a outros objetos e sujeitos." Dessa forma, a teoria do discurso de Laclau e Mouffe (2004) é potencialmente fértil e contribui com essa discussão sobre o conceito de identidade/diferença, importante neste estudo quando trazemos para a nossa pauta os sentidos de EUOP/não EUOP na universidade.

Assim, é em meio à busca pela "construção identitária", vista como algo estável e possível de se constituir, e pela "produção da diferença", pensadas sem pretensões de fixações ou congelamentos, que situo essa perspectiva teórica que ora apresento. Trata-se, assim, de enfatizarmos que o que está em jogo não é a produção da identidade/diferença como algo que se esgota, mas como algo em permanente processo de construção. A diferença nesta perspectiva pode ser entendida não como algo derivado da identidade, mas como um produto que mantém estreita ligação com outras identidades. Segundo Tomaz Silva (2004, p. 75), "as afirmações sobre diferença só fazem sentido se compreendidas em suas afirmações sobre identidades". Neste sentido, a ideia de diferença/identidade é fértil se a concebemos muito mais na perspectiva do "tornar-se" ou do "estar sendo" do que do "ser". Visto que está situada no "jogo de modalidades específicas de poder" (HALL, 2000, p. 109), essa ideia se constitui como um processo que implica relações de exclusão na luta pela fixação dos sentidos. Dito de outro modo, o significado se define por sistemas particulares de diferenças. Nas palavras de Laclau (2005, p. 92), "algo é o que é somente por meio de suas relações diferenciais com algo diferente." No caso desse artigo, trata-se não de questionar os binarismos em torno dos quais ela – a ideia de diferença/identidade – se organiza (EUOP/não EUOP), mas de problematizar os sentidos fixados (ou não) em relação a uma cadeia de equivalências. De pensar a produção da identidade/diferença como um processo híbrido, plural, nunca acabado. No caso, a categoria identidade, em permanente movimento de transformação, como fluxos de articulações hegemônicas que alcançam certos níveis de relativa plenitude temporal, para depois sofrer a rearticulação de novos ou antigos elementos. A estabilização temporária dos sentidos implica o fechamento do sistema a partir de uma operação de diferenciação. "Aquilo que é deixado de fora é sempre a parte da definição e da constituição do dentro" (SILVA, 2004, p. 84); assim, "a diferença é parte ativa da formação da identidade" (idem). Esse posicionamento teórico e político me permite compreender as lutas hegemônicas travadas em torno das políticas de acesso ao ensino superior e o lugar dos sujeitos aí inseridos. Para tratar das lutas por significação nas narrativas de alteridade, Laclau e Mouffe (2004) contribuem para a compreensão de como a prática articulatória entre elementos diferentes produz discursos em disputa no campo da discursividade. Para os autores, tais elementos são estancados por articulações hegemônicas provisórias que fecham o campo discursivo que se constrói em torno de significantes provisórios. Ou seja, a prática articulatória, operando com a lógica da equivalência e a da diferença, garante a produção e a fixação provisória de diferentes discursos em disputa no campo da discursividade. Podemos dizer que uma identidade discursiva, para se fixar e se constituir como tal, necessita antes se diferenciar em relação às outras. Laclau argumenta que em uma cadeia equivalencial não é nem um nem outro conteúdo positivo que define as diferenças, mas, ao contrário, a instância negativa contra a qual esta cadeia é constituída. Assim, o sentido de práticas articulatórias extrapola a ideia de identidade plenamente constituída pela oposição em relação ao diferente. "Pressupõe igualmente o questionamento do binarismo dicotômico que tende a confundir diferença com negação e oposição" (GABRIEL; FERREIRA; MONTEIRO, 2010, p. 11). Os sistemas de significação são constituídos, portanto, por diferenças, deslocamento e deferimento infinitos. Nas palavras de Laclau (2005, p. 71),

*aquilo que constitui a condição de possibilidade de um sistema significativo, seus limites, é também aquilo que constitui sua condição de impossibilidade, um bloqueio na expansão contínua do processo de significação.*

Mas a impossibilidade de fixação última de sentido implica que deve haver fixações parciais. "Porque, do contrário, o fluxo mesmo das diferenças seria impossível, inclusive para deferir, para subverter o sentido, tem que haver um sentido." (LACLAU; MOUFFE, 2004, p. 152). Dessa forma, o discurso se constitui com a intenção de dominar o campo da discursividade, para deter o fluxo das diferenças, para constituir um centro a partir dessas fixações parciais. É desse lugar, tratando dos processos de identificação e diferenciação dos EUOPs/não EUOPs em busca de sentidos que se fixam parcialmente em meio a lutas hegemônicas, que nos interessa desenvolver a presente análise.

De acordo com depoimentos dos próprios estudantes universitários envolvidos no Projeto que coordeno e com depoimentos de estudantes coletados em algumas pesquisas (SILVA, 2011; SANTOS, 2013), o sentimento de não pertencimento e de estranhamento dos estudantes de orígem popular que ingressam no espaço acadêmico é comum entre os pares. Em sua relação com o conhecimento acadêmico cresce um sentimento de subalternidade, uma vez que, diante do "conhecimento científico" legitimado pela universidade, o estudante, oriundo em sua maioria de escola pública, se sente em desvantagem em relação ao "outro". Esse sentimento pode acarretar uma luta por fixações de sentidos no que se refere à sua "identidade" ora como morador da "comunidade", ora como parte integrante do corpo acadêmico. Se, por um lado, na instituição de ensino superior ele se sente alijado do processo, ele mobiliza uma cadeia de equivalência e diferença como mecanismos discursivos para fixar sentidos de EUOP e não EUOP.

A preocupação com a equidade no acesso à universidade tem permitido a adoção de políticas públicas que facilitam a inclusão de estudantes com um novo perfil socioeconômico e étnico-racial. É o caso do sistema de cotas e demais políticas de ações afirmativas. Com a expansão das vagas oferecidas e a entrada desses grupos universitários com um novo perfil, acentua-se a necessidade de iniciativas que permitam a permanência qualificada desses estudantes. Como exemplo de ações que facilitam o acesso e a permanência dos alunos de baixa renda, podemos apontar a luta pela gratuidade nas taxas de inscrição dos vestibulares, o movimento dos "sem universidade",* as propostas pelo fim do vestibular, a adoção de cotas sociais e raciais pelas universidades públicas e as mudanças da própria política de extensão universitária em vigor.

Ao tratar do perfil desse EUOP, vale ressaltar que os critérios que adotamos em nosso projeto, emprestados do projeto original Conexões de Saberes, possuem uma grande potencialidade analítica que implica no fechamento de fixação de uma "identidade", ainda que provisória. Ele é estudante de baixa renda, morador da periferia, foi aluno da escola pública (ou bolsista da escola privada), pertence à primeira geração da família a ingressar em uma universidade pública. Investigar sobre esse perfil, reconhecê-lo e reconhecer-se neste universo, é o movimento que temos realizado nas pesquisas em nosso grupo. Investir em ações que possibilitem a permanência de qualidade e a integração desses estudantes é o trabalho a que nos propomos nesse momento, como abordarei a seguir.

## Novos sentidos para a extensão universitária: Conexões de Saberes/Pet-Conexões de Saberes como via de superação

Propomos com nossas ações o reconhecimento de saberes que se estendem além dos muros da universidade. No sítio da Pró-reitoria de Extensão da UFRJ (2014), o conceito de extensão divulgado já aponta para essas mudanças:

> *A UFRJ adota o conceito de extensão universitária, definido pelo Fórum de Pró-Reitores de Extensão das Instituições Públicas de Educação Superior Brasileiras (FORPROEX, 2010): "A Extensão Universitária, sob o princípio constitucional da indissociabilidade entre ensino, pesquisa e extensão, é um processo interdisciplinar educativo, cultural, científico e político que promove a interação transformadora entre universidade e outros setores da sociedade."*

---

\* O MSU é um movimento cultural, social e popular que luta pela transformação cultural e pela democratização da universidade. Surgiu da organização dos cursinhos populares, do ativismo social da Pastoral da Juventude e do movimento hip-hop organizado, dos movimentos de educação popular e da participação de estudantes e educadores da rede pública e de universidades, além de outros integrantes do movimento social.

Entretanto, esse conceito se distancia ainda sobre o sentido de extensão que reconhece os saberes desses "outros setores" como saberes legítimos e possíveis de serem legitimados pela academia. A definição acima, mesmo que supostamente se distancie de uma visão assistencialista, ainda revela o lugar de onde se fala, o lugar de dentro para fora.

Na perspectiva que vimos abordando em nosso trabalho, a extensão universitária ganha uma nova roupagem, abandonando o seu caráter assistencialista, enfatizando de forma sistemática a consolidação das ações implementadas, particularmente aquelas que dizem respeito à formação política e acadêmica dos estudantes de origem popular, de modo a fortalecer a permanência desses estudantes no espaço acadêmico. Essa perspectiva, que fortalece a ideia de conexões de saberes, é a constatação de que a universidade deve "ir à comunidade" e trabalhar com a ideia de que a comunidade já se encontra na universidade. Esse aspecto nos instiga a pensar que o trabalho de extensão, inserido no tripé ensino, extensão e pesquisa, subverte a hierarquia entre essas três dimensões, pois investe tanto nas ações de dentro para fora (da universidade para a comunidade) como nas ações de dentro para dentro (da universidade para a comunidade que já está dentro e desta última para a própria universidade). Dentre as estratégias que perseguem esses objetivos temos a iniciativa de programas como o Conexões de Saberes na UFRJ e o PET-Conexões de Saberes, que se revelam como uma potente ação estratégica para a superação desse último impasse.

As atividades desenvolvidas pelo projeto articulam ensino, pesquisa e extensão, estando todas voltadas para a formação política, acadêmica e pedagógica desse estudante. Dessa forma, uma atividade que se caracterizaria meramente como extensão, como é o caso das oficinas desenvolvidas nas escolas públicas,* investe também neste espaço como campo de pesquisa. Neste caso, a própria organização da atividade pressupõe uma preocupação com a formação pedagógica e acadêmica do universitário, configurando-se também como atividade de ensino. O mesmo acontece quando organizam eventos como Cineclube em Cartaz** e Dias de Diálogos (Segundas/Terças/Quintas de Diálogos).*** O grupo mobiliza a comunidade acadêmica para participar dos eventos, considerados como atividade de extensão, e os próprios estudantes organizadores também participam das mesas dos eventos, revelando a autonomia em seu trabalho. Para a preparação do evento realizam pesquisa sobre o tema e sobre a melhor forma de recontextualizar a temática. O

---

\* Oficinas realizadas em escolas da rede pública que visam informar os estudantes do Ensino Médio sobre as possibilidades de acesso às universidades públicas, assim como as políticas de permanência dos estudantes nesse espaço.

\*\* Cineclube em Cartaz é uma atividade coletiva desenvolvida em parceria com o projeto PET-Conexões de Saberes – Diversidade. A projeção do filme é intermediada por um bolsista e por um convidado palestrante.

\*\*\* São eventos/mesas redondas sobre temas de interesse dos bolsistas e demais estudantes. A mesa é formada por um conexista intermediador, um conexista palestrante e um palestrante convidado. Este último pode ser um professor ou um militante do movimento social.

espaço dos eventos, que agrega alunos de diferentes cursos, torna-se terreno fecundo para as pesquisas sobre os EUOPs realizadas por nós. Além disso, persistindo na imbricação entre pesquisa, ensino e extensão, a própria formação política e acadêmica dos alunos, através das atividades dos grupos de estudos e de seminários, favorece a pesquisa e os instrumentaliza para as atividades de extensão. Assim, investindo na integração desse estudante ao meio acadêmico a partir do seu protagonismo nas atividades propostas, é possível reverter o sentimento de não pertencimento ao ambiente universitário. Ele não é mais o visitante ou estrangeiro, ele é parte integrante desse cenário.

## Considerações finais

Este artigo, como contribuição para a discussão sobre a universidade pública na contemporaneidade e os diferentes grupos que circulam neste espaço, em especial os estudantes de origem popular, possibilita engrossar o debate sobre a democratização do ensino. Ao mesmo tempo fomenta as discussões sobre o tema, que por sua vez mobiliza a sociedade de um modo geral.

Neste estudo abordamos questões relevantes sobre o papel social da universidade na atualidade e levantamos, entre outras, questões sobre os grupos sociais que ingressam na universidade pelas ações afirmativas. Se, por um lado, a entrada de negros, pobres e indígenas desestabilizou a instituição que não fora moldada para esse fim, por outro, esses grupos, ao ingressarem, sentiam um estranhamento em relação ao ambiente acadêmico, facilitando o seu isolamento e precipitando a evasão. Para compreender esse processo de produção identitária, foi potencialmente fértil trazer a discussão sobre a produção dos processos de identificação e diferença, tendo como pano de fundo o campo da discursividade. Compreender que as identidades do negro, do indígena e do pobre não estão associadas a identidades fixas ou engessadas. Ao contrário, elas são abertas e inacabadas, fixando sentidos provisórios e contingentes. Como forma de superação para o dilema que envolve esses sujeitos, a proposta implementada pelos projetos Conexões de Saberes e PET-Conexões de Saberes é profícua, até porque, ao associar pesquisa, extensão e ensino e promover o protagonismo do estudante, contribui para a sua integração ao espaço acadêmico.

Acredito, assim, que a formação crítica e política permitirá ao estudante de origem popular compreender a sua inserção no mundo acadêmico como uma questão de direito conquistado e se ver cada vez mais não como portador de um "problema", mas como parte ativa da busca de soluções e alternativas no processo de construção de uma política de acesso e permanência nos marcos de uma universidade pública, inclusiva e democrática.

# PERTENCIMENTO E IDENTIDADE: DISCUTINDO O ACESSO E A PERMANÊNCIA DE ESTUDANTES DE ORIGEM POPULAR NO ENSINO SUPERIOR

*Elisa Mendes Vasconcelos*

O presente artigo tem por objetivo discorrer acerca da pesquisa realizada pelo Programa de Educação Tutorial - Conexões de Saberes no pré-vestibular comunitário no bairro do Caju (Rio de Janeiro, RJ), no período de março a outubro de 2012: "A Comunidade vai à Universidade: Sobre o processo de identificação, pertencimento e integração dos alunos de origem popular no espaço acadêmico". A entrada do projeto nesse espaço insere-se na sua política de extensão, um dos alicerces do projeto, e buscou investigar a percepção que os alunos integrantes do pré-vestibular, conhecido pela sigla PVCSA, tinham sobre um ambiente que lhes era longínquo e remoto: a universidade. A caracterização desse espaço com tais adjetivos leva em consideração, baseando-se nos resultados obtidos, que esses estudantes, enquadrados por nós na categoria "estudante de origem popular", moradores de espaços populares, tinham pouco conhecimento sobre a universidade, em virtude principalmente do fato de não possuírem referencial acadêmico em suas redes familiares. Dir-se-ia, como Jaílson de Souza e Silva (2011), no seu livro *Por que uns e não outros? Caminhada de jovens pobres para a universidade*, usado como norte desta pesquisa, que tal tipo de estudante, em razão de uma série de variáveis, encontra como primeiro obstáculo à entrada na universidade a ausência de capital informacional,* que opera no sentido de colocá-los em posição de desvantagem em relação a alunos que possuem tal capital. Os procedimentos metodológicos incluíram três etapas principais, quais sejam: 1) a aplicação de um questionário inicial aos cerca de 70 alunos abrangidos,

---

* O livro *Por que uns e não outros? Caminhada de jovens pobres para a universidade* foi resultado da tese de doutorado de Jaílson de Souza e Silva, na qual ele entrevistou uma amostra de jovens do Complexo da Maré (Rio de Janeiro, RJ) que conseguiram acessar e concluir o ensino superior. Uma das questões centrais girou em torno da investigação da estratégia de sucesso escolar de tais alunos, já que o número de jovens da Maré que conseguiam ingressar e concluir o ensino superior, na época da realização de sua pesquisa, era insignificante quando levado em consideração o contingente populacional da comunidade. O trabalho do autor demonstrou, dentre diversas questões, que a ausência desse capital informacional no momento de realização do vestibular atua como um dos mecanismos que dificultam a entrada de alunos de origem popular no ensino superior.

de forma a poder verificar se esses alunos realmente não possuíam a referência familiar mencionada em linhas acima; 2) a seleção de uma amostra de alunos que se encaixavam no perfil com o qual nos interessava trabalhar; e 3) entrevistas com esse grupo de alunos a fim de identificar as construções das quais os alunos que não tinham referência familiar no espaço acadêmico se valiam para se referir à universidade.

## O LUGAR DE ONDE SE FALA

Antes, porém, de tratarmos especificamente da pesquisa que deu vida a este artigo, faz-se necessário deixar claros alguns aspectos relacionados a ela. Como já enunciado, tal pesquisa foi realizada como tarefa do PET-Conexões de Saberes, Programa de Educação Tutorial existente em diversas instituições federais de ensino superior (IFES) do Brasil. Composto exclusivamente por estudantes universitários de origem popular (EUOPs) dessas instituições, seu objetivo geral consiste no desenvolvimento de estratégias para o acesso e a permanência qualificada de tais estudantes. Ele foi institucionalizado em 2008 pelo SECAD/MEC e, a partir de 2010, passou a ser denominado por tal terminologia. Antes da institucionalização, era conhecido por Conexões de Saberes e não integrava o programa de tutoria dos estudantes de graduação das universidades públicas federais.

O resultado da tese de doutorado de Jaílson de Souza e Silva (2011), sintetizado no livro *Por que uns e não outros?*, exerceu importante influência na criação do projeto Conexões de Saberes, nascido no Observatório de Favelas.* Na UFRJ, sob a coordenação das professoras Gabriel e Moehlecke, assumiu um papel diferenciado na política de extensão da universidade, como "um campo de forças, uma teia ou rede de relações sociais que se projetam no espaço" (ALBAGLI, 2004, p. 26).

> *Essa percepção do espaço universitário trouxe implicações importantes para a implementação do programa, na medida em que a universidade deixava de ser apenas o lócus privilegiado da construção do olhar de fora sobre as comunidades e tornava-se também um lócus observado sobre o qual se projetam o olhar de dentro e de fora do seu território. Desse modo, ela é, ao mesmo tempo, o lugar de onde se fala e o objeto sobre o qual se fala.* (GABRIEL; MOEHLECKE, 2011, p. 40)

---

* Segundo Jaílson de Souza e Silva (2011, p. 160): "O Observatório [sediado na Maré] busca construir uma atuação, tanto no Rio de Janeiro como em outros espaços do território nacional. Ele privilegia a produção de estudos, metodologias e tecnologias sociais que permitam ampliar as possibilidades dos moradores dos territórios populares afirmarem o seu devido 'direito à cidade'. [Sua atuação] se inscreve em um quadro conjuntural no qual o acesso dos jovens pobres à universidade, dentre outras, tornou-se uma questão pública de maior relevância."

Impregnado dessa perspectiva da universidade ser ao mesmo tempo esse "lugar de onde se fala e o objeto sobre o qual se fala", o presente artigo foi resultado de uma pesquisa empreendida pelo projeto, composto por estudantes universitários de origem popular, em um pré-vestibular comunitário voltado para alunos de origem popular.

## INVESTIGANDO O CAMPO DE AÇÃO

A ação que foi tomada como pioneira do trabalho no pré-vestibular localizado no bairro do Caju foi a realização de uma oficina com os alunos no primeiro mês de suas aulas de preparação para o vestibular. A oficina, elaborada e desenvolvida pelos alunos do projeto (incluindo eu mesma), teve por objetivo introduzir a eles algumas noções sobre o funcionamento do vestibular, mas, principalmente, conceder algumas informações que podem ser essenciais na permanência de alunos com tal tipo de perfil no espaço acadêmico ou, em outras palavras, empoderá-los de capital informacional.

A oficina foi ministrada por estudantes integrantes do projeto Conexões de Saberes. Esses estudantes tinham em comum entre eles, além de serem todos alunos da Universidade Federal do Rio de Janeiro, a característica de se enquadrarem na categoria EUOP. Além disso, compartilhavam com o público do pré-vestibular PVCSA esse mesmo perfil. O resultado dessas similaridades é que tanto os alunos que ministraram a oficina quanto os alunos que participaram dela compartilhavam entre si características sociais e econômicas da mesma natureza, permitindo que eles se comunicassem no mesmo código. O que eu quero dizer com isso é que tais semelhanças possibilitavam uma troca de via dupla: i) os alunos que prepararam a oficina (alguns inclusive ex-alunos de pré-vestibular comunitário) compreendiam com certa precisão e familiaridade as dificuldades e angústias daquele público, por já terem vivenciado situação parecida; e ii) o público se identificava com os alunos que apresentavam a oficina, já que durante a realização da mesma as experiências pessoais dos estudantes universitários de origem popular eram divididas com esses vestibulandos.

Esse detalhe, à primeira vista, pode parecer insignificante, mas a minha aposta é que a realização da oficina para esse público por estudantes universitários de origem popular desencadeou um processo subjetivo que imprimiu nesses alunos um sentimento de pertencimento e identificação com o espaço acadêmico. É porque tomam conhecimento de colegas que alcançaram aquilo que eles almejavam, de colegas que superaram as mesmas adversidades, colegas com trajetórias de vida semelhantes, que eles vislumbram o acesso ao ensino superior com mais esperança e o encaram como uma possibilidade real. Essa minha desconfiança pode ser exemplificada com uma situação presenciada por mim: durante a apresentação do trabalho que deu origem a este artigo, em um evento acadêmico, em um determinado momento da minha resposta a uma pergunta que me foi dirigida, eu mencionei exatamente o que disse em linhas anteriores. O público que me assistia teve dificuldade em compreender minha argumentação, até que uma mulher que estava na plateia, graduanda da UFRJ, pediu a palavra para compartilhar a experiência de acesso ao ensino superior vivida por ela. O seu relato evidenciou que ela se enquadrava na categoria EUOP e girou em torno da importância dessa atividade do nosso projeto com esses vestibulandos, pois, segundo ela, caso tivesse tido a mesma oportunidade, seu primeiro ano na universidade teria sido muito diferente e, além disso, teria ingressado no ensino superior mais precocemente.

Como apontam Gabriel e Moehlecke (2011, p. 41), o EUOP,

> [...] ao chegar à Universidade, passa a vivenciar um profundo sentimento de deslocamento identificado como a percepção de que se encontra em um espaço que não lhe pertence. Determinado por múltiplos fatores que articulam causas externas e internas ao espaço universitário, esta percepção se agrava pelo aparente isolamento do novo aluno oriundo de espaços populares, levando-o a crer se tratar de caso único e sorte pessoal. Tal processo conduz o estudante de origem popular a interiorizar o problema e compreender a situação que vivencia como sendo resultado de suas próprias características pessoais e sociais, culpabilizando a si mesmo.

Silva (2011), no trabalho já referido, identificou essa questão como traumática para estudantes com esse perfil ao desencadear um processo de desenraizamento feroz. Assim, levando em consideração as argumentações desses autores e o relato da aluna esboçado, a realização das oficinas parece apontar o caminho certo para a construção de pertencimento antes da chegada ao ensino superior, tentando combater, portanto, a instalação de tal processo de desenraizamento nos primeiros meses.

O relato da graduanda exibido em linhas anteriores remete à pergunta que foi colocada no início desta seção. A dificuldade relatada por essa aluna da UFRJ foi a mesma que Jaílson de Souza e Silva (2011, p. 115) encontrou quando realizou o seu trabalho com os jovens da Maré. Segundo ele,

> A dificuldade para o ingresso na faculdade decorria de uma alegada ausência do que pode ser denominado capital informacional. Os alunos, no período de realização do vestibular, não teriam informações básicas sobre os cursos e as instituições, assim como uma adequada compreensão das características do sistema vestibular e da própria universidade, em particular no âmbito financeiro.

Dessa forma, tais oficinas realizadas pelo projeto cumprem seu papel no âmbito da política extensionista, no sentido de produzir conhecimento sobre a comunidade e ao mesmo tempo devolver esse conhecimento à comunidade. Dizemos que a universidade não vai à comunidade porque a comunidade já está dentro da universidade, representada pelos estudantes universitários de origem popular. Nesse sentido também a oficina cumpre seu papel de trabalhar com os alunos aspectos relacionados ao funcionamento do vestibular e da universidade, cobrindo a lacuna à qual se refere o autor na citação acima.

A oficina realizada com esses vestibulandos abordou aspectos relacionados ao funcionamento do vestibular, à escolha de cursos, à questão das ações afirmativas, às alternativas de acesso ao ensino superior e, não menos importante, à questão da permanência, tratando aspectos pertinentes aos programas de assistência estudantil.

Alguns meses após a realização da oficina, retornamos ao pré-vestibular PVCSA para realizarmos uma entrevista com os seus coordenadores, um casal de professores que está à frente do projeto desde sua criação, em 2002.

Caderno e lápis na mão, nosso objetivo foi, com esse procedimento, levantar questões relacionadas à história, ao funcionamento, à administração, ao perfil geral dos alunos, ao nível de aprovação alcançado nos vestibulares e aos mecanismos de seleção para o ingresso no referido curso. A entrevista foi importante pois possibilitou elucidar o perfil dos alunos e situar historicamente o contexto de criação do pré-vestibular. Tais procedimentos nos permitiram perceber o terreno em que estávamos pisando, assim como conhecer, grosso modo, os sujeitos envolvidos na pesquisa.

De forma sintética, pode ser mencionado que o PVCSA completou dez anos em 2012. Seus idealizadores, à frente do trabalho até hoje, identificados na figura de um professor de Física graduado pela UFRJ e de uma estudante de Letras da PUC-Rio, ambos de meia-idade, têm em comum com os alunos o fato de também serem de origem popular, conforme ficou explicitado pelos seus depoimentos. Eles afirmaram que o perfil dos professores do espaço varia desde professores aposentados até graduandos em fase de conclusão de curso. Os índices de aprovação obtidos por eles, infelizmente, não estão registrados. O que foi informado é que esse índice "era bom", tendo sido citados por eles uma série de exemplos de alunos que se formaram em cursos "x" em universidades "y", tendo sido exemplificado com casos de licenciados e de advogados. Como a entrevista tinha por objetivo apenas obter informações superficiais sobre o PVCSA, tal ausência não se configurou como um problema e seus objetivos foram atingidos.

## MÃOS À OBRA: ENTRANDO EM CAMPO

Ainda que pela entrevista com os coordenadores do pré-vestibular tivesse ficado claro que os alunos abrangidos pelo PVCSA se enquadravam no perfil com o qual tencionávamos trabalhar, foi aplicado um questionário como primeira etapa da pesquisa, a fim de selecionarmos um grupo menor para a etapa seguinte, a entrevista. Feita a aplicação com 61 alunos de um universo de 70 (alunos esses que compareceram no dia combinado para a aplicação), constatamos que, desse total, 20 alunos possuíam aquilo que definimos como referência familiar próxima no espaço acadêmico, isto é, parentes próximos, como mãe, pai, irmãos, avó ou avô, que concluíram ou estavam concluindo o ensino superior em instituição pública ou privada. Vale ressaltar que tal característica não configura a presença de alunos com um perfil socioeconômico "inapropriado" para o perfil do pré--vestibular, porque há uma série de variáveis que devem ser levadas em consideração para se analisar isso, mas tal característica eliminou esses alunos da nossa amostra, em virtude do fato da pesquisa ter interesse em investigar a construção de categorias por parte dos alunos que não possuíam tal referência.

Após essa etapa, partimos para a realização das entrevistas com os alunos que não possuíam referência familiar próxima no espaço acadêmico, compreendendo 41 alunos o universo que nos interessava. Além desse critério, também nos interessavam, dentro desse grupo, os alunos que participaram da nossa oficina realizada no início do ano. A participação na oficina carregava o significado de que esses alunos haviam passado por uma intervenção nossa e também que estavam no PVCSA desde o início das atividades. A amostra, assim, ficou representada por 13 estudantes.

O procedimento de realização das entrevistas foi feito aluno por aluno, no dia e horário combinados, no próprio lugar de realização das aulas. Tinha por objetivo identificar, por meio do discurso desses alunos que não possuíam referência familiar próxima no espaço acadêmico, a maneira pela qual se referiam a um espaço que lhes era desconhecido.

A partir da amostra selecionada, chegamos a alguns dados interessantes: metade dos alunos manifestou preferência pelos cursos de graduação relacionados às áreas biológica e biomédica, 33% pelos cursos relacionados à matemática, especialmente engenharia, e a minoria restante manifestou inclinação por cursos como letras, pedagogia e serviço social. Quando indagados acerca das razões que os levaram a ter preferência pelo curso que indicaram, os dados percentuais apontaram que: i) cerca de 58% achavam que tinham habilidade para a profissão relacionada, por gostar das disciplinas associadas com tal área; ii) 25% por ser uma área de grande procura por profissionais no mercado; e iii) aproximadamente 17% por já estar trabalhando na área.

Outro ponto que merece destaque diz respeito à idade dos alunos. Dos entrevistados, 12 tinham idades que variavam de 17 a 22 anos, e apenas uma entrevistada extrapolou muito a média, tendo idade superior a 30 anos. Do universo dos alunos que participaram da primeira etapa da pesquisa (61 alunos), as idades dos alunos também correspondiam a essa variação, muito embora houvesse um quantitativo expressivo de alunos com mais de 30 anos.

Pertencentes a uma rede social limitada em termos de relações com pessoas que têm ou tiveram acesso ao ensino superior, quase 70% da amostra afirmou nunca ter ao menos entrado em uma universidade, fosse ela pública ou particular. O contato com sujeitos possuidores de diploma universitário reduzia-se a um círculo de professores, assim como a um círculo de ex-alunos do pré-vestibular ou da escola o contato com pessoas que estivessem cursando o ensino superior.

O trecho de uma das entrevistas a seguir pode exemplificar isso. Em um determinado momento da entrevista, depois do aluno ter mencionado a universidade pela qual tinha preferência, foi indagado se ele conhecia pessoas que estudavam em outras universidades ou, especialmente, naquela que apontou como a sua mais cobiçada, ao que ele respondeu:

*Não, eu sei... Só de vista... De entrar não... Conheço algumas, professores. Conhecer que sejam amigos meus, pouco. Mas conheço pessoas de vista que faziam parte do pré--vestibular que estudam lá.*

Tais características das redes sociais dos alunos podem ser associadas ao aspecto que as entrevistas elucidaram: os alunos tinham noções muito vagas acerca da universidade, apontando para aquilo a que já me referi, a ausência de capital informacional.

De maneira geral, os discursos dos alunos permitiram concluir que suas respostas variavam entre três opções, a saber: responder "eu não sei", se referir à universidade como "uma coisa boa", ou responder às perguntas se baseando em informações que obtiveram de outros, como colegas e professores.

A primeira opção de resposta apontou que os alunos que assim reagiram tinham noções vagas e imprecisas sobre a universidade, ficando evidenciado pelos discursos que esses alunos não tinham ao que se remeter. O trecho seguinte de uma das entrevistas focaliza isso:

*Eu nem imagino, sabe... Eu imagino que deva ser tudo muito corrido, que as pessoas nem devam se falar direito, nem sei te dizer como eu imagino... Eu imagino assim, que seja muito corrido até porque as pessoas têm, fazem outras coisas.*

Nesse outro, também é possível que essa característica seja percebida:

*Eu imagino que deve ser difícil pra caramba, mas eu acho que deve ser bom, pelo que me falam. O espaço é bom, já me falaram.*

A segunda opção, referir-se à universidade como "uma coisa boa", evidenciou que tais discursos estavam impregnados de uma ideia difundida no senso comum que tende a associar a chegada à universidade à ascensão social, à mudança de *status* econômico, à "busca de um sonho". Num dos relatos, a entrevistada expressou a seguinte opinião sobre a chegada à universidade:

*Ai, não sei... Pra mim é um sonho.*

Isso fica mais evidente nesse outro relato:

*A faculdade é nada além que aquilo que realmente você escolheu, é um sonho que você vai buscar, que você vai seguir... Porque é aquilo que você escolheu pra sua vida, ali vão estar as pessoas que gostam das mesmas... Praticamente do mesmo, do mesmo curso, né... Das mesmas coisas, entre aspas...Vou conhecer novas pessoas, o ambiente vai ser novo... Eu não tenho noção de como é uma faculdade, assim, entendeu?*

Já na terceira opção as respostas concedidas baseavam-se em experiências vividas por outras pessoas, que compartilharam isso com os alunos, que tenderam a encaminhar suas respostas para essa opção por mim categorizada. Verificou-se que, neste caso, os alunos até possuíam certo capital informacional, mas extremamente pautado nos relatos de outras pessoas, especialmente colegas recém-ingressados no ensino superior. Neste caso, no discurso de tais alunos foi frequente a utilização de sujeito indeterminado como parte da construção de seus enunciados.

Portanto, os resultados alcançados levaram-me a concluir que tais alunos que não possuíam referência familiar próxima no espaço acadêmico construíam idealizações sobre o espaço, baseadas principalmente no discurso de pessoas como professores próximos e colegas que já são universitários.

## Discutindo resultados

Silva (2011), ao refletir sobre os anos iniciais do Conexões de Saberes, afirma que o desenvolvimento de estratégias que assegurem o pertencimento ao espaço acadêmico dos EUOPs é imprescindível para garantir sua permanência qualificada no ensino superior, assim como estratégias que garantam a identidade de jovens com seu lugar de origem. Esses dois pontos conquistaram espaço primordial durante o desenvolvimento do Conexões de Saberes, contribuindo para que entrasse em cena um debate sobre a própria dinâmica universitária e institucional da universidade, a fim de que o desenvolvimento de tais estratégias conseguissem obter êxito, já que

> [...] *a hegemonia na universidade, especialmente a pública, de valores muito diversos dos presentes no mundo popular faz com que muitos jovens não se reconheçam mais em seu lugar de origem depois que "reconvertem" os seus habitus e se conformam aos valores dominantes no mundo acadêmico. Nesse caso, o problema não é que eles mudem de território, o que comumente acontece, mas que mudem de "lugar social". Nesse processo de "desterritorialização" muitos terminam por (re)afirmar e reforçar um conjunto de juízos discriminatórios e estereotipados em relação aos territórios populares e seus moradores. Nesse quadro, em geral, as pessoas oriundas dos setores populares, no afã de afirmarem seu novo lugar social, terminam por serem mais discriminatórias com os pobres do que as pessoas que pertencem historicamente àqueles grupos sociais. (SILVA, 2011, p. 162)*

Gabriel, Ferreira e Monteiro (2008) atribuem a tal aspecto do projeto um caráter de subversão que aponta para o caminho do questionamento dos próprios valores da universidade, dos saberes que legitima e daqueles que não valoriza, encaminhando para o debate no âmbito de discussão do currículo. Todas essas questões se inserem em um momento de crise que a universidade enfrenta, apontado por Boaventura de Sousa Santos (2004), em especial àquela crise que ele identifica como "crise de legitimidade" da universidade, indicando a necessidade dessa instituição repensar sua identidade. Referem-se ainda também àquilo que Santos (2002) identificou como a necessidade de uma "sociologia das ausências", que parte da ideia de que "toda ignorância é ignorante de um certo saber e todo saber é a superação de uma ignorância particular" (Santos, 1995, p. 25), e seria, segundo ele, em virtude dessa incompletude dos saberes que nasceria a possibilidade de diálogo entre eles e, da mesma forma, de disputas epistemológicas.

Os resultados do trabalho aqui exposto advogam em favor de que o desenvolvimento de estratégias voltadas ao pertencimento e identidade dos estudantes oriundos dos setores populares é essencial para a garantia do seu acesso e de sua permanência qualificada, corroborando o que a própria experiência de desenvolvimento do Conexões e de toda reflexão teórica que o projeto despertou já tinha posto em evidência.

Esses dois aspectos, quais sejam, pertencimento e identidade, podem ser relacionados aos resultados do trabalho de uma forma bem clara. O ponto de partida para se entender essa relação é a assertiva de que os alunos que realizavam o trabalho de "extensão universitária" no pré-vestibular eram oriundos de um universo socioeconômico que se intercomunicava sensivelmente com o universo desses vestibulandos. Havia uma relação de proximidade entre os estudantes dos dois lados, em um duplo sentido. Os relatos das experiências e angústias vivenciadas pelos vestibulandos eram comuns a esses "universitários de origem popular" também, sendo possível fazer referência a certa identificação mútua: EUOPs identificando-se com a experiência relatada, fazendo-os se remeterem ao passado, quando vivenciaram situações similares; vestibulandos identificando-se com eles, como que se voltando para o futuro e vislumbrando-se como universitários também. Tal "exercício" de se voltar para o futuro e associar a figura de tais estudantes a suas figuras também está associado à questão do pertencimento.

É nesse sentido também que ter ou não referência familiar no espaço acadêmico faz toda a diferença, percebida pelos EUOPs ao ingressarem na universidade e contraporem suas experiências de vida escolar e em especial de acesso à instituição com a dos demais estudantes. Ao "retornarem ao passado", nesse caso, quando os EUOPs em questão foram a esse pré-vestibular, os discursos desses vestibulandos lhes eram conhecidos, e "só ter três opções de resposta em geral" para se remeterem ao espaço acadêmico fazia todo sentido, levando em conta suas próprias experiências pessoais.

## Tecendo a manhã

> *O corvo, insatisfeito com sua condição, admirava à distância a comunidade dos pombos – marcada pela elegância, pela cultura e pela beleza. Até que, certo dia, toma uma posição radical: pega uma lata de tinta branca e pinta-se inteiramente. Com essa nova roupagem, dirige--se ao pombal; lá chegando, é rapidamente identificado pelos pombos originais, que não permitem seu ingresso na sociedade. Decepcionado, decide voltar ao convívio de seus pares – os corvos. Lá chegando, todavia, a decepção se faz mais profunda: seus antigos irmãos não o reconhecem e o repudiam. Assim, sem ter o que tinha e não alcançando o que desejava, ficou o pobre corvo só, lamentando sua singular condição.*
>
> (Fábula popular)

O livro *Por que uns e não outros? Caminhada de jovens pobres para a universidade* teve como resultado a criação do maior programa de ações afirmativas do Ministério da Educação: o Conexões de Saberes, atualmente transformado no Programa de Educação Tutorial Conexões de Saberes. Por que uns e não outros conseguem atingir o ensino superior? Por que uns e não outros conseguem cunhar uma trajetória de sucesso acadêmico? Por que uns e não outros com características sociais e econômicas tão idênticas seguem trajetórias tão antagônicas? São questões cujas respostas ultrapassam os limites deste artigo. Todavia, algumas das respostas associadas inteiramente a essas questões são aqui pertinentes: o acesso e a permanência qualificada dos estudantes universitários de origem popular. Neste artigo, procurou-se enfatizar sobretudo a necessidade do pertencimento como estratégia para a permanência de alunos com tal perfil na universidade.

Certa vez, Bourdieu e Champagne (2008) chamaram a atenção para um dos efeitos perversos da suposta democratização do ensino: a criação de "excluídos do interior", como resultado de

> *uma ordem social que tende cada vez mais a dar tudo a todo mundo [...] mas sob as espécies fictícias da aparência, do simulacro ou mesmo da imitação, como se fosse esse o único meio de reservar para uns a posse real e legítima desses bens exclusivos.*

Da mesma forma, Boaventura de Sousa Santos (2004) também vem denunciando que tais políticas de democratização, se não comprometidas com a permanência qualificada de estudantes com perfil socioeconômico vulnerável, têm como resultado uma inclusão para a exclusão, quando esse estudante, ao chegar à universidade, se depara com uma situação de desvantagem em diversos aspectos em relação aos alunos para os quais a universidade sempre foi um caminho natural, e culmina por abandonar (ou concluir muito precariamente) o ensino superior.

É nesse sentido que o PET-Conexões de Saberes cumpre seu papel na direção de desenvolver estratégias para a integração de tais estudantes, objetivando combater esses possíveis efeitos perversos da democratização do ensino superior.

Plagiando o autor da fábula da epígrafe, como um artifício de esperança, é com o propósito de evitar que os estudantes universitários de origem popular tenham o mesmo fim do protagonista da fábula que sua integração ao espaço universitário se configura como um dos alicerces essenciais do projeto. Para tecermos a manhã desejada, numa ordem social marcada pelo individualismo que tende a agravar desigualdades social e historicamente construídas, faz-se necessário não esquecer que um galo sozinho não tece uma manhã, porque ele precisará sempre de outros galos – como nos escrevia e nos surpreendia João Cabral de Melo Neto.*

---

* O título desta seção é uma referência à ideia desenvolvida no poema *Tecendo a manhã*, de João Cabral de Melo Neto (2008, p. 219).

# ESTUDANTES UNIVERSITÁRIOS DE ORIGEM POPULAR: RETRATO DA PRESENÇA DA COMUNIDADE NA UNIVERSIDADE

*Ágatha Miriã Pereira*
*William Santos*

O presente artigo tem por objetivo refletir sobre o perfil do Estudante Universitário de Origem Popular (EUOP)* ingressante nos cursos de licenciatura na UFRJ, contribuindo para este atual e constante debate sobre quem são estes alunos e qual a sua origem. Nas Instituições Federais de Ensino Superior (IFES), cujo acesso é tão almejado por muitos, tanto pela qualidade do ensino quanto pela gratuidade, a presença do EUOP contribui para a democratização e pluralização desse ambiente. Segundo Skliar (2003, p. 27),

> *o outro da educação foi sempre um outro que devia ser anulado, apagado. Mas as atuais reformas pedagógicas parecem já não suportar o abandono, a distância, o descontrole. E se dirigem à captura maciça do outro para que a escola fique ainda mais satisfeita com a sua missão de possuir tudo dentro de seu próprio ventre.*

A presença deste aluno também estimula outras ações em prol de mudanças institucionais, contribuindo para que mais pessoas da mesma origem busquem e alcancem os mesmos objetivos: ingressar e se formar numa boa instituição, independente de sua classe ou cor. Esse tema tem sido na atualidade foco de vários debates e pesquisas empreendidos por diversos segmentos sociais da Economia, História, Antropologia e Educação. Muito se tem estudado e teorizado sobre esse estudante, visando analisar as dimensões qualitativas e quantitativas do seu ingresso e permanência, as transformações daí decorrentes e quais efeitos esse ambiente tem na vida dele também.

Baseamos nossos estudos em diversos textos e teses, nos quais a temática versa sobre a busca pelo acesso ao Ensino Superior de qualidade das camadas populares, o que acar-

---

* Optamos por trabalhar com essa categoria de análise – EUOP – como definida pelo Projeto Conexões de Saberes, desenvolvido entre 2004-2010 nas IFES. Consideramos o perfil socioeconômico (renda familiar, local de moradia) e o nível de escolaridade dos pais, assim como fazer parte da primeira geração universitária da família.

reta a pluralização desse ambiente. Pretendemos, assim, focar nosso estudo no debate em torno das condições e do perfil dos alunos de origem popular das licenciaturas da UFRJ.

A universidade pública, historicamente, tem promovido a elitização de seu acesso e, consequentemente, dificultado o diálogo junto à comunidade e aos saberes que esta poderia oferecer. Neste sentido, nos perguntamos qual é o papel da universidade, se ela faz jus ao seu nome, qual o sentido de "universal", se essa universidade é realmente uma instituição que prima pela universalização do conhecimento. A universidade, imbuída desse valor, deve ter como alvo o conhecimento produzido, a socialização desse conhecimento considerando a comunidade, abrangendo as três dimensões indissociáveis entre si: o ensino, a pesquisa e a extensão. Desse modo, a universidade não estaria apenas destinada a preparar os alunos para o mercado de trabalho e estimular o crescimento do capital privado como temos observado na atualidade, descaracterizando o seu papel. De acordo com Chauí (2003, p. 8),

*Isso significa que a universidade pública produz um conhecimento destinado à apropriação privada. Essa apropriação, aliás, é inseparável da mudança profunda sofrida pelas ciências em sua relação com a prática.*

Assim, um ensino universalizado cujo conhecimento é produzido no ambiente acadêmico que privilegia a busca pela igualdade, que visa formar uma mão de obra de maior qualidade, se distancia cada vez mais dessa instituição. Do mesmo modo, defendemos a pesquisa como contribuição para a melhoria de vida da sociedade, desenvolvendo tecnologias e estratégias para sua melhor condução, a extensão como forma de ação para a melhoria da comunidade e aprendizado para os alunos, no lugar de um assistencialismo ou ainda uma "prestação de contas".

Atualmente, em pleno século XXI, as ações socioeconômicas de cunho étnico-racial em prol de cotas denunciam e lutam por ampla democratização do acesso ao ensino público. Em vigência, estamos vendo e vivendo lutas em que possibilitar este acesso, além de ser uma vitória em nome da diversidade e democratização do ambiente universitário, é também o pagamento da grande dívida com os grupos historicamente subalternizados. O EUOP é a figura central desse trabalho, pois consideramos que a sua presença na universidade pública mobiliza o debate em torno do próprio papel da universidade nos dias atuais. Coloca em xeque a estabilidade do modelo de universidade que não dá mais conta das atuais demandas. Além disso, contribui para a reflexão de novas estratégias para a democratização da universidade, visando garantir a permanência e a integração desse estudante, como é o caso do nosso programa.

A presente pesquisa busca compreender a percepção que os alunos desta instituição têm sobre essa categoria de estudantes (EUOPs) nos cursos de licenciatura da UFRJ.

Essa pesquisa é um desdobramento de um estudo realizado por uma de nossas bolsistas* em 2011 que alcançou os cursos com os quais o projeto trabalha (Ciências Sociais, História, Filosofia e Geografia) e dos quais fazemos parte. A presente investigação foi ampliada em 2013 para todos os 14 cursos de licenciatura situados no IFCS, IH (Instituto de História), Praia Vermelha e Fundão (exceto Psicologia) e teve os seguintes objetivos: (a) compreender como os estudantes dessas licenciaturas entendem a categoria de EUOP e como/se eles se reconhecem como tal; (b) observar se há a existência de um padrão de perfil em todas as licenciaturas; (c) verificar a eficácia das medidas de acesso e permanência desses estudantes. Para tal propósito usamos como metodologia a aplicação de questionário numa amostra de dez alunos por curso, tendo como principal objetivo trabalhar com as seguintes hipóteses: (a) que nas licenciaturas dos cursos de Letras existe um percentual maior de alunos EUOPs, tal como foi verificado em pesquisa realizada pelo Projeto Conexões de Saberes com os alunos calouros em 2006;** (b) que ocorrem casos em que o aluno se identifica como EUOP, sem, no entanto, o seu perfil se adequar aos critérios estabelecidos para sua caracterização como tal.

Como aporte teórico utilizamos Chauí (2003), Skliar (2003), Santos (2004), Silva (2011), Gabriel e Moehlecke (2011) e Bourdieu (2008).

Na primeira parte do trabalho buscamos problematizar nosso projeto PET-Conexões de Saberes: "A comunidade vai à universidade: sobre os processos de identificação, pertencimento e integração dos alunos de origem popular no espaço acadêmico"*** (PET--Conexões de Saberes – Identidades) como alternativa para esse desafio enfrentado pela universidade pública; em seguida, nos debruçamos sobre a análise dos dados da pesquisa que nos instiga a refletir sobre o padrão de perfil desse aluno.

Tomamos como pano de fundo para esse trabalho um entendimento de extensão que extrapola os muros da universidade, mas que ao mesmo tempo se volta para ela, visto que uma parcela da comunidade já está inserida na universidade.

---

* Pesquisa realizada pela bolsista Elisa Mendes Vasconcelos no âmbito do projeto mencionado PET-Conexões de Saberes – Identidades em 2011.

** Pesquisa realizada pelo Projeto Conexões de Saberes: Diálogos entre Universidade e Espaços Populares na UFRJ, coordenado pelas professoras Carmen Teresa Gabriel e Sabrina Moehlecke entre 2004 e 2011.

*** Nome completo do Projeto PET-Conexões de Saberes – Identidades, forma pela qual nos referimos a ele nesse estudo.

## A COMUNIDADE NA UNIVERSIDADE: O PET-CONEXÕES DE SABERES – IDENTIDADES COMO UMA ALTERNATIVA PARA A INTEGRAÇÃO DO EUOP

> *O outro já foi suficientemente massacrado. Ignorado. Silenciado. Assimilado. Industrializado. Globalizado. Cibernetizado. Protegido. Envolto. Excluído [...] (SKLIAR, 2003, p. 29)*

O PET-Conexões de Saberes – Identidades é um projeto de educação tutorial, realizado na UFRJ, cujos integrantes conexistas são estudantes universitários de origem popular e uma professora tutora* que orienta as ações do grupo.

O projeto acima citado, no qual atuamos, pauta as suas ações no projeto Conexões de Saberes: Diálogos entre Universidade e Espaços Populares, desenvolvido na UFRJ entre os anos de 2004 e 2010.** O programa tem como finalidade desenvolver ações que primem pela permanência de qualidade de alunos de origem popular na universidade através de trabalhos intelectuais em diálogo com a comunidade. Este projeto de extensão visa aproximar o saber popular e o saber acadêmico e, ao mesmo tempo, contribuir para que os alunos de origem popular, ingressantes neste espaço, incluindo aí também os seus conexistas, se integrem ao mundo universitário com olhar crítico, com o objetivo de favorecer possíveis mudanças. É um projeto que caminha até hoje com a meta de possibilitar a autonomia do estudante, de forma não assistencialista, procurando minimizar o sentimento de estranheza tão comum entre os mesmos. Através de encontros que buscam gerar profundas discussões e intervenções, como as oficinas nas escolas públicas, as Segundas de Diálogos e os Cineclubes Conexões em Cartaz, os bolsistas, como protagonistas dessas atividades, mobilizam outros EUOPs e não EUOPs interessados. Todas estas atividades são planejadas entre os conexistas e a tutora ou em conjunto com os outros grupos do PET-Conexões de Saberes. Neste ambiente, o grupo, tendo como pano de fundo a busca pela democratização da universidade pública, procura refletir sobre as percepções que as comunidades têm acerca do ensino superior e sobre a relação da universidade com as comunidades populares.

Entendemos que o projeto está inserido em meio aos debates sobre o papel da universidade pública na atualidade e os desafios enfrentados por ela frente à crise institucional em que se encontra. A universidade forjada na lógica da racionalidade moderna não deu conta das mudanças ocorridas na atualidade nessa esfera educacional. Dessa forma, a

---

* Warley da Costa, professora adjunta da Faculdade de Educação.

** Projeto de iniciativa da parceria MEC/SECAD, Observatório de Favelas e pró-reitorias de extensão das universidades públicas federais, iniciou suas atividades em apenas cinco universidades, estendendo-se a 33 IFES até a sua finalização em 2010/2011.

universidade, segundo Santos (2004), passa por uma crise institucional e uma crise de legitimidade, questionando ao mesmo tempo o seu papel social e o conhecimento por ela produzido. Assim, as medidas de ações afirmativas sancionadas pelo governo objetivam pelo menos "amenizar" suas crises, visto que, com essas iniciativas, acredita-se que um número maior de pessoas oriundas das camadas populares ingresse no espaço universitário. Essas ações, obviamente, não são negativas, pois visam à igualdade de acesso e permanência através de ações positivas. Trata-se, neste caso, de uma questão de justiça e dívida da sociedade com as camadas populares que, ao longo da história da universidade, pouco tiveram acesso a este mundo intelectual tão restrito às classes altas. Por mais que a instituição de ensino conduza a aberturas e investimentos, para que cada vez mais sejam gerados resultados em prol de sua democratização, os resultados se voltam apenas para o acesso e ingresso dessa população e não para a qualidade de sua permanência. Ainda assim, essa pretensa democratização não supera, em sua totalidade, os problemas veiculados pela crise. Segundo Gabriel,

> *O aumento recente do número de estudantes oriundos de grupos sociais diversos, particularmente aqueles advindos dos espaços populares, certamente tem nos desafiado a refletir sobre os objetivos e o papel da universidade pública brasileira na construção de uma sociedade cada vez mais justa, mais igualitária e menos dogmática.* (GABRIEL; FERREIRA; MONTEIRO, 2008, p. 252)

Percebemos, através de nossas pesquisas e atuação nos espaços populares de origem desses estudantes,* que eles, em sua maioria, veem a universidade como um espaço elitizado e excludente, distante de sua realidade e inalcançável. Essa percepção não condiz com o conceito de universalização proposto pela instituição, pois exclui uma parcela considerável da população de seu ambiente. Percebemos ainda que a parcela de origem popular, quando adentra o ambiente acadêmico, se defronta com uma realidade social diferente da de sua origem, não reconhecendo seus colegas como seus pares sociais. Esse estudante tende a ver a sua entrada na universidade como algo isolado e pessoal, criando um sentimento de não pertencimento a esse ambiente. Nesse prisma ele pode tentar diminuir ou amenizar essa diferença, se esforçando cada vez mais para se aproximar do padrão de aluno esperado pela instituição, que tem como referência o conhecimento científico legitimado socialmente. Uma vez não alcançados os resultados esperados, o EUOP considera seu "mau" desempenho como sua deficiência, o que aumenta o sentimento de não pertencimento e até de inferioridade perante seus colegas de sala. Vendo-se como o problema ou portador de problemas, esse aluno frustra-se consigo mesmo.

---

* Ver artigo editado neste livro: "Pertencimento e identidade: discutindo o acesso e a permanência de estudantes de origem popular no ensino superior", de Elisa Mendes Vasconcelos.

Sabemos que a universidade tem seu ambiente competitivo e que a sua herança de capital cultural doméstico (BOURDIEU, 2008),* associada à sua origem familiar, fará a diferença ao ingressar nesse *ranking*. Essa transmissão do capital cultural doméstico, segundo o autor citado, ocorre através do investimento econômico prévio da família, visando a melhor aptidão de cultura e capacitação do filho, para assim poder possibilitar a ele sucesso e um futuro profissional brilhante condizente com o "mundo do trabalho" da sociedade capitalista. Estes "bem-nascidos" são oriundos da elite ou no mínimo da classe média, e desde cedo, como comentado acima, eles recebem investimentos econômicos da família para assim terem, material ou simbolicamente, o capital cultural. Através deste quadro, o que vemos são muitos destes alunos alcançando "bons" resultados e adquirindo condições para acompanhar a vida acadêmica e ingressar no mundo profissional com mais facilidade que os oriundos da classe popular. Em contrapartida, o EUOP tem pouca ou nenhuma aquisição deste capital cultural, provocada por condições do cotidiano como difícil acesso a fontes de informação, por exemplo. Juntem-se a isso outros fatores tais como as péssimas condições de vida, o intenso convívio com a violência e o ensino deficiente das escolas públicas. Estes jovens da camada popular frequentam escolas muitas vezes precárias durante toda a vida escolar, por não terem escolha, e assim são poucas as motivações para dar continuidade aos estudos. Além disso, enfrentam dificuldades para conciliar escola e trabalho, pois necessitam se inserir precocemente no mercado de trabalho. Este aluno pertence a uma realidade envolta em muitas dificuldades e acaba passando em sua trajetória escolar por uma educação precária sem alcançar resultados satisfatórios em sua vida intelectual. Apesar de todas as dificuldades, investe em sua formação mesmo que seja dessa forma. Nas palavras de Silva (2011, p. 133),

> *A maioria das famílias dos setores populares afirma um comportamento em relação à escola na qual esta se revela como inevitabilidade, decorrente de um difuso sentimento de obrigação social [...]. Ela se tornou, efetivamente, um elemento intrínseco do jogo social. Assim, os filhos vão para a escola da mesma forma que as outras crianças de sua rede social, no entanto, as necessidades afirmadas na maioria dos grupos familiares são externas ao espaço escolar.*

Seguindo esta mesma linha de raciocínio sobre as influências externas e familiares que o EUOP vive, Bourdieu afirma que a instituição escolar tende a ser considerada cada vez

---

\* A definição de capital cultural é sugerida por estudos de Bourdieu, e baseamos nossa análise nos escritos dele. Segundo o autor, sabe-se, por um lado, que a apropriação do capital cultural objetivado – portanto, o tempo necessário para realizá-la – depende, principalmente, do capital cultural incorporado pelo conjunto da família, que talvez seja tradicionalmente presente na família de geração a geração. A acumulação inicial do capital cultural, segundo o autor, começa desde a origem, sem atraso, sem perda de tempo, pelos membros das famílias dotadas de um forte capital cultural.

mais, tanto pelas famílias quanto pelos próprios alunos, como um engodo, fonte de uma imensa decepção coletiva: essa espécie de terra prometida, semelhante ao horizonte, que recua à medida que se avança em sua direção (BOURDIEU, 2008, p. 221). Assim, ao término de sua formação básica, ele adquire uma certificação, mas se encontra excluído da trajetória acadêmica e profissional. Finalmente, quando esse aluno de origem popular consegue ingressar numa instituição pública de ensino superior, ele estará em uma posição desfavorável em relação aos alunos originários das classes mais altas, o que o leva a desenvolver um sentimento de estranheza ao ambiente acadêmico. O sentimento de não pertencimento ao espaço universitário traz à tona questões pertinentes ao processo de identificação do estudante em questão. Seu reconhecimento como grupo social e sua identificação como sujeito social na universidade o reporta a uma integração ao ambiente acadêmico.

De acordo com Stuart Hall (2000), a identidade é baseada em ideais, em "espelhos" que fomentam os desejos de aquisição e mudança; é um processo contínuo, influenciado por suas raízes, assim como por questões temporais e espaciais. O autor trata dos dois conceitos: identidade e identificação. O último conceito como ação subjetiva, "partindo do reconhecimento de alguma origem comum, ou de características que são partilhadas com outros grupos ou pessoas". Tal ação trata de diferenciações entre um e o outro, em geral resultando em exclusões. A identidade, o primeiro conceito, seria o resultado do processo político de identificação, como também uma posição na qual o sujeito pode vir a se submeter para ocupar determinada posição. No caso dos EUOPs, o processo de identificação é contínuo, pois ele é levado a assumir uma posição, mesmo que temporária, no processo de exclusão/inclusão no espaço universitário. Ora como membro da comunidade, ora como membro da academia, esse ator é interpelado por um processo de diferenciação permanente.

Segundo Jailson Silva (2011, p. 138), a inserção continuada dos universitários nas redes sociais locais influencia os estudantes. Assim, elas já não são o que eram, nem serão o que (ainda) são. Vão se criando condições, então, para a incorporação de novas disposições pelos agentes que as constituem, gerando variados estilos pessoais e identidades marcadas pela pluralidade. Novas redes, novos mundos, tecendo-se continuamente, a cada escolha, a cada passo, na longa caminhada que os leva para/pela vida. Ambos estão presentes na mesma sala de aula, e essas diferenças em um mesmo ambiente, ao mesmo tempo que podem gerar desconfortos nestes alunos, poderão gerar também a busca pela diminuição da exclusão.

Assim, o grande desafio do PET-Conexões de Saberes – Identidades é contribuir para que esse aluno adquira a consciência e o sentimento de pertencimento ao ambiente acadêmico, onde ele é um integrante dono e pertencedor de direito e não um "desajustado". Nesse quadro, a formação política e crítica são as armas para que esses estudantes possam compreender as variáveis histórico-sociais que moldaram a universidade e ele próprio.

Neste embate, a perspectiva sobre o sentido de extensão emerge com força. Visando superar o seu caráter assistencialista, a proposta de extensão na atualidade, e assumida pelo nosso projeto, enfatiza a consolidação das ações, particularmente aquelas que dizem respeito à formação política e acadêmica, assim como a consolidação de políticas públicas voltadas para o acesso e não evasão dos EUOPs bolsistas ou não bolsistas na UFRJ. Sendo assim, o programa busca ajudar e contribuir para a elevação e efetivação da qualidade na formação acadêmica destes alunos/conexistas, focando no seu amadurecimento intelectual. Acreditamos, assim, que o projeto possibilitará ao EUOP compreender melhor seu meio, a sociedade em que vive e a importância de sua inserção no mundo acadêmico.

## Sobre processos de identificação dos EUOP na UFRJ: analisando os dados

Neste estudo, como mencionamos no início do texto, temos como objetivo problematizar a questão da inserção de EUOPs na UFRJ e avaliar como essa inserção está sendo realizada, para que essas avaliações possam contribuir para se pensar em ações que visem a melhoria desse grupo dentro da universidade. Para atingir esses objetivos, tentamos responder às questões abaixo, coletando e avaliando dados, de forma quantitativa e qualitativa: 1) Como o estudante da UFRJ avalia a categoria EUOP? (Verificar se o estudante da UFRJ conhece o conceito e, se sim, como ele avalia, quais critérios usa para classificar algum indivíduo como de origem popular.) 2) Como reconhecer o perfil do estudante de origem popular? (Se o estudante da UFRJ consegue reconhecer em seus colegas ou em si características que o fazem pertencer a essa classificação.) 3) Quais são as configurações familiar, étnica, social, espacial, econômica do aluno da UFRJ? 4) Qual é a trajetória escolar desse estudante? 5) Qual a sua percepção sobre si e o outro no que se refere ao processo de identificação de um estudante de origem popular?

Para nossa pesquisa, usamos o conceito de Estudante Universitário de Origem Popular (EUOP), tal como formulado pelo Projeto Conexões de Saberes (2004-2010), que obedece aos seguintes critérios estabelecidos: 1) Escolaridade dos pais: pais e/ou responsáveis que cursaram apenas o ensino fundamental completo; 2) Local de moradia: considerando dois tipos de localidade – bairro, que compreende subúrbio e periferia, e comunidade, que compreende morro e favela; 3) renda familiar: média mensal com valor máximo de três salários mínimos.

A partir desse conceito foi criado um questionário para levantamento de dados. Estendemos a pesquisa às licenciaturas de três campi da UFRJ (Cidade Universitária, Praia Vermelha e IFCS). Essa escolha se justifica por esses cursos de licenciatura serem o foco de interesse do nosso projeto; além disso, trabalhamos com a hipótese de que nos cursos de licenciatura está localizado o maior contingente de EUOPs em toda a universidade. Esse questionário visa a análise sobre uma possível eficiência das políticas de acesso e permanência desses estudantes, como as ações afirmativas. Aplicamos esse questionário a uma amostra de dez alunos por curso, sendo um grupo com cinco alunos ingressantes no primeiro período e outro grupo com cinco alunos matriculados em turmas a partir do quinto período. Esta seleção se justifica, pois o primeiro grupo pleiteou a vaga em um sistema no qual já existia a política de cotas como ação afirmativa, e o segundo grupo pleiteou a vaga quando não existia tal política na UFRJ. A escolha dos estudantes entrevistados foi aleatória, independente da sua origem, sexo ou idade. O questionário foi respondido por estudantes que se mostraram receptivos à nossa abordagem e foi elaborado a fim de nos dar dados para compreender qual o entendimento desses estudantes (EUOP ou não) sobre esse conceito e verificar se eles se reconhecem como tal.

Ao final do trabalho de campo, para a apuração dos dados conseguimos alcançar 11 cursos de licenciatura, totalizando 103 questionários, pois na licenciatura de Dança só entrevistamos três estudantes veteranos.

Nos resultados da pesquisa pudemos observar um significativo aumento no número de estudantes que se autoclassificam como EUOPs na UFRJ. Entre os alunos pesquisados que ingressaram antes da implementação das ações afirmativas, o percentual observado foi de 33,33% e entre os que ingressaram após a sua adoção, esse número cresceu para 57,14%, verificando-se um aumento de 71,43%. Observando esse crescimento, podemos avaliar, por esta pequena amostra, que as ações afirmativas estão surtindo efeito positivo no aumento do contingente de alunos das camadas populares ingressantes na UFRJ. Destacamos o caso de maior aumento, que foi o curso de História, no qual o percentual cresceu de 0% (nenhum aluno se autodeclarou EUOP) para 60%, porém isso não acontece em todos os cursos. No curso de Geografia, por exemplo, o número não mudou, alcançando 80% nos dois grupos (EUOP e não EUOP), o mesmo acontecendo no curso de Educação Artística. Este último foi o único curso no qual houve uma diminuição de alunos que se autodeclaravam EUOP: ela se deu na porcentagem de 20%, sendo que no primeiro grupo 80% se consideravam nesta condição, e no segundo, somente 40%.

O aumento nos parece efeito da implementação das ações afirmativas realizadas pelo Governo Federal. Vale ressaltar também que nem todo aluno EUOP ingressou na universidade através da política de cotas. Certamente ela é um estímulo para a participação dos grupos historicamente excluídos do processo, mas, dependendo da nota de corte, foi mais vantajoso para o aluno de baixa renda o ingresso pela ampla concorrência.

A política de cotas foi implementada na UFRJ a partir de 2011, e desde esse ano, o aumento de mais de 70% de estudantes que se reconhecem como EUOP, observado pelo menos no grupo investigado, deve-se, em nossa opinião, a essa política. Os dados do gráfico a seguir são esclarecedores.

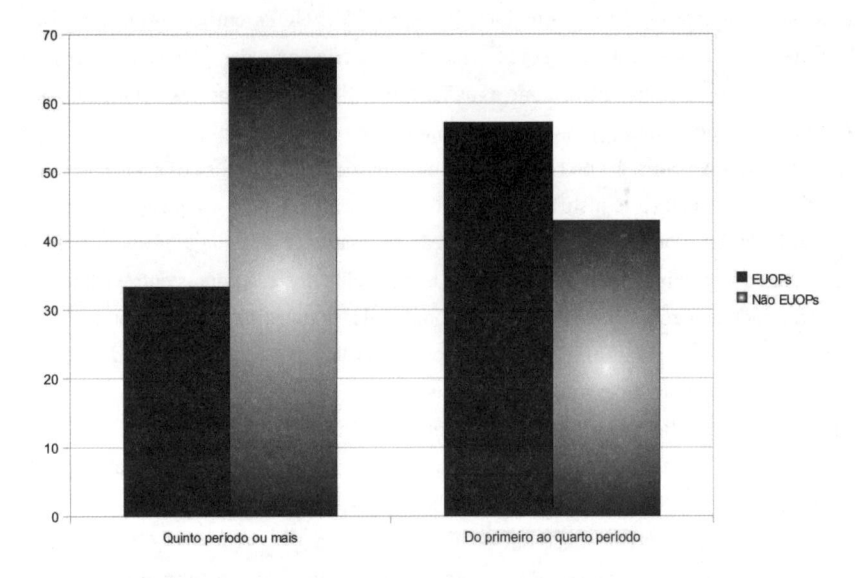

*Gráfico 1: Alunos EUOPs e não EUOPs*

Surpreendemo-nos com a constatação de que a média de idade dos EUOPs se apresentou, nesta amostra, menor que a dos não EUOPs, sendo a primeira de 21,7 e a segunda de 23,1 anos de idade. Mesmo considerando o fato de existirem mais EUOPs nos primeiros períodos e mais não EUOPs nos últimos, esse resultado deixa as duas categorias em paridade etária. Uma observação é a de que 10% dos alunos não EUOPs estão cursando sua segunda ou terceira graduação, o que, em hipótese, justificaria o aumento da idade dessa parcela e se refletiria no seu grupo. Já nos EUOPs, todos declararam não ter concluído outra graduação. Com essa constatação pudemos sanar uma dúvida, já que existia a hipótese de que o EUOP teria idade mais avançada, pois, sem apoio financeiro dos pais, ele precisaria trabalhar para se estabelecer financeiramente.

Além da faixa etária e do contingente, coletamos dados sobre a trajetória escolar, condição econômica e moradia. Sobre a trajetória escolar, verificamos que 64% dos EUOPs estudaram exclusivamente em instituições públicas de ensino, enquanto 21% estudaram em instituições particulares usufruindo de bolsa, e apenas 15% estudaram sem bolsas.* Esses números contrastam com os dos alunos não EUOPs: 28% estudaram exclusivamente em instituições públicas, enquanto 59% estudaram em instituições particulares, sendo 23,2% sem usufruir de bolsas. Esses números confirmam nossa hipótese de que o EUOP difere e muito dos outros alunos na sua trajetória.

---

* Apesar de não considerarmos alunos oriundos de escolas particulares como EUOPs, no gráfico acima respeitamos o critério de autoclassificação, assim, esse percentual se refere a alunos que estudaram em escolas particulares, mas que se reconhecem como EUOPs.

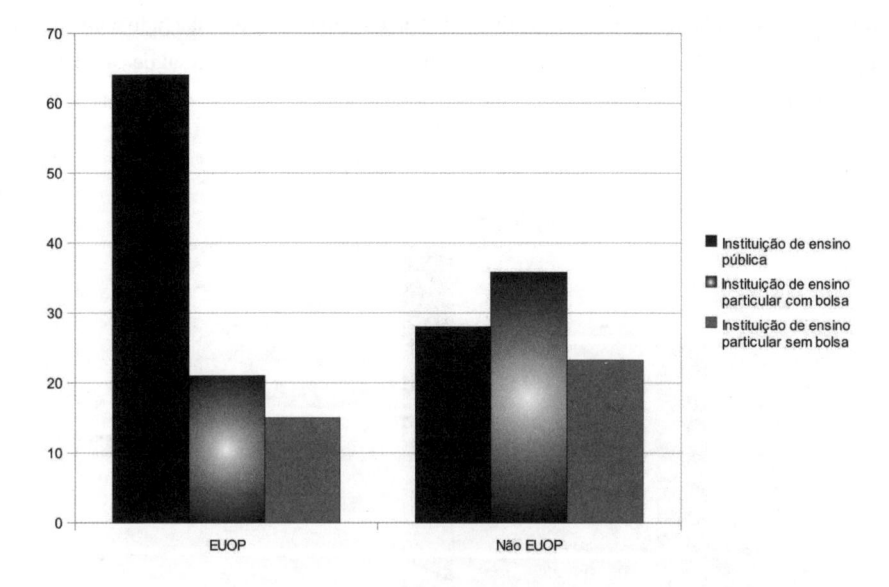

*Gráfico 2: Trajetória escolar de EUOP e não EUOP*

Sobre condições de moradia, verificamos que 50% dos EUOPs residem em bairros de periferia, 13% em morros/favelas, 25% em bairros de classe média,* 12% em área rural e 0% moram em bairros de classe média-alta. Já no grupo dos não EUOPs, esses números são: 60% moram em bairros de classe média, 12% em bairros de periferia, 10% em bairros de classe média-alta, 10% em morro/favela e 8% em área rural.

Sobre a renda familiar, verificamos que 88% dos alunos que se classificaram como EUOP obedecem ao requisito econômico, sendo que 50% têm renda familiar de um e meio a dois salários mínimos, 35% entre três e cinco, e 3% têm renda de até um salário mínimo. Ressaltamos que em comparação com os não EUOPs, esses números confirmam nossa hipótese de que a renda seria um dos dados que teriam maior discrepância entre os dois grupos, sendo menor apenas em relação ao local de moradia. Também notamos que a configuração de número de pessoas que residem com os estudantes desses grupos difere, mesmo que em menor intensidade perante as outras diferenças: os EUOPs em 39% dos casos moram sozinhos ou com uma só pessoa, 47% com duas ou três pessoas e 18% com quatro ou mais pessoas. Para efeito de comparação, os outros alunos residem 32% sozinhos ou com uma só pessoa, 60% com duas ou três pessoas e 8% com quatro ou mais pessoas. Esses números, além de nos darem um padrão para analisar a configuração familiar do EUOP, também nos permitem ver que a diferença de renda entre os

---

* É dessa forma que esse grupo EUOP classifica o seu local de moradia.

dois grupos é ainda maior, pois os EUOPs residem com mais pessoas, fazendo com que a renda por pessoa diminua. Permite-nos também observar que o percentual de estudantes que moram sozinhos ou com seus cônjuges é praticamente igual entre os dois grupos.

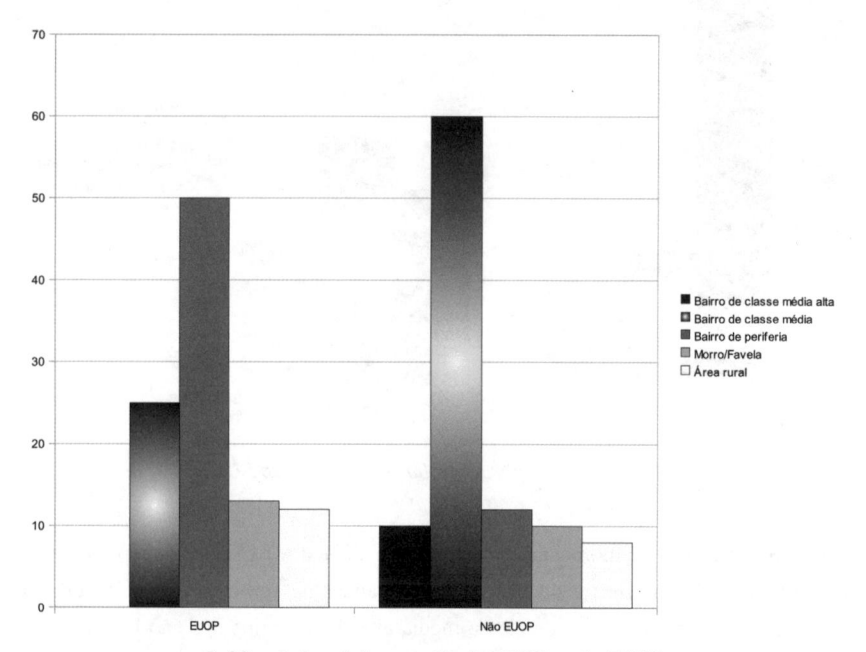

*Gráfico 3: Local de moradia do EUOP e não EUOP*

Em nossa pesquisa observamos também a forma com que os estudantes identificam outros estudantes, se eles identificam EUOPs entre seus colegas e, caso identifiquem, que critérios usam para classificar alguém nessa categoria. Assim pudemos notar que a esmagadora maioria de 80% dos alunos disse reconhecer em seus colegas pessoas com o perfil EUOP, porém, quando solicitados a dizer quais critérios, em sua opinião, o estudante deveria obedecer para considerar pertencer ao grupo, alguns deixaram de lado dados que são de suma importância, de acordo com os nossos critérios, para essa classificação, como a faixa de renda mensal, ou residência em favela e periferia, entre outros mencionados. Ainda sobre a percepção que o grupo entrevistado tem do EUOP, alguns acreditam que o seu rendimento escolar seja menor do que o do não EUOP, apesar de apenas 5% dos entrevistados responderem que esse grupo tem dificuldades em ler e escrever. Uma surpresa foi ver que o conceito de raça/cor não foi associado ao de origem popular. Acreditávamos que essa associação fosse feita, visto que grande parte das pessoas que residem em favelas é negra, segundo dados do IBGE. Essa percepção está em consonância com o conceito de EUOP, apurado neste estudo, que não associou raça/cor como fator classificatório para inserção de pessoas no conceito de origem popular.

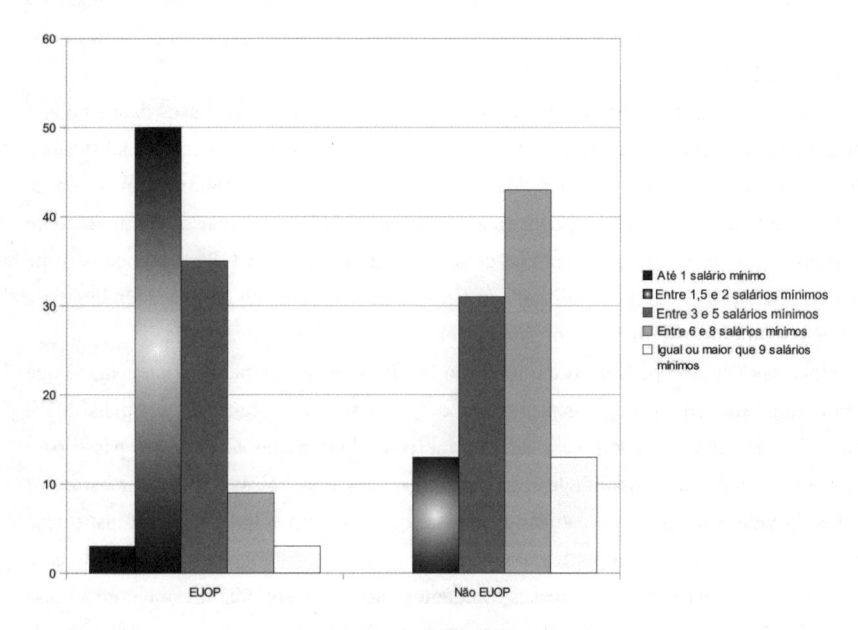

*Gráfico 4: Renda familiar do EUOP e não EUOP*

Em relação à assistência estudantil,* entre os alunos consultados, 30% deles recebem alguma assistência estudantil, sendo que, entre os EUOPs, 47% dos alunos, e entre os não EUOPs, 20% recebem. Esse número mostra que, apesar de atender uma grande parte do contingente discente, a assistência estudantil tem um déficit de benefícios, se comparada ao número de estudantes que a pleiteiam.

## Considerações finais

Apesar de considerar ainda incipiente esse estudo, comparando o número de estudantes abrangidos à totalidade matriculada na UFRJ, compreendemos que o aprofundamento das questões de nosso interesse na temática foi significativo. Além disso, esta investigação se configura como um momento importante para o nosso projeto, pois representa

---

* A assistência estudantil na UFRJ é realizada por meio de Bolsa Auxílio, Bolsa de Acesso e Permanência, Benefício Moradia, sendo as duas primeiras ajuda de custo em dinheiro, e a terceira, uma ajuda de custo com direito a um quarto na residência estudantil. Esse acesso aos benefícios não se limita apenas aos alunos cotistas, como em outras instituições de ensino superior.

um avanço para a nossa pesquisa dorsal, "Trajetórias do Estudante de Origem Popular na UFRJ", considerando que ela foi uma ampliação da amostra coletada na primeira pesquisa, em 2011, sobre o EUOP na UFRJ. Conseguimos ampliar nossa base de pesquisa para um grupo sete vezes maior e esperamos dar continuidade a ela expandindo para outros cursos da UFRJ.

Nessa pesquisa pudemos conhecer o perfil do EUOP na UFRJ. Esses dados podem contribuir para o planejamento de novas ações que visem dar permanência qualificada a esse grupo. O perfil do EUOP apurado na pesquisa mostra, em sua maioria, um estudante oriundo de bairros de periferia, com renda familiar de até cinco salários mínimos, com configuração familiar parecida com os demais estudantes não EUOPs. Isso nos permite apontar novas ações que possibilitem a integração do estudante ao meio acadêmico, para que possa superar o sentimento de não pertencimento à vida universitária.

Uma das ações é pleitear o aumento no número de bolsas para assistência, já que para o aluno de origem popular provou-se, devido à sua renda familiar, ser mais difícil bancar a vida acadêmica sem se inserir no mercado de trabalho. O primeiro passo para obter a permanência de qualidade seria garantir o acesso às bolsas para suprir parte dos custos da vida acadêmica do estudante. Dessa forma, o caráter *universal* da instituição seria respeitado e posto em prática, ao menos nessa instância. Sabemos que mesmo com a assistência, a vida econômica desses estudantes não será resolvida: mesmo com a bolsa eles sofrerão pressões para trabalhar e alcançar maior renda, visto que em sua maioria não podem contar com a ajuda de seus pais, necessitando conciliar trabalho e estudo.

Entendemos que uma assistência financeira não basta para erradicar as diferenças e sua hierarquização: o EUOP ainda carece do capital cultural familiar, ainda sofre com a deficiência do ensino básico da rede pública e com um ambiente que inicialmente lhe pode parecer hostil. Com a observação de que a política de ações afirmativas tem surtido efeito postivo e com o recente aumento do alcance dessas ações, podemos vislumbrar a possibilidade de uma instituição formada por estudantes de todas as camadas sociais, colocando em pauta o fim da hierarquização entre os diferentes saberes. Conhecer mais a fundo a dinâmica da vida dos alunos que ingressam neste espaço nos parece um caminho mais rápido para mudanças que possibilitem uma maior igualdade social. Esperamos que nosso trabalho acadêmico possa contribuir com pensamentos, ações e conscientização em prol da justa acessibilidade para tornar possível a formação de um ambiente diversificado e igualitário.

# A UFRJ E A EXTENSÃO UNIVERSITÁRIA POR MEIO DAS AÇÕES DA DIUC

*Ana Cláudia Reis Corrêa*
*Rogério Laurentino*
*Wallace Souza*
*Warley da Costa*

> *Corra para o infinito, ouse sair da inércia.*
> *Corra para o infinito, caminhe com mais pressa.*
> *Corra para o infinito, deixe esse passos lerdos.*
> *Veja no horizonte um aceno, corra para o infinito.*
> *Veja no horizonte e perceba o soro contra o veneno.*
> *Veja no horizonte sua liberdade.*
> *Veja no horizonte tuas pernas e corra para o infinito.*
> *Corra para o infinito e veja nele teus braços.*
> *Corra para o infinito, recolha seus pedaços.*
> *Corra para o infinito, levanta-te da cova.*
> *Corra para o infinito pois sempre existe uma chance*
> *De ver no horizonte, de sobrepujar uma nova história.*
>
> (Rogério Laurentino)

Este trabalho é resultado de uma pesquisa realizada por um grupo de bolsistas do Programa PET-Conexões de Saberes – Identidades: "A comunidade vai à universidade: sobre o processo de identificação, pertencimento e integração dos alunos de origem popular no espaço acadêmico" da Universidade Federal do Rio de Janeiro (UFRJ). O programa almeja, a partir da formação de grupos de graduandos de origem popular dos cursos de licenciatura da UFRJ, desenvolver atividades acadêmicas que contribuam para a formação de qualidade dos estudantes, assim como para sua integração à vida universitária, a partir da valorização da articulação de atividades de ensino, pesquisa e extensão.

Durante muito tempo a universidade apresentava uma política de extensão voltada para a comunidade de forma assistencialista e tecnicista, onde a universidade mostrava que era a única produtora e possuidora de acordo com qual o serviço prestado à comunidade era uma espécie de assistência social, sem considerar as vivências e experiências dessa comunidade. Mas atualmente a universidade tem optado por uma política de extensão focada em uma perspectiva libertadora, voltando seu foco para a comunidade. Dessa forma, afirma que não somente a universidade é produtora e transmissora de conhecimento, mas também que os saberes produzidos na universidade devem estar entrelaçados com os saberes originados na comunidade. Assim, há uma relação de troca na qual a universidade não só vai à comunidade, como também a comunidade vai à universidade. E mais ainda: a comunidade passa a fazer parte da mesma, barreiras são quebradas e há uma alteração enorme, que alcança até as políticas internas de ingresso e permanência dos estudantes na universidade, como é o caso dos alunos integrantes do Projeto PET--Conexões de Saberes.

A intensificação dos questionamentos acerca do papel social da universidade enquanto instituição levou a UFRJ a ampliar as discussões em torno da extensão universitária, buscando transformar a extensão em uma prática acadêmica valorizada e reconhecida pelo corpo acadêmico. A instituição parte do princípio de que ensino, pesquisa e extensão devem ser compreendidos como atividades acadêmicas indissociáveis, promovendo uma integração entre sociedade e universidade e seus diversos modos de conhecimento. Neste sentido, a Divisão de Integração Universidade Comunidade (DIUC)* pode ser considerada um exemplo.

A DIUC foi criada com o objetivo de estabelecer a comunicação entre os projetos de extensão que existem na UFRJ e aumentar o diálogo com a sociedade. Este setor surgiu com o intuito de estimular, articular e coordenar um conjunto de ações no campo acadêmico, formuladas e desenvolvidas pelas unidades, que se destinem a ampliar a presença da universidade nas comunidades de baixa renda. Os projetos abrigados na DIUC acontecem em parceria com algumas organizações sociais e estão presentes, em maior parte, nas comunidades populares que cercam o campus da UFRJ na Ilha do Fundão, Complexo da Maré e seu entorno. Estes projetos têm por objetivo a integração universidade-comunidade, desenvolvendo atividades dentro das comunidades e trazendo a comunidade para dentro da universidade.

Neste estudo tomamos como objeto de análise dois projetos interdisciplinares já consolidados pela DIUC: o PET-Conexões de Saberes – Identidades e o Núcleo Interdisciplinar de Ações para Cidadania (NIAC). Buscamos avaliar e refletir sobre as ações dos mesmos no que concerne à extensão universitária. A escolha desses dois projetos como objeto de pesquisa ocorreu por diversos motivos. No caso do primeiro, suspeitávamos que estava bem próximo da visão da universidade em relação à sua política de extensão das IFES na atualidade. Além disso, o acesso aos documentos e atividades do projeto era

---

* A DIUC foi criada em 2003 pela Pró-reitoria de Extensão da Universidade Federal do Rio de Janeiro.

mais fácil, uma vez que nós, autores da pesquisa, somos bolsistas do mesmo. No caso do NIAC, a escolha ocorreu em razão da boa aceitação deste entre os estudantes residentes do alojamento da UFRJ com os quais convivíamos, que elogiavam o seu bom atendimento. Além disso, a abrangência do projeto em relação a diferentes campos disciplinares e sua interlocução com questões relacionadas a cidadania e direitos humanos também nos interessaram. Esses fatos nos instigaram a elegê-lo como objeto para essa pesquisa. Nossa análise parte do princípio da indissociabilidade entre ensino-pesquisa-extensão e da relação de cooperação universidade-comunidade interligando saberes e buscando potencializar tanto a comunidade como a universidade na construção de conhecimentos e práticas. Procuramos observar ao longo da pesquisa se havia uma interação ampla entre os projetos e as comunidades onde atuam, questionando até que ponto os mesmos contribuem para reforçar a visão de integração da universidade com a comunidade, ou se reproduzem uma visão tradicional da política de extensão, na qual a universidade, como detentora do conhecimento, promove a assistência à comunidade.

Como metodologia, optamos por realizar análise documental, tendo como foco os projetos desses programas. Além disso, realizamos visitas aos locais de atuação do segundo projeto supracitado (NIAC) para observação do trabalho das equipes, entrevistando dois estagiários, e utilizamos um texto monográfico (MARTINS, 2010) de uma estudante de Serviço Social que atuou no programa.

Neste texto, serão apresentadas na primeira parte questões referentes ao nosso entendimento de sentido de extensão universitária. Na segunda parte fazemos uma análise das práticas desenvolvidas pelo Projeto PET-Conexões de Saberes – Identidades e pelo NIAC, focos do nosso estudo, a fim de avaliarmos até que ponto estão em consonância com as políticas desenvolvidas pela universidade nestes tempos de democratização do espaço acadêmico.

## ENTRANDO NO DEBATE SOBRE O PAPEL DA UNIVERSIDADE NA CONTEMPORANEIDADE E A POLÍTICA DE EXTENSÃO UNIVERSITÁRIA

Do lugar de onde falamos, estudantes universitários de origem popular e bolsistas do Projeto PET-Conexões de Saberes – Identidades, é que nos situamos sobre o nosso entendimento do papel da universidade pública hoje e as suas ações no âmbito da extensão. Importa-nos enfatizar que é desse lugar que mergulhamos no debate sobre o processo de democratização da universidade e sobre suas estratégias para lidar com os desafios que vem enfrentando a partir das mudanças que emergem nesse campo. Muito antes do nosso ingresso no meio acadêmico, enfrentamos a discussão sobre o acesso ao ensino superior de grupos sociais historicamente alijados do processo. Participamos dos debates públicos sobre as ações afirmativas que poderiam beneficiar esses grupos através de artigos e livros daqueles que advogam a favor ou contra tais iniciativas. A política de adoção de cotas é um exemplo de iniciativa que envolveu não somente as universidades, como a "opinião pública" de um modo geral, mobilizando toda a sociedade através da mídia. Os critérios privilegiados seriam socioeconômicos, raciais, incluindo o mérito? Essas e outras questões relativas ao acesso à universidade eram comuns quando ainda estávamos do "lado de fora", mas uma vez "dentro", como garantir o acesso e a permanência nesse espaço? Como conviver em um espaço onde nos sentíamos apenas como "convidados" (SILVA, 2011) ou como um estrangeiro? Foi desse lugar de EUOP que estivemos envolvidos com o debate sobre as ações da universidade no sentido de integrar esses grupos ao meio acadêmico. Como desdobramento, nos envolvemos com a discussão sobre a política de extensão das instituições de ensino superior no Brasil já "dentro" do projeto PET-Conexões. Realizamos o nosso "dever de casa" ao mergulharmos no debate mais específico sobre o sentido de extensão na atualidade, como resposta aos desafios enfrentados pela universidade pública como a entrada desses (e dos nossos) grupos. Nesse sentido, o aprofundamento com as leituras realizadas (GABRIEL; MOEHLECKE, 2011; SILVA, 2011; SANTOS, 2004) nos deu sustentação para a discussão que ora propomos e, ao mesmo tempo, modificou a visão que tínhamos até então sobre o significado desse tema.

Como mencionamos no início deste estudo, a discussão sobre a extensão na universidade tomou fôlego nos últimos anos, ao mesmo tempo em que vivenciamos um processo de democratização do espaço universitário. Vista como o "patinho feio" no meio acadêmico onde persistia a hierarquia dos saberes, na qual a pesquisa e o ensino tinham um lugar prioritário, a extensão, como estratégia possível de integração de saberes, passou a ocupar um lugar importante.

Em meio à "crise de legitimidade" (SANTOS, 2004), na qual o papel da universidade é questionado, a extensão foi ressignificada. Segundo Gabriel e Moehlecke (2011, p. 40),

> [...] *a universidade pública cada vez mais é chamada a lidar com inúmeras tensões e contradições internas decorrentes, muitas vezes, da incompatibilidade entre as diferentes funções sociais, políticas, econômicas, epistemológicas, simbólicas manifestas e/ou latentes que lhe foram atribuídas pela sociedade ao longo de sua história.*

Desse modo, o enfrentamento da própria "razão de ser" da universidade na busca pela legitimidade* e do seu papel como produtora de conhecimento é colocado em xeque. Como se deslocar do lugar de transmissora de conhecimento para um grupo social sele-

---

\* Segundo Boaventura Santos (2004), a universidade vivencia três tipos de crise: crise de hegemonia, crise de legitimidade e crise institucional no enfrentamento dessas questões.

cionado, lugar que lhe foi atribuído desde a sua concepção, para uma nova pauta política e cultural? Como não questionar a hierarquização dos saberes por ela privilegiados na pesquisa e no ensino frente às demandas das lutas pelos direitos sociais em busca de democracia e igualdade?

Atualmente, a universidade, com a chamada "crise da legitimidade" (SANTOS, 2004, p. 252), tem revisto seus conceitos, e agora o conhecimento da comunidade, que antes era ignorado pela universidade, passa a ser valorizado. Não há mais uma definição de conhecimento "certo ou errado" e sim um relativismo social e cultural, atitude com a qual a universidade reconhece que a comunidade agora faz parte do seu espaço e, portanto, suas experiências prévias passam a ser valorizadas. Reconhecendo que nos últimos anos, no bojo das ações afirmativas, a universidade abriu suas portas para os estudantes de origem popular, concluímos que assim a própria comunidade está inserida na universidade, sendo inapropriado falar de um ou outro, mas de um e outro (GABRIEL; MOEHLECKE, 2011, p. 40).

Assim, desafiando a sua origem elitista, a extensão, em vez de assumir um papel apenas assistencialista diante da comunidade, emprestando-lhe todo o conhecimento considerado legítimo, investe numa outra postura que implica no reconhecimento de outros saberes. A interação dialógica, uma das diretrizes que orienta a extensão universitária na UFRJ, na página da pró-reitoria de extensão (PR-5) da UFRJ (2014) esclarece nesse sentido que:

> *A diretriz Interação Dialógica orienta o desenvolvimento de relações entre Universidade e setores sociais marcadas pelo diálogo e* **troca de saberes, superando-se, assim, o discurso da hegemonia acadêmica** *e substituindo-o pela ideia de aliança com movimentos, setores e organizações sociais. Não se trata mais de "estender à sociedade o conhecimento acumulado pela Universidade", mas de* **produzir, em interação com a sociedade, um conhecimento novo.** *Um conhecimento que contribua para a superação da desigualdade e da exclusão social e para a construção de uma sociedade mais justa, ética e democrática.* (grifos nossos)

Verificamos, assim, que, pelo menos no documento, a ideia de "trocas de saberes" fica explícita, assim como a proposta de "produzir em interação com a sociedade" aparece com clareza. Entendemos, portanto, que esse posicionamento abre brechas para a construção de mecanismos capazes de incorporar os princípios da igualdade e da justiça social nos processos de inclusão social dos grupos subalternizados. Decerto abre espaço para o desenvolvimento de estratégias que garantam a maior participação dos alunos de origem popular no espaço acadêmico, assim como a sua permanência. Não temos dúvida de que o sentido de extensão que defendemos (e que hoje oficialmente é definido pelas

IFES) está na pauta de uma luta que vimos travando ao mesmo tempo pela democratização da universidade pública.

## A política de extensão na UFRJ: dois projetos em questão

Nesta seção, segunda parte de nossa pesquisa, trazemos como objeto de análise dois projetos de extensão, alocados na DIUC, o PET-Conexões de Saberes – Identidades e o NIAC, como explicitamos na introdução deste artigo. O nosso objetivo é, a partir da documentação e das ações desenvolvidas pelos dois projetos, compreender até que ponto eles estão em consonância com as políticas de extensão da universidade. No primeiro caso, falamos "de dentro", mas não por isso deixamos de lançar um olhar reflexivo sobre essas ações. Partimos, como fonte de análise, de documentos do projeto, planejamento e relatório anual, além das atividades que vivenciamos. No segundo caso, falamos "de fora", investigando as informações dos documentos aos quais tivemos acesso, além de depoimentos de estagiários do NIAC.

## PET-Conexões de Saberes: comunidade e universidade

No bojo da criação de políticas que facilitaram o acesso e a permanência dos estudantes oriundos das comunidades se insere o Projeto PET-Conexões de Saberes – Identidades na UFRJ. Nele os alunos bolsistas são acompanhados academicamente por seus tutores através de atividades de formação política e pedagógica, sendo esta uma estratégia de permanência dos mesmos, que realizam pesquisas voltadas, na maior parte, para a própria comunidade e desenvolvem atividades de extensão com caráter de troca para a comunidade.

Ao trazermos esse projeto como foco de análise, pretendemos mostrar nesta parte as diferentes visões que podem existir na relação que há entre a universidade e a comunidade através das políticas de extensão desenvolvidas pelas universidades. Buscamos analisar as diferentes formas como essa política é abordada pelo projeto em tela, verificando sua compreensão sobre extensão universitária, como o projeto se insere na política de extensão da UFRJ e qual modelo extensionista é adotado como eixo norteador de suas ações.

Alocado na DIUC, o Programa de Educação Tutorial Conexões de Saberes faz parte do corpo da DIUC e, ao apresentar-se aqui como objeto de análise, "ele é ao mesmo tempo o lugar de onde se fala e o objeto sobre o qual se fala" (GABRIEL; MOEHLECKE, 2011, p. 40), visto que somos membros integrantes do mesmo.

O projeto em questão surge como proposta de continuidade às ações do Conexões de Saberes, projeto este criado em 2004 abrangendo, inicialmente, cinco universidades em todo o Brasil. O mesmo continuou se ampliando de tal forma que em 2008 já o integravam mais de trinta universidades. Em 2011 o projeto foi encerrado, mas foi incorporado ao Programa de Educação Tutorial (PET) como opção para a sua institucionalização.* Passa assim a ser denominado PET-Conexões de Saberes. Atualmente o projeto alcança ao todo 33 universidades brasileiras.

O projeto "A comunidade vai à universidade: sobre o processo de identificação, pertencimento e integração dos alunos de origem popular no espaço acadêmico", que a título de simplificação do seu título chamamos apenas de PET-Conexões de Saberes – Identidades, tem, como o próprio título denuncia, o objetivo principal de desenvolver estratégias institucionais que garantam uma permanência de qualidade do estudante de origem popular na universidade. O projeto realiza atividades que possibilitam aos seus integrantes uma formação acadêmica ampla e que envolve ensino, pesquisa e extensão. Os estudantes, em sua maioria bolsistas, são alunos de origem popular.**

Na UFRJ funcionam desde 2010 até o presente momento (2013), nesta mesma linha, três projetos PET-Conexões de Saberes, porém eles apresentam temáticas diferenciadas na linha de aprofundamento de suas pesquisas.*** Um deles, PET-Conexões - Diversidade, atua coletivamente com atividades de extensão, ensino e pesquisa, contribuindo para a integração dos grupos.

Procurando responder as questões levantadas neste artigo, considerando o projeto em pauta, buscamos investigar os sentidos de extensão que permeiam seu texto e suas ações, para enfim verificar se realmente estão em consonância com a política de extensão da universidade a que pertence. Verificamos, de acordo com o documento da proposta do projeto, que:

*Para desenvolver estratégias que permitam a permanência de qualidade do estudante de origem popular na universidade entende-se que seja necessário um esforço no sen-*

---

\* Através do edital nº 9 de 2010, publicado no Diário Oficial da Portaria do MEC, o projeto passa a ser regido pelas normas do então Programa PET, existente desde 1979.

\*\* Para caracterizar esse aluno, adotamos a categoria "estudante universitário de origem popular" (EUOP), tomando emprestada a terminologia empregada pelo Programa Conexões de Saberes. Para traçar o perfil desse estudante, seguimos os mesmos critérios, elegendo o socioeconômico como um critério fundamental para identificar os estudantes de origem popular, entre eles: ter baixa renda familiar (de até 1,5 salário mínimo), ser oriundo de escola pública, morar em uma localidade considerada popular (periferias, Baixada Fluminense ou comunidades), ter pais com baixa escolaridade (ensino médio incompleto) e ser a primeira geração da família a ingressar no nível superior.

\*\*\* São eles: PET-Conexões de Saberes – Biomedicina , que trabalha com atividades e pesquisas voltadas para a área da saúde, especificamente com a temática das "drogas"; o PET-Conexões de Saberes – Diversidade, que privilegia atividades e pesquisas que abordam a questão étnico-racial no Brasil; e o projeto aqui em análise.

*tido de integrá-lo aos diferentes grupos que circulam neste espaço institucional, antes de tudo desenvolvendo um sentimento de identificação e pertencimento ao grupo neste ambiente em que está ingressando.*

Neste sentido, e a fim de promover a integração dos estudantes nesse espaço, foram desenvolvidas atividades como Dias de Diálogos\* e Cineclube Conexões em Cartaz em parceria com o projeto supracitado. A primeira atividade investe no debate sobre temáticas de interesse dos grupos, tais como o papel da extensão na universidade, questões de gênero e raça, o negro na sociedade brasileira, políticas de ação afirmativa, dentre outros temas. Para a sua realização são convidados para a mesa de debate dois palestrantes externos e um conexista, sendo feita a mediação da mesa por outro estudante vinculado ao projeto. A segunda atividade citada acima, o Cineclube Conexões em Cartaz, ocorre bimestralmente, trazendo um conexista como apresentador e um debatedor especialista na temática abordada no filme. Dessa forma, essas atividades proporcionam aos estudantes a oportunidade de protagonizarem suas ações, possibilitando vivenciarem uma experiência significativa em suas trajetórias acadêmicas. Permite também a integração dos bolsistas com outros grupos de estudantes não participantes do projeto que circulam na universidade.

De forma a perseguir a qualidade da permanência dos estudantes, o projeto, do qual nós autores fazemos parte, realiza atividades de formação política e pedagógica, como jornadas de estudos, seminários e grupos de estudo. Dentre as atividades de ensino, o projeto propõe uma formação do estudante bolsista com vistas à atuação no próprio projeto por meio de grupos de estudo; há também uma formação política e pedagógica dos bolsistas, através de atuação coletiva e ações conjuntas entre o tutor e os estudantes no processo de formação acadêmica, como oficinas sobre como organizar oficinas, que se constituem como uma atividade pedagógica muito importante para o grupo. Outro aspecto importante dessas ações, por possibilitar a interação dos alunos, é que as atividades realizadas pelo PET-Conexões de Saberes – Identidades ocorrem geralmente em espaços diferenciados, tais como o prédio da DIUC na Ilha do Fundão, e em outros espaços físicos da própria UFRJ, como a Faculdade de Educação, a Faculdade de Letras ou ainda o IFCS.\*\*

No que concerne à extensão, ocorrem as oficinas denominadas Desafios para o ingresso e permanência dos alunos de origem popular na universidade pública, ministradas pelos próprios alunos bolsistas integrantes do projeto em escolas públicas do ensino mé-

---

\* Adotamos neste texto esse nome genérico para essa atividade, mas vale ressaltar que, dependendo do dia da semana disponível para sua realização, ela assume diferentes nomeações: "Segundas de diálogos", "Quintas de diálogos", entre outras.

\*\* O Instituto de Filosofia e Ciências Sociais da UFRJ, localizado no Largo de São Francisco, abriga os cursos de Filosofia e Ciências Sociais. No mesmo prédio funciona também o Instituto de História.

dio nas comunidades populares ou em pré-vestibulares comunitários. O intuito principal dessas oficinas é mostrar como funciona o ingresso ao ensino superior na atualidade. Além de ajudá-los a solucionar as principais dúvidas a respeito do mesmo, permite mostrar-lhes as alternativas para a sua permanência no meio acadêmico, como bolsa auxílio e alojamento, entre outras. Os alunos bolsistas mediadores da oficina, com esta atitude, acabam servindo de exemplo para os participantes da mesma, mostrando desta forma que eles, os estudantes das escolas, também podem ingressar no ensino superior e que têm o direito de se considerarem parte do meio acadêmico.

Sobre as pesquisas desenvolvidas pelo projeto, em consonância com sua temática central, estão relacionadas às atividades de extensão e de ensino, pois ambas oferecem os ingredientes para a sua realização. A indissociabilidade entre os três domínios é observada, posto que os dados coletados nas oficinas e as leituras realizadas nos grupos de estudo são aproveitados para as pesquisas em andamentos tais como: "Trajetória do estudante de origem popular: o acesso por cotas", "Conexões de Saberes da UFRJ: memórias e trajetórias" e "A UFRJ e a Extensão Universitária por meio das Ações da DIUC".*

Portanto, podemos afirmar que o Projeto PET-Conexões de Saberes está de acordo com a política nacional de extensão e a política de extensão interna da UFRJ, estabelecendo uma relação de troca e de conexões entre os saberes. As atividades de ensino, extensão e pesquisa encontram-se intrinsecamente associadas, diminuindo a hierarquia entre um e outro domínio. As atividades desenvolvidas no projeto incentivam o protagonismo dos estudantes, concedendo-lhes um certo grau de autonomia, estimulando um sentimento de pertencimento ao meio acadêmico. Ao mesmo tempo, vale lembrar que não se trata nesse caso apenas de estabelecer elos entre uma e outra, universidade e comunidade, pois neste caso a comunidade é ao mesmo tempo a universidade, uma vez que seus grupos estão cada vez mais representados neste espaço social.

## O NIAC E SUAS INTERLOCUÇÕES

Nesta segunda parte desta seção, cabe-nos analisar as atividades do NIAC,** um dos projetos de maior relevância abrigados na DIUC. De acordo com o seu projeto, informado em seu site (UFRJ, 2012, Institucional), o Núcleo "é constituído por projetos da Faculdade de Arquitetura e Urbanismo, da Faculdade Nacional de Direito, do Instituto de Psicologia e da Escola de Serviço Social da UFRJ, buscando oferecer um atendimento integrado à

---

* Esta última pesquisa mereceu destaque por ter recebido menção honrosa no 9º Congresso de Extensão da UFRJ em 2012.

** Criado em 2006, este projeto é uma realização da UFRJ, com financiamento da Petrobras, através de convênio firmado entre a universidade e o Centro de Pesquisas e Desenvolvimento - CENPES/Petrobras.

população, com eixo na questão de Direitos Humanos". Dessa forma, o NIAC estende as suas atuações em acesso aos direitos humanos, promoção da cidadania, atendimento psicológico às vítimas de violência, assessoria aos moradores e entidades de representação comunitária, dentre tantas funções as quais destacaremos ao longo de nossa análise.

Vale reforçar que o trabalho de análise dos dados coletados deste projeto foi realizado à luz dos debates que vimos realizando em relação às perspectivas de extensão universitária. Voltamos sempre à nossa questão norteadora para propor a reflexão que nos interessa: até que ponto essas ações extensionistas estão em consonância com as políticas de extensão universitária desenvolvidas na atualidade?

Dessa forma, observamos alguns aspectos interessantes estampados nas diretrizes do projeto no que diz respeito à sua atuação, que se desenvolve em duas esferas: no âmbito interno do projeto e no âmbito externo. Na primeira esfera temos a preocupação com a "formação integral dos profissionais e dos bolsistas envolvidos com a temática, através de educação interdisciplinar, ações conjuntas e sistema informatizado de comunicação" (UFRJ, 2012, Objetivos e diretrizes). A atenção com a formação dos estudantes e profissionais que atuam no Núcleo é bastante positiva, especialmente quando há a intenção de promover a interdisciplinarização do trabalho na lida com os usuários. Este aspecto merece destaque pois aponta para uma tendência da política de extensão voltada para o ensino e pesquisa acadêmica, ao oferecer um modelo inovador de atendimento jurídico.

Quanto à segunda esfera de atuação do projeto, no âmbito externo, nos referimos ao atendimento ao público em geral. Um dos destaques das ações do NIAC é o atendimento direto à população usuária, como informa a página do programa (UFRJ, 2012, Atendimento):

**Como funciona o Primeiro Atendimento?**
*A pessoa que vem ao NIAC pela primeira vez é recebida por um integrante da equipe da Psicologia juntamente com um integrante da equipe do Direito. Juntos, eles acolhem a demanda que é trazida ao NIAC. Em seguida, um integrante da equipe do Serviço Social conduz uma Entrevista Social.*

Esse pré-atendimento é o primeiro contato do usuário para elencar suas necessidades diretamente a um grupo de estagiários da Psicologia e do Direito. Em seguida, e de acordo com o encaminhamento, ele é conduzido a uma entrevista do Serviço Social. A partir desse contato inicial, suas principais demandas são selecionadas e separadas por atuação das áreas da Psicologia, da Assistencia Social e do Direito.

O objetivo do NIAC é a não judicialização dos casos de atendimento, tendo em vista o inchaço do poder judiciário e a vulnerabilidade da população comunitária ao acesso prioritário da justiça. Busca, assim, uma solução alternativa para os conflitos, salvo as exceções de casos de violência que coloque em risco a integridade do usuário e cujas tentativas de conciliação não ocorram amigavelmente. Essa mediação dos conflitos ocorre através de uma conciliação de árbritos e conciliadores que tentam solucionar os casos pontualmente.

Ainda diante de análises de fontes documentais, observamos, nessa esfera, a lida com o público em geral, um aspecto que nos chamou a atenção nas diretrizes do Núcleo: "Participação efetiva das comunidades/bairros envolvidos nas várias etapas do processo da gestão das ações interdisciplinares do Programa NIAC". Essa diretriz, apesar de apresentar uma integração mais efetiva entre comunidade e universidade, não foi possível, devido ao limite de tempo dessa pesquisa, de ser observada. Percebemos sim alguma participação da comunidade no projeto relatada no TCC analisado: "A escolha pelo projeto mais adequado para o menino foi feita em conjunto com os irmãos e a equipe do NIAC e hoje o jovem participa do Projeto UERERÊ" (MARTINS, 2010, p. 54). Neste caso, a autora se refere a um encaminhamento dado pelo Serviço Social a um caso de atendimento. No caso da atuação da Arquitetura na comunidade, a autora descreve que:

*A Arquitetura desenvolve projetos de refiguração de espaços públicos e equipamentos coletivos,* **presta orientações às comunidades** *e moradores nas ações de reformas e melhorias do espaço público e realiza também projetos de edificações destinadas a equipamentos coletivos.* (MARTINS, 2010, p. 24, grifo nosso)

Nos dois casos mencionados acima pela autora citada, não percebemos o alcance da atuação da comunidade no sentido de fazer uma intervenção ou provocar uma mudança significativa nas etapas de gestão das ações do projeto. Ao contrário, percebemos que a atuação da comunidade é limitada aos casos específicos de atendimento. No segundo caso, os termos por nós destacados revelam uma tendência ao assistencialismo, delegando aos profissionais do campo a legitimidade do conhecimento acadêmico. Os saberes transmitidos da universidade para a comunidade e não o inverso. Não encontramos, pelo menos no material consultado, nenhuma referência ao aproveitamento do conhecimento dos profissionais da comunidade envolvidos na construção civil, por exemplo.

As entrevistas realizadas com dois estagiários* no atendimento no NIAC e a leitura do trabalho monográfico que se refere à percepção dos estagiários sobre o trabalho do NIAC nos apontam algumas fragilidades do projeto que respingam na efetividade de suas ações. Segundo um dos entrevistados, o atendimento feito pelos estagiários fica muito limitado devido à falta de supervisão. A dificuldade em lidar com situações difíceis e a insuficiência de conhecimento técnico por parte dos estagiários prejudica o

---

* Entrevistamos dois estagiários, um do Serviço Social e outro do Direito. Seus nomes não são mencionados nesta pesquisa conforme combinado com eles.

usuário, tendo em vista que apenas uma supervisão semanal implica em um distanciamento de tempo para dinamizar as questões pendentes do público em geral. Outro ponto a ser destacado é a falta de registro prévio para qualificar e detalhar os atendimentos sucedidos e enumerar os solucionados e os ainda em procedimento. Esse fato provoca uma falta de comunicação entre os profissionais envolvidos, prejudicando igualmente o atendimento.\*

Quanto à percepção dos estagiários sobre o trabalho na instituição relatada pela autora da pesquisa de TCC, temos como destaque algumas dificuldades encontradas por esses sujeitos.

Sobre as dificuldades encontradas no período de estágio para o desenvolvimento dos trabalhos em equipe no NIAC, foram apontados, de forma predominante, os seguintes aspectos:

– falta de comprometimento da equipe para a resolução das demandas;
– falta de supervisões coletivas;
– falta de preparo dos supervisores;
– falta de registros;
– inexistência de equipes (trabalho feito individualmente).

Observamos que os pontos elencados pelos estagiários entrevistados na pesquisa mencionada conferem, de um modo geral, com os depoimentos dos estagiários da nossa pesquisa. Nessa situação, os efeitos do trabalho da instituição sobre o usuário fazem da população uma vítima do mau atendimento, reproduzindo a ineficência comum ao serviço público precário disponível para o público atendido.

Podemos perceber assim, nas ações do NIAC, traços de uma política de extensão universitária tradicional adotando um modelo de transmissão vertical do conhecimento. Percebemos nesta análise o cunho assistencialista que permeia o trabalho de atendimento do NIAC, no qual predomina uma verticalização do conhecimento em que os usuários são percebidos como um grupo passivo, sem ação, cabendo à equipe técnica fornecer-lhes conhecimento e atendimento.

Freire (2006) nos adverte para que esse esquema seja superado: as partes devem abandonar os antigos modelos, depósitos de conhecimento, e se transformar em sujeitos da ação do conhecimento, dentro de um entendimento mais autônomo de universidade, no intuito de fortalecer a relação entre universidade e sociedade.

---

\* Apesar de a página do programa noticiar que há um banco de dados de atendimento disponibilizado na instituição e de dados sobre atendimento terem sido analisados no TCC citado (MARTINS, 2010), nós não tivemos acesso aos mesmos, o que impediu um aprofundamento maior sobre os resultados do trabalho do NIAC.

## Considerações finais

Como finalização, e compreendendo o limite de tempo para a realização deste estudo, esboçamos algumas observações que consideramos relevantes no fazer pesquisa: de que modo ela contribuiu para a discussão em debate.

A pesquisa exigiu dois movimentos que consideramos profícuos: a discussão teórica, a partir das leituras sobre o assunto, e o olhar sobre as ações vivenciadas e/ou observadas. Além disso, como um aspecto relevante na execução do trabalho, temos o aprendizado efetuado pelos autores do artigo, que, como estudantes de origem popular, são eles/nós próprios interpelados pelas ações desenvolvidas.

O debate teórico sobre a política extensionista universitária ocorreu desde a nossa inserção no projeto, pois, como integrantes, discutimos a proposta do projeto e participamos das ações que exploravam a temática. Fazer a pesquisa, produzir um texto acadêmico, foi um trabalho que exigiu um esforço muito maior, mas que muito contribuiu para a nossa formação.

Em relação ao alcance dos objetivos inicialmente propostos, podemos inferir que observamos no primeiro projeto, PET-Conexões de Saberes – Identidades, uma interação entre comunidade e universidade, passando uma ideia de que uma é a outra e vice-versa. No segundo caso, o NIAC, mesmo reconhecendo a potencialidade do projeto no sentido de empreender ações que privilegiam os direitos humanos e a cidadania, ainda tem sua realização pautada numa visão tradicional da política de extensão, na qual a universidade, como detentora do conhecimento, promove a assistência à comunidade. No desenvolvimento de suas ações, brevemente observadas quer pela análise documental quer pelas entrevistas, notamos marcas de uma visão que enfoca muito mais a transmissão do conhecimento acadêmico do que o reconhecimento de uma ação recíproca da comunidade.

Consideramos também, no bojo desse debate, a relevância dessa pesquisa como mais uma contribuição para se pensar os sentidos de extensão universitária, visto que esta ainda se configura como um desafio para a superação da "crise" que enfrenta a universidade pública nos dias atuais.

# O GRUPO PET-CONEXÕES DE SABERES – DIVERSIDADE E AS CONSTRUÇÕES DE IDENTIDADES NA UNIVERSIDADE E NAS ESCOLAS

*Amilcar Araujo Pereira*

> *A memória é um elemento essencial do que se costuma chamar identidade, individual ou coletiva, cuja busca é uma das atividades fundamentais dos indivíduos e das sociedades de hoje, na febre e na angústia.*
>
> (Jacques Le Goff, 1984, p. 46)

Aprendi há muitos anos que, como dizia o historiador francês Lucien Febvre no início do século XX, "o fato é feito".\* Desde então, ao trabalhar como professor e pesquisador das chamadas Ciências Humanas, parto sempre do princípio de que as relações sociais – bem como os acontecimentos históricos, suas representações e análises – são construções humanas em movimento permanente.\*\* Em alguns momentos, dependendo das contingências históricas a que esteja submetido, esse movimento gera mudanças maiores, e em outros, menores. Essas relações sociais são construções humanas não só na medida em que as realizamos de fato, vivenciando-as, mas também quando as representamos ou analisamos posteriormente, baseados em nossas convicções, referências, vivências, visões de mundo, quantidade de poder (no sentido amplo do termo), interesses, etc.

Acredito, como Stuart Hall, que as identidades que acionamos e utilizamos nessas relações sociais também sejam construídas continuamente na interação social e sejam

---

\* Lucien Febvre referia-se à construção histórica dos fatos pelo historiador, que seriam "feitos" na medida em que o historiador analisa os documentos, interpreta as fontes e apresenta como resultado do seu trabalho, tendo em vista uma metodologia e um compromisso com a verdade – embora saibamos que essa verdade é sempre relativa –, o "fato histórico".

\*\* Gostaria de citar, como exemplo emblemático, o trabalho de Edward Said (1990) *Orientalismo: o Oriente como invenção do Ocidente*, no qual o autor mostra de forma brilhante como europeus escritores, cientistas, viajantes, etc., desde o final do século XVIII, ajudaram a construir a ideia de *Oriente* baseados na oposição ao que seria o *Ocidente*. Esta *invenção* historicamente datada, como mostra o autor, baseada nas relações de poder entre os povos daquelas regiões, atualmente tem *status* de realidade. Quantas vezes não nos referimos ao *Ocidente* ou ao *Oriente* como um fato: a música oriental, as religiões orientais, a civilização ocidental...

acionadas de acordo com as contingências e com as diferentes conjunturas às quais estamos expostos. Segundo Hall (2004, p. 13),

> *A identidade plenamente unificada, completa, segura e coerente é uma fantasia. Em vez disso, à medida que os sistemas de significação e representação cultural se multiplicam, somos confrontados por uma multiplicidade desconcertante e cambiante de identidades possíveis, com cada uma das quais poderíamos nos identificar – ao menos temporariamente.*

Outro autor que se dedicou ao trabalho de análises sobre a construção das identidades sociais e culturais, Homi Bhabha, um dos maiores expoentes dos estudos pós-coloniais,* nos alerta que:

> *O que é teoricamente inovador e politicamente crucial é a necessidade de passar além das narrativas de subjetividades originárias e iniciais e de focalizar aqueles momentos ou processos que são produzidos na articulação de diferenças culturais. Esses "entrelugares" fornecem o terreno para a elaboração de estratégias de subjetivação – singular ou coletiva – que dão início a novos signos de identidade e postos inovadores de colaboração e contestação, no ato de definir a própria ideia de sociedade.* (BHABHA, 2003, p. 20)

Esses "entrelugares" a que Bhabha se refere me interessam muitíssimo. Se levarmos em consideração o exposto acima em relação às identidades no mundo contemporâneo e a máxima sugerida por Bhabha, de que é "teoricamente inovador e politicamente crucial" lidarmos com elas como identidades híbridas e em movimento, produzidas "na articulação das diferenças culturais", nos "entrelugares" – "na sobreposição e no deslocamento do domínio da diferença [...] nos excedentes da soma das 'partes' da diferença (geralmente expressas como raça/classe/gênero, etc.)"–, poderemos buscar instrumentos e referências para a construção ou pelo menos análises dessas identidades e de nossa sociedade, ao mesmo tempo tão plural e desigual (BHABHA, 2003, p. 20).

O Brasil, o segundo país no mundo em quantidade de afrodescendentes, só perdendo para a Nigéria (como recorrentemente afirmam os representantes do governo brasileiro em suas viagens ao continente africano), com diversas populações indígenas e com imigrantes e seus descendentes de muitos outros países, além de grande quantidade de autodenominados brancos, de origem europeia, é um espaço propício à emergência desses

---

* Estudos pós-coloniais seriam um verdadeiro projeto intelectual inaugurado, segundo o próprio Bhabha, por Edward Said (1990) em seu livro *Orientalismo*. Estes estudos hoje concentram uma série de autores em todo o mundo.

"entrelugares", de interstícios nos quais se articulam as diferenças culturais.* Contudo, é um dos países mais desiguais do mundo, onde prevalece o predomínio de um modelo padrão branco-europeu que foi perseguido, inclusive, por meio da criação e implementação de diversas políticas públicas, adotadas no Brasil desde o final do século XIX. O branqueamento da população brasileira, informado por teorias raciais que se consolidaram na Europa e nos Estados Unidos em meados do século XIX, e que inferiorizavam populações não brancas pelo mundo afora, foi objeto de intensas discussões, tanto na academia quanto nos sucessivos governos, especialmente com o advento da República no Brasil, a partir de 1889. Milhões de imigrantes europeus foram trazidos para o país nesse contexto, com o objetivo de possibilitar a consolidação de um projeto de nação que tinha como base o citado modelo padrão branco-europeu.**

É importante ressaltar que também a "raça" é uma construção política e social, produzida em meio às diferenças culturais, como diria Bhabha, e bastante recente na história da humanidade. Entretanto, os impactos dessa ideia de raça, em torno da qual se organiza o racismo, em nossa sociedade são muitos e interferem diretamente em nossa construção social contemporânea. Em pleno século XXI ainda podemos observar vários aspectos da democracia brasileira que se encontram bastante incompletos. Se as desigualdades sociais – embora tenham diminuído nos anos recentes – ainda são uma marca de nossa sociedade, nesse contexto o racismo continua sendo um elemento estruturante dessas desigualdades e definidor de maiores ou menores oportunidades para brasileiros, dependendo de seu pertencimento étnico-racial (pretos, pardos, indígenas, brancos ou amarelos), como afirmam diversos pesquisadores. Dados estatísticos e análises sobre as desigualdades raciais na área da educação, no mercado de trabalho, na área da saúde, etc., têm demonstrado há décadas a permanência desse elemento nada democrático em nossa sociedade: o racismo (PAIXÃO; CARVANO, 2008; HASENBALG, 1979; FERNANDES, 1965). Essa permanência, que se reflete em discriminações não somente em relação às pessoas mas também aos próprios conteúdos curriculares selecionados para serem trabalhados, dificulta em muito a construção de uma educação democrática de fato para todos os brasileiros. O caráter eurocêntrico presente historicamente nos currículos de história e de outras disciplinas escolares no Brasil ainda é evidente.

É importante ressaltar que, na perspectiva do grupo PET-Conexões de Saberes – Diversidade, não se trata apenas de trocar uma perspectiva eurocêntrica por outra, com outro "centro". Mas, ao contrário, incluir novos conteúdos relacionados aos temas das histórias e culturas dos africanos e afrodescendentes, por exemplo, nos obriga a reali-

---

\* Vide a quantidade de pessoas que se autodenominam pardas, cerca de 40% da população, e a dimensão que teve/tem no imaginário da população brasileira o discurso, no princípio utilizado pelo próprio governo brasileiro, sobre a miscigenação no Brasil.

\*\* Sobre essa discussão, ver o primeiro capítulo de Pereira (2013).

zar novos estudos e pesquisas e a pensar alternativas que implicam necessariamente numa redefinição e na reorganização da história ensinada em sua seleção de conteúdos e processos de didatização, e que implicam numa verdadeira "reinvenção" da história escolar, das memórias constituídas e trabalhadas na escola e da própria educação, a partir de visão crítica e intercultural. Sem perder de vista que a memória, como diz Jacques Le Goff na epígrafe que abre este artigo, "é um elemento essencial do que se costuma chamar identidade, individual ou coletiva, cuja busca é uma das atividades fundamentais dos indivíduos e das sociedades de hoje, na febre e na angústia" (LE GOFF, 1984, p. 46).

Ao olharmos atentamente para a realidade brasileira, nos deparamos com uma situação de "invisibilidade" da população negra e pobre, como afirma Luiz Eduardo Soares (SOARES; ATHAYDE; MV BILL, 2005). Essa "invisibilidade" da população negra é alimentada nas escolas através dos conteúdos e práticas sociais presentes nos currículos escolares ainda informados pelo evidente eurocentrismo. Se levarmos em consideração que a escola é um dos espaços ideais de produção de memória e também de identidades, e se considerarmos ainda que, como afirma Pollak (1992, p. 205), "há uma ligação fenomenológica muito estreita entre a memória e o sentimento de identidade", a invisibilidade da população negra* no processo de ensino-aprendizagem torna ainda maior a invisibilidade dessa população na sociedade como um todo. Soares afirma que um "jovem pobre e negro caminhando pelas ruas de uma grande cidade brasileira é um ser socialmente invisível" (SOARES; ATHAYDE; MV BILL, 2005, p. 175). E diz ainda que este conceito de "invisibilidade" seria fundamental para refletirmos, já que a

> *experiência da negação do valor, de recusa do acolhimento, de fratura das relações primárias de amor, em casa e na escola, associada aos preconceitos racistas e classistas que projetam rótulos e anulam individualidades, produz a vivência dolorosa da invisibilidade. Vítima desse roteiro de negligência, indiferença e estigmatizações, o menino pobre transita invisível pelas ruas das metrópoles brasileiras.* (SOARES, 2001, p. 2)

Creio que a construção de identidades híbridas nas quais a negritude, assim como outras formas de pertencimento étnico-racial, seja vista de forma positiva, como meio de contestação dessa "invisibilidade", seja uma possibilidade interessante para pensarmos na própria construção de uma nova sociedade. Uma sociedade que se compreenda como uma construção plural, na qual todas as matrizes culturais e étnico-raciais foram e são igualmente importantes. Ao mesmo tempo, é preciso compreender que as diversas culturas são advindas de processos históricos, são construções humanas no tempo e no

---

\* Nos raros momentos em que negros aparecem nos conteúdos escolares, em geral, aparecem como escravos, raramente aparecem de forma positiva.

espaço, construções que permanecem em movimento e em contato, produzindo os diversos "entrelugares". Essa compreensão é fundamental para a educação em nosso país.

Mas por que identidades híbridas? Tendo em vista a atual conjuntura mundial, com as diversas interpenetrações culturais e históricas e questionando qualquer possibilidade de essencialismo, seja ele cultural, racial ou nacional, Bhabha afirma "[...] que o hibridismo cultural e histórico do mundo pós-colonial é tomado como lugar paradigmático de partida" (BHABHA, 2003, p. 46). Resgatando Fanon* e referindo-se à luta de libertação na Argélia, então colônia francesa, Bhabha lembra que "[p]ara Fanon, o grupo liberatório que inicia a instabilidade produtiva da mudança cultural revolucionária é ele mesmo portador de uma identidade híbrida" (BHABHA, 2003, p. 68).

É em meio a esse contexto teórico e social, em que se articulam questões relacionadas às identidades culturais e às desigualdades raciais e sociais, que o grupo PET-Conexões de Saberes – Diversidade, por mim coordenado, atua na UFRJ. Em dezembro de 2010 iniciamos as atividades do projeto PET-Conexões de Saberes – Diversidade, um dos quatro projetos semelhantes aprovados na UFRJ no âmbito do Programa de Educação Tutorial (PET), voltado para alunos universitários de origem popular oriundos de comunidades urbanas. Este projeto, financiado pelo Ministério da Educação e fruto dos vários debates sobre ações afirmativas e políticas de permanência para jovens negros e pobres nas universidades públicas brasileiras, tem por objetivo principal garantir a permanência qualificada de estudantes de origem popular na universidade, promovendo atividades de ensino, pesquisa e extensão.

A meu ver, os jovens estudantes universitários de origem popular que vêm ingressando nos anos recentes na universidade pública brasileira, negros em grande parte, podem ser vistos, como diriam Fanon e Bhabha, como parte do "grupo liberatório" que pode contribuir para a "instabilidade produtiva da mudança cultural", tanto na universidade quanto em nossa sociedade. Esses estudantes se deparam com um currículo universitário eurocêntrico e com um universo de valores e sentidos que, em grande medida, foram construídos objetivando atender e formar um determinado grupo social: a elite econômica e cultural hegemônica, da qual eles não fazem parte. Lidar de maneira produtiva com as diferenças culturais existentes atualmente na universidade é um desafio enorme. Nesse sentido, as atividades de ensino, pesquisa e extensão promovidas no âmbito do PET-Conexões de Saberes – Diversidade têm buscado, de maneira dialógica, contribuir para a integração desses alunos no ambiente acadêmico, ao mesmo tempo em que se

---

* Frantz Fanon foi um psiquiatra negro nascido na Martinica que estudou medicina na França e, a partir de 1956-7, tornou-se militante da Frente de Libertação Nacional da Argélia, cumprindo um excepcional papel como ideólogo e na comunicação junto ao Estado-Maior do seu Comitê Central da luta de libertação na Argélia. Publicou dois livros que se tornaram referências mais tarde para os estudos pós-coloniais: *Pele negra, máscaras brancas*, em 1952, e *Os condenados da Terra*, que foi publicado pouco depois de sua morte, vítima de leucemia, em 1961, após ser tardiamente transportado para um hospital nos EUA.

busca contribuir para a tal "instabilidade produtiva da mudança cultural" na universidade. Esse processo necessariamente produz identidades híbridas, como diria Bhabha. São estudantes universitários e de origem popular com diferentes pertencimentos étnico-raciais. Ao mesmo tempo, são acadêmicos e extensionistas, produzindo conhecimento e compartilhando suas produções em escolas públicas em diálogo com comunidades populares como as de suas origens, buscando escapar ao eurocentrismo e ao "elitismo" predominantes na universidade desde o início de sua formação acadêmica, sem deixar de aprender com o que a universidade pode lhes oferecer em termos de crescimento como pesquisador, professor e ser humano que convive em sociedade.

## "Negociação" e as construções identitárias

É fundamental, segundo Bhabha, pensarmos as construções identitárias híbridas também a partir da perspectiva da minoria,* como forma de contestação das tradições ainda vigentes e também como forma de aquisição de poder no sentido de contribuir no processo transformação da sociedade.

> *A representação da diferença não deve ser lida apressadamente como reflexo de traços culturais ou étnicos* preestabelecidos, *inscritos na lápide fixa da tradição. A articulação social da diferença, da perspectiva da minoria, é uma negociação complexa, em andamento, que procura conferir autoridade aos hibridismos culturais que emergem em momentos de transformação histórica. O "direito" de se expressar a partir da periferia do poder e do privilégio autorizados não depende da persistência da tradição; ele é alimentado pelo poder da tradição de se reinscrever através das condições de contingência e contraditoriedade que presidem sobre as vidas dos que estão "na minoria".*
> (BHABHA, 2003, p. 20-21, grifos do autor)

Para compreender melhor a perspectiva teórica de Bhabha, da qual tenho me apropriado, é preciso elucidar dois conceitos com os quais ele trabalha: *negociação* e *diferença*. Uma das peças-chave, nesse sentido, é a apropriação do conceito de *negociação*, conforme trabalhado por este intelectual ao tratar de temas centrais da atualidade, como hibridismo, pós-colonialismo, identidade e nação. Tal conceito fundamenta a perspectiva de conviver com, em vez de superar, os contrapontos e pluralidades que conformam as

---

* Entendo por minorias, neste trabalho, grupos que estejam, mesmo que majoritariamente em quantidade, desprivilegiados nas relações de poder em jogo na mesma sociedade. São exemplos de minorias, na sociedade brasileira, indígenas, negros, mulheres, homossexuais, etc. No caso dos bolsistas e voluntários do programa PET-Conexões, são minoria numericamente e em termos de relações de poder na universidade.

construções identitárias no mundo contemporâneo. Bhabha define o conceito de *negociação* da seguinte forma:

> *Quando falo de* negociação *em lugar de* negação, *quero transmitir uma temporalidade que torna possível conceber a articulação de elementos antagônicos ou contraditórios* [...] *Em tal temporalidade discursiva, o evento da teoria torna-se negociação de instâncias contraditórias e antagônicas, que abrem lugares e objetivos híbridos de luta e destroem as polaridades negativas entre o saber e seus objetos e entre a teoria e a razão prático-política.* (BHABHA, 2003, p. 51, grifos do autor)

Essa perspectiva aponta para o fato de que a liberdade de ação, de posicionamento político, tem em seu cerne o reconhecimento da condição ambivalente característica do sujeito contemporâneo, isto é, o desafio colocado pela "indecidibilidade", segundo Bhabha – pois vivemos em um momento de *incerteza cultural* e *instabilidade oculta*, com as consequentes dificuldades de tomar decisões –, ao qual todos nós estamos expostos ao ter de fazer escolhas. A perspectiva de Bhabha e de outros teóricos dos estudos pós-coloniais consiste na busca da desconstrução de categorias fixas, estereótipos e classificações que engessam o sujeito; não há, contudo, a pretensão de, eliminando máscaras, alcançar uma essência, a plenitude do sujeito, a sua "verdadeira" identidade.

Paul Gilroy (2001) questiona a ideia de uma *essência racial* que definiria a *negritude* e considera o que ele chama de *Atlântico negro* como espaço de contínuas trocas entre negros e brancos – durante todo o processo histórico iniciado com as Grandes Navegações –, formador de culturas híbridas que, estas sim, caracterizariam a modernidade. O negro não carregaria em si uma essência natural que o definiria. Ao contrário, o que chamamos de *negritude* seria construído pelos próprios negros, na interação e nas lutas políticas e sociais, articulando as memórias da escravidão com as lutas contra o racismo, por exemplo, como sujeitos de sua história. Falando sobre a *música negra,* Gilroy (2001, p. 99) afirma que "[e]sta subcultura muitas vezes se mostra como a expressão intuitiva de alguma essência racial mas é, na verdade, uma aquisição histórica elementar produzida das vísceras de um corpo alternativo de expressão cultural e política que considera o mundo criticamente do ponto de vista de sua transformação emancipadora."

Gilroy e Hall concordam no que tange à constituição da dita *cultura negra,* quando Hall (2003, p. 341) diz que

> *por definição, a cultura negra é um espaço contraditório. É um local de contestação estratégica. Mas ela nunca pode ser simplificada ou explicada nos termos das simples oposições binárias habitualmente usadas para mapeá-la: alto ou baixo, resistência versus cooptação, autêntico versus inautêntico* [...]

As identidades são essencialmente discursos; sua constituição se dá de forma performática nas interações sociais. Hall, referindo-se à constituição da chamada *cultura popular negra*, afirma que

> [na] *cultura popular negra, estritamente falando, em termos etnográficos, não existem formas puras. Todas essas formas são sempre o produto de sincronizações parciais, de engajamentos que atravessam fronteiras culturais, de confluências de mais de uma tradição cultural,* **de negociações entre posições dominantes e subalternas, de estratégias subterrâneas de recodificação e transcodificação, de significação crítica** *e do ato de significar a partir de materiais preexistentes. Essas formas são sempre impuras, até certo ponto hibridizadas a partir de uma base vernácula.* (HALL, 2003, p. 343, grifo meu)

O reconhecimento de que todos estão simultaneamente construindo discursos, significados, resgata a perspectiva de agência do sujeito. Tal processo, porém, não está livre da ingerência das relações de poder. Portanto, o "lugar" social de onde se produz este discurso tem de ser levado em consideração, já que as representações não têm a mesma autoridade e legitimidade na sociedade. Daí a importância de se trabalhar com as construções produzidas a partir da perspectiva da minoria e valorizá-las como meios de aquisição de poder, de aquisição de capital simbólico, como diria Bourdieu (1982). Nesse sentido, como temos dito no grupo PET-Conexões de Saberes – Diversidade, temos trabalhado com o "empoderamento como estratégia de formação" dos estudantes de origem popular na universidade (PEREIRA; FERREIRA; SOUSA; OLIVEIRA; SILVA; LIMA, 2014).

## Diferença e diversidade

Observando o processo histórico recente, percebo os riscos do discurso de sincretismo cultural vigente no Brasil, em especial nos espaços institucionais de educação. Tal discurso, fundamentado no respeito à diversidade, elege culturas estanques, monolíticas, as quais, reunidas, constituiriam uma instância maior, a cultura brasileira. Bhabha vai de encontro à tão comum celebração da "diversidade cultural" colocada junto às origens de um povo, num passado a-histórico, o que ilusoriamente consolidaria uma cultura única, um objeto de conhecimento empírico. Ele afirma que, por trás desta concepção, esconde-se uma tentativa de dominar em nome de uma supremacia cultural.

O que pensar em relação ao esforço dos governos brasileiros, principalmente a partir de Getúlio Vargas na década de 1930, de promover um modelo de nação cujas marcas mais evidentes seriam a miscigenação e o sincretismo? O que posteriormente foi denominado de "mito da democracia racial" tem aí suas raízes, e ainda hoje permeia o senso comum no que se refere às relações étnico-raciais no Brasil, dificultando assim a implementação de ações afirmativas para negros e indígenas, na medida em que embasa o argumento de que é impossível determinar, por exemplo, quem é negro no Brasil. A respeito dessa questão, particularmente quanto ao debate sobre cotas na universidade, expõe José Jorge de Carvalho:

> *Claro que esse vazio de análise e proposta [sobre o tema da exclusão racial] não foi causado por um despreparo da nossa academia e sim por uma decisão, bastante consciente, ao longo de mais de meio século, de construir um conceito particular de brasilidade que foi cristalizado na obra de Gilberto Freyre e destinado a encobrir o mais possível o escândalo (agora exposto como nunca antes) da discriminação sistemática sofrida pelos negros no Brasil. Esse discurso oficial do Brasil, desde a década de trinta até recentemente, consistiu numa celebração culturalista da mestiçagem e de uma suposta cordialidade de convívio interracial, paralelas a um silenciamento sistemático da desigualdade de vantagens imposta aos negros e aos índios. Meditar sobre a ausência atual de negros e índios na universidade é ousar revisar os pressupostos dessa brasilidade que ocultou deliberadamente um de nossos problemas mais profundos como nação.*
> (CARVALHO; SEGATO, 2002, p. 6)

A partir do conceito de *diferença* cultural, Bhabha (2003, p. 65) sugere a crítica aos "valores estéticos e políticos positivos que atribuímos à unidade ou totalidade das culturas, especialmente aquelas que viveram longas e tirânicas histórias de dominação e reconhecimento equivocado", uma vez que os identifica como ponto de partida para a discriminação:

> *A enunciação da diferença cultural problematiza a divisão binária de passado e presente, tradição e modernidade, no nível da representação cultural e de sua interpelação legítima. Trata-se do problema de como, ao significar o presente, algo vem a ser repetido, relocado e traduzido em nome da tradição, sob a aparência de um passado que não é necessariamente um signo fiel da memória histórica, mas uma estratégia de representação da autoridade em termos do artifício do arcaico.* **Essa interação nega nossa percepção das origens da luta. Ela mina nossa percepção dos efeitos homogeneizadores dos símbolos e ícones culturais, ao questionar nossa percepção da autoridade da síntese cultural em geral.**
> (BHABHA, 2003, p. 64- 65, grifo meu)

Como vimos acima, a saída predominantemente escolhida pelos governos brasileiros para a problemática racial, desde o final do século XIX, tem sido a mestiçagem. O detalhe a ser ressaltado, novamente, em relação à mestiçagem, tal qual vem sendo celebrada desde então, é que essa mistura – dita "harmoniosa" – não é e nunca foi equânime. A contribuição dos estudos pós-coloniais para nosso trabalho, além de dissolver qualquer possível "fé" em alguma essência racial – seja ela negra ou branca –, vem no sentido de trazer, através da enunciação da diferença, a possibilidade de vermos todos os elementos constituintes da miscigenação, ou do hibridismo, de forma positiva. A ideia de que as identidades são construídas na interação social – não de baixo para cima, mas sim reciprocamente em todos os sentidos, sem perder de vista as relações de poder em jogo – nos permite pensar maneiras de tentar promover construções identitárias nas quais a negritude seja vista como positiva. Nesse sentido, na perspectiva da atuação do grupo, diversidade e diferença se misturam e complementam. A enunciação das diferenças em meio ao reconhecimento da diversidade cultural pauta as ações do grupo PET-Conexões de Saberes – Diversidade.

A Lei 10.639/03* que institui a obrigatoriedade do ensino de História e Cultura Africana e Afro-Brasileira nas escolas brasileiras, por exemplo, corrobora a ideia de enunciação da diferença, na medida em que visa (ou pretende) trazer para os currículos escolares no Brasil a participação da população negra na construção da sociedade brasileira como um dos protagonistas dessa história, e não mais com a subalternidade explícita em *Casa--grande & senzala,* de Gilberto Freyre, por exemplo. Essa lei constitui um importante instrumento para a construção de memórias da população negra no Brasil, na qual as lutas dos negros ao longo da história do Brasil, bem como os muitos aspectos positivos da participação dessa população na construção do país, possam ser trabalhados e valorizados no processo educativo.

Retornando à importância da memória e à sua relação com as construções identitárias, como afirma Pollak (1992, p. 205), nos vemos diante da questão das relações de poder em jogo em nossa sociedade, uma vez que "[...] a memória e a identidade são valores disputados em conflitos sociais e intergrupais, e particularmente em conflitos que opõem grupos políticos diversos".

## Considerações finais

Como fundamento para a produção de conhecimento nas perspectivas até aqui apontadas, a dimensão do ensino no programa PET-Conexões de Saberes – Diversidade foi realizada, até o momento, principalmente através de três disciplinas eletivas construídas e oferecidas desde 2011 por mim na Faculdade de Educação da UFRJ: Educação e Etnia, Colonialismo, Educação e a Pedagogia da Revolução (em parceria com o prof. dr.

---

* A lei, assinada pelo presidente Lula em 9 de janeiro de 2003 e já incorporada à Lei de Diretrizes e Bases da Educação Nacional, é uma antiga reivindicação do movimento negro brasileiro.

Paolo Vittoria) e Multiculturalismo e Educação, que tiveram o objetivo de apresentar e discutir com todos os bolsistas do grupo e com outros alunos da UFRJ textos e autores acadêmicos que trabalharam, respectivamente, com as relações étnico-raciais, o racismo e seus impactos na formação da sociedade e da educação no Brasil; com as lutas contra o colonialismo e a perspectiva dos estudos pós-coloniais e seus reflexos na educação; e com a questão mais específica da dimensão da cultura como processo e suas implicações na educação em nosso país.

Uma vez informados pelas discussões e perspectivas teóricas adotadas no grupo e debatidas ao longo dos trabalhos nas disciplinas citadas, cada bolsista foi orientado a escolher um tema de pesquisa, relacionado a questões como história e cultura afro-brasileira, relações étnico-raciais, desigualdades no Brasil, ações afirmativas, etc. A construção dessa pesquisa individual, orientada por mim e discutida sempre no conjunto do grupo, tem proporcionado um aprofundamento do conhecimento sobre um tema de interesse do aluno, ao mesmo tempo em que possibilita a construção de reflexões e de materiais para a elaboração de uma oficina temática que é oferecida em uma escola pública parceira do projeto. É importante ressaltar que as oficinas temáticas, em função da parceria estabelecida com a escola, são realizadas sempre com a participação dos professores da escola e no espaço curricular. Não é algo estranho à rotina da escola, nem algo feito no contraturno. Ao contrário, antes da rodada de oficinas temáticas elaboradas pelo grupo e depois da realização das mesmas, sempre há uma reunião com a coordenação pedagógica e com todos os professores da escola, quando trocamos ideias, organizamos e posteriormente avaliamos a realização das oficinas. Esse processo tem ocorrido – com sucesso, diga-se de passagem – desde o ano de 2011. Além das pesquisas individuais e das ações extensionistas nas escolas, os bolsistas participam ainda de uma pesquisa coletiva, orientada por mim, sobre a implementação da citada Lei 10.639/03 nas escolas públicas do estado do Rio de Janeiro, na qual realizamos entrevistas de história oral com professores de História e com gestores escolares, com o objetivo de analisar continuamente o processo de implementação da referida lei.

Realizamos ainda atividades de extensão dentro da UFRJ, como o Cineclube Conexões em Cartaz e as mesas-redondas, chamadas Dias de Diálogos, quando convidamos professores e bolsistas para dividirem o protagonismo na organização e na realização das atividades: há sempre um estudante nas mesas, seja atuando na contextualização e no debate do filme exibido no Cineclube, seja na mediação ou no debate do tema estabelecido para as mesas-redondas dos Dias de Diálogos. O protagonismo e o empoderamento dos alunos bolsistas é buscado em todas as atividades do grupo.

Os artigos produzidos pelos alunos bolsistas do PET-Conexões de Saberes – Diversidade, que podem ser lidos em sequência a seguir, são exemplos dessas construções aqui apontadas, frutos de negociação nos âmbitos acadêmico e social e de busca pela construção de espaços de enunciação das diferenças na universidade, através de pesquisas e do ensino, e nas escolas e comunidades, através das ações extensionistas, sempre articulando essas três dimensões do trabalho na universidade (ensino, pesquisa e extensão) e sempre comprometidos com a luta pela promoção da "instabilidade produtiva da mudança cultural" na universidade e na sociedade como um todo, na busca por uma sociedade mais justa e democrática e menos desigual.

# ENTRE A NOITE E A ALVORADA: UMA ANÁLISE DE DIFERENTES PERSPECTIVAS SOCIAIS NO INÍCIO DO SÉCULO XX

*Thayara Cristine Silva de Lima*

Os negros já libertos ou livres antes de 1888, e que eram a grande maioria da população "de cor" no Brasil, sofreram com a exclusão dos postos de trabalho no período pós-abolição, sendo relegados à margem de uma nova ordem social que se estabelecia. Com a intenção de dar voz a essa população e de reverter esse quadro desfavorável, a chamada imprensa negra se tornou um forte instrumento na busca pela integração da população negra nessa nova ordem.

Com base nesse contexto, o presente trabalho traz uma análise do jornal *O Clarim*, que mais tarde se tornou *O Clarim da Alvorada*. Este jornal foi fundado em 1924 por Jayme de Aguiar e José Correia Leite. Diversos jornais negros foram lançados nesse período, entretanto o *Clarim da Alvorada* foi, entre eles, o que teve a maior quantidade de publicações regulares, além de alcançar grande expressividade dentro da comunidade negra de São Paulo. Essa regularidade torna possível observar com maior facilidade a existência de uma linha de pensamento e ação que rege o jornal. No decorrer de suas edições, que duraram até o ano de 1932, fica evidente a existência de duas fases que serão apresentadas a seguir. Para além disso, o trabalho trará também uma análise comparativa entre o conteúdo do jornal *O Clarim* e o conteúdo do jornal *Folha da Noite*, fundado por Olival Costa e Pedro Cunha, que circulou com esse nome de 1921 a 1959 e em 1960 tornou-se a *Folha de S.Paulo*, que circula até os dias atuais. As análises foram feitas sobre o período que compreende os anos de 1926 a 1932, especialmente a partir da fundação da Frente Negra Brasileira,* em 1931, buscando identificar e entender as

---

* A Frente Negra Brasileira (FNB) foi fundada em 16 de setembro de 1931 e teve como presidente Arlindo Veiga dos Santos. A Frente tornou-se um partido político em 1936 e, em consequência disso, foi fechada em 1937, quando Getúlio estabeleceu o Estado Novo. No início do século existiam diversas entidades negras, entretanto a importância da FNB se dá pelo fato de que, enquanto a grande maioria dessas entidades nascia como, ou se tornava, grêmios de recreação, a Frente veio com um programa de lutas para conquistar posições para o negro em todos os setores da vida brasileira. Sua importância pode ser percebida quando observamos as tentativas de Getúlio em cooptar seus principais dirigentes para o seu arco de aliança.

convergências e divergências entre os dois jornais, além da diversidade de perspectivas dos diferentes setores sociais por eles representados. Começaremos pela apresentação do jornal *Clarim da Alvorada* e pela análise de suas estratégias e abordagens na busca por esse processo de integração.

## O *Clarim da Alvorada* em sua primeira fase

Analisando inicialmente as edições da primeira fase do *Clarim*, é percebido que não há consciência de que o preconceito racial possa ser um entrave na ascensão social ou profissional da população negra. Há a percepção de que a discriminação existe, como pode ser visto no seguinte trecho: "Os arraigados preconceitos contra a raça negra vêm desde os tempos diluvianos segundo nos rezam as sagradas escrituras" (*O Clarim da Alvorada*, n. 21, 13 maio 1926, "A raça maldita"), mas a impossibilidade do negro de ascender e chegar a qualquer patamar elevado, segundo o entendimento dos redatores, parece depender unicamente deles mesmos. Atribui-se essa impossibilidade à preguiça, à falta de preparo e outras características negativas. Em muitos momentos fala-se de "progresso dos irmãos" ou "reerguimento da integridade moral" como objetivo do jornal. A escolha destes termos é interessante, pois eles dizem respeito a um trabalho que o indivíduo deve empreender em si mesmo e não na sociedade. Quando o jornal usa o termo "progresso **dos irmãos**", fica notável quem deve ser o ator desse movimento progressivo ou sobre quem deve incidir esse aperfeiçoamento.

A perspectiva adotada é a de que são os próprios negros os empecilhos para que isso aconteça. Essa perspectiva evidencia-se em trechos como o seguinte: "[...] no Brasil não existe o preconceito de raça como dizem vários patrícios, cremos que a nação não tem culpa dos brasileiros pretos não serem esforçados" (*O Clarim da Alvorada*, n. 20, 26 abril 1926, "Por que queremos a Confederação"), ou ainda no trecho a seguir, que fala sobre um discurso realizado no festival organizado no Centro Cívico Palmares: "[...] fomos surpreendidos pelo extraordinário desassombro de um bravo filho dos Pampas, que com palavras vibrantes soube demonstrar que no Brasil não há impedimento para o homem preto evoluir, em todas as atividades." As palavras ditas por ele e referidas acima foram: "O negro que sofreu de joelhos hoje saúda a nacionalidade de pé. Eu abro o teu peito negro e beijo o teu coração escarlate. A mão do branco não se mancha em apertar a mão do negro, no Brasil não há preconceitos" (*O Clarim da Alvorada*, n. 27, 14 nov. 1926, "Quem somos"). Ainda observando a negação da existência de preconceito, cito o seguinte trecho:

> *O único desideratum que os humildes dirigentes do* Clarim *têm em mira é o reerguimento moral da classe preta desta capital ou fora dela. Não reconhecemos preconceito*

*algum, e não abraçamos as ideias que vão além do que temos apregoado... O dia em que formos ou que os nossos patrícios forem coagidos nos nossos direitos de bons cidadãos brasileiros que somos, então sairemos da nossa obscuridade com nossa pena que nunca se inflamou contra essa tirania fantástica. Mas isso, caríssimos leitores, jamais acontecerá... Lá na América do Norte, onde o preconceito é um fato, o que é do preto é do preto e o que é do branco é do branco, aqui não. Tudo o quanto é do Brasil é nosso com exceção de qualquer coisinha que não se pode qualificar de preconceito. (O Clarim da Alvorada, nº. 27, 14 nov. 1926, "Quem somos")*

Observem o uso, nos trechos acima, de palavras como "Brasil" e "nacionalidade" e como o texto se articula no sentido de eximir a nação de qualquer responsabilidade pelo atraso social no qual viviam os negros.

Correia Leite e Jayme de Aguiar estavam escrevendo naquele momento bastante imersos numa ideia de "paraíso racial". Essa ideia trazia consigo falsas verdades como a ausência de preconceito e discriminação racial no Brasil, além da existência de oportunidades econômicas e sociais iguais para todos. Essa era uma ideia corrente no início do século XX. Além de estar fortemente presente aqui, essa imagem era também "exportada" para outros países, como os EUA, corroborando um processo de circulação de referenciais, como mostra Amilcar Araujo Pereira em seu livro *O mundo negro: relações raciais e a constituição do movimento negro contemporâneo no Brasil*:

*Pesquisando nos arquivos do* Chicago Defender *e do* The Baltimore Afro-American, *encontra-se uma grande quantidade de matérias não somente comparando as relações raciais no Brasil e nos Estados Unidos, mas também exaltando a forma com a qual os brasileiros tratavam a questão racial no início do século XX [...] Entre 1914 e 1934 há 61 matérias sobre o assunto nas quais [...] o Brasil é apresentado pelo* Chicago Defender *como o melhor exemplo de harmonia racial, de liberdade e de igualdade de oportunidades para os negros. Há matérias publicadas com os seguintes títulos: "Brazil Welcomes Afro-Americans" (14/03/1914), "Brazil Ideal Country for Black Man" (22/01/1916), "Brazil open to those who are well prepared" (23/04/1921), "Race prejudice is unknown in Brazil" (21/01/1928). (PEREIRA, 2013, p. 152)*

Seguindo um eixo de pensamento central, a partir do qual seria necessário um esforço empreendido pelo negro para o alcance dos seus objetivos, o enredo principal do *Clarim* nessa primeira fase de que tratamos aqui gira em torno de três pontos. O primeiro deles é a preparação educacional da população negra: "Patricios, meus! Mandae vossos filhos ás escolas, depois, procurae coloca-los em uma officina para especializarem-se num oficio... Este apelo, quem o faz, aos patrícios de cor é o último dos pretos brasileiros que almeja o progresso e a grandeza da sua raça" (*O Clarim da Alvorada*, n. 18, 24 jan. 1926, "Cuidemos da educação dos nossos filhos"). O segundo versa sobre a adequação a um padrão moral que, segundo o ideário da época, lhe atribua dignidade, padrão esse que cultua a prática do trabalho e faz críticas diretas aos "maus hábitos": "[Disciplina] de todas as qualidades é a que pode constituir o verdadeiro homem, feliz, e cumpridor de seu dever... A educação moral, tem grande influência na formação do caráter" (*O Clarim da Alvorada*, n. 25, 26 set. 1926, "Disciplina"). O último ponto trata da exaltação dos feitos dos negros que já alcançam a posição de estandartes da raça, se equiparando em termos de sucesso profissional com os não negros: "Até hoje os negros dão o que beber as outras raças, pois não é necessário lembrarmo-nos do cimento armado, do auto-piano, novidades chimicas, etc." (*O Clarim da Alvorada*, n. 21, 13 maio 1926, "A raça maldita") ou ainda "Nas rodas esportivas já possuímos valorosos competidores e em todas as atividades humanas: sciencias, artes, disciplinas várias e letras; o nosso theatro ligeiro, está de parabéns... fundou-se, lá na capital de nosso paiz, uma Companhia negra de revistas" (*O Clarim da Alvorada*, n. 24, 22 ago. 1926, "Nossos Parabéns!...").

Segundo o jornal, esse esforço deveria ser empreendido de maneira coletiva, ou seja, não por um indivíduo em si unicamente, mas pela comunidade negra nela mesma. Sendo assim, com grande frequência o jornal trazia artigos cujo cerne era a intenção de unificar a população negra em torno de um objetivo específico. A todo momento apareciam palavras de ordem como "uni-vos", entre outras, conclamando seus leitores a se fortalecerem como grupo.

No período estudado, um fato marca de forma profunda e decisiva a linha editorial seguida pelo *Clarim*. Esse acontecimento é a saída de Jayme de Aguiar da direção do jornal. Em 12 de agosto de 1928, Jayme deixa de aparecer no cabeçalho do jornal como redator responsável – cargo que passa a José Correia Leite – e toma o espaço de fundador, um cargo que evidencia uma posição de honra. A partir de então ele passa a ocupar as páginas do jornal apenas como colaborador.

## O *Clarim da Alvorada* em sua segunda fase

Nessa segunda fase é notável uma maior intenção de interferência na sociedade como um todo; assim o *Clarim* se torna um jornal mais crítico. No livro *...E disse o velho militante José Correia Leite*, o próprio Correia Leite falou sobre essa passagem de fases.*

> *O jornal pode sair com vírgula errada, com erro de concordância, mas vai sair. Porque eu tenho umas ideias. Eu acho que estamos fazendo um jornal errado. Vamos fazer um*

---

\* Os depoimentos de José Correia Leite que deram origem a esse livro foram concedidos entre março de 1983 e fevereiro de 1984. Mais de 50 anos após a última edição do *Clarim da Alvorada*.

*jornal diferente... Assim o Clarim d'Alvorada partiu para ser um jornal de luta, de denúncias, de reivindicações de direitos. (LEITE; CUTI, 2007, p. 40-41)*

Nesse período, que coincidiu com a saída de Jayme de Aguiar, ocorria uma mudança na perspectiva adotada pelo *Clarim* no que diz respeito à situação da população negra no Brasil. Onde antes existia a certeza de que a comunidade negra não evoluía por incapacidade ou preguiça, ou seja, por questões de escolha que diziam respeito a eles mesmos, começou a aparecer a ideia de que essa população foi e é, até o momento em que ele escreveu, não apenas negligenciada, mas também prejudicada em sua possibilidade de integração na sociedade. Podemos observar essa mudança no seguinte trecho:

*Depois que o negro deixou de ser a formidável máquina produtora, ficou só, parado na estrada do progresso [...] logo após, o negro foi substituído pelo imigrado, o pobre ficou sem norte, iludido com a sua carteira de eleitor e com o seu título de cidadão brasileiro, mas não o ensinaram a ler nem a escrever; Classificado pelos altos sociólogos descendentes de raça inferior.* (O Clarim da Alvorada, *1 jul. 1928, "O negro para o negro"*)

Esse trecho estabelece contrariedade com os textos apresentados da fase anterior. A principal diferença está no olhar, que agora não mais entende o próprio negro como razão de sua posição marginalizada na sociedade, mas enxerga que houve um movimento patrocinado que legou aos negros essa posição. O "Brasil" antes enaltecido fica subentendido como a figura do Estado, que, em vez de preparar a população negra, a substituiu pelos imigrantes. Perceba: "**iludido** com a sua carteira de eleitor e com o seu título de cidadão brasileiro" – esse trecho deixa transparecer que para Leite a tal igualdade de oportunidades não era uma realidade e sim uma ilusão.

Os possíveis motivos para essa radical mudança ainda figuram como objetos para a continuação dessa pesquisa, entretanto, no livro de memórias de Correia Leite já podem ser vislumbradas, no seguinte trecho, as influências da Primeira Guerra Mundial como uma possível motivação:

*Os negros americanos, na França, quando desfilaram separados dos brancos, começaram a notar que os Estados Unidos eram muito criticados por causa da discriminação racial [...] Quando foram muito bem recebidos pelos franceses, reconheceram que não existia nenhuma distinção entre o soldado negro e o soldado branco. Ao voltarem para os Estados Unidos foram com outras ideias [...] Isso chegou ao conhecimento da gente aqui. Nós também começamos a usar esses fatos como exemplo. Tudo isso os jornais publicavam e a gente via ser baseado numa influência da Primeira Guerra Mundial.* (LEITE; CUTI, 2007, p. 38-40)

## A *Folha da Noite*

Em 19 de fevereiro de 1921 surgia a *Folha da Noite*. "Olival abriu seu jornal para um novo tipo de público leitor de 'classe média' que indistintamente chamava de 'povo'. Imaginava abranger até o operariado" (CAPELATO; MOTA, 1981, p. 23).

Observando o trecho acima é importante problematizar o "povo" que era, no entendimento de Olival, o leitor da *Folha da Noite*. Quem era esse povo para o qual a *Folha* escrevia? Juca Pato era o boneco símbolo da *Folha*, descrito como "um pequeno burguês de terno e gravata". Segundo Francisco Pati, esse mesmo Juca Pato fala a linguagem do povo. Sendo Juca um pequeno burguês engravatado, não parece que, entre esse povo ao qual ele dá voz, estejam contempladas as camadas mais desprivilegiadas da sociedade: estas camadas ficam escondidas sob a classificação generalizada de "povo". *A Folha da Noite* era então a voz de uma classe média que tinha demandas até então não representadas pelos jornais existentes. "Nesse primeiro período, a *Folha* procurou ser a ponte entre o 'povo', tal como ela o concebia, e o governo" (PATI, *apud* CAPELATO; MOTA, 1981, p. 24).

## A Frente Negra Brasileira segundo a *Folha da Noite*

*À margem dos fatos – A Frente Negra*

*A constituição em São Paulo de uma Frente Negra em que se arregimentassem todos os negros para a defesa da raça – como se anuncia – faz supor a existência entre nós de preconceitos contra os homens de cor. Parece mesmo que os promotores da Frente estão convencidos de que tais preconceitos se verificam, e que eles chegam a formar um motivo de intranquilidade social.*

*Ora, a observação de todos os dias mostra justamente o contrário da tese em torno da qual a Frente se organiza.*

*Ela está generalizando um ou outro caso esporádico em que a cor serviu antes para mascarar outros sentimentos do que para exprimir o sentimento de repulsa pelo homem de epiderme preta.*

*Há realmente, no Brasil, um espírito de fraternidade que paira acima de distinções desta qualidade.*

*Negá-lo seria negar a evidência ou inventar fantasmas para combater.*

*A Frente Negra pode estar certa da vitória porque ela vai pelejar contra o que não existe.*

(Folha da Noite, *23 out. 1931, "À margem dos fatos"*)

Nota-se nesse discurso uma grande semelhança com as ideias da primeira fase do *Clarim*, vistas anteriormente, negando a existência de preconceitos de cor no Brasil. Isso se dá por conta da ideia de "harmonia racial", que era a ideia dominante na época, sendo inclusive "exportada" para outros países, como vimos anteriormente.

Desde o fim da escravidão, essa ideia de "paraíso racial" é uma potente ferramenta de desmobilização política dos negros e de legitimação das desigualdades raciais. Até hoje essa ideia se traduz corriqueiramente em termos como "Somos um povo sem preconceitos" ou "Não temos barreiras baseadas em cor", ideias já fortemente presentes no discurso da *Folha da Noite* acerca da criação da Frente Negra em 1931. Segundo Hasenbalg (1979, p. 244),

> *O caso dos movimentos de protesto negro em São Paulo, durante a Primeira República e inícios da década de 1930, é ilustrativo a esse respeito. Esses movimentos ou se defrontavam com a indiferença dos brancos ou então eram condenados como expressões de "intolerância e racismo negro" que ameaçavam a paz social.*

Para além disso, a ideia propagada de igualdade de oportunidades transfere a responsabilidade da baixa posição social para o grupo subordinado, o que potencializa a construção de discursos como aqueles sustentados durante a primeira fase do *Clarim*, segundo os quais a comunidade negra deveria empreender esforços de aperfeiçoamento para melhor se representar em uma sociedade que oferecia oportunidades iguais.

## A FRENTE NEGRA BRASILEIRA SEGUNDO O *CLARIM DA ALVORADA*

O trecho a seguir foi retirado do editorial da Frente Negra Brasileira, que ocupou uma página inteira de destaque na edição do dia 20 de dezembro de 1931. Nesse período, o *Clarim* já estava em sua segunda fase, e nele podemos observar mais um exemplo da mudança de perspectiva adotada: "Mau grado, aos que procuram tolher com barragens insólitas, esse projeto vertiginoso que provém dos palpitantes anseios de milhares de humildes, obreiros injustiçados e menosprezados na sua própria pátria."

O que mais chama atenção nesse texto é a nova forma com que aparece a relação da pátria com o negro. Tanto na primeira fase do *Clarim da Alvorada* quanto no posicionamento do jornal *Folha da Noite*, víamos representado um país que dava oportunidades iguais para todos e no qual os negros não evoluíam porque tinham problemas em si mesmos que precisavam ser sanados. Os jornais eram muito informados pelo que mais tarde se convencionou chamar de mito da democracia racial. Nesse trecho da segunda fase, observa-se a mudança de perspectiva quanto à relação do país com a questão racial: perceba que em "**obreiros injustiçados e menosprezados na sua própria pátria**" a ideia estabelecida é a de existência de injustiças e menosprezo de uma classe em sua própria terra. Esse trecho é bem representativo do que se tornou o *Clarim da Alvorada* em sua segunda fase, um jornal que buscava intervir na sociedade para acabar com essas desigualdades e não mais intervir apenas na própria população negra, como se ela mesma fosse a causa de sua não ascensão. Mais tarde, por diferenças político-ideológicas, José Correia Leite rompeu com a Frente Negra Brasileira, e o *Clarim da Alvorada* por consequência também rompeu, mas essa nova perspectiva de intervenção na sociedade já estava presente em suas páginas desde 1928, quando se deu o redirecionamento do jornal, e permaneceu até sua última edição.

## Da pesquisa à prática

A pesquisa foi desenvolvida já com a pretensão de não permanecer apenas no mundo das ideias, mas sim para subsidiar uma intervenção na prática. Como grupo, nós do PET-Conexões de Saberes – Diversidade acreditamos que, para uma formação que valha a pena, o ensino, a pesquisa e a extensão têm de estar articulados. Dessa maneira, produzir conhecimento, neste caso a presente pesquisa, sem que ela seja revertida para a sociedade, não faz o menor sentido. Nossa intervenção prática consistiu na realidade em contribuir com a implementação da Lei 10.639/03, que prevê o ensino de História e Cultura Afro-Brasileira e Africana nas escolas, através da realização de oficinas em uma turma de Educação de Jovens e Adultos (EJA) numa escola pública parceira do projeto, no bairro da Penha, município do Rio de Janeiro (RJ).

O maior desafio para a realização dessa oficina foi a adequação das minhas fontes de pesquisa, jornais do início do século XX, à realidade da escola. A saída que encontrei para tornar mais fácil o contato da turma com essas fontes foi trabalhar colocando-as em paralelo com jornais atuais.

No primeiro momento dividi a turma em grupos e apresentei manchetes do *Jornal do Brasil* e do jornal *Meia Hora*. Foram colocadas questões acerca do público para o qual os jornais escrevem e sobre como o discurso do jornal pode ser diferente de acordo com o público para quem fala ou com os interesses que representa. A intenção era fazer com que eles percebessem que jornais não são imparciais, mas sim que manifestam o posicionamento de um grupo, e que inclusive o discurso muda dependendo de para quem se está falando. O debate foi verbal a princípio, mas, ao fim da discussão, pedi que eles escrevessem suas observações sobre os dois jornais.

As manchetes utilizadas foram sobre a pacificação da favela de Manguinhos, localizada próximo ao local de moradia da maior parte dos estudantes, causando assim certa empatia com o assunto. "Corre, vagabundo! Polícia leva 20 minutos para tomar comunidades de Manguinhos e Jacarezinho" (*Meia Hora*, 15 out. 2012); "Manguinhos acolhe pacificação. Clima difere nas comunidades pacificadas" (*Jornal do Brasil*, 15 out. 2012).

A escolha desses dois jornais foi motivada pela explícita diferença entre eles. Já pelos enunciados dessas reportagens é possível detectar algumas diferenças entre os jornais, entre elas a utilização ou não da norma culta da língua. Indo um pouco mais longe e inserindo os jornais em seu contexto, foi possível trabalhar sua forma de distribuição e o público que tem acesso a eles. Essas características tornaram explícitas as diferenças entre eles, o que ajudou a atingir o principal objetivo da oficina.

Destaco algumas respostas dos alunos* sobre as impressões em relação às questões por mim apresentadas:

*Na minha opinião, o* Meia Hora *escreve suas manchetes em uma linguagem mais popular. Já o* Jornal do Brasil *se preocupa com o seu conteúdo porque de repente vai ser lido em vários países além do Brasil, por uma classe mais alta. (Eduardo)*

*O jornal* Meia Hora *faz manchetes sempre para os públicos definidos de baixa renda, ou seja, chamando a atenção da classe baixa. O* Jornal do Brasil *faz manchetes com palavras diferenciadas para o público definido, de classe média alta. (Antônio)*

No segundo momento introduzi no debate o tema da pesquisa: *O Clarim da Alvorada* e a *Folha da Noite*, seus direcionamentos e divergências, além do público para quem escreviam. Para facilitar a visualização, montei uma tabela comparativa para explicitar as diferenças entre os jornais. Usei como evento-chave para a comparação dos jornais sua visão sobre a criação da Frente Negra Brasileira, e evidenciei as diferentes posições dos jornais em relação a esse fato, reforçando agora com os jornais do início do século XX a conclusão à qual tínhamos chegado no primeiro momento, de que dependendo do público e dos interesses, os jornais podem mostrar "verdades" diferentes.

Ao tratar da fundação da Frente Negra e das diferentes perspectivas adotadas a respeito desse acontecimento, me utilizei dos trechos dos jornais *Folha da Noite* e *Clarim da Alvorada* que já foram apresentados neste artigo.

No último momento, a discussão girou em torno da questão levantada a partir das comparações entre o *Folha da Noite* e o *Clarim*: Afinal, existe ou não racismo no Brasil? Novamente a primeira discussão foi verbal, acerca de suas próprias opiniões, exemplos e experiências. Em seguida pedi que eles respondessem a essa mesma pergunta, mas agora pensando sob a ótica do *Clarim* ou da *Folha da Noite*, respondendo segundo a lógica de um desses jornais. A intenção dessa atividade era conseguir perceber se os alunos de

---

\* Os nomes foram trocados, para preservar a identidade dos alunos.

fato compreenderam as diferenças de perspectiva entre os dois jornais. Seguem algumas respostas.

Na perspectiva do jornal *Folha da Noite*:

*No Brasil não tem e não pode existir preconceito. No mercado de trabalho os direitos são iguais para os negros e para os brancos. Mas para isso é necessário ter capacitação para o trabalho "tendo estudo"! (Rita, Rosa, Fernanda e Eliana)*

*Não acredito no preconceito contra os negros. Todos temos a chance de ser alguém na vida. O branco e o negro através de sua própria força de vontade podem alcançar seus objetivos. Veja o presidente dos Estados Unidos: é um negro que por seu esforço chegou aonde chegou, sem preconceito racial. (Antônio)*

Na perspectiva do jornal *Clarim da Alvorada*:

*Eu acredito que ainda existe preconceito com os negros com classes sociais mais baixas. Mas se todos juntos lutassem pelos seus direitos, quem sabe um dia isso iria acabar. Os negros são tão discriminados que em uma entrevista de emprego o branco tem mais chances de ganhar a vaga. (Eduardo)*

Além das reflexões dos alunos, outro ponto que considero muito positivo na oficina foi a troca de saberes. Tive, durante a atividade, a oportunidade de absorver experiências sobre como o racismo se manifesta na realidade dos alunos e no dia a dia escolar. Essa troca de saberes é parte muito interessante desse trabalho e de grande valia para quem desenvolve trabalhos de extensão universitária.

Pude observar também, a partir dessa experiência, a importância da Lei 10.639/03. Na medida em que os alunos sentiram-se representados no conteúdo da oficina e perceberam que sua realidade pode ser objeto de análise, potencializou-se o interesse acerca dos diversos questionamentos inerentes às relações raciais tratadas na oficina. E suscitar o interesse dos alunos é o maior investimento que se pode fazer para que no futuro existam mais pessoas questionando e buscando soluções para a realidade que as cerca.

# REFINANDO O MASCAVO NACIONAL: UMA ANÁLISE DA EDUCAÇÃO PÚBLICA DA CIDADE DO RIO DE JANEIRO ENTRE AS DÉCADAS DE 1920 E 1930

*Stephanie de Sousa Albuquerque*

Nas Américas, a cultura real é filha de várias mães. Nossa identidade, que é múltipla, realiza sua vitalidade criadora a partir da fecunda contradição das partes que a integram. Mas temos sido adestrados para não nos enxergarmos. O racismo, que é mutilador, impede que a condição humana resplandeça plenamente com todas as suas cores. A América continua doente de racismo: de Norte a Sul, continua cega de si mesma. Os latino-americanos da minha geração fomos educados por Hollywood. Os índios eram uns tipos catadura amargurada, emplumados e pintados, mareados de tanto dar voltas ao redor das diligências. Da África só sabemos o que nos ensinou o professor Tarzan, inventado por um romancista que nunca esteve lá (GALEANO, 1999 *apud* OLIVEIRA, 2003).

Antes de iniciar este artigo se faz necessária a explicação, breve, do título do mesmo. O título faz referência ao texto de Julio Afrânio Peixoto que foi publicado no livro de ensaios *Clima e saúde*, em 1938. E melhor que fazer explicações com minhas palavras sobre as palavras alheias é ler o escrito original:

*Se os antropólogos e sociólogos mais sisudos estabelecem que não há raça pura, senão no sentimentalismo político, isto é patente no nosso tempo e à nossa vista. Um exemplo, o que ocorre no Brasil. O sangue autóctone dos índios, assimilado pelos brancos ao norte; o negro importado por toda a parte. O selvagem desapareceu e o negro não vem mais; o branco vem sempre, e se reproduz. Em 1869 Gobineau, no Brasil, vaticinava: "as crianças morrem, tal quantidade, que em número de anos pouco considerável não haverá mais brasileiros". "Em menos de duzentos anos ver-se-á o fim da posteridade dos companheiros de Costa Cabral (sic) e dos imigrantes que o seguiram". Não só o Brasil cresce, e enormemente, de população; em 72, perto de Gobineau, éramos 10 milhões, meio século após já 47 milhões..., como as misturas raciais se fazem rapidamente. A albumina branca depura o mascavo nacional... Negros puros já não há; mestiços, por fraqueza somática, sensualidade, nervosidade, sensibilidade à tuberculose, ou desaparecem pela morte precoce, ou se cruzam, sempre com elementos mais brancos: a raça se aclara. Em duzentos anos, longe de se extinguirem no Brasil os descendentes do povo de Cabral, terá passado inteiramente o eclipse negro, desses quatro séculos de mestiçagem.* (PEIXOTO, 1975, apud SEYFERTH, 2002, p. 135)

A proposição deste trabalho é descrever brevemente a pesquisa desenvolvida no Programa de Educação Tutorial (PET-Conexões de Saberes – Diversidade). Dentro da temática proposta pelo grupo, procuro analisar a influência do pensamento racista, como o supracitado, nas políticas e práticas educacionais durante as décadas de 1920 e 1930, que correspondem ao final da Primeira República e início da Era Vargas, período em que a educação pública na cidade do Rio de Janeiro era dirigida sob a ótica eugênica.* Partindo deste estudo, ainda em andamento, busco trazer o debate sobre a formulação de nossa educação para a atualidade, por intermédio de atividades de extensão desenvolvidas em escolas públicas.

Para a compreensão da teoria eugênica, presente no século XX no Brasil, que permeou as ações de educadores, intelectuais, médicos e cientistas sociais no campo educacional, é necessário fazer uma imersão na moderna ideia de raça que fundamentou o racismo no Brasil e no mundo. Segundo o historiador Amilcar Pereira (2013, p. 48),

*A moderna ideia de raça – que associa as diferenças culturais e morais a características biológicas, genotípicas e fenotípicas, hierarquizando os diversos grupos humanos – é uma construção do pensamento científico europeu e norte-americano, que surge apenas em meados do século XVIII e se consolida a partir da segunda metade do século XIX, justamente durante o período em que o imperialismo europeu se fortalecia.*

Dando continuidade à linha de raciocínio de Pereira, ainda no século XIX, a discussão racial adquiriu grande valor para explicar as diferenças entre os indivíduos. As ciências humanas passam a ser influenciadas pelas ciências naturais, ou seja, a diferença passa a ser vista como desigualdade, pois será explicada através do evolucionismo.** Então, sen-

---

* "A eugenia foi uma tentativa científica de 'aperfeiçoar' a população humana por meio do aprimoramento de traços hereditários – noção popular por toda a Europa e Américas no período entre guerras" (DÁVILA, 2006, p. 31). Ao assinalar que a educação pública na cidade do Rio de Janeiro tinha uma perspectiva eugênica, busco apontar para a inclinação que as políticas educacionais da época tinham para a transformação ou "aprimoramento" comportamental e cultural do indivíduo através da educação.

** O evolucionismo é uma teoria do campo biológico desenvolvida por Charles Darwin para justificar as transformações ocorridas entre os seres vivos. Entretanto também foi aplicada às ciências sociais para explicar as diferentes culturas e sociedades humanas.

do os sujeitos europeus, segundo eles mesmos, pertencentes à civilização mais evoluída, logo estaria explicado o porquê de sua superioridade sobre as demais civilizações.

A teorização científica de "raça" dissemina-se no final do século XVIII e segue progredindo durante todo o século XIX, através de pensadores europeus que estabeleceram classificações raciais de caráter científico, sempre com o intuito de comprovar a supremacia da civilização branca. Os pensadores Arthur de Gobineau (1816-1882) e Vacher de Lapouge (1854-1936) afirmavam que o Brasil era um país com grande contingente de pessoas negras, que se estabelecia enquanto uma nação em regressão para a barbárie. E ainda, devido a esses indivíduos degenerados geneticamente, a população brasileira tendia ao desaparecimento. A elite dirigente do Brasil no início do século XIX, com o processo de independência política e em meio às teorizações raciais, inquietava-se com a possibilidade de se edificar uma nação soberana que futuramente se equipararia econômica e socialmente à civilização europeia, considerada superior quando confrontada com outros povos. A construção da identidade nacional estava em risco, mesmo com políticas oficiais de "branqueamento" através de imigrações europeias para o país antes da independência. Em 1872 foram divulgados dados estatísticos que preocuparam ainda mais as elites, pois, de acordo com o censo, dentre a população livre, 42% correspondiam a indivíduos não brancos; somados ao percentual de escravizados, de 16%, teríamos então o montante de 58% de não brancos compondo a nação brasileira (COSTA, 2010).

No final do século XIX e início do XX, o "embranquecimento" da população era percebido por alguns intelectuais brasileiros como resposta à questão da identidade nacional, assim como aponta Pereira (2013, p. 63):

> Desde o final do século XIX, ainda no Império, mas fundamentalmente com o fim da escravidão e com o advento da República (respectivamente 1888 e 1889), as discussões sobre a construção da "nação brasileira" giravam em torno da questão racial. Era necessário construir uma identidade nacional. Entretanto, tendo em vista a enorme influência das teorias raciais do século XIX [...], como construir uma identidade nacional – naquele momento ligada diretamente à ideia de raça que se constituía – com uma população cuja maioria descendia de ex-escravizados de origem africana e indígenas, considerados inferiores?

## A REDENÇÃO DA NAÇÃO PELA EDUCAÇÃO

Nos anos vinte do século XX no Brasil, a *intelligentsia* nacional se deparou com a armadilha da teoria racial determinista, a qual colocava a nação brasileira em perpétuo atraso em decorrência de sua grande população não branca (ACCÁCIO, 2005). Sendo assim, perante a responsabilidade de apontar uma definição para a identidade social do país, essa elite intelectual adotou a linha de pensamento eugênico lamarckista da degeneração adquirida, em substituição à determinista.* Com isso, o problema da degeneração passou a ser encarado como passível de cura. Contudo, não significa que a negritude da nação deixava de ser algo ruim para a mesma, e ainda acrescentava que sujeitos brancos também poderiam degenerar-se. Segundo Jerry Dávila (2006, p. 26), para essa elite,

> [...] os indivíduos podiam escapar à categoria social da negritude por meio da melhoria de sua saúde, nível de educação e cultura, ou classe social. Inversamente, os brancos podiam degenerar por meio da exposição à pobreza, vícios e doenças. Em outras palavras, dinheiro, educação, status de celebridade e outras formas de ascensão social aumentavam a brancura.

A constituição das instituições de ensino contemporâneas ocorreu durante o início do século XX, com políticas guiadas pelo pensamento eugênico. Tal trabalho congregou, além de educadores, também médicos, cientistas sociais e intelectuais que acreditavam que uma instituição escolar universal poderia libertar a nação da degeneração através do "embranquecimento" da população. Alguns pontos devem ser considerados para o melhor entendimento dos objetivos dessas políticas. Primeiro ponto, as reformas iniciaram-se em meio a dois eventos em 1917: a publicação de um relatório dos médicos Arthur Neiva e Belisário Penna, sinalizando a necessidade da criação de um Ministério da Educação e Saúde;** e a nomeação do médico Afrânio Peixoto como diretor do Departamento de Educação da capital fluminense.*** Segundo ponto, não havia o interesse dos reformadores do ensino na exclusão de alunos negros do sistema escolar, pois enxergavam a maior parte da nação, pobres e/ou não brancos, como subcidadãos que enfraqueciam o Brasil. A escola, para os reformadores do ensino, era encarada como clínica para sanar o mal da mestiçagem. Terceiro ponto, os educadores não entendiam o conceito de "raça" como algo biológico, e sim como a representação do passado, presente e futuro da nação. Sendo assim, na linha evolutiva da sociedade brasileira, temos um passado negro, um presente mestiço e um futuro caucasiano. Entretanto, mesmo que não admitissem a posi-

---

* A linha lamarckista afirmava que a degeneração de uma raça é uma condição adquirida que poderia ser sanada, ou seja, havia uma cura para a degeneração de um povo. Um exemplo sintético foram as políticas de imigração europeia para o Brasil, com o intuito de clarear a população; em outras palavras, melhorá-la geneticamente.

** Tais médicos estavam envolvidos no movimento de saúde e higiene pública que mapeou as condições de saúde pelo interior do país.

*** A reforma dirigida por Afrânio Peixoto tinha por intuito que as escolas exemplificassem a ideia de que a degeneração poderia ser revertida através da educação.

ção ocupada pela "raça" em suas práticas, as mesmas espelhavam o pensamento racista dominante (DÁVILA, 2006).

Em 17 de janeiro de 1927, Fernando de Azevedo assumiu o cargo de diretor-geral de Instrução Pública do Distrito Federal (atual cidade do Rio de Janeiro). Sua nomeação se deu através de indicações feitas ao prefeito Antonio Prado Junior pelo ex-diretor de Instrução Pública, Renato Jardim, e também pelo presidente em exercício, Washington Luis, e seu secretário, Alarico Silveira. Ao tomar posse, fechava-se uma trinca de paulistas na direção do Distrito Federal, na presidência, na prefeitura e na educação.

Fernando de Azevedo foi secretário da Sociedade Eugênica de São Paulo, organizada pelo médico Renato Kehl. Azevedo entendia que a eugenia não tinha o objetivo de eliminar os sujeitos, e sim os "venenos da nação" (DÁVILA, 2006). Segundo Liéte Oliveira Accácio (2005, p. 114),

> O diretor de Instrução toma por base a "visão do conjunto do problema da organização escolar" para enfrentar a organização de um "sistema de educação pública" adaptado às "ideias da nova civilização", pois considera que se enfrenta um dilema: **"educar-se ou desaparecer"** (idem, 1929, p. 23). Concebe uma obra orgânica com um critério prático idealista, sistematizando o pensamento moderno e com consciência profunda das necessidades nacionais. Sabe compartilhar a cordialidade de homens de preocupações e tendências múltiplas, divergentes ou opostas, mas que confraternizam em seus "entusiasmos pedagógicos" (ibid.), convergindo em projetos de construção da nacionalidade por meio da educação. [grifo meu]

Azevedo verifica que a quantidade de escolas de ensino primário no Distrito Federal era insuficiente para o contingente populacional, e ainda havia o problema de que os prédios escolares eram em sua maioria instalados em casas alugadas ou prédios da Prefeitura, que eram ajustados para se tornarem escolas. De acordo com Azevedo, esses prédios não propiciavam condições higiênicas adequadas. Desta forma, fazendo uso de sua atribuição enquanto diretor de Instrução Pública, organizou uma política de construção escolar para o município.* As edificações foram idealizadas no estilo neocolonial, entendido pelo diretor como o estilo adequado para recuperar a tradição estética brasileira e difundir o nacionalismo entre os estudantes e a comunidade (VIDAL, 1999, Reforma.pdf). Em suma, na administração de Fernando Azevedo, a escola, em sua arquitetura, tinha um

---

* "Ao todo, na administração Azevedo da instrução pública, concluíram-se nove obras, contabilizadas entre anexos a prédios construídos como escolares em gestões anteriores e edifícios novos: Escolas Argentina, Estados Unidos, Uruguai, Antônio Prado Jr. e Normal." Informações retiradas do Arquivo Fernando de Azevedo do Instituto de Estudos Brasileiro da Universidade de São Paulo (VIDAL, 1999, Reforma.pdf).

papel fundamental para a construção da identidade brasileira, assim como sinalizado por Giselle Arteiro Nielsen Azevedo (2002, p. 34) em seu estudo sobre a arquitetura escolar:

> *Após os anos 20 – no período da administração do Prefeito Prado Júnior, na cidade do Rio de Janeiro – há um rompimento com as tradições arquitetônicas dos prédios escolares públicos até então vigentes, sendo fator preponderante deste momento a participação do Professor Fernando de Azevedo na Diretoria de Instrução Pública da Prefeitura, inaugurando uma fase de transformações no projeto educacional brasileiro.*
>
> *A década de 20 é marcada pela valorização da escola, promovida por sua função social e enfatizando um caráter nacionalista. Como consequência, o repertório formal da arquitetura dos prédios escolares assume conscientemente o estilo neocolonial, [...] buscando uma identidade nacional.*

As escolas atuavam também para disciplinar os hábitos do corpo; a disciplina de educação física estabelecia a relação entre higiene e cotidiano escolar. Durante a reforma do ensino foram inseridos no espaço escolar o serviço médico, com a função de expandir as prescrições sanitárias à comunidade, e inspetores sanitários, encarregados de fiscalizar as condições de higiene no espaço escolar. Azevedo criou ainda organizações institucionais como a Sociedade Médico-Escolar e a clínica escolar, que eram espaços dedicados à reflexão e aos cuidados do corpo infantil. "As preocupações morais suscitaram, nas esferas administrativas e acadêmicas, uma visão de escola funcional e ideal para o desenvolvimento da eugenia. Médicos e dentistas escolares encontraram no universo escolar um local de atuação e especialização" (VIDAL, 1999, Reforma.pdf).

Fernando de Azevedo se manteve como dirigente de ensino público até 1930, quando, em decorrência de fatos políticos da Revolução de 1930, inaugurando a Era Vargas, foi afastado do cargo. Durante sua reforma, dedicou-se a construir um ambiente escolar que exalava saúde e nacionalismo, com o intuito de resgatar a tradição luso-brasileira.

O cargo de diretor geral da educação foi passado a Anísio Teixeira, por recomendação de Monteiro Lobato (1918), criador do personagem Jeca Tatu, que popularizou a representação ambiental de degeneração racial.* Teixeira assumiu então, em 1931, a maior rede de ensino do Brasil, que havia passado por diversas reformas desde 1917, com Afrânio Peixoto, até Fernando de Azevedo, em 1927. Entretanto, ao longo destas reformas, o número de vagas no sistema educacional pouco aumentou, pois tinham a atenção na organização e profissionalização do sistema. A gestão de Anísio Teixeira foi até 1935. "Ao longo da reforma de Teixeira, o conceito nacionalista eugênico de saúde esteve solidamente casado à escola pública: 'por intermédio da escola, pressente o nosso povo que

---

\* O personagem Jeca Tatu está em uma saga que Monteiro Lobato escreveu direcionada para adultos chamada *Urupês*, publicada em 1918.

deve ser dado a ele o certificado de saúde, inteligência e de caráter, imprescindível para seu concurso à vida moderna', declarou Teixeira" (DÁVILA, 2006, p. 211). Durante sua reforma, Teixeira manteve atrelados às suas ações os conceitos eugênicos. O Instituto de Pesquisas Educacionais (IPE), que era uma das maiores novidades em sua gestão, tinha, em sua equipe de trabalho, diversos e importantes estudiosos da temática racial. O Instituto participou da manutenção de práticas eugênicas nos programas do Departamento de Educação. Ainda segundo Dávila (2006, p. 211), "o ativismo do Instituto ajudou a manter as teorias e práticas antropológicas, médicas e psicológicas – a espinha dorsal da eugenia – unidas e interligadas com os programas do Departamento de Educação".

A ordem na Era Vargas era construir o homem brasileiro. Getúlio Vargas, em seu primeiro discurso, compromete-se a encarar prontamente o problema do "saneamento moral e físico" da população. Com foco na cultura e na educação, ele criou o Ministério de Educação e Saúde Pública, demanda apresentada no início do século por integrantes do movimento higienista. O primeiro ministro da Educação foi Francisco Campos, um intelectual que nutria admiração pelo fascismo. Sua atuação como ministro foi de 1931 a 1932; durante esse tempo se concentrou em leis que regulariam o ensino secundário e superior, dedicando pouca atenção à educação primária ou elementar (DÁVILA, 2006).

A organização do ministério foi feita por Francisco Campos, contudo, em 1934, no mesmo ano da Constituição Federal, que previa em suas linhas o comprometimento do Estado com a educação eugênica.* Gustavo Capanema assumiu e definiu a missão do ministério. Capanema era nacionalista e ligado ao movimento de arte e cultura modernista predominante em Minas Gerais e nas demais regiões do Sudeste. Manteve-se à frente do ministério até 1945, ou seja, durante todo o período do Estado Novo. Capanema colocou o ministério na posição de Ministério do Homem e fortemente presente no cotidiano cultural, artístico e histórico da nação até o final de sua gestão. As seguintes ações fazem parte do conjunto de práticas marcantes para o direcionamento da política de Capanema no ministério: criação do Serviço do Patrimônio Histórico e Artístico Nacional (SPHAN), do Serviço da Estatística de Educação e Saúde (SEES) e do Instituto Nacional de Estudos Pedagógicos (INEP), fundação do Serviço Nacional de Aprendizagem Industrial (SENAI) e do Serviço Nacional de Aprendizagem do Comércio (SENAC), patrocínio à publicação de livros e, por ordem de Vargas, a construção de escolas públicas em colônias de imigrantes, onde o ensino não era em língua portuguesa.

---

\* A Constituição Federal de 1934 traz no capítulo II, Da Educação e da Cultura, o "Art. 138 - Incumbe à União, aos Estados e aos Municípios", entre outros deveres, "estimular a educação eugênica" (BRASIL, 2014).

## E agora José? Como fazer da pesquisa extensão?

Refletindo sobre as reformas educacionais ocorridas na cidade do Rio de Janeiro durante os últimos anos da Primeira República e início da Era Vargas, percebe-se o quanto as teorias raciais permearam o imaginário dos dirigentes sobre a identidade da nação. Contudo, nota-se que, mesmo com a "raça" como centro da discussão, houve mudanças de pensamento. No primeiro momento, temos a escola como imagem concreta do nacionalismo, local que deveria propiciar e refletir em sua arquitetura o que era nacional, a tradição luso-brasileira. E na segunda parte vemos a escola para além de sua estrutura; os dirigentes têm o foco voltado para o indivíduo e para como a educação poderia redimi--lo. Entretanto, independente do foco dado por estas reformas, elas contribuíram para a manutenção da desigualdade entre os indivíduos. A educação deveria eliminar as desigualdades sociais e raciais, mas, em vez disso, trabalhou-se arduamente e com espírito "missionário" para a desqualificação dos sujeitos, visando um futuro europeu para a nação brasileira prefigurada. É isso mesmo? Essas são as questões levadas para a elaboração das atividades de extensão universitária em escolas públicas parceiras.

As oficinas originadas dessa pesquisa foram realizadas com turmas de Educação de Jovens e Adultos (EJA) em um CIEP do subúrbio carioca e com uma turma do ensino fundamental da Baixada Fluminense. As atividades foram elaboradas com o intuito de contemplar os dois momentos supracitados da pesquisa. Sendo assim, descreverei o processo de construção de duas oficinas: a primeira realizada com uma turma do fundamental e a segunda, com a EJA.

Para introduzir a discussão na turma, apresentei a obra *A alma encantadora das ruas*, livro de crônicas de João do Rio, publicado em 1910. Neste trabalho são descritos os acontecimentos na cidade do Rio de Janeiro durante o período de modernização da cidade inspirada na Europa, mais especificamente na França. Após compreendermos o papel dessa cidade enquanto vitrine do Brasil para o mundo e modelo para as demais cidades do país, chega o segundo momento da oficina, que foi a apresentação do pensamento social da época e suas implicações nas políticas educacionais e na própria arquitetura da cidade, especificamente no centro da cidade. O terceiro momento da atividade foi a utilização de novas formas de se relatar a época que vivemos. Para tanto, levei letras de rap e funk para serem interpretadas e para servirem de fomento à discussão, de maneira que fizéssemos relações entre as músicas e a obra de João do Rio. O foco principal desta oficina foi a reflexão sobre a ideia de cidade no início do século XX e a atual configuração de *cidade maravilhosa* que temos, relacionando as motivações dessas transformações.

A segunda oficina tinha como foco o sujeito. Construímos uma história com três personagens diferentes (racial e socialmente): o filho de um casal de classe média que possuía casa própria; a filha de uma professora e de um trabalhador autônomo que mora no subúrbio pagando aluguel; e o último personagem, um garoto negro morador de favela, com pais desempregados que viviam de pequenos serviços esporádicos. Percorremos as trajetórias escolares dos personagens, de acordo com os princípios e classificações feitas pelos dirigentes da educação no início do século XX e com o contexto de suas vidas. O intuito desta atividade foi que compreendêssemos que dar as "mesmas oportunidades" não significa eliminar a desigualdade, bem como refletir e problematizar, em conjunto com os educandos, a educação como elemento mantenedor da desigualdade social e racial. Para isso, desenvolvi a atividade em quatro momentos. No primeiro momento, houve uma introdução sobre como se deu a abertura do ensino fundamental público para todos os indivíduos. No segundo momento, apresentação da ideia da atividade, ou seja, a construção das trajetórias escolares de sujeitos fictícios oriundos de realidades diferentes, através de fragmentos de textos que nos situaram sobre quem eram esses indivíduos. Cada fragmento era lido por um estudante e logo em seguida problematizado com a turma. No terceiro momento, a leitura completa das trajetórias dos personagens pelos educandos. A intenção foi compreender e problematizar essas trajetórias diferenciadas, mas que tiveram o mesmo ponto de partida: a inserção no ensino fundamental público. E no quarto momento, a partir destas trajetórias fictícias, problematização do *querer* e *dever: eu quis parar ou tive que parar de estudar?*

## MINHA OPINIÃO SOBRE ISSO? BEM...

As pesquisas realizadas pelo grupo geraram e geram arsenal teórico riquíssimo para o desenvolvimento das atividades de extensão, pois representam todo o aprofundamento e empenho do grupo para compreensão e desconstrução das desigualdades na esfera educacional. Buscamos, através das intervenções em sala, com os estudantes, problematizar questões concernentes às desigualdades existentes em nosso meio e também percebermos, ao analisarmos as relações pessoais ou não, nossa participação enquanto força motriz nesse processo histórico de políticas mantenedoras das desigualdades e desqualificação das diferenças. Quando falo em força motriz, penso, assim como Galeano, que "temos sido adestrados para não nos enxergarmos". Esse adestramento se faz ao longo de um processo de inculcação no indivíduo da ideia de que ele é o responsável pela situação socialmente desigual em que se encontra. Seria como o exemplo das ataduras que Errico Malatesta (2012) usa para explicar a força de uma ideia ou história sobre a vida das pessoas:

> [...] *um homem cujos membros foram atados desde o nascimento, mas que mesmo assim aprendeu a mancar, atribui a estas ataduras sua habilidade para se mover. Na verdade, elas diminuem e paralisam a energia muscular de seus membros.*

A intenção das oficinas é tentar, em conjunto, questionar o modelo educacional que temos, percebendo os resquícios do pensamento do início do século XX, tanto no ambiente escolar quanto nas relações que estabelecemos com os demais sujeitos. Ao pensarmos nas ataduras que paralisam, podemos entender por qual razão frases como "Você sabe com quem está falando?", "Quem você pensa que é?" e "Se ponha no seu lugar" são formas tão corriqueiras de estabelecer as posições hierárquicas que cada indivíduo ocupa. No final da última atividade realizada em uma turma de EJA, fui indagada por uma estudante se eu achava que valeria a pena essa discussão, o que poderia mudar e se eu acreditava que poderia mudar algo. Bem, confesso que no momento da pergunta fiquei sem fala, mas depois do murro no estômago e de recuperar o ar, respondi que sim. Acredito que possa mudar algo, pois estamos em uma escola discutindo e pensando sobre isso, então algo já está diferente. O meu acreditar é fruto do fato dessa produção sair dos Campos Elíseos da universidade, o que já é algo a ser considerado. Entretanto sinto que faltou completar a resposta com o que Drummond me ensinou:

*Lutar com palavras é a luta mais vã. / Entanto lutamos/mal rompe a manhã. / [...] / Lutar com palavras parece sem fruto. / Não tem carne e sangue... / Entretanto, luto.* (*O Lutador, 1942*)

# A QUESTÃO RACIAL E A DESIGUALDADE: A DISCUSSÃO DO RACISMO ENQUANTO ESCOLHA PEDAGÓGICA

*Juliana Marques de Sousa*

> *A desigualdade social, em suas múltiplas dimensões, é uma das condições estruturantes da sociabilidade brasileira, talvez a mais importante delas. Indivíduos, grupos e classes sociais encontram-se dispostos em um espaço social de posições vazado por disparidades profundas de oportunidade de vida, isto é, de determinantes ex ante das chances de acesso a renda, bens, serviços, status social e recurso de poder, chances cujos parâmetros mais gerais se constroem antes do nascimento, no curso das histórias de vida das famílias e das classes sociais. (CARDOSO, 2010, p. 15)*

Este artigo foi desenvolvido no âmbito do Programa de Educação Tutorial PET-Conexões de Saberes – Diversidade, como resultado da articulação entre ensino, pesquisa e extensão. Objetiva-se aqui refletir sobre o racismo enquanto marco produtor e mantenedor de desigualdades sociais no Brasil. Para tanto, realizei uma pesquisa bibliográfica que me permitiu conhecer melhor o aporte teórico existente sobre as relações raciais e as desigualdades sociais em nosso país.

A intervenção no espaço escolar através da elaboração e realização de uma oficina temática, capaz de suscitar a discussão sobre a questão racial no Brasil, seus impactos e consequências, foi um aspecto fundamental na construção deste trabalho. Da mesma forma, a pesquisa foi um valioso suporte para a elaboração da referida oficina temática, que foi realizada em uma escola pública do município do Rio de Janeiro (RJ), a fim de propiciar uma experiência dialógica entre escola e universidade. Trataremos posteriormente dos aspectos e escolhas que permitiram a elaboração e realização dessa atividade de extensão universitária.

Refletir sobre a condição de cidadania da população negra é o objetivo analítico deste artigo que busca investigar o aspecto simbólico e conjuntural, onde se encontra o racismo. Como sugere Jacques d'Adesky (1997), cidadão é o indivíduo abstratamente definido por um conjunto de direitos e deveres, que podem ou não existir plenamente no cotidiano social. A questão racial está inserida em uma lacuna persistente de desigualdades sociais, como aponta Cardoso na epígrafe que abre este artigo, desigualdades que dizem respeito a oportunidades de vida e acesso às diversas benesses sociais.

A condição de pobreza é uma das barreiras para o exercício do bem-estar social pleno e faz parte da realidade da maior parte da população negra, que tem dificultado o acesso aos meios materiais de sobrevivência, bem como à ocupação dos espaços de poder. Em função do racismo existente em nossa sociedade e inserido no sistema capitalista, que pressupõe a acumulação e a distribuição desigual das riquezas, o cenário de produção de desigualdades sociais vem se arraigando nas relações sociais. Portanto, o pauperismo é resultado dos mecanismos estabelecidos nas relações de sociabilidade. Compreendendo a complexidade e amplitude do tema, neste artigo a análise será restrita às implicações do racismo nas relações raciais no contexto brasileiro.

A difícil construção do Estado nacional de caráter capitalista no Brasil, como aponta Adalberto Cardoso (2010), tem suas especificidades, como a tardia discussão da questão social, resultando em intervenções pautadas por um conjunto de valores e interesses de elites dirigentes ao longo da história, o que ampliou as disparidades entre os diversos grupos étnicos e sociais. No que diz respeito à população negra, ainda que a abolição da escravidão representasse, teoricamente, a liberdade no final do século XIX, essa população esteve à margem da sociedade brasileira e de seus cursos progressistas desde então.

Uma ideologia marcada por posições desiguais e regulada por interesses e privilégios, o racismo distorce as relações entre brancos e negros, sustentando a supremacia da "raça" branca em relação às outras, sendo um poderoso instrumento mantenedor de desigualdades sociais. Como aponta Stuart Hall (2003, *apud* PEREIRA, 2013, p. 52): "'Raça' é uma construção política e social. É uma categoria discursiva em torno da qual se organiza um sistema de poder socioeconômico, de exploração e exclusão – ou seja, o racismo." Na estratificação social, no acesso aos direitos sociais, no que tange às esferas trabalhistas, educacionais, de saúde, de moradia, entre outras, as estatísticas apontam a predominância da população branca em relação à negra. Desta forma, proponho-me a discutir aqui o que reproduz e atualiza o *status quo* das desiguais relações raciais no país.

## Raça, uma questão política

> As raças não são um fato do mundo físico, elas existem, contudo, de modo pleno, no mundo social.
>
> (GUIMARÃES, 1999, p. 9)

O conceito biológico de raça, capaz de diferenciar os indivíduos associando-os a características biológicas, genotípicas e fenotípicas, a fim de hierarquizá-los, foi drasticamente desconstruído nas últimas décadas, tanto nas esferas científicas quanto pela intensa e resistente luta do Movimento Negro (PEREIRA, 2013). Entretanto, a ação de desqualificar e inferiorizar o outro com base na cor da pele ou na forma do cabelo, por exemplo, surgiu como uma pseudociência e se consolidou no século XIX, buscando justificar a desigualdade e servindo, como aponta Pereira, para o "[...] monopólio da beleza, da inteligência e da força" na manutenção da superioridade europeia (POLIAKOV, 1974, apud PEREIRA, 2013, p. 42).

A discriminação racial divide e exclui os indivíduos, condicionando categorias e hierarquias fundadas em concepções preconceituosas que contribuem para a construção de uma estrutura social profundamente desigual. A ideia de *raça* tem base num conjunto de ações de caráter social que limita as fronteiras entre os indivíduos, por meio da exclusão, do racismo. *Raça* não é uma diferença biológica, mas uma construção histórica e social que, na organização em sociedade, tem desdobramentos políticos evidentes. Como aponta Sérgio Costa (2002, p. 7),

> *A essa "realidade estrutural" das desigualdades raciais se seguem consequências políticas. Isto é, se a classificação racial branco/não branco é determinante das oportunidades sociais, então ela deve também conformar as identidades políticas, rompendo a cortina ideológica do mito da democracia racial que permite, no plano político, que a ordem racial desigual seja reproduzida.*

O período colonial no Brasil foi marcado por intensos processos de repressão e violência direcionadas à população indígena, que foi dizimada, e à população negra, escravizada e oprimida por mais de trezentos anos, em função do lucrativo tráfico negreiro. Em uma análise mais atual sobre a tensão racial existente no país, dados do Instituto de Pesquisa Econômica Aplicada (Ipea) de 2011 (HOMICÍDIOS, 2014) apontam que um adolescente negro tem 3,7 vezes mais chances de ser assassinado do que um adolescente branco. A pesquisa destaca ainda a relação entre assassinatos, cor, escolaridade e condição social. Fato que é tratado de forma silenciosa na sociedade atual.

Dificilmente se trata nas escolas das tensões raciais e sociais existentes e suas consequências na consolidação do projeto político de "nação". O processo de colonização do Brasil ocupa no imaginário nacional, apresentado nas escolas, um espaço teoricamente harmonioso. O período escravista brasileiro chega ao fim em 13 de maio de 1888, por meio da Lei Áurea. Ou será que não? Cerceada pela exclusão, com bases racistas, a população negra, no pós-abolição, foi historicamente deixada à margem da dinâmica social.

Entretanto, não de forma passiva, mas resistente, o Movimento Negro assumiu o papel de potencializador de ações que buscavam romper com esse processo de exclusão. Um bom exemplo é a Frente Negra Brasileira (FNB), organização fundada em São Paulo em 1931 e com uma forte atuação no campo sociopolítico na luta pela integração do negro nos diferentes setores da vida social.

O ideal de nação construído durante o governo de Getúlio Vargas, entre 1930 e 1945, inaugurou uma nova compreensão sobre as relações raciais, enfatizando a miscigenação, que se apresentava como um meio possível para construir um país multirracial, desde que houvesse, nos termos de d'Adesky (1997), uma assimilação cultural dominante eurocêntrica. A contribuição da população negra na diáspora, no cenário brasileiro miscigenado, passou por um processo que oscilou entre marginal e riqueza exótica nacional. O samba, por exemplo, que em meados do século XIX era visto como "sujo" e um "espaço de perdição", passou por um processo de incorporação à identidade nacional na chamada "Era Vargas", quando brancos passaram a aderir à sua cadência. Como diz Vinícius de Morais (MORAIS; POWELL, 1966): "Porque o samba nasceu lá na Bahia, e se hoje ele é branco na poesia, ele é negro demais no coração" (*Samba da Bênção,* de Vinicius de Morais e Baden Powell).

Assim, é perceptível o reconhecimento da matriz cultural africana e afro-brasileira, desde que esteja associada a uma totalidade nacional, que sugere uma cultura de caráter uno. Entretanto, isso fragiliza as percepções culturais dos próprios indivíduos, que podem ser deslocadas para uma posição preconceituosa e de desqualificação cultural e social sempre que for interessante para o poder hegemônico. De maneira diferente, a concepção multiculturalista, como aponta d'Adesky (1997), propõe um reconhecimento de forma igual das diferenças na composição sociocultural de uma sociedade, no que se refere às diferentes culturas e identidades individuais ou coletivas.

Uma linha de análise das relações raciais muito conhecida é a presente na interpretação de Gilberto Freyre, autor do clássico *Casa-grande & senzala*, publicado no ano de 1933. O autor legitima a ideia de uma relação amistosa entre brancos e negros em um processo de interação e miscigenação. Segundo Amilcar Pereira (2013, p. 57), "Gilberto Freyre teria deslocado o eixo da discussão, operando a passagem do conceito de 'raça' ao conceito de cultura, que marcaria o distanciamento entre o biológico e o cultural", numa tentativa, segundo Pereira, que foi malsucedida.

A interpretação de Freyre foi crucial para projetar o Brasil como símbolo internacional de integração racial. Tanto que, no início da década de 1950, a Organização das Nações Unidas para a Educação, a Ciência e a Cultura (UNESCO) patrocinou um conjunto de projetos de pesquisas que buscavam elucidar os fatores econômicos, sociais, políticos e mesmo psicológicos que contribuíam para as supostas relações harmoniosas entre raças e grupos étnicos no Brasil. A surpresa dos financiadores foi que todas as pesquisas realizadas apontaram o contrário, a existência de discriminação racial no país. Todavia, ainda hoje paira no senso comum no Brasil a ideia de que vivemos numa espécie de "democracia racial". Nossa sociedade sustenta e mantém uma hierarquia social com amplos privilégios para a população branca, mas com uma "promessa" de inclusão para todos, ou ainda com ideia de assimilação dos até então excluídos. E sob a ideia da miscigenação encobrem-se fortes e tensos conflitos, que revelam a desigualdade racial no país, que perpassa questões como desvantagens da população negra no acesso e permanência no sistema educacional e sua inclusão e valorização no mercado de trabalho.

Como aponta Carlos Hasenbalg (1988, p. 115),

*A imagem de harmonia étnica e racial, como parte de uma concepção ideológica mais geral da natureza humana do "brasileiro", associa-se então a um mecanismo de legitimação destinado a absorver tensões, bem como a antecipar e controlar certas áreas de conflito social.*

Os estereótipos capazes de inferiorizar os negros constroem uma imagem opressora que limita os anseios e potencialidades desta população. Em contrapartida, os brancos assumem uma condição de superioridade e de possibilidade de ascensão social. Como descrever uma empregada doméstica? Como descrever uma afortunada médica? São personificações que retratam a posição social e racial dos indivíduos em sociedade.

O sociólogo Florestan Fernandes, diferente de Gilberto Freyre, apresentou, entre as décadas de 1950 e 1960, um trabalho com um caráter de denúncia sobre o que denominou de "mito da democracia racial" no Brasil. Fernandes (*apud* HASENBALG, 1988, p. 117), ao analisar o problema racial brasileiro, dizia o seguinte:

*Assim, no fundo do problema racial brasileiro encontra-se a persistência de um modelo assimétrico de relações de raça, construído para regular o contato e a ordenação social entre "senhor", "escravo" e "liberto". [...] A persistência dos dois elementos (preconceito e discriminação racial) após a desintegração da escravidão explica-se pelo fato de não haver o sistema de classes destruído todas as estruturas do* ancien régime, *principalmente as estruturas das relações de raça.*

No trecho acima, Fernandes compreende o racismo como resquício do período escravista. De acordo com essa linha de pensamento, as práticas racistas existiam num período de transição de um modelo econômico agrário escravista para um modelo industrial capitalista. Após a consolidação do novo sistema econômico, a relação entre oprimidos e opressores estaria restrita às relações e conflitos de classe, e o racismo então seria ultrapassado. Na nova estrutura social brasileira, a população negra seria ao longo do processo de mão de obra livre, assalariada, incorporada ao sistema capitalista competitivo. Entretanto, como aponta o sociólogo argentino Carlos Hasenbalg (1988, p. 166),

> Quanto mais longe se está da abolição, menos se pode invocar o escravismo como causa da subordinação social atual dos não brancos. Inversamente, a ênfase na explicação deve ser dada às relações estruturais e ao intercâmbio desigual entre brancos e não brancos no presente.

O racismo deve ser compreendido como uma ação atualizada que coexiste com o modelo econômico capitalista, que teoricamente incluiria todos os indivíduos, mas, ao contrário, regula e controla as tensões sociais, a fim de mantê-las desiguais. Como sugere Hasenbalg, houve uma ressignificação social do racismo, objetivando a aquisição de benefícios materiais e simbólicos, mantidos através da desqualificação competitiva da população negra. Se antes a ideologia racista era utilizada para legitimar o lucrativo trabalho escravo, que ocorria por meio da opressão e apropriação, na atualidade ela legitima uma subordinação ainda opressora que reproduz privilégios ocupacionais e políticos para os brancos, sustentados por uma imagem marginalizada do negro, posicionando-os como segunda categoria na hierarquia social.

Os negros constituem majoritariamente as camadas menos favorecidas no que se refere ao acesso às condições básicas de vida. A população negra aparece a passos lentos no processo de inclusão no mercado competitivo. Nesse sentido, o racismo ainda é vetor fundamental e atual nas relações sociais estabelecidas no Brasil. O racismo é estruturante da desigualdade social, está em suas bases, torna-se ainda uma justificativa letal para as disparidades entre os indivíduos e grupos. A estrutura social brasileira assegura uma cidadania ilusória quando legitima uma democracia racial inexistente.

Buscando problematizar o racismo e a lógica desigual, e muitas vezes desumana, que ainda encontramos na sociedade, desenvolvemos no PET-Conexões de Saberes – Diversidade um espaço de discussão sobre o tema em escolas públicas, através de oficinas temáticas realizadas nas escolas parceiras do projeto. Foi um passo importante na promoção da igualdade social, a partir de uma postura de enfrentamento pedagógico das práticas racistas, de caráter individual e/ou institucional.

## OFICINA TEMÁTICA E SUAS ESTRATÉGIAS

Um dos aspectos desse trabalho é a articulação com o espaço escolar, que inclui a elaboração e realização de oficinas temáticas voltadas para estudantes do ensino básico, mas que buscam estender-se para além dos bancos escolares, ampliando discussões sobre as relações raciais e seus impactos. Contar uma história pode ser uma decisão política pela promoção de saberes críticos e emancipadores. Foi com este intuito que realizei na turma de Educação de Jovens e Adultos em uma escola pública parceira do PET-Conexões de Saberes – Diversidade localizada na Penha, bairro da Zona Norte do Rio de Janeiro, a oficina intitulada *A Pressão Desestrutura*. A oficina tinha como proposta apresentar as principais correntes de pensamento sobre as relações raciais no Brasil, na tentativa de refletir sobre o racismo como produtor de desigualdades sociais.

Para a construção da oficina temática, em primeiro lugar fiz uma pesquisa bibliográfica, que consistiu em um levantamento de pesquisas que impulsionassem reflexões sobre as relações raciais no Brasil. A bibliografia escolhida teve como base pesquisas consideradas referências no assunto, entre elas clássicos do pensamento social brasileiro e estudos atuais de relevância científica, alguns já citados neste artigo. A proposta foi que as leituras dialogassem sobre os seguintes pontos: raça, pobreza e desigualdade social.

Em seguida passei a pensar e discutir com meus colegas as estratégias para a realização da oficina em si. O grupo PET-Conexões de Saberes – Diversidade e o corpo gestor da escola parceira possibilitaram a troca de ideias, experiências e expectativas. Na perspectiva de construir um trabalho interdisciplinar, busquei preparar as atividades pedagógicas de uma forma que apresentassem questões teóricas, mas com um viés amplamente voltado para a compreensão do aluno sobre o assunto. Por se tratar do trabalho com um grupo específico, no caso alunos da EJA, estar atenta às características do espaço da oficina temática foi crucial para a consolidação das estratégias usadas em sala de aula. Busquei articular material audiovisual, exercícios de escrita e leitura, tendo como foco fundamental fomentar espaços de debate sobre as ideias expostas na oficina.

## Desconstruindo o racismo em sala de aula

Após poucos minutos de realização da oficina, tive a percepção de que as teorias apresentadas aos estudantes faziam sentido em sua realidade. Era como se tratar a questão de *raça* não fosse algo tão novo assim. Um dos dilemas que atravessei consistiu em de que forma chamar a atenção para algumas inverdades, como esta levantada em sala: *"lugar de negro não é na universidade"*.

Diante dessa difícil questão foi necessário, primeiramente, desconstruir o "mito da democracia racial", pois muitas vezes é através da falsa ideia de condição de inclusão que se reproduzem papéis sociais engessados, nos quais historicamente o lugar da população negra esteve à margem da sociedade. Propus então a reflexão sobre os modelos ideais do que seria uma condição de cidadania plena para todos e de democracia racial. Abordei aspectos como atuação política e representação social exercida pela população negra, partindo da leitura de trechos das obras de Carlos Hasenbalg (1988) e Florestan Fernandes (2007), e contrapondo-os ainda às análises de dados estatísticos fornecidos pelo Instituto de Pesquisa Econômica Aplicada (BOLETIM, 2014; HOMICÍDIOS, 2014).

O "mito da democracia racial" é justificado muitas vezes pela miscigenação "bem-sucedida", legitimando um "branqueamento cultural", transferindo e adequando a população negra a espaços sociais toleráveis no que diz respeito às suas práticas sociais e culturais. Portanto, a miscigenação é usada como justificativa para uma falsa democracia racial, que tem promovido a diferença com fins desiguais e colaborado para o desmonte da identidade negra, que é coisificada numa relação de subordinação e dominação.

Ao passo que se ampliava a discussão, era notória a disposição crítica dos estudantes, que argumentavam e identificavam a ideologia racista na atualidade. Mas por quê? Tentando responder a esta questão, atentei para dois pontos. Primeiro, refletir sobre a questão de *raça* como uma questão política, na qual a manutenção do pensamento racista ocorre por meio de relações de poder, interesses e privilégios para a população branca. Segundo, desmistificar a relação feita entre negro e escravo, já que nem a população negra nem nenhuma outra tem "identidade escrava". O que ocorreu foi que africanos negros foram escravizados entre 1530 e 1888, mediante uma complexa rede de interesses. Podemos constatar que o racismo é uma ação atualizada, atravessada pelo desejo de manutenção e acumulação de *status* social e de bens diversos.

A imagem dá significado ao mundo, a forma como demarcamos e percebemos os indivíduos nos leva a refletir sobre seu papel social. Assim, optei por trabalhar com o documentário *Ilha das Flores* (1989), do diretor Jorge Furtado. A proposta foi analisar os diferentes aspectos que separam as relações raciais das relações de classe no que tange à distribuição de riqueza no sistema capitalista, na qual o racismo e o preconceito atuam como agentes no processo de enraizamento das desigualdades sociais.

A proposta de apresentar o documentário teve como objetivo refletir sobre o processo de funcionamento do capitalismo e sobre como atuam os mecanismos que acionam e impulsionam a má distribuição das riquezas e bens sociais. O recorte que fiz refere-se à questão de "raça" perceptível no documentário, que se apresenta no tipo ideal de perfil social que assume a população negra. Levantei questões: Como e quem produz os bens de consumo? Quem os consome? O intuito era refletir sobre a personificação e reprodução da população negra nas camadas mais pobres.

Em seguida, agimos em função de nos reconhecermos enquanto provocadores do racismo, investigadores de suas amarras. Em sala de aula, houve falas pontuais sobre a proximidade do racismo nos dias de hoje. Mas é necessário atentar para o fato de que a discriminação não é somente uma atitude isolada; o racismo surge da relação dos indivíduos entre si, mas estende-se às suas organizações sociais. O Estado brasileiro e suas instituições têm um papel primordial no combate ou na reprodução das desigualdades raciais. Portanto, é responsabilidade dos poderes executivo, legislativo e judiciário garantir ações que combatam o racismo.

Em um cenário no qual o racismo deve ser combatido, como responsabilidade coletiva, optei por abordar algumas temáticas, como a modificação da Lei de Diretrizes de Base da Educação Nacional (LDB) com a inclusão da Lei n° 10.639/03 (09/01/2003), que tornou obrigatório o ensino de História e Cultura Africana e Afro-Brasileira nas escolas públicas e privadas do Brasil. Há uma resistência em tratar a questão dessa lei, talvez porque isto represente uma ação contra-hegemônica em um espaço institucional que ainda é desigual, desde o currículo até as relações raciais estabelecidas. Ações como esta são meios possíveis para modificar os referenciais da população negra, que também estão imbuídos de preconceito no que diz respeito à história do continente africano e suas influências culturais, científicas e religiosas no processo de formação do nosso país.

Outro apontamento temático foi a Lei n° 12.711/12 (29/08/2012), que implementou a reserva de vagas para estudantes negros (pardos e pretos) de origem popular nas instituições de ensino superior. Este é um importante avanço para promover a igualdade nos níveis de oportunidades e qualificação da população. Em 1973, com uma amostragem de seis estados da federação, Hasenbalg (1988) constatou que 0,5% da população negra havia atingido o ensino superior; em contrapartida, entre os brancos o número chegava a 7,5%. Posteriormente, em 2001, Ricardo Henriques (2014, p. 31) apresentou os seguintes dados:

> Em 1999, 89% dos jovens brancos entre 18 e 25 anos não haviam ingressado na universidade. Os jovens negros nessa faixa de idade, por sua vez, praticamente não dispõem do direito de acesso ao ensino superior, na medida em que 98% deles não ingressaram na universidade.

As leis apresentadas causaram uma espécie de estranhamento aos estudantes e professores. Isso implica dizer que as leis supracitadas ainda não atingiram a população em potencial, sendo necessária uma discussão ampliada acerca da efetivação dessas leis. As políticas públicas voltadas para a inclusão da população negra são uma questão de justiça social; não se trata de pagar uma dívida inafiançável resultante do tráfico negreiro, mas de reafirmar a condição livre da população negra nos espaços da sociedade, na universidade, na escola, no mercado de trabalho, na produção científica e tecnológica e na condução do Estado.

O debate em sala de aula permitiu montar sugestões, junto aos alunos, de medidas possíveis para modificar a estrutura de desigualdade racial e corroborar para combater o racismo na escola, como as seguintes: a) efetiva incorporação no projeto político pedagógico de atividades voltadas para o combate ao racismo, como oficinas, mesas-redondas e debates; b) acompanhamento de alunos em situação de abandono escolar; c) valorização e reconhecimento da História Afro-Brasileira e sua cultura.

O esvaziamento histórico e a ausência do debate podem alimentar relações raciais desiguais, nas quais a própria população negra pode acabar por estar envolta em uma postura de manutenção de ideologias racistas e de contínua subordinação. O Estado e suas instituições não são neutros, mas podem reproduzir ou não o *status quo* da elite nacional. Por fim, não se trata de extremar lados opostos entre brancos e negros, mas de desfazer a lacuna que os separa, requerendo um país que se reconheça multirracial e que seja justo.

# CONTOS E RECONTOS: ANÁLISE DE TEMAS E PERSONAGENS NOS CONTOS TRADICIONAIS AFRICANOS

*Luciana Santos da Silva*

*Se queres saber quem sou,*
*Se queres que te ensine o que sei,*
*Deixa um pouco de ser o que tu és*
*E esquece o que sabes.*
*(Tierno Bokar, o sábio de Bandiagara - Mali)*

(*apud* BÂ, 2010, p. 212)

## Conto popular: gênero narrativo universal

Quem nunca ouviu e se encantou por histórias de princesas, reinos longínquos, bruxas, fadas e heróis? Qual a escola que em nenhum momento incorporou em suas bibliotecas e salas de aula um livro com tais personagens? Qual a criança e até mesmo adolescente ou adulto que não se permitiu gostar de personagens fantasiosos ou imaginativos, dentro e fora da escola? Considerados um dos gêneros mais antigos existentes (MACHADO, 1994), os contos populares são histórias que relacionam o real e o imaginário, com grande tendência para este último, sem se importar com estabelecimento temporal ou espacial.

Uma das principais características dos contos é a oralidade, ou seja, sua formulação ocorre com o recurso vocal dos seres humanos, sua capacidade de falar e de reproduzir sons. A linguagem corporal se soma à voz para compor a história e retratar com expressividade os momentos de clímax, fazendo com que o ouvinte tenha grandes expectativas e envolvimento ao longo da contação da história. A linguagem corporal também age como estratégia para despertar o interesse do ouvinte em não apenas escutar, mas também em transmitir a história e assim contribuir para a sobrevivência do gênero.

Por ser de apropriação coletiva e universal, tal gênero se mostra de grande contribuição para o patrimônio cultural mundial. Sua permanência no cenário atual expressa a capacidade do gênero de se manter vivo e sem envelhecer, percorrendo o mundo e ganhando novos transmissores e admiradores, além de novas "roupagens", que ainda contam com o auxílio de livros, histórias em quadrinhos, desenhos animados, filmes, dentre outros recursos.

> *O conto popular é um gênero narrativo que desenvolve traços que se repetem em histórias criadas nos mais variados locais e épocas. Suas características composicionais não conhecem fronteiras de tempo nem de lugar. (MACHADO, 1994, p. 30)*

Os contos conseguem atingir as pessoas, independentemente de classe social, cor, idade ou gênero. O conto é uma narrativa comum no âmbito escolar, com características que se articulam e estimulam a criatividade, a imaginação, o diálogo e o processo de autoria. Para tratar dessa temática, realizamos uma pesquisa sobre contos tradicionais africanos, a qual apresenta sua relevância através de uma visão com dupla finalidade: conservadora e transformadora. No que diz respeito à sua finalidade conservadora, as análises se constituem de forma a preservar, conhecer e respeitar o legado produzido por gerações passadas de diversas etnias africanas. Quanto à sua finalidade transformadora, percebem-se, por meio das análises, potenciais que contribuem para o processo do aprendizado, de criação de novas leituras e ressignificações das culturas africanas na educação básica.

A fusão dessas duas finalidades, portanto, tem por objetivo auxiliar na transmissão dessas narrativas para gerações posteriores e valorizar as identidades africanas, possibilitando uma alternativa de ação para se trabalhar a diversidade étnico-cultural na educação básica.

## A TRADIÇÃO DOS CONTOS AFRICANOS

Os contos tradicionais africanos não fogem das características universais do gênero textual. A oralidade, por exemplo, é a marca principal das narrativas existentes no continente. No entanto, as particularidades percebidas durante as análises dos contos africanos selecionados ao longo da pesquisa mostram temas e personagens que se destacam. A diversidade presente no continente africano aborda particularidades que são ignoradas pelo grande público, e o reconhecimento dessa diversidade é creditado nesta pesquisa como um grande aliado para o desenvolvimento positivo do estudo e um dos motivos pelos quais a pesquisa vem sendo realizada. Através do objeto de pesquisa, qual seja, os contos africanos, percebeu-se, na leitura e análise dos enredos, elementos que demonstram sensibilidade, inteligência, construção de valores, senso de justiça, humanidade, etc.

As informações que chegam sobre os países africanos, por meio da imprensa escrita ou televisiva e por outros meios de comunicação, dificilmente apresentam a complexidade das histórias e dos seres humanos que vivem no continente africano. Ao contrário, antes se explora de modo evidente a "excentricidade", a pobreza, a violência e as outras tragédias que dizimam populações na África.

Aqui procuramos compreender os contos tradicionais como parte integrante das culturas africanas. Ao longo das análises pôde-se perceber que em toda tradição existe uma superfície social. Não basta conhecer a fórmula dos contos populares ou o que significa uma tradição, é necessário conhecer, "o mais detalhadamente possível, o tipo de sociedade que está estudando" (VANSINA, 2010, p. 146). No viés dessa pesquisa, não faria sentido analisar contos africanos sem ir em busca de subsídios que transponham a fantasia, a imaginação, migrando para os reais modos de vida, maneiras de pensar, estruturas sociais, educação, transmissão e construção de conhecimentos que tornam o gênero literário conto não apenas integrante dos contextos sociais africanos, mas a própria cultura africana.

*A cultura, seja na educação ou nas ciências sociais, é mais do que um conceito acadêmico. Ela diz respeito às vivências concretas dos sujeitos, à variabilidade de formas de conceber o mundo, às particularidades e semelhanças construídas pelos seres humanos ao longo do processo histórico e social. Os homens e as mulheres, por meio da cultura, estipulam regras, convencionam valores e significações que possibilitam a comunicação dos indivíduos e dos grupos. Por meio da cultura eles podem se adaptar ao meio, mas também o adaptam a si mesmos e, mais do que isso, podem transformá-lo. (GOMES, 2009, p. 75)*

A pesquisa iniciada no ano de 2011 foi dividida em três etapas: 1) seleção de contos e levantamentos das sociedades referentes aos contos; 2) análise dos contos selecionados; 3) oficina de contos africanos nas escolas de educação básica e reflexões acerca da práxis vivenciada.

A literatura, como bem diz Lima (2005, p. 101), é o "dinamismo das diferentes culturas humanas e o que imaginamos ser um espaço de significações, aberto às emoções, ao sonho e à imaginação". O propósito da pesquisa, portanto, é dar sua contribuição no processo de visibilização das literaturas orais africanas, estabelecendo relações de conservação do patrimônio cultural humano e de criação e recriação das representações africanas.

## AS ANÁLISES DE CONTOS AFRICANOS

O livro utilizado para a seleção de contos reúne obras literárias de 27 diferentes regiões do continente africano que foram selecionadas por Nelson Mandela (2009), uma das principais personalidades africanas na luta contra a discriminação racial. Dos 32 contos presentes na coletânea, foram selecionados inicialmente oito que abrangiam aspectos culturais de regiões, países e etnias diversificados, com temas e personagens cujas tramas pudessem exemplificar e apresentar a heterogeneidade presente nas culturas africanas. A pesquisa atualmente conta com a análise de 18 contos. Os contos selecionados para o presente artigo foram: "A encantadora canção do pássaro mágico" (Tanzânia), "A gata que entrou em casa" (Zimbábue), "O chefe serpente" (África Ocidental e Zululand, no leste da África do Sul), "Natiki" (Namaqualand, no oeste da África do Sul), "A serpente de sete cabeças" (povos de língua khoisan da África do Sul, Botsuana e Lesoto), "O guardião do pântano" (África Central e Zululand), "Mpipidi e a árvore Motlopi" (Botsuana) e "Fesito vai ao mercado" (Uganda).

As obras registradas foram recontadas por músicos, religiosos, escritores e os ditos "folcloristas" que ouviram as histórias durante a infância e as recontaram e ambientaram para os dias atuais, como também para outras línguas e regiões africanas, o que possibilitou novas versões e adaptações. O foco das análises está nos sentidos e significados que permanecem e se transformam ao passar de gerações e que podem ser vistos numa das principais contribuições e criações humanas: a arte de narrar.

Nos tópicos a seguir, vamos tratar de duas divisões feitas para a realização das análises. Primeiro falaremos sobre tema, assunto e mensagem; logo após, os personagens serão o foco do artigo. Os levantamentos dos aspectos culturais serão vistos ao longo destes tópicos, o que faz também com que o entrecruzamento dessas divisões ocorra compondo assim elementos que apresentem a relevância da cultura popular e da literatura para o trabalho com a diversidade étnico-racial na educação básica.

## TEMA, ASSUNTO E MENSAGEM

Gancho (2006) nos diz que os três conceitos, tema, assunto e mensagem, costumam ser confundidos durante as análises narrativas. Para esclarecer esta pequena confusão, façamos aqui brevemente a distinção entre os três conceitos.

Tema é a ideia central que apresenta a história, e pode ser romance, ganância, desastres, aventuras, comédias, etc. Um gênero narrativo pode ter um ou mais temas. Por exemplo, o conto "Natiki", recontado em Namaqualand, tem como tema a beleza da jovem moça e sua difícil vida ao lado de sua madrasta e suas irmãs; "Mpipidi e a árvore Motlopi", bastante contado em Botsuana, trata do sonho e desejo de um menino de ter uma irmã; em "Fesito vai ao mercado" acompanhamos as aventuras de um jovem rapaz no dia em que teve que substituir seu pai em um dos típicos mercados populares de Uganda.

Nos contos africanos predominam temas de facetas heroicas, facécias, romances, fantasias, sonhos e desejos. Alguns dos temas de maior destaque são referentes à família e à centralidade da mulher no sistema familiar e coletivo. "Natiki", "O guardião do pântano" e "A serpente de sete cabeças" são exemplos dessa afirmativa. Além de protagonizarem o enredo, as mulheres são responsáveis por situações que desencadeiam o final triunfante e heroico.

Segundo Gancho (2006), o assunto é o responsável pelo desenvolvimento do tema tratado, que pode tomar diversos rumos, como em a "A gata que entrou em casa", do povo xona (*shona*), cujo tema explicativo é a domesticação dos gatos e, para desenvolver a história, o assunto é a busca da felina por alguém a quem possa denominar como a criatura mais admirável da selva.

> [...] *Ela viveu muito feliz sobre a palha da choupana e começou a caçar os camundongos e os ratos que viviam naquela aldeia. Até que um dia, quando se aquecia ao sol, sentada no topo da choupana, ela ouviu um barulho que vinha lá de dentro. As vozes do homem e de sua esposa foram ficando cada vez mais altas até que – cabum! – o homem tombou para fora, cambaleando e aterrissando na poeira.*
> *– Ahá! – disse a gata – Agora eu sei quem realmente é a criatura mais admirável de toda a selva. É a mulher.*
> *A gata desceu da palha, entrou na choupana e sentou-se ao lado do fogo.*
> *E foi ali que ela permaneceu desde então.*

O assunto em "O guardião do pântano" se desenvolve a partir do tema das habilidades de cura das cobras, tema este muito comum nas narrativas africanas. Um píton aquático prateado é o guardião do pântano e Ngosa, uma jovem moça habitante próxima ao lago, vai recorrer à tão temida cobra para obter a cura de sua mãe.

> *Ngosa sentou-se ao lado do pântano e olhou a água bravia girando. O sol brilhou em sua suave pele marrom e aqueceu seu corpo trêmulo. A mãe dela estava doente, muito doente. Ngosa sabia que sua mãe morreria a não ser que trouxesse ajuda. Mas entrar naquelas águas revoltas para tocar o píton prateado, olhar dentro de seus olhos negros de cobra, aproximar-se daquela língua tremulante... Apesar da cura, Ngosa tremeu. Ela estava com medo.*

Após o ato corajoso da jovem ao tocar na cobra, percebemos que novos assuntos são incorporados ao longo do conto, como o desencantamento do píton, que na verdade é um importante filho de um chefe tribal, e seu singular romance com a jovem Ngosa. Os assuntos vistos nos contos estão intrinsecamente ligados às crenças e às relações que ocorrem nos povos africanos correspondentes. Na explicação do povo xona, um dos transmissores do conto "A gata que entrou em casa", vemos que a mulher é o motivo pelo qual os gatos se tornaram animais domésticos, pois, depois de muito procurar e observar, a gata reconheceu a mulher como a criatura mais admirável da selva. Em "O guardião do pântano", do povo zulu, a família de Ngosa é composta apenas por mulheres, sua mãe é a líder da família e, nas memórias da jovem, a matriarca foi a responsável pelo sustento e manutenção do lar.

As mulheres zulus, apesar de ainda viverem sob jugo masculino em muitas atividades, são de presença vital na contribuição para a renda e sobrevivência da família. Sua figura demonstra imponência ao ser majoritariamente a principal personalidade em rituais tradicionais, como os típicos rituais de cura do povo zulu. Quanto aos xonas, o conto explicativo apresenta o quanto a mulher se destaca por ser vista como fonte de sabedoria, ocupando importantes cargos nos conselhos locais de seu povo.

Ao tratarmos da mensagem nas análises narrativas, define-se como o que apresenta a conclusão ou pensamento principal do texto lido. Este é um conceito com o qual temos que tomar cuidado, não devemos generalizá-lo como se todos fossem finais moralistas presentes nas fábulas. "A encantadora canção do pássaro mágico", da Tanzânia, é um exemplo. A mensagem é perceptível quando o chefe da tribo se pronuncia às crianças: "Vocês são os únicos que enxergam verdadeiramente e enxergam com clareza. Vocês são os olhos e ouvidos de nossa tribo." Entende-se que as crianças que não se deixaram encantar pelo canto do pássaro e, concentradas, derrubaram a árvore onde a ave estava, retratam o poder, a força e a pureza das crianças, e no que esses três componentes podem resultar.

As mensagens dos contos africanos, em geral, acentuam a busca pela sabedoria. As decisões tomadas pelos personagens nascem, em sua maioria, da consulta aos anciãos e aos ancestrais. É o que acontece em "A serpente de sete cabeças". Manjuza, através de um sonho, recebe de sua avó orientações para quebrar a maldição que transformou seu marido em uma serpente. A única filha de Nandi, em "O chefe serpente", toma a decisão correta ao aceitar e acatar a promessa da mãe, abrigando a serpente em sua casa, oferecendo-lhe comida e um lugar para dormir. Pela generosidade da jovem, a maldição é quebrada e a serpente torna-se um jovem filho de um chefe tribal que fica noivo da filha de Nandi, garantindo uma vida estável e de fartura a mãe e filha.

A tradição narrativa africana, conforme visto nos exemplos acima, versa sobre os mais amplos temas e assuntos, trazendo componentes da vida cotidiana das civilizações africanas, seus sujeitos e suas tradições, que, embora com acentuada atenção em ideais, continua a representar a expressividade dos seus sujeitos e suas múltiplas visões de mundo e principalmente o seu poder de criação.

## Personagens

Os personagens são os responsáveis por dar ação às histórias, são eles que desempenham o enredo. São fictícios, podendo, em alguns casos, serem baseados em pessoas reais, e podem ser classificados como protagonista, o personagem principal; antagonista, o que se apõe ao protagonista; e personagens secundários, que possuem menor destaque e atuam como coadjuvantes, auxiliando o protagonista ou o antagonista.

Nos contos analisados pode-se perceber a predominância, entre os personagens, de crianças e jovens moças. Dos oito contos selecionados, três são protagonizados por crianças, outros quatro têm protagonistas femininas e um é protagonizado por um animal. As crianças são vistas na maior parte das sociedades africanas como portadoras da sabedoria e da verdade. É o que ocorre em "A canção do pássaro mágico", da Tanzânia, ao serem reconhecidas pelo chefe tribal como olhos e ouvidos da tribo local; os pequenos têm o reconhecimento com base em sua pureza e entrega.

Embora esta afirmativa exponha pensamentos romantizados sobre as crianças, devido às características percebidas no conto destacado, vemos que em outro conto um menino sonhador, o protagonista Mpipidi de "Mpipidi e a árvore Motlopi", tem responsabilidades que colaboram na estrutura econômica de sua família. Seu cuidado com a bebê encontrada por ele em uma árvore e o próprio desejo de ter uma irmã evidenciam um lado da concepção de criança que poucos percebem. A sensibilidade, que se traduz nas atitudes e nas falas do protagonista, apresenta uma das facetas mais representativas e tocantes da humanidade: a realização de um sonho põe à prova lutas e fraquezas humanas, considerando também a criança.

Visto com evidências de duas partes complexas dos protagonistas infantis, Fesito, em "Fesito vai ao mercado", mostra a criança em sua mais intensa demonstração: as brincadeiras, implicâncias, o andar de bicicleta, o confronto, as brigas de rua com outros meninos e as travessuras, atividades comuns de um pré-adolescente.

Na análise dos personagens dos três últimos contos citados acima, cabe comentarmos que nenhum dos três protagonistas tem um antagonista direto. Entretanto, há momentos distintos em que os protagonistas precisam tomar uma decisão: as crianças da tribo devem decidir se derrubam a árvore ou se cedem ao canto do pássaro; Mpipidi fica em uma conflitante situação ao esconder de sua família a bebê que encontrou sobre as folhagens, pois, caso contasse para seus pais, poderia ser recriminado e perder a sua tão sonhada irmã; Fesito se vê numa difícil situação, em que deve atender ou não aos favores de seus colegas e vizinhos, carregando vários alimentos diferentes para a feira em uma velha bicicleta.

As decisões tomadas pelos protagonistas infantojuvenis dos três contos apresentam aspectos culturais que demonstram a importância da formação da identidade com a própria prática do meio social, com fatores e situações corriqueiras da região em específico, por meio de escolhas que, de acordo com os desfechos dos contos, levam ao reconhecimento, a recompensas ou, ao contrário, a castigos e decepções. As características vistas nos personagens infantis estão longe de remeterem a fatores como misérias, doenças ou ausência de um conhecimento, de um saber; pelo contrário, a tomada de decisões está imbricada com aquilo que os personagens conhecem e sabem, para então decidirem o que fazer. Nem bons, nem maus, os protagonistas estão compondo sua construção enquanto sujeito inserido no coletivo.

Os personagens femininos dizem muito sobre as múltiplas visões que podemos ter das mulheres africanas. Como é constante no gênero narrativo universal, as meninas simples e com desvantagens sociais e econômicas predominam nos contos africanos, porém vários aspectos tornam essas protagonistas africanas personagens singulares. A sabedoria e a coragem são elementos que bem caracterizam as jovens: Natiki apresenta as duas características ao ir à festa da lua cheia, porém disfarçada o suficiente para não ser reconhecida; Ngosa, para salvar sua mãe da morte, foi encarar o temido píton que vivia no fundo do lago; Manjuza conseguiu enfrentar, seguindo os conselhos de sua avó, toda a vizinhança que ameaçava aniquilar a serpente de sete cabeças na qual seu marido se transformara.

Apesar do jugo e de ideias discriminatórias sobre o papel da mulher em algumas partes do continente, a África subsaariana preserva em suas tradições o respeito e a valorização da ancestralidade, na qual a participação feminina é constante. No conselho das mais idosas sobre decisões a tomar, no preparo dos alimentos, na organização dos ambientes, nas grandes festas, nos rituais, na educação de crianças e jovens e na administração coletiva, entre outras atividades, vê-se a presença da mulher e a sua participação no desenvolvimento das sociedades africanas.

Para exemplificar, vamos às nossas personagens dos contos analisados. Comecemos pela família de Natiki, formada unicamente por mulheres, sendo assim considerada uma família matriarcal. A protagonista, para seu próprio sustento e para a qualidade de vida em comunidade, era responsável pelo rebanho de animais, pela administração do lar e também pela segurança do local.

*O coração de Natiki está ardendo para acompanhá-las à grande dança, mas quando perguntou à sua mãe se poderia ir também, ela disse:*
*– Vá buscar as cabras e certifique-se de trazê-las antes que a noite caia. Traga também um pouco de lenha e faça uma grande fogueira para espantar os animais selvagens.*

Outra forma de contribuição feminina está no uso das expressões artísticas, proporcionando prestígio e valorização ao grupo étnico ao qual pertence. Manjuza, a protagonista de "A serpente de sete cabeças", é considerada como a mais talentosa e conhecida dançarina de casamento, mobilizando pessoas de diversos outros grupos até a sua aldeia para vê-la dançar e convidá-la para algum casamento.

*Havia uma mulher chamada Manjuza que possuía dois talentos especiais. Sua voz ao cantar era melodiosa e forte, e as pessoas adoravam ouvi-la. Ver a dança de Manjuza, entretanto, era a melhor coisa de todas para iluminar o dia de alguém. As pessoas vinham de perto e de longe convidá-la para dançar para elas em importantes dias de comemoração, e ela era mais conhecida como dançarina de casamento. Um casamento sem Manjuza para se apresentar num momento certo – quando a noiva estava para entrar, em sua melhor aparência, perfumada por deliciosas ervas e com o rosto radiante como o sol da manhã – não era de fato um casamento. Na verdade, um casamento sem Manjuza era um casamento logo esquecido.*

As mulheres personalizadas no gênero narrativo têm como característica de destaque a coragem. As quatro protagonistas aqui citadas compõem o enredo de seus contos com suas ações heroicas e sua principal arma é a sua sabedoria. Um trecho no qual podemos respaldar a afirmativa está em "O guardião do Pântano", já bastante mencionado no artigo.

*Ngosa ouviu um grito atrás dela e virou-se para ver sua irmã mais nova correndo pelo campo.*
*– Ngosa! Ngosa! – ela gritava. – Apresse-se, pois nossa mãe está morrendo.*
*Então Ngosa se lembrou de muitas coisas – de como sua mãe a confortara e se sentara ao seu lado entoando canções de ninar durante toda a noite depois que o crocodilo quase a arrastara para dentro da água; de como sua mãe andara por muitos quilômetros para encontrar as raízes de rabanete vermelho capazes de curar a terrível dor que sentiu quando foi picada pelo escorpião; de como sua mãe golpeou o monstro cabeludo babuíno que tentou roubar seu irmão quando bebê; de como sua mãe dividira secretamente sua porção de mingau de milho quando a grande seca caiu sobre eles e os homens estavam famintos.*
*Ngosa pisou no feroz redemoinho.*
*A língua de píton tremeu uma vez diante dela e parou. Seus olhos pretos de cobra se fecharam. Ela esticou a mão e encostou na pele fria e molhada. Então, agitando as pernas e os braços na água, ela subiu à superfície do pântano e correu pelos campos para tocar sua mãe com o toque de cura do píton.*

Um ponto interessante no trecho destacado acima é a narrativa das lembranças de Ngosa relativas à sua mãe, personagem esta que, secundária, nos aponta o que insistentemente destacamos como principais características das sociedades africanas: famílias matriarcais, exemplos de valores, sabedoria e coragem, valorização e reconhecimentos às chefes e aos chefes de família e a composição familiar como centro e referência para a vida.

O único conto analisado cujo protagonista é um animal classificado como etiológico (CASCUDO, 1986) é "A gata que entrou em casa". Apesar da predominância de personagens animais, a centralidade da história está em explicar o porquê, segundo o povo xona, a mulher é o ser mais admirável de toda uma região.

Os animais são bem comuns não apenas nos contos explicativos mas, em especial, nos contos com fundamentos morais e valorativos. Cabe a eles também, em muitos casos, o papel de antagonista, o de "grande vilão" dos contos. Essas duas características podem ser vistas em "A canção do pássaro mágico", no qual o pássaro é o grande vilão, e o conto, em si, tem um fundamento moral e reflexivo sobre o papel das crianças na sociedade. As cobras predominam nas diversas regiões e grupos étnicos africanos, pelo seu creditado poder de cura e casos de encantamentos. "A serpente de sete cabeças", "O guardião do pântano" e "O chefe serpente" abordam a relação das sociedades zulu e cosa.

Destaquemos aqui, por último, uma breve inquietação: afinal onde estão os personagens masculinos nos contos africanos? Comuns nas narrativas do norte da África (Marrocos, Argélia, Tunísia, Líbia, etc.), os personagens masculinos africanos são mais conhecidos como vendedores, viajantes, encantadores de cobras e jovens rapazes de origem humilde. Na África subsaariana, à qual pertencem os contos analisados, os personagens são secundários, são os chefes tribais, pais, maridos, irmãos e principalmente grandes guerreiros e caçadores, que são responsáveis por esposar as nossas heroínas protagonistas. Ngosa e a jovem de "O chefe serpente" casam-se com filhos de chefes tribais, vistos como "excelentes partidos" sob o ponto de vista das sociedades africanas. Natiki casa-se com um caçador, atuação esta honrada e valorizada na cultura nama (ou namaqua). Manjuza é casada com Mthiyane, o líder dos caçadores da aldeia onde o casal cresceu, dando a este casal o título de "casal perfeito" dentro da cultura zulu.

Muito falta ainda a ser investigado e pesquisado quanto aos personagens dos contos tradicionais africanos. O que podemos dizer sobre esses personagens é que não são meramente reflexo das sociedades africanas, mas integrantes da própria cultura africana, ou melhor, nada mais são do que a própria cultura africana. Não tratamos de trejeitos, nem adentramos numa análise comportamental profunda, mas sendo estes personagens compostos pelo imaginário popular, conhecê-los é um transbordar de informações e o início da compreensão do que pensam, de como são formados e quem são as mulheres, homens, jovens e crianças africanos.

Que no incorporar dessas leituras e no deleitoso descobrir dos personagens de contos africanos vejamos as sociedades africanas pelas suas singularidades e particularidades, e não por uma excentricidade ou estranhamento que anulam as contribuições culturais do continente para o patrimônio histórico cultural.

## Algumas considerações

Por meio desta pesquisa, algumas oficinas com as narrativas analisadas puderam ser realizadas com turmas da educação básica. Compostas de quatro momentos que envolvem reflexão, diálogo, troca de saberes e produção de conhecimentos, as experiências vivenciadas junto às turmas do ensino fundamental, assim como na modalidade EJA, trouxeram contribuições e novas indagações à pesquisa.

Uma das primeiras questões a se pensar é da concepção que os alunos têm das culturas africanas e de sua própria geografia. Contribuir para a desconstrução da visão homogênea do continente é um dos objetivos das análises e oficinas de contos populares africanos. Os usos de imagens que demonstrem a complexidade territorial, social e artística atuam como elementos que se destacam por serem um dos contatos introdutórios do aluno com uma visão dos múltiplos sujeitos africanos diferenciados e diversificados, valorizando ações do cotidiano praticadas nos Estados e grupos étnicos do continente em questão.

Ouvir os participantes das oficinas cumpre o intuito de estabelecer uma troca de saberes e não uma transmissão estática e vertical. Antes, ouvir é um dos principais desígnios da oficina. As relações feitas, as lembranças suscitadas, as comparações estabelecidas durante conversas, o sentimento de identificação e a associação com passagens dos contos, assim como com a temática e com os personagens permitiram uma atmosfera de compreensão e de reconhecimento dos saberes desenvolvidos ao longo das experiências de vida dos participantes.

A produção escrita realizada pelos alunos, oriunda desses primeiros momentos de conversa e discussão, acentua o caráter transformador da pesquisa, sendo um convite para a criatividade e a imaginação. São muitos ainda os fatores que merecem atenção e destaque na leitura e análise de contos africanos, possibilitando um estudo profundo e enriquecedor dessas narrativas que se misturam e se somam a vozes que antes desconheciam estas características, semelhanças e diferenças. A possibilidade de admirar outras manifestações artísticas, diferentes daquelas que predominam nas prateleiras de livros e por vezes nas bibliotecas escolares, é uma das formas encontradas para ligar e dialogar com diferentes saberes, saberes estes de diferentes lugares, com diferentes formas, opiniões, em permanentes trocas e conexões.

# FELIZES PARA SEMPRE? DISCUTINDO O USO DA LITERATURA INFANTIL PARA TRABALHAR DIVERSIDADE ÉTNICA NA ESCOLA

*Ana Angélica Carvalho Ferreira*

> *A alegria não chega apenas no encontro do achado, mas faz parte do processo da busca. E ensinar e aprender não pode dar-se fora da procura, fora da boniteza e da alegria.*
>
> (Paulo Freire, 1996, p. 160)

## Introdução

O título deste artigo traz indícios do problema que norteia esta pesquisa. Ainda se faz necessário questionar: "Para quem seria esse final feliz?" Como se verá abaixo, até recentemente a literatura infantil utilizada em escolas não refletia a diversidade étnica e social brasileira. Neste sentido, nem todos os grupos étnicos tinham finais felizes. Ao longo deste artigo será discutido o uso da literatura infantil como um recurso para se trabalhar com a diversidade étnica na escola. Muitos autores, alguns citados mais adiante, propõem uma crítica à literatura infantil, marcada historicamente por preconceitos e estereótipos. O objetivo deste trabalho é buscar dentro da literatura infantil brasileira obras que apresentem as imagens do negro e do indígena, e também de suas culturas, de forma valorizada. Além disso, este trabalho buscará mostrar a importância de se apresentar essa imagem de forma valorizada dentro da sala de aula.

Primeiramente é importante entender o que é literatura infantil: ela é um gênero textual que, de acordo com Nelly Coelho (2000, *apud* SANTOS, 2012, p. 27), é uma arte, pois une a criatividade que representa o mundo à realidade. De acordo com Antônio Candido (1995, p. 175), a literatura é como "o sonho acordado das civilizações". O autor a considera uma manifestação universal de todos os homens em todos os tempos, entendendo-a como um objeto que sofre influências de seu contexto histórico e social. Já Patrícia Freire (1999) afirma que a literatura infantil brasileira passa ainda por um processo de construção de uma identidade própria, se desligando das tradicionais obras literárias europeias.

Justifico a realização deste trabalho a partir do fato de que, como professora e pedagoga em formação, compreendo que a literatura infantil pode ser um recurso interessante para se trabalhar com a diversidade em sala de aula, potencializando a construção de identidades positivas para os diversos grupos representados na escola. A diversidade dentro da literatura infantil vem sendo discutida por vários autores, como Ana Celia da Silva (2004), que mostra como o preconceito aparece nas obras infantis e fala também sobre o impacto que a imagem do negro, sendo apresentada de maneira preconceituosa, tem para os alunos nas escolas. Também é possível encontrar trabalhos como o de Santos (2012), que aborda a importância da literatura infantil contemporânea, apresentando a imagem do negro sendo valorizada para a construção da identidade de crianças negras. Já sobre o indígena, há poucos trabalhos, como o de Fávero (2009), e não encontrei nenhum trabalho que discuta diretamente a forma como a imagem do indígena aparece na literatura.\* Assim, tendo em vista o que será apresentado a seguir, compreendo a importância de uma visão multicultural na educação, por meio da qual se possibilite aos alunos o contato com as diversas culturas de forma valorizada.

## Diversidade na Literatura Infantil

No ano de 2003 entrou em vigor a Lei 10.639/03, que tornou obrigatório o ensino de História e Cultura Afro-Brasileira em todas as escolas do país. Esta lei foi criada a partir de diversas discussões e lutas do movimento negro brasileiro. Da mesma forma, a Lei 11.645, de 2008, que tornou obrigatório o ensino de História e Cultura indígena, também foi resultado de lutas do movimento indígena. Essas leis alteraram o Artigo 26-A da Lei de Diretrizes e Bases para a Educação Nacional (LDB) e chamaram a atenção para a importância de se trabalhar nas escolas com a pluralidade étnica e cultural que compõe historicamente o nosso país, como se observa na citação a seguir:

> *Art. 26-A. Nos estabelecimentos de ensino fundamental e de ensino médio, públicos e privados, torna-se obrigatório o estudo da História e Cultura afro-brasileira e indígena.*
> *§ 1º O conteúdo programático a que se refere este artigo incluirá diversos aspectos da história e da cultura que caracterizam a formação da população brasileira, a partir*

---

\* A Fundação Nacional do Índio (FUNAI) disponibiliza, em seu site (www.funai.gov.br), informações sobre os grupos indígenas do nosso país.

*desses dois grupos étnicos, tais como o estudo da história da África e dos africanos, a luta dos negros e dos povos indígenas no Brasil, a cultura negra e indígena brasileira e o negro e o índio na formação da sociedade nacional, resgatando as suas contribuições nas áreas social, econômica e política, pertinentes à história do Brasil.*

*§ 2ª Os conteúdos referentes à História e Cultura Afro-Brasileira e dos povos indígenas brasileiros serão ministrados no âmbito de todo o currículo escolar, em especial nas áreas de educação artística e de literatura e história brasileiras. (Lei 11.645 de 2008)*

Ainda a Constituição Federal (1988), como Pereira (2012) destaca, em seu parágrafo 1º do Art. 242, já determinava que: "O ensino da História do Brasil levará em conta as contribuições das diferentes culturas e etnias para a formação do povo brasileiro." Mas como trabalhar essas histórias na escola? Como introduzir essas culturas? A literatura infantil pode ser uma possibilidade de resposta para esses questionamentos.

A literatura infantil tem estado em debate sobre a questão do preconceito em várias obras. Essas obras literárias infantis vêm sofrendo transformações na forma como apresentam seus personagens desde aproximadamente a década de 1990. Porém, a questão que levanto aqui não é se existe ou não preconceito na literatura infantil. A discussão que quero levantar é: por que não aproveitar a literatura infantil para trabalhar a diversidade? Será que dentro da nossa literatura não existem livros que trabalhem as imagens dos negros e dos indígenas de forma valorizada?

Através da literatura infantil é possível apresentar dentro da escola a imagem e a cultura indígena e negra sem os estereótipos que muitas vezes são atribuídos a esses grupos. Ela pode ser também uma arma para auxiliar na implementação das leis citadas, uma forma de o professor possibilitar que seus alunos se identifiquem, em termos de identidade étnica e cultural, com os personagens e reconheçam seu meio social nas histórias infantis. Também poderá auxiliar a desconstruir os sentimentos de inferioridade de alguns grupos étnicos e sociais que muitas vezes têm estado presentes nas escolas. O Ministério da Educação, através do livro *Orientações e ações para a educação das relações étnico-raciais* (BRASIL, 2010), trata de questões como esta, traz formas de auxiliar o professor no trabalho pedagógico e uma das sugestões é o trabalho com a literatura infantil.

Paulo Freire (1996), apesar de não abordar o trabalho com a literatura infantil, afirmava que é importante realizar um trabalho pedagógico a partir da realidade do aluno, pois isso facilitaria seu processo de aprendizagem. Para ele, antes de se buscar ensinar o desconhecido, primeiro se deveria ensinar o que lhe era familiar.

*Por isso mesmo, pensar certo coloca ao professor ou, mais amplamente, à escola, o dever de não só respeitar os saberes com que os educandos, sobretudo os das classes populares, chegam a ela – saberes socialmente construídos na prática comunitária –, mas também, como há mais de trinta anos venho sugerindo, discutir com os alunos a razão de ser de alguns desses saberes em relação ao ensino de conteúdos. (FREIRE, 1996, p. 30)*

Sendo assim, é possível, estabelecendo uma relação com a obra de Paulo Freire, a partir da compreensão da importância dada ao trabalho do professor, no qual parte da realidade do aluno é tomada como base para a aprendizagem, considerar que a literatura infantil, quando aborda a cultura e a imagem do negro e do indígena de forma valorizada, pode proporcionar uma aproximação com a realidade, o que levaria os alunos a refletir.

Atualmente, na nossa literatura infantil, é possível encontrar vários livros que apresentam a imagem do negro e do indígena de forma valorizada. Para chegar a essas afirmativas foram selecionados cinco livros para análise no primeiro momento da pesquisa, quando buscou-se observar como eram apresentados os personagens e suas culturas. Foram selecionados os livros *Feliz aniversário, Jamela* (DALY, 2009), *Amanhecer esmeralda* (FERRÉZ, 2005), *Iara mãe d'água* (BAG, 2005), *As tranças de Bintou* (DIOUF, 2012) e *Vitória-régia* (GOSSELEIN, 2002), que trazem essa preocupação de apresentar as culturas de forma valorizada. Nesse período foi possível constatar que livros como esses não apenas são formas de apresentar essas histórias e essas culturas, mas também representam uma oportunidade de os alunos se reconhecerem fenotipicamente e até mesmo socialmente dentro das histórias. Através do trabalho com livros como esses, as escolas podem auxiliar os discentes a se perceberem como sujeitos de sua história.

Dando continuidade às análises dos livros infantis, em momento posterior foram escolhidos outros livros. Porém desta vez foram criados alguns critérios para as análises. Estes critérios utilizados foram criados a partir do trabalho de Ana Celia da Silva (2004), que faz uma análise em livros didáticos sobre como era apresentada a imagem do negro em um período anterior à Constituição Federal de 1988. Para a realização desse trabalho foram selecionados mais 20 livros. Foram estabelecidos também critérios, elaborados em forma de perguntas, para a realização das análises dos livros. Os critérios foram:

– Como é apresentada a imagem do negro e do indígena no livro?
– O livro aborda a questão da diversidade de que forma?
– Trabalha as questões culturais?
– Trata os grupos de forma pejorativa? Ou apresenta alguma forma de discriminação?

– Compreende que dentro de cada grupo étnico há especificidades culturais, ou aborda a cultura de maneira homogênea?
– Em suas ilustrações, como é abordada a imagem do grupo étnico ao qual se refere?

O primeiro fato a ser destacado é que, entre os 20 livros selecionados, nenhum apresentou a imagem nem a cultura do negro e do indígena de forma desvalorizada. Ainda é importante destacar que, dentre esses livros, 75% abordam a questão do trabalho com a diversidade, apresentam situações de conflitos ou trabalham a partir de questões atuais. Também percebemos que 90% dos livros analisados trazem características culturais na história, sendo que nove livros tratam de culturas indígenas e nove de culturas afro--brasileiras. Portanto, é possível perceber que estes livros já abordam questões discutidas pelas Leis 10.639/03 e 11.645/08. Também é importante destacar que alguns dos livros analisados foram publicados em um período anterior às leis citadas, demonstrando aquilo que Pereira (2012) afirma sobre como os movimentos sociais foram se fortalecendo desde o processo de construção da chamada Constituição Cidadã, em 1988 (BRASIL, 2014).

## OFICINAS: COLOCANDO A TEORIA EM PRÁTICA

A grande questão em meus pensamentos ao preparar as oficinas era a seguinte: "Como apresentar aos alunos o que aprendi na pesquisa?" A partir desta reflexão, compreendi que seria interessante estabelecer um diálogo entre o que eu tinha aprendido durante a trajetória da pesquisa e os conhecimentos dos alunos. A oficina, realizada no ano de 2011 em duas escolas públicas do Rio de Janeiro (uma na Penha, na modalidade Educação de Jovens e Adultos, e outra em Comendador Soares, no segundo segmento do Ensino Fundamental), tinha o objetivo de apresentar para os alunos a imagem do negro de forma valorizada, utilizando a literatura infantil. Para iniciar a oficina, foi contada a história *Amanhecer esmeralda*, que trata de Manhã, uma menina que mora no Jardim das Rosas, Rio de Janeiro, com sua mãe, que trabalha como doméstica, e com seu pai. Manhã vive numa casa de madeira, e é ela quem faz as tarefas da casa. Um dia, na escola, seu professor, ao saber de sua situação, decide dar um presente para alegrá-la. Ele lhe compra um vestido de cor esmeralda e pede à merendeira que lhe faça tranças no cabelo. Ao encontrar a filha tão bonita, o pai decide arrumar a casa e faz uma bela surpresa para sua esposa.

O objetivo da oficina era perceber a importância da literatura infantil para trabalhar a questão da diversidade, não somente para a identificação e o reconhecimento dos alunos com os diversos personagens, mas também para demonstrar a importância da valorização das culturas afro-brasileiras e indígenas nas escolas. Durante as oficinas, foram produzidos muitos trabalhos interessantes. Na turma de Educação de Jovens e Adultos, os alunos contaram um pouco de suas histórias, enquanto na turma de segundo segmento do Ensino Fundamental, os alunos fizeram desenhos para se autorretratar. Durante a oficina, uma das alunas do segundo segmento do Ensino Fundamental fez um desenho de como ela se percebia: a menina se desenhou loura e de olhos verdes, sendo que era negra, ao meu ver. Que identidade essa criança está construindo? Como será sua visão da sociedade? Ainda durante a oficina, acabou surgindo uma discussão sobre estética, e o desenho citado pode ser visto como uma resposta em relação ao que os alunos acabam aprendendo na sociedade sobre padrão de beleza.

No ano de 2012 foi realizada uma nova oficina na escola pública da Penha, com a turma de EJA. Os objetivos desta oficina, além de buscar reforçar o que foi trabalhado na primeira, também foram refletir sobre a imagem e a cultura do negro na literatura infantil; compreender a importância de valorizar a cultura afro-brasileira; e contribuir para o aluno se reconhecer como sujeito de sua história.

Antes da realização da leitura, buscou-se realizar uma breve problematização sobre o que os alunos pensam quando se fala no continente africano. As respostas dos alunos foram "fome", "pobreza", "miséria"... Para desconstruir essa visão única sobre o continente africano e também mostrar como a nossa cultura é construída a partir das contribuições de várias culturas, foi escolhido para a leitura inicial o livro *As tranças de Bintou* – que narra a história de Bintou, uma menina que vive na cidade de Ouagadougou, em Burkina Faso, na África Ocidental, e sonha ter tranças longas, enfeitadas com pedras coloridas e conchinhas, como as de sua irmã mais velha e de outras mulheres de seu convívio. Porém, por ser uma criança, só podia usar "cocós", um penteado em que o cabelo é dividido e preso em quatro partes curtas, o que no grupo a que Bintou pertencia era uma marca da infância. Um dia, durante o batizado de seu irmão mais novo, Bintou conhece uma jovem brasileira que lhe conta que no Brasil todos podem usar tranças. Desanimada, ela decide caminhar e, no caminho, encontra dois jovens que estavam em apuros e os ajuda. Assim surge a grande oportunidade de transformar seu sonho em realidade. Porém a avó sabiamente realiza o sonho de sua neta, mas conservando sua infância.

Após a leitura do livro, foi realizado um jogo de perguntas que tinha o objetivo de mostrar aos alunos as contribuições que a nossa cultura recebe de culturas africanas e que não percebemos. Após essas perguntas, discutimos sobre todo o trabalho realizado até aquele momento. Para encerrar esta oficina, foi realizada uma atividade com os alunos, na qual foram entregues aos grupos uma cartolina com o contorno de um boneco, sem nada dentro, e diversas revistas. Eles deveriam escrever dentro do boneco ou boneca palavras que para eles representassem suas identidades. E a surpresa foi que, além de escreverem palavras, alguns fizeram verdadeiros textos narrando experiências de vida que determinaram quem são hoje, e outros, além de escreverem, coloriram e deram vida aos seus bonecos.

Já em 2013 foi realizada uma nova oficina. É interessante ressaltar que a turma na qual foi realizada esta oficina é a mesma de 2012. Neste ano, diferente dos anteriores, foi abordada a cultura indígena. Os objetivos da oficina eram refletir sobre a imagem e a cultura do indígena na literatura infantil e na sociedade e compreender a importância de valorizar a cultura indígena.

Em um primeiro momento, busquei desconstruir com eles a imagem que faziam do indígena. Uma questão muito importante discutida com os alunos foi sobre como, independente de onde estamos, nossa cultura nos acompanha. Isso foi muito importante, considerando que a maioria deles vem de diversas partes do país. Ainda aproveitei para apresentar algumas curiosidades sobre os indígenas, por exemplo, no continente americano. Fávero (2009) calcula a existência de 1.175 línguas indígenas, faladas por cerca de cinco milhões de pessoas indígenas nas Américas. E atualmente, no Brasil, segundo o último Censo do IBGE (2014), existem 274 idiomas falados por cerca de 896 mil indígenas. Aproveitei e levei alguns objetos indígenas adquiridos durante a Conferência Rio+20,* e foi muito bom ver que os alunos gostaram de conhecer e manipular objetos como o cocar e o arco e flecha.

Levei para ler em sala de aula um livro construído com um grupo indígena a partir de suas histórias, os pataxós, que hoje se localizam nos estados da Bahia e Minas Gerais. *Meu povo era livre* (PATAXÓ, 1997) mostra como era a vida deste grupo antes e depois do contato com os colonizadores. Realizamos uma reflexão em grupo e aproveitei para mostrar imagens de índios em situações cotidianas usando o computador, estudando e discutindo política. Dentro da oficina levei o clipe e a letra da música "Todo dia era dia de índio", de Jorge Ben Jor gravada por Baby do Brasil. Assim, após varias discussões, apresentei a proposta final da minha oficina. Esta turma já havia realizado trabalhos maravilhosos em 2012, e em 2013 não foi diferente. Na última parte da oficina os alunos produziram cartazes em grupos, com frases e recortes de reportagens falando da importância de se valorizar a cultura indígena. Os alunos apresentaram os cartazes e explicaram como os confeccionaram, exibindo trabalhos excelentes.

A questão principal a ser levantada aqui é a seguinte: Como desconstruir nas crianças, nos jovens e nos adultos que estão na escola esses preconceitos que são apresentados a eles pela mídia e por alguns grupos sociais? Já é passada a hora das escolas começarem

---

* A Conferência das Nações Unidas sobre Desenvolvimento Sustentável foi realizada de 13 a 22 de junho de 2012, na cidade do Rio de Janeiro (RJ). A Rio+20 ficou assim conhecida porque marcou os vinte anos de realização da Conferência das Nações Unidas sobre Meio Ambiente e Desenvolvimento (Rio-92) e contribuiu para definir a agenda do desenvolvimento sustentável para as próximas décadas. O objetivo da Conferência foi a renovação do compromisso político dos países participantes com o desenvolvimento sustentável e a erradicação da pobreza. Mais informações no site: <http://www.rio20.gov.br/sobre_a_rio_mais_20.html> (acesso em 4 dez. 2014).

a refletir em seus documentos e em suas ações sobre estratégias para mostrar aos discentes que não há uma história única e sim histórias. As questões levantadas nestas oficinas sobre percepção e construção de identidades também são abordadas por Tomaz Tadeu Silva (2007, p. 100) em um diálogo retratado em seu livro, quando chega à conclusão de que "a identidade étnica e racial é, desde o começo, uma questão de saber e poder".

## Considerações finais

Entendemos que é importante apresentar aos alunos, dentro da sala de aula, histórias nas quais eles possam se perceber valorizados – tanto no pessoal quanto no social – e possam compreender que eles também são sujeitos de suas histórias. A partir dessa ideia, foram produzidas e aplicadas oficinas com turmas do primeiro e segundo segmentos do Ensino Fundamental. Estes trabalhos objetivaram mostrar que a literatura infantil pode ser um instrumento valioso no trabalho com a diversidade étnico-racial em sala.

É importante destacar que a literatura infantil é um gênero textual que pode ser trabalhado com diversas idades. Assim, ao utilizá-la no trabalho das oficinas em uma turma de Educação de Jovens e Adultos, em nenhum momento se infantilizaram os alunos. Durante a realização do trabalho, percebi que não seria a literatura infantil que os infantilizaria, mas a forma como o gênero fosse utilizado. Qualquer gênero textual utilizado de forma inadequada poderia infantilizar o grupo, e é de suma importância que o professor tenha consciência de como emprega o recurso escolhido para trabalhar.

É importante, como demonstram as Leis 10.639/03 e 11.645/08, que ao entrar em sala de aula o professor tenha consciência de que deve realizar um trabalho a partir das diversas culturas. Quando esse trabalho não acontece, pode haver consequências como, por exemplo, percebemos no autorretrato (uma menina branca de olhos verdes) desenhado pela aluna negra do ensino fundamental, citado anteriormente.

É importante compreender que discussões sobre a diversidade nas escolas não começaram com as leis citadas, mas que essas discussões resultaram na criação dessas leis.

# ABDIAS NASCIMENTO E AS ARTES VISUAIS

*Julio Cesar Correia de Oliveira*

> *Eu tinha um contato direto com a pobreza, morando na pobre Penha daquela época, mas foi Abdias que me ensinou a compreender a causa daquela pobreza. Eu via e odiava o racismo, explícito ou disfarçado, mas foi o Abdias que me ensinou a compreender as razões e a extensão, às vezes até mesmo inconscientes, do racismo brasileiro.*
>
> (Augusto Boal, 2012)

O presente artigo tem como objetivo analisar aspectos da contribuição da produção artística visual de Abdias Nascimento* para a sociedade brasileira. Sendo assim, busca-se aqui compreender as peculiaridades de tal produção e a sua importância para as lutas pela construção de outros olhares sobre a população negra no Brasil.

Este artigo faz parte da pesquisa realizada no âmbito do Programa de Educação Tutorial PET-Conexões de Saberes – Diversidade. Compreende-se aqui que as obras de Abdias refletem o universo afro-brasileiro e, ao mesmo tempo, contemplam as simbologias de diversas conjunturas africanas e na diáspora, desde a matriz original do Egito antigo, passando pelo vodu do Haiti e pelos ideogramas Adinkra** da África Ocidental. Além disso, Abdias também evidenciava em suas obras as peculiaridades dos negros que se reconhecem descendentes africanos na diáspora, em seu caso, no Brasil. Apresenta, em suas telas, orixás que muitas vezes representam a luta antirracista, assim como elementos que simbolizam militantes e amigos que para ele contribuíram para a resistência e para a valorização da cultura afro-brasileira.

A metodologia de trabalho adotada para investigar o tema escolhido foi uma análise bibliográfica feita a partir dos livros disponibilizados pelo Instituto de Pesquisa e Estudos Afro-Brasileiros (IPEAFRO) e das informações presentes no site de Abdias e no livro

---

* As pinturas de Abdias Nascimento podem ser vistas no acervo digital do IPEAFRO (NASCIMENTO, 2014).

** Adinkra é um dos diversos sistemas de escrita desenvolvidos na África desde a Antiguidade. Foi criado e é usado pelos povos acã da África Ocidental, como os axantes, de Gana. Consiste em um conjunto de símbolos que representam ideias, valores, virtudes, provérbios, etc. (IPEAFRO, 2012, Ações - Pesquisa - Adinkra).

*O quilombismo*, de autoria do próprio Abdias. Além disso, também contribuíram como embasamento teórico para este artigo outras atividades* realizadas pelo PET-Conexões de Saberes – Diversidade, na medida em que mobilizam a construção de um pensamento político acerca da diversidade e da importância de se reconhecer e aprender sobre as diversas "epistemologias" encontradas em nossa sociedade.

## A TRAJETÓRIA DE ABDIAS NASCIMENTO

Abdias nasceu em Franca, São Paulo, em 14 de março de 1914 e era o segundo filho de Dona Josina, a doceira da cidade, e de Seu Bem-Bem, músico e sapateiro. Cresceu em uma família humilde e, segundo o relato que fez na entrevista para o programa *Espelho*, do Canal Brasil (ABDIAS, 2010), afirmou ter sido "doce" a sua infância. Em 1936, mudou-se para o Rio de Janeiro com o objetivo de continuar seus estudos em Economia, iniciados em São Paulo. Tornou-se bacharel em Economia pela Universidade do Rio de Janeiro em 1938.

Ainda na década de 1930, integrou a Santa Hermandad Orquídea, grupo de poetas argentinos e brasileiros, e viajou com eles pela América do Sul. Em Lima, assistiu à peça *O imperador Jones*, de Eugene O'Neill (1964), estrelada por um ator branco, Hugo D'Evieri, pintado de preto. Esse fato o motivou a criar, em 1944, o Teatro Experimental do Negro (TEN), após retornar a seu país. Além do teatro, com um grupo de intelectuais e artistas militantes negros, criou, na União Nacional dos Estudantes (UNE), os primeiros cursos de alfabetização, treinamento dramático e cultura geral para os participantes do TEN. Ainda antes disso, quando foi condenado à revelia por resistir a agressões racistas e preso na penitenciária do Carandiru (SP), fundou o Teatro do Sentenciado (em 1941), no qual organizou um grupo de presos que escreviam, dirigiam e interpretavam peças dramáticas.

Atuou também como jornalista, fundou e dirigiu o jornal *Quilombo*, órgão de divulgação do TEN. Fundou o Museu de Arte Negra, que concretizou sua exposição inaugural, em 1968, no Museu da Imagem e do Som do Rio de Janeiro. Além disso, também instituiu a revista *Afrodiáspora*, criou o IPEAFRO, em 1981, e a Fundação Afro-Brasileira de Arte, Educação e Cultura (FUNAFRO), em 1984.

Artista plástico, escritor, ator, pan-africanista,** deputado e senador, militante do movimento negro e professor emérito da Universidade do Estado de Nova York, Abdias

---

\* Os eventos realizados pelo grupo foram: mesas de diálogos e cineclubes, e as disciplinas Educação e etnia, Colonialismo e educação, e Pedagogia da revolução, oferecidas pelo tutor do grupo na Faculdade de Educação da UFRJ.

\*\* O pan-africanismo é uma ideologia política e cultural que propõe a união de todos os povos de origem africana.

Nascimento desfrutou de uma vida inteiramente dedicada ao ativismo político e cultural, tendo grande participação no cenário político nacional.*

Nesse trajeto de lutas, utilizou diversos mecanismos como meio de manifestação. Sendo assim, as suas obras, além de possuírem uma beleza estética, possuem também um caráter político e revolucionário, sempre em favor do povo negro. Através das suas obras, Abdias conseguiu exaltar as culturas africanas e a resistência e mobilização dos negros no Brasil.

## O QUILOMBISMO E AS SUAS OBRAS DE ARTE VISUAL

O livro *O quilombismo*, escrito originalmente por Abdias no final da década de 1970, apresenta uma série de princípios e ideias muito à frente do período em que foi escrito. Como disse Elisa Nascimento (2002, p. 15) no prefácio à segunda edição do livro,

> a singularidade de O quilombismo *está no fato de apresentar uma proposta sociopolítica para o Brasil, elaborada desde o ponto de vista da população afrodescendente. Num momento em que não se falava ainda em ações afirmativas ou compensatórias, nem se cogitava de políticas públicas voltadas à população negra, o autor deste livro propunha a coletividade afro-brasileira como ator e autor de um elenco de ações e de uma proposta de organização nacional para o Brasil. Assim sustentava e concretizava a afirmação de que a questão racial é eminentemente uma questão nacional.*
> 
> O quilombismo *antecipa conceitos atuais como multiculturalismo, cujo conteúdo está previsto nos princípios de "igualitarismo democrático [...] compreendido no tocante a sexo, sociedade, religião, política, justiça, educação, cultura, condição racial, situação econômica, enfim, todas as expressões da vida em sociedade"; "igual tratamento de respeito e garantias de culto" para todas as religiões; ensino de história da África, das culturas, civilizações e artes africanas nas escolas. O ambientalismo também se faz presente [...] A propriedade coletiva da terra, o direito ao trabalho digno e remunerado, a propriedade para a criança, e a possibilidade da "transformação das relações de produção e da sociedade de modo geral por meios não violentos e democráticos" estão entre os princípios humanistas do quilombismo.*

---

* Abdias participou da fundação do Partido Trabalhista Brasileiro (PTB), em 1946, e do Partido Democrático Trabalhista (PDT), no final da década de 1970, elegendo-se deputado federal em 1983-1986, pelo Rio de Janeiro, e sendo o secretário à frente da Secretaria Extraordinária de Defesa e Promoção das Populações Afro-Brasileiras (SEAFRO) entre 1991 e 1994. Como suplente do senador Darcy Ribeiro, assumiu a cadeira no Senado, representando o Rio de Janeiro pelo PDT em dois períodos: 1991-1992 e 1997-1999.

Sendo assim, a partir da citação acima, percebemos o quanto Abdias defendia um discurso democrático e emancipatório, a partir de uma perspectiva afro-brasileira e buscando a igualdade de direitos na sociedade. Nessa perspectiva, a própria escolha do título do livro já nós faz pensar, pois a palavra "quilombo", segundo ele, não significa simplesmente um lugar para o negro escravizado fugido. "Quilombo" quer dizer reunião fraterna e livre, solidariedade, convivência e comunhão existencial. Portanto, a sociedade quilombola representa uma etapa no progresso humano e sociopolítico em termos de igualitarismo econômico, social e político (NASCIMENTO, 2002).

Além disso, como disse Almada (2009, p. 140),

*Abdias dera um exemplo notável da contribuição dos negros à civilização humana, com seu esforço em torno das teorizações sobre o quilombismo, proposta de organização sociopolítica que recupera as experiências históricas das comunidades quilombolas no Brasil, na África e nas Américas.*

Nesse livro Abdias também discutia sobre a importância de valorizarmos as obras de arte de origem ou que retratam a cultura africana, uma vez que elas constituem a nossa cultura. O mesmo ele dizia acerca da religião, pois a arte afro-brasileira "está intimamente fundida ao culto, e dissociá-la do contexto religioso, onde ela tem origem, seria o mesmo que tentar elaborá-la do vazio e do nada" (NASCIMENTO, 2002, p. 95). As obras que Abdias criou estão imersas em simbologias das religiões africanas e afro-brasileiras. Então, o autor afirmava que, "se essa arte não pode existir dissociada do culto, tampouco pode ela se desvincular do contexto mais amplo que a condiciona: o nascimento e a evolução do próprio Brasil" (ibidem).

E são esses valores que Abdias exprimiu em suas obras. Como ele mesmo disse,

*minha pintura requer como básico o universo conceitual afro-brasileiro, a diferença cultural do negro que se sente africano mas está nas Américas, no mundo equivocadamente europeu do Brasil. A ela também são relevantes os problemas sociais e humanos do negro num país que ele construiu para os outros. (NASCIMENTO, 2007, p. 81)*

Sendo assim, as obras de Abdias trazem aspectos religiosos, históricos e culturais que exemplificam a realidade afro-brasileira. Dessa forma, mais do que uma questão estética, para ele a importância de suas obras está na

*peripécia espiritual e cultural do afro-brasileiro: a história e os deuses da religião exilada com meus antepassados [...] meus orixás estão longe de se configurarem deuses arcaicos, petrificados no tempo e no espaço do folclore ou perdidos nas estratosferas da especulação teórica de cunho acadêmico. São presenças vivas e viventes. Habitam tanto a África como o Brasil e todas as Américas, no presente, e não nos séculos mortos. Surgem na vida cotidiana e nos assuntos seculares, legados pela história e pelos ancestrais. Por isso, os orixás recebem nomes de pessoas vivas, empenham-se na defesa de nossos heróis e mártires e engajam-se no processo de resgate da identidade, da liberdade e da dignidade de nosso povo. (NASCIMENTO, 2007, p. 81)*

Portanto, como Abdias evidenciou muito mais do que uma preocupação com a estética, ao elaborar suas obras ele pretendia por meio delas resgatar aspectos da cultura afro-brasileira que foram "escondidos" e menosprezados durante séculos de opressão, assim como homenagear importantes figuras que, assim como ele, lutaram pela cultura e pelo povo afro-brasileiro. E era por meio de sua expressão artística e dos trabalhos que escreveu que ele resgatava a história do negro. Conforme afirmou Almada (2009), Abdias tinha a preocupação de situar o negro, de demonstrar que ser negro vai muito além de uma questão de cor da pele. "É uma questão histórica e cultural que nos remete à África e à diáspora" (ALMADA, 2009, p. 130). Na medida em que, conforme disse Elisa Nascimento (2006, p. 17),

*sua arte é informada pelos orixás dos Iorubás, pela República dos Palmares de Zumbi, pelas florestas sagradas de Osogbo e as praias do Rio de Janeiro, pelos ritmos excitantes da Bahia e os odus de Ifá e pelas ruas do Harlem. A visão artística de Abdias é a visão do africano pela liberdade e pela libertação.*

Nessa perspectiva, ao trazer em suas obras a religiosidade africana, Abdias, além de exaltar sua fé, também valorizava um aspecto muito importante das culturas africanas: a religião, que por muito tempo foi perseguida no Brasil. Como disse Almada (2009, p. 130), "na infância em Franca, o ativista não poderia ter aderido a essas religiões, pois o candomblé, entre outras 'coisas de negro', era seguido às escondidas, em locais distantes dos olhos curiosos do menino".

Entretanto, apesar de conhecer a perspectiva que Abdias queria transmitir com suas obras, é muito difícil falar de cada uma delas, pois, como afirmou Geertz (2012, p. 98), "como é notório, é difícil falar de arte. Pois a arte parece existir em um mundo próprio, que o discurso não pode alcançar". Além disso, há o perigo de julgá-la de modo inadequado, como acontecia/acontece com as artes africana ou afro-brasileira, consideradas por muitos como primitivas. Como demonstrou Price (1996, p. 223), no artigo que intitulou de "A arte dos povos sem história,"

*podemos assim resumir os traços essenciais da "arte primitiva" na visão ocidental: obediência a tradição que exclui a transformação artística ao longo do tempo; carência de crítica artística ou discurso estético articulado; o suposto anonimato do artista; e um nexo estreito entre os objetos artísticos e as práticas rituais; impregnação de toda a arte de um sentido simbólico (o que exclui a possibilidade de uma arte decorativa de certa importância, ou da "arte pela arte"); ênfase na nudez, sexualidade e fertilidade* [...].

A forma como, de maneira geral, a arte africana ou a afro-brasileira são classificadas no Brasil evidencia a sua desvalorização em nosso país. Até mesmo quando a sua classificação se restringe à categoria de "arte popular". Podemos construir novas formas para classificar as obras de Abdias, como arte contemporânea, por exemplo? Temos a necessidade de tentar compreender o que o objeto artístico quer dizer e, devido a essa sede de decifrá-lo, acabamos por julgá-lo e classificá-lo. Entretanto, como disse Geertz (2012, p. 100-101),

*esta incorporação, este processo de atribuir aos objetos de arte um significado cultural, é sempre um processo local; o que é arte na China ou no Islã em seus períodos clássicos, ou o que é arte no sudeste Pueblo ou nas montanhas de Nova Guiné, não é certamente a mesma coisa, mesmo que as qualidades intrínsecas que transformam a força emocional em coisas concretas* [...].

No entanto, quando se trata da arte não eurocêntrica, muitas vezes não são considerados o contexto histórico e a cultura local, até porque, como disse Price referindo-se à produção artística de povos considerados "primitivos", na visão "ocidental", o povo que produz esse tipo de arte é desprovido de História e Cultura. Dessa forma, o coerente seria se as obras de arte de todos os povos fossem analisadas com suas diferentes perspectivas, pois

*em lugar de negar-lhes a história, faríamos melhor se ouvíssemos as histórias que têm para contar. E quando o fizermos é possível que suas artes venham a ser não as "artes dos povos sem história", mas sim as artes dos povos com outras histórias.* (PRICE, 1996, p. 224)

Nessa perspectiva, ciente da importância de tentar compreender a intenção, a história, o contexto e a cultura em que o autor estava envolvido ao confeccionar suas obras, tentei analisá-las de forma coerente, pautado em um referencial teórico escrito por especialistas em suas obras ou no que elas intencionavam transmitir. Segundo Elisa Nascimento (NASCIMENTO, 1995, p. 31, 87),

*a pintura de Abdias Nascimento representa e revive plasticamente o papel desempenhado por ele na sociedade brasileira: o de agregar ao protesto cívico negro, e desenvolver* nele a dimensão de resgate histórico-cultural da herança das civilizações africanas, vital à recuperação da identidade, dignidade e humanidade plena do afro-brasileiro. [...] Aqui está, na pintura singela e linear de Abdias, a África inteira. Ela é especialmente visível nas cores sem entretons, na geometria das figuras quase sempre sem volume, dizendo tudo na presença vigorosa da cor ectoplasmática dos deuses e dos símbolos.

Uma de suas pinturas analisadas foi a chamada *Sankofa* (Apêndice, Figura 1), que é composta por diversos elementos, e dentre eles está o ideograma Adinkra de mesmo nome, que, de acordo com o livro *Abdias Nascimento 90 anos: memória viva*, tem o intuito de transmitir a ideia de que "nunca é tarde para voltar e apanhar aquilo que ficou atrás. Símbolo da sabedoria de aprender com o passado para construir o futuro". Além disso, "o ideograma é uma estilização do pássaro que vira a cabeça para trás, representando o mesmo conceito no bastão do porta-voz do Estado e no banco real da soberania" (NASCIMENTO, 2006, p. 10, 11).

As demais obras trabalhadas também trazem elementos da religião africana, como a *A Flecha do Guerreiro Ramos: Oxóssi* (Apêndice, Figura 2), que representa o Deus dos caçadores, que vive nas matas, pois é um "orixá da caça; mora nos bosques e nas florestas, e as suas cores são o verde e amarelo" (NASCIMENTO, 1995, p. 64). Seu símbolo é um arco e flecha, como podemos perceber na imagem, e Abdias une a simbologia desse orixá com a homenagem ao seu companheiro de luta Guerreiro Ramos,* uma vez que deu o nome de seu amigo à obra.

*Tema para Léa Garcia Oxunmaré* (Apêndice, Figura 3) é uma homenagem à sua ex-esposa, uma companheira na vida e nas lutas, pois, segundo o próprio autor, "Oxunmaré resume a alegria colorida e vital do nosso povo e expande a sua natureza lúdica" (NASCIMENTO, 2007, p. 81). É um "orixá em forma de serpente, com as sete cores do arco-íris, e alterna o sexo. Sua função é gerir o ciclo das chuvas e neblinas, levando a água dos lagos, rios e mares para dar de beber às nuvens ardentes do palácio de Xangô" (NASCIMENTO, 1995, p. 63).

A obra *O Peixe: Oxum* (Apêndice, Figura 4) se relaciona com todas as obras discutidas, na medida em que retrata a natureza que está presente em todos os lugares e interage com o homem em todos os momentos, e, de acordo com Abdias, Oxum significa "doadora generosa do amor, enriquece nossas vidas com sua doçura dourada" (NASCIMENTO, 2007, p. 81).

A última imagem estudada foi *Onipotente e Imortal: Adinkra Asante* (Apêndice, Figura 5), que, no ponto de vista do autor, representa um "retrato" de Deus, de uma força maior que sempre está nos auxiliando, nos apoiando, ou seja, que dá força para continuar

---

* Alberto Guerreiro Ramos (1915-1982) foi um importante sociólogo negro brasileiro.

e que é responsável pela construção de toda essa natureza. Dessa forma, como está escrito no livro *Abdias Nascimento 90 anos: memória viva*, "através da obra e do acervo que Abdias Nascimento produziu e reuniu é possível mergulhar no mais fundo das artes e da cultura do Brasil, com ênfase na fundamental contribuição que recebemos, todos, da África negra" (NASCIMENTO, 2006, p. 7).

## ABDIAS E SUA ARTE NA ESCOLA

As obras de Abdias citadas acima foram apresentadas em oficinas temáticas realizadas pelo projeto PET-Conexões de Saberes – Diversidade em escolas públicas parceiras, com alunos da modalidade da Educação de Jovens e Adultos (EJA). Ao divulgarmos o trabalho artístico desse importante líder do movimento negro, tivemos o objetivo de valorizar a cultura afro-brasileira, já que, como ele mesmo afirmou na entrevista que concedeu ao programa *Espelho* (NASCIMENTO, 2010), suas obras se basearam na experiência da cultura africana no Brasil, o que contribui com a proposta da Lei 10.639/03, que tornou obrigatório o ensino da História e Cultura africana e afro-brasileira nas escolas. As oficinas tiveram como objetivo principal desconstruir as concepções eurocêntricas de arte produzida no Brasil, apresentando aos alunos outro ponto de vista artístico e de diversidade cultural, quebrando paradigmas referentes à produção artística afro-brasileira.

Para este trabalho, apresentamos alguns elementos da pesquisa que foi a base sobre a qual se desenvolveu a atividade de extensão, realizada a partir do mês de setembro de 2011 em duas escolas públicas parceiras do projeto: uma localizada em Comendador Soares, município de Nova Iguaçu, na Baixada Fluminense, e outra localizada na Penha, subúrbio da cidade do Rio de Janeiro, próximo à Vila Cruzeiro. Os objetivos específicos que se desejava alcançar com a realização dessas oficinas eram: tornar conhecidas as obras de Abdias e o que é externado em sua produção artística visual em termos de contribuições para a sociedade e para valorizar a cultura afro-brasileira. Para alcançar tais objetivos, a metodologia utilizada foi a apresentação de um vídeo com imagens de ícones da luta contra a discriminação racial e algumas frases emblemáticas tendo como áudio a música *Identidade*,* do cantor Jorge Aragão (1992).

Além disso, foi apresentada a trajetória pessoal de Abdias, suas telas, e houve também uma breve análise sobre seu livro *O quilombismo*, na qual priorizou-se evidenciar

---

* Elevador é quase um templo / Exemplo pra minar teu sono / Sai desse compromisso / Não vai no de serviço / Se o social tem dono, não vai...
Quem cede a vez não quer vitória / Somos herança da memória / Temos a cor da noite / Filhos de todo açoite / Fato real de nossa história
Se o preto de alma branca pra você / É o exemplo da dignidade / Não nos ajuda, só nos faz sofrer / Nem resgata nossa identidade. (Letra e música de Jorge Aragão)

suas propostas para a construção de uma sociedade mais justa e democrática. E por fim foi fomentada uma discussão acerca da questão racial e da problemática da população pobre moradora da favela.

A importância de conteúdos como esses serem difundidos e discutidos na instituição escolar condiz com a afirmação de Elisa Larkin Nascimento (2008), que salienta bem, em seu livro *A matriz africana no mundo*, como o racismo está para além do preconceito sobre a cor, mas também como reducionismo e generalização de todo um continente, que contém histórias e saberes que são constantemente deixados de lado ou distorcidos pelo racismo. Nascimento afirmou que

> *a noção comum de racismo como um fenômeno relativo apenas à cor da pele escamoteia sua natureza mais profunda, que reside na tentativa de desarticular um grupo humano por meio da negação de sua própria existência e de sua personalidade coletiva. Reduzir o africano e seus descendentes à condição de "negros", identificados apenas pela epiderme, retira deles o referencial histórico e cultural próprio.* (NASCIMENTO, 2008, p. 30)

Sendo assim, ao levarmos problemáticas como essa para as escolas, também contribuímos com a própria proposta de Abdias, expressa no livro *O quilombismo*, na parte em que ele apresenta as "propostas de ação para o governo brasileiro", que versa sobre a inclusão de

> *um ativo e compulsório currículo sobre a história e as culturas dos povos africanos, tanto aqueles do continente como os da diáspora; tal currículo deve abranger todos os níveis do sistema educativo: elementar, médio e superior.* (NASCIMENTO, 2002, p. 285)

A obra chamada *Sankofa* foi utilizada com o propósito de ressaltar a importância da trajetória e do passado dos alunos da EJA e, além disso, tentamos demonstrar o quanto é importante olhar para trás para que consigamos construir um futuro melhor. Portanto, o uso dessa imagem foi bastante positivo, já que, na maioria das vezes, os alunos de EJA apresentam uma relação importante com o seu passado, e trabalhar com aspectos positivos do passado os fez perceber que não deveriam se culpar por não terem conseguido estudar na juventude.

A outra imagem utilizada foi *A Flecha do Guerreiro Ramos: Oxóssi*, que conforme a obra anterior também apresenta elementos da cultura africana. Dentro desse contexto, na EJA a obra foi proposta como uma forma de dialogar um pouco sobre o quanto a amizade das pessoas que nos auxiliam na nossa trajetória contribui para o nosso crescimento pessoal e para a construção de novos olhares e horizontes.

As demais obras, *Tema para Léa Garcia: Oxunmaré, O Peixe: Oxum* e o *Onipotente e Imortal: Adinkra Asante*, também foram analisadas com o objetivo de valorizar a cultura, a religião e os povos africanos. Mas, além disso, todas foram trabalhadas de acordo com as suas peculiaridades, ou seja, tentamos explorar junto com os alunos da escola significados subjetivos presentes em cada uma delas. A obra *Tema para Léa Garcia: Oxunmaré* foi trabalhada na EJA com a intenção de fazer os alunos refletirem e dialogarem sobre as pessoas que são importantes em suas vidas, sobre o quanto elas os motivam a continuar suas vidas no sentido de aprenderem e cada vez mais crescerem como seres humanos. Com as obras *O Peixe: Oxum* e *Onipotente e Imortal: Adinkra Asante*, propusemos fomentar a reflexão dos alunos acerca das características presentes na sua terra natal, e muitos aproveitaram o espaço para falar do quanto sentiam saudade dessa natureza que ainda se conservava em suas memórias.

Logo, ao apresentar as obras de Abdias à turma de EJA, pretendia-se principalmente falar um pouco da cultura africana, que é vista e tratada com tanta desvalorização e preconceito. Entretanto, assim que as imagens começaram a ser expostas, os alunos indagaram por que ele havia pintado determinada obra e a quem ela se referia, o que foi bastante enriquecedor para a oficina, visto que, por meio das obras apresentadas eles puderam conhecer um pouco mais da trajetória de Abdias Nascimento e também puderam falar sobre seus sentimentos e sobre momentos importantes em suas próprias vidas. Enfim, aspectos de culturas africanas e afro-brasileiras foram trabalhados de uma forma tão especial, a partir das obras de Abdias, que os educandos perceberam que ao valorizarmos tais aspectos estamos exaltando a nossa própria história e cultura.

Durante as oficinas, a intenção era criar um espaço de discussão em que os alunos pudessem expressar suas ideias e visões de mundo, e são esses elementos que engrandecem o trabalho de extensão universitária. Na oficina sobre Abdias, os relatos dos alunos evidenciaram a segregação social e racial e a discriminação dentro de seu próprio âmbito social. Houve bastante interesse nas telas de Abdias e, a partir das falas dos estudantes, ficou claro o entendimento sobre a importância do seu significado.

## Considerações finais

A partir destas ações conseguimos perceber que as atividades de extensão nas escolas poderão abrir novos horizontes no que diz respeito ao espaço das discussões sobre as problemáticas afro-brasileiras, tanto nas artes quanto na vida social, contribuindo para a quebra de paradigmas e para a difusão de informações e conceitos que serão de grande importância para a construção de uma sociedade mais democrática.

O objetivo do projeto PET-Conexões de Saberes – Diversidade, ao realizar as oficinas na instituição escolar, é provocar a reflexão referente à temática da diversidade na escola, já que a grande maioria das escolas públicas municipais comporta um público bastante heterogêneo. E, dessa forma, tentamos levar os estudantes a refletir acerca dessa problemática e das dificuldades que enfrentam diariamente, uma vez que a instituição escolar não tem a tradição de valorizar essa diversidade.

O papel do projeto de extensão da UFRJ é este: produzir e compartilhar conhecimentos e dialogar com alunos e professores nas escolas, discutir com a comunidade escolar, provocando novas interpretações, ensinando, aprendendo e aguçando a curiosidade sobre os temas relativos à diversidade na escola. Espera-se que os alunos e professores continuem discutindo essas questões ao longo do ano.

Nessa perspectiva, como propõem as Diretrizes Curriculares Nacionais para Educação das Relações Étnico-Raciais e para o Ensino de História e Cultura Afro-Brasileira e Africana, espera-se valorizar a diversidade étnica e combater a discriminação racial, fazendo com que o educando se sinta parte integrante do ambiente escolar. Enfim, com a realização dessas oficinas, esperamos, mesmo que de maneira ínfima, contribuir para um processo de alfabetização crítica, ou seja, que durante os momentos de aprendizagem os educandos reflitam sobre os problemas sociais, econômicos e políticos do país, com a intenção de demonstrar a importância de se alfabetizar e de valorizar a sua cultura de origem. Enfim, tivemos o objetivo de fazer os alunos perceberem a sua importância como sujeitos do contexto histórico e, a partir disso, conscientizá-los sobre os seus direitos enquanto cidadãos.

# A UNIVERSIDADE, A ESCOLA E O TEN

*Hudson Batista*

> *Conseguimos o empréstimo dos salões e do restaurante da UNE. O restaurante funcionava até umas oito da noite, depois a gente limpava tudo e virava um palco [...] No salão de cima Ironides Rodrigues dava aula de alfabetização, no salão nobre, Aguinaldo Camargo dava aulas de iniciação cultural e, no restaurante, eu já começava os testes de ator pensando na montagem de estreia [...] O TEN nunca foi só um grupo de teatro, era uma verdadeira frente de luta.*
>
> (NASCIMENTO, 1997, *apud* ROMÃO, 2005, p. 119)

Começo a apresentação deste trabalho propondo que o leitor visite dentro de si o campo da memória e das experiências vividas até este exato momento. O que pretendo é um exercício rápido de autoconhecimento, muito praticado nas aulas de teatro, e que pode ser feito em qualquer lugar, antes da leitura deste material. Pense em seu nome, idade, cor de pele, classe social que ocupa (ou nível socioeconômico), nível de escolaridade, profissão, família, parentes, amigos e vizinhos. Pense em tudo o que faz de você pessoa, sujeito, personagem de sua história. Pense agora nos sujeitos que o/a auxiliam a constituir essa história. Pense nas escolhas que tem feito até aqui, e se é feliz com os caminhos que vem percorrendo na vida.

Assim como muitos de nós, Abdias Nascimento tem uma trajetória de vida que considero ímpar. Negro, paulistano, de família humilde, começou desde muito cedo a questionar a posição inferior que a comunidade negra ocupava na esfera social. Sofreu na escola com o racismo, quando foi proibido de compor, junto aos colegas de sala, uma peça de teatro. E a partir de então, se empenhou a lutar pela causa negra, cuidando com carinho, força, respeito e muito estudo de todo o legado dos africanos e afro-brasileiros.

Muitos de nós contamos histórias e sabemos que a narrativa depende do intérprete. Não há uma maneira determinada, estanque, para apresentação dos fatos. Podemos começar uma história de trás para a frente, ou vice-versa. E essa história pode ser contada de muitas maneiras, dependendo de quem a escreve, encena, dirige ou lê. Sendo assim, o Teatro Experimental do Negro (TEN) se dá a partir de muitas histórias de vida (começos e fins), personagens, elementos cênicos, atores, críticos, causas sociais, admiradores e compositores dessa escola-espaço que marcou uma geração de artistas que davam o pontapé inicial na arte e que hoje se tornaram grandes estrelas do teatro e posteriormente da televisão.

## Depois de Abdias Nascimento o Imperador Jones nunca mais seria o mesmo

Há muitas maneiras de se apresentar a origem do TEN, mas escolho aquela que levou Abdias e um grupo de amigos poetas ao Peru, onde estiveram uma noite no Teatro Municipal de Lima e assistiram ao espetáculo *O imperador Jones* (O'NEILL, 1964). Durante o espetáculo houve um fato que impressionou Abdias e que para muitos, naquela época, não causava estranhamento.

> *Várias interrogações suscitaram ao meu espírito a tragédia daquele negro infeliz que o gênio de Eugene O'Neill transformou em* O imperador Jones. *Isso acontecia no Teatro Municipal de Lima, capital do Peru, onde me encontrava com os poetas Efraín Tomás Bó, Godofredo Tito Iommi e Raul Young, argentinos, e o brasileiro Napoleão Lopes Filho. Ao próprio impacto da peça juntava-se outro fato chocante: o papel do herói representado por um ator branco tingido de preto.* (NASCIMENTO, 2004, p. 209)

No retorno ao Rio de Janeiro, o militante Abdias voltou decidido a criar um espaço onde o negro fosse personagem principal e que em cena pudesse interpretar de maneira legítima, ou seja, o *negro* seria *negro* de alma, corporeidade, cor de pele, musicalidade, religiosidade... Sem que para isso houvesse a necessidade de escondê-lo atrás de justificativas que nada tinham a ver com a realidade que vivíamos e nem com a que se pretendia construir.

Abdias, em uma entrevista, disse o seguinte:

> *No século XVIII a profissão do ator era considerada "desprezível, a mais vergonhosa de todas, abaixo das mais infames e criminosas", sendo então permitido aos negros e praticamente só aos negros, se dedicarem ao teatro. Consolidada a atividade teatral após a vinda da família real, no início do século XIX, inverteu-se a situação: rapidamente o negro foi excluído da cena. Nas peças em que havia algum personagem negro, aparecia um branco com o rosto pintado para interpretá-lo. Aos raros atores negros eram des-*

*tinados papéis caricatos, de empregadinhos malandros, engraçados, inconsequentes. Há também uma escassa presença de personagens negros na dramaturgia, a despeito da grande população negra e da sua importância no desenvolvimento sociocultural do país.* (NASCIMENTO, 1968)

Criado em 1944, o Teatro Experimental do Negro (TEN), idealizado, fundado e dirigido por Abdias Nascimento, teve como objetivo a valorização do negro pelo teatro e a criação de uma nova dramaturgia.* Na epígrafe que abre este trabalho podemos perceber que seu objetivo e luta, na preparação e capacitação de seus atores, era para a formação de um grupo teatral diferente, um grupo de atores negros, engajados, que lutariam pelo seu espaço concreto/histórico na sociedade. Em meio ao processo, a memorização dos textos para as encenações e espetáculos foi uma das dificuldades notadas por Abdias em seu corpo artístico. O TEN identificava na educação a primeira prioridade de ação para o povo negro (NASCIMENTO, 2008, p. 122). Para lidar com essa problemática, que envolve múltiplas dimensões e dívidas históricas, criaram-se as aulas de alfabetização para negros e pobres. Sua divulgação era feita em jornais cariocas da época e atraiu muitos favelados, operários, funcionários públicos, empregadas domésticas, e muitas outras pessoas de origem humilde. Foram cerca de 600 alunos que frequentaram as aulas, cuja coordenação era do professor Ironides Rodrigues e que aconteciam num espaço cedido pela União Nacional dos Estudantes (UNE). As aulas eram de Português, História, Aritmética, Educação Moral e Cívica, e História e Evolução do Teatro Universal. E para incrementá-las havia a presença de convidados que levavam temas para as discussões, como: História do Teatro, Decoração, Cenografia, Literatura Dramática e muitos outros. É importante destacar que o TEN não possuía uma perspectiva afrocêntrica, mas sim a pretensão da valorização do negro de origem africana em território nacional (brasileiro).

O TEN estreou no Teatro Municipal do Rio de Janeiro em 8 de maio de 1945, com a peça de Eugene O'Neill *O imperador Jones*, que conta a história de um camareiro ferroviário que aprende com os brancos dos trens de luxo a jogar, roubar, simular e matar. A direção foi de Abdias Nascimento, os cenários, de Enrico Bianco, e o elenco foi encabeçado por Aguinaldo de Oliveira Camargo (como o personagem Brutus Jones), cujo desempenho foi saudado pela crítica como excepcional.

O elenco era composto por pessoas de profissões distintas: o advogado Aguinaldo de Oliveira Camargo; o pintor Wilson Tibério; Teodorico dos Santos e José Herbel. A estes se juntaram logo depois o militante negro Sebastião Rodrigues Alves; as empregadas domés-

---

* Apresento o termo "nova dramaturgia" pensando em um novo arquétipo, que se deu com a criação desse grupo no teatro brasileiro. O ator negro, com sua entrada ativa, participativa e significativa, vai marcar e surpreender a cena e os palcos do Rio do Janeiro. Os textos escritos e interpretados por eles são de histórias que apresentam o negro dentro de uma perspectiva cênica jamais vista antes.

ticas Arinda Serafim, Ruth de Souza, Léa Garcia, Marina Gonçalves; o jovem Claudiano Filho; Oscar Araújo, José da Silva, Antonieta, Antonio Barbosa, Natalino Dionísio e tantos outros. Em sua maioria não eram atores nem atrizes, mas depois da entrada no grupo teriam suas vidas mudadas. Mais do que formar artistas, tinha-se a preocupação de preparar os negros e pobres para a vida em sociedade, ou seja, acentuar que eram cidadãos com direitos. É nos vários núcleos de convivência que se forma esse cidadão, e o teatro entra como lócus, assim como as artes em geral, para que isso se efetive na vida das pessoas. A função do educador, assim como a da escola, é comunicar-se com o outro. O mesmo acontece com o teatro: temos uma mensagem que serve sempre de ponte com o espectador.

Dentro do grupo do TEN desenvolveram-se também concursos de beleza como Boneca de Piche e Rainha das Mulatas, e organizações como a Associação de Empregadas Domésticas e o Conselho Nacional das Mulheres Negras. Eram iniciativas propostas pelo TEN com o objetivo de elevar e dar maior visibilidade aos seus discursos raciais, à autoestima e à estética da mulher negra. Abdias Nascimento, junto a Guerreiro Ramos e Ironides Rodrigues, entre outros, criou o jornal *Quilombo* (folhetim de imprensa negra que era órgão de divulgação do TEN), no qual colaboraram intelectuais como Nelson Rodrigues, Augusto Boal, Rachel de Queiroz, Gilberto Freyre, Arthur Ramos, Murilo Mendes, Carlos Drummond de Andrade, Péricles Leal, Orígenes Lessa e Roger Bastide. O jornal, que circulou de dezembro de 1948 a junho de 1950, teve dez exemplares e buscava a mobilização política, cultural e educacional para que o negro se percebesse como sujeito cidadão, autor de sua história na busca de sua autonomia dentro da sociedade.

Nas páginas do *Quilombo*, tínhamos a apresentação de fotos de pessoas negras que conseguiam sua formação profissional, anúncios publicitários de algumas empresas, exposição de fotos das candidatas dos concursos de beleza, fotos dos espetáculos e dos atores, matérias de colunistas que denunciavam os casos de racismo. Esse mecanismo de apresentação desses casos era usado pelos colaboradores de maneira a atrair e estimular a comunidade negra pobre. Era também um jornal divulgador das ações realizadas pelo TEN.

## Tecendo raízes e bebendo das fontes

Para melhor entendimento do objeto de pesquisa, fui conversar com algumas personalidades que vivenciaram o período de maior atividade do Teatro Experimental do Negro. Conversei com as atrizes Ruth de Souza e Léa Garcia, com algumas pessoas que trabalham no IPEAFRO (onde se encontra todo o acervo do TEN) e com alguns entusiastas da vida e obra de Abdias Nascimento. Em muitos dos relatos e depoimentos, vemos que o fenômeno do racismo aparece como elemento de forte empecilho para a caminhada do grupo.

Os depoimentos e experiências de vida são bastante expressivos de contradições e dilemas de seus protagonistas, que viveram e revivem trajetórias/vivências enraizadas em lócus formativos e marcantes como foi o TEN e que hoje projetam e rompem com parte deste aprendizado, ressignificando e instituindo novos pensares, novas problemáticas, novos saberes, novos palcos, novas subjetividades. Fazendo-nos estabelecer diálogos, confrontos, paradigmas que só o tempo projetado e revisitado faz fluir.

Além de ser um espaço de produções artísticas, o TEN também patrocinou a organização de eventos sociopolíticos, como a Convenção Nacional do Negro (1945-1946); a Conferência Nacional do Negro (1948-1949); o 1º Congresso do Negro Brasileiro (1950); a Semana de Estudos Negros e o Concurso de Belas Artes, cujo tema era o Cristo Negro (1955). Neste mesmo ano, o grupo concebeu e apresentou o Festival Castro Alves, levando ao palco a obra do poeta abolicionista.

Na Convenção Nacional do Negro, citada acima, sua organização se deu em dois estados brasileiros, São Paulo em 1945 e Rio de Janeiro em 1946, e gerou a produção de um *Manifesto à Nação Brasileira*, que incluía reivindicações de direitos da população negra, como na educação: a admissão de estudantes negros em instituições de ensino secundário e universitário (proposta comparável à atual política de cotas nas universidades públicas); o combate ao racismo através de medidas culturais e de ensino, e o esclarecimento da verdadeira imagem histórica do negro (lembramos aqui da Lei 10.639/03, que deve ser implementada hoje nas escolas). Esse *Manifesto* foi enviado a todos os partidos políticos, pois em 1946 houve uma assembleia nacional para elaborar uma nova Constituição. Tais propostas foram rejeitadas, sob alegação de alguns grupos de que com isso se restringiria o sentido mais amplo da democracia. Mas ações realizadas pelo movimento negro nesse sentido também ocorreriam posteriormente, como lembrou Santos (2009, p. 130):

> *Esta tentativa dos Movimentos Negros de incluir leis ou normas jurídicas em nossa Constituição que possibilitem a igualdade racial, priorizando a educação, entre outras áreas, também foi feita no processo constituinte do final da década de 1980. Em 1987, como é sabido, houve uma nova Assembleia Nacional Constituinte para a elaboração da Constituição Brasileira de 1988. Por meio da Convenção Nacional do Negro pela Constituinte, realizada em Brasília-DF, nos dias 26 e 27 de agosto de 1986, com representantes de várias entidades dos Movimentos Negros, de vários estados da federação brasileira, os Movimentos Negros apresentaram aos parlamentares da Assembleia Nacional Constituinte-87 propostas nas áreas de educação, direito e garantias individuais, incluindo a criminalização do racismo, entre outras. Quarenta e dois anos depois de ser apresentada em 1946, esta última proposta foi aprovada na Constituição Federal.*

Como vimos, a educação sempre foi uma das principais demandas da população negra, como ainda diz Santos (2009, p. 134):

> *A participação ativa na área de educação se dá, entre outros fatores, não só porque os movimentos negros sempre tiveram, e ainda têm, essa área como um valor, como também porque o Estado brasileiro, ao longo do século XX, praticamente não se preocupou em incluir os negros em todos os níveis de ensino, abandonando-os à própria sorte.*

Percebemos na sociedade brasileira atual reflexos produzidos por essas movimentações anteriores, por pessoas e organizações políticas na luta pela população negra. A universidade vem se apropriando do tema, abriu espaço para a discussão. Temos uma nova classe social que está ocupando este espaço, que lhe é de direito, e que quer se fazer representar nas diferentes esferas da sociedade. É dentro desse campo, terreno de disputas, que produzimos conhecimento científico.

Toda essa pesquisa realizada sobre o Teatro Experimental do Negro deve ser levada à sala de aula na educação básica. Como respaldo para isso, hoje temos a Lei 10.639/03, que determina o ensino de História e Cultura africana e afro-brasileira em escolas públicas e particulares. Sendo assim, a escola pode se apropriar e ressiginificar a prática educativa vivenciada no TEN de modo a pensar uma educação para as relações étnico-raciais. Essas compreensões, interrogações, diálogos em campos e vertentes que tratam da questão teórica-prática das relações étnico-raciais normatizadas e concretizadas, hoje, no conjunto das políticas públicas, são constituintes e constitutivos de novas lutas, composições e confrontos em disputa na sociedade brasileira.

Nos contos e recontos das histórias do TEN, seus atores dão visibilidade e constroem suas representações, e assim fazemos na vida. A comunidade negra é marcada por contradições internas e externas a ela que não nos permitem pensar uma nova realidade sem considerar esses matizes da construção dialética de sua identidade, ou seja, é uma luta carregada também de pessimismo e otimismo, de possibilidades e limites, de inclusão e exclusão, de esforço e superação. Muitos que viveram próximos a Abdias contam que ele costumava dizer que o TEN era uma pasta que ele punha embaixo do braço e levava a todos os lugares. E que nem por isso deixou de ter relevância no contexto em que foi criado. Temos hoje muitos atores consagrados na televisão e no teatro que são filhos do TEN. E a partir de iniciativas como a do TEN, hoje temos várias companhias teatrais de mesma inspiração, sob o legado deixado por Abdias Nascimento.

## A FRONTEIRA DIFUSA ENTRE PESQUISA E EXTENSÃO

Ao questionarmos a mobilidade ou inserção dos negros em diversos espaços, inclusive educacionais, muitas vezes ouvimos, em vários setores sociais e na mídia, a justificativa de que o problema não é racial e sim econômico. Mesmo com o fim da escravidão, a população negra continuou carregando um estigma social que é sempre associado à pobreza, e isso influencia o modo de pensar, sentir e agir de muitos brasileiros. Neste sentido, faz-se necessário questionar quais discursos racistas ou racialistas continuam existindo nos espaços educativos e também em outros âmbitos/contextos. Como é apresentado e representado o negro no teatro?

Precisamos compreender a educação para além dos espaços institucionais de educação formal. Nesse sentido, o TEN, enquanto espaço de educação não formal, tem se colocado como uma experiência rica a ser conhecida e reconhecida por toda a sociedade, apresentada e também – por que não? – recriada nas escolas. Sendo assim, é na perspectiva de busca por conhecimento e experiência que as ações extensionistas propõem a participação e imersão do estudante em atividades de extensão que devem envolver demandas da sociedade, e é claro que esta interação com novas realidades certamente complementa e cria interlocutores para as experiências vividas no mundo acadêmico, social e cultural.

As atividades de extensão desenvolvidas no âmbito do projeto PET-Conexões de Saberes – Diversidade integram o projeto pedagógico de formação universitária, sendo, portanto, um dos elementos da formação acadêmica. Dentro desse conceito, a "Extensão Universitária, sob o princípio constitucional de indissociabilidade entre ensino, pesquisa e extensão, é um processo interdisciplinar educativo, cultural, científico e político que promove a interação transformadora entre universidade e outros setores da sociedade" (PR-5, 2014). Neste percurso de adentrar o "chão da escola" com uma proposta teórico-prática, organizamos oficinas temáticas como recurso articulador e facilitador do processo de construção interacional da experiência aprendida e elaborada subjetivamente.

Este trabalho vem sendo desenvolvido desde o ano de 2011. Produzir pesquisa não é fácil; a escolha do objeto é um dos grandes desafios, você precisa estar seguro, movimentar-se, pesquisar fontes que o ajudem a dialogar com a temática, fazendo recortes, entendendo o contexto histórico, elementos que contribuirão para a problematização em estudo. No primeiro ano de atividade como pesquisadores, nós do grupo PET-Conexões de Saberes – Diversidade tínhamos um objetivo: produzir oficinas temáticas que seriam levadas a alunos de escolas parceiras em Comendador Soares, Nova Iguaçu (alunos do 6º ao 9º ano do Ensino Fundamental) e na Vila da Penha, Rio de Janeiro (alunos da Educação de Jovens e Adultos). Nesse primeiro momento, meu olhar para o tema era como ator, então toda a produção para a oficina, que se intitulou "TEN Arte Afro", baseava-se em demonstrar como o negro costumava ser representado: ainda que fosse personagem principal da cena teatral, por trás da emoção e do martírio colocados em cena, se escondia, na verdade, um rosto branco brochado com tinta preta. Apresentei a trajetória de Abdias Nascimento até seu encontro com o personagem negro escrito por Eugene O'Neill, chamado Jones, dentro do Teatro Municipal de Lima, no Peru.

Em um segundo momento foi apresentada a cara negra do nosso Brasil, dentro da classe dos grandes artistas e personalidades de um modo geral. Durante o questionamento de muitos dos alunos, era nítida a dificuldade de classificar os personagens das fotos apresentadas como pessoas de pele negra. Queriam fugir desse rótulo, procuravam encontrar outras classificações, como "mulato", "morena", etc. Em outros exemplos, muitos não questionavam a realidade que viviam ou a que assistiam na televisão. O preconceito só era percebido por eles se estes eram as principais vítimas.

Percebi nas falas dos alunos da EJA o grande desejo de mudança em suas vidas. Retornavam à escola com o objetivo de obter melhores posições no mercado de trabalho, viam na educação a chance de transformar a realidade em que se encontravam. Em 2012, com uma turma de EJA, continuei com o mesmo tema, mas sob uma nova ótica. Agora o objetivo era apresentar o TEN e os processos que desenvolveu voltados para a educação. Acredito que o tempo e uma análise mais apurada e comprometida do tema me fizeram encontrar relações e diálogo com meu curso na universidade (Pedagogia). Meu objetivo nesse ano foi, com a apresentação do meu tema, criar empatia com a trajetória pessoal de cada aluno, despertando neles o entendimento das contribuições da educação no desejo de ascensão, tanto pessoal quanto profissional. Como não houve uma apresentação anterior, foi feito um conhecimento da turma, pedindo que falassem seus nomes, profissão e um pouco das suas experiências como alunos.

Fizemos a leitura do texto "À procura do tempo perdido" (BOAL, 2000, p. 71), que fala de como entendemos o tempo perdido (se é que esse tempo é mesmo "perdido", uma vez que o vivemos e estamos sempre em movimentação) e como nos apropriamos deste através da memória, para que haja a consciência da nossa realidade e, assim, a mudança. A relação pensada foi articular com o símbolo africano "Sankofa" (uma ave que segue seu caminho, seu voo, mas com a cabeça virada para trás – o que quer dizer "voltar atrás e buscar o que se perdeu") da simbologia africana Adinkra (IPEAFRO, 2012, Ações - Pesquisa - Adinkra).

No momento final foi proposto um jogo teatral, refletindo tudo o que tinha sido dito, apresentado e produzido na oficina até aquele momento. O nome do jogo era "Memória e Emoção: lembrando um dia passado" (BOAL, 2000, p. 230). Cada aluno teve ao seu lado um copiloto, a quem contou um dia passado (de ontem, da semana anterior ou de vinte anos antes) em que alguma coisa verdadeiramente importante aconteceu, qualquer coisa que o tivesse marcado profundamente e cuja simples lembrança, ainda hoje, provocasse uma emoção. Foi lançada a seguinte pergunta: Se pudessem voltar atrás fariam da mesma forma? A ideia principal foi a troca de experiências e a problematização da construção da identidade. No contato com as escolas parceiras, aprendi a escutar, ter calma, perceber que eles são os sujeitos de toda intervenção proposta. Dar a vez e dar a voz. Na construção-desconstrução dos caminhos percorridos nos descobrimos inteiros;

pessoas, homens, mulheres, alunos, pais, mães, filhos, atores, produtores e reprodutores de múltiplas vidas.

A partir das minhas experiências enquanto ator, negro, estudante, vejo a necessidade de ampliar, questionar e problematizar os discursos sobre as relações étnico-raciais, principalmente sobre como o negro é representado em nossos cinemas, teatros e televisores. Sempre notei essa subalternização do povo pobre, em especial o negro que se encontra nas periferias, ocupando, em sua maioria, os cargos secundários no mercado de trabalho. Isto se repete em diversos setores da sociedade e, a meu ver, a arte e a educação são veículos que respaldam, difundem e perpetuam estereótipos racistas, mas que podem também fazer o contrário, contribuir para a construção de novos olhares.

## (In)Conclusões

Apesar da pesquisa partir do TEN como foco, pode-se perceber que a ausência ou estereotipia do negro na dramaturgia, neste caso a brasileira, é uma questão racial que é anterior e vai além do teatro. Nesse sentido, a escola tem o papel fundamental de questionar os lugares sociais e o estado de coisas que tem marcado os papéis cênicos, profissionais e pessoais que ocupam os sujeitos de pele negra. No caso do TEN, as aulas de alfabetização davam suporte ao processo que pretendia a construção de consciência racial, ao passo que possibilitavam a leitura das palavras e do mundo.

É preciso perceber que jovens e adultos nas escolas de hoje são portadores de vivências, de singularidades, de determinado pertencimento étnico-racial e que apresentam necessidades reais, devidas ao contexto em que eles estão inseridos. Estudos, pesquisas e ações extensionistas como as aqui apresentadas não são importantes somente para a população negra e sim para toda a sociedade, se quisermos crescer como país de forma mais humana.

# VEM DANÇAR, VEM JOGAR, VEM LUTAR: A PERSPECTIVA CULTURAL DO MOVIMENTO NEGRO A PARTIR DO FECONEZU

*Maria Eduarda Bezerra da Silva*

> *Olhar Raciscêntrico*
> *um passado a debret / cria vendas / pesadelos à mercê / mais a arte de*
> *rugendas / sem revoltas / sem xirê / sem quilombos / sem padê / ribombos*
> */ fuzuê*
> *assim pintado o passado / só tem lendas / pra você / não pensar nem saber*
> */ decepada foi a perna / do saci-pererê*
> *fugido pelas sendas / sob a palhas / de obaluaiê*
> *imagens do passado / só com prendas buquês / obedientes personagens, /*
> *bem assentes paisagens / dos rugendas e debrets / só escondem rebeldias /*
> *onda negra incendiária / nas fazendas / nos banguês*
> *tais imagens sempre / afagam / consciência de burguês.*
>
> (CUTI, 2014)*

Este artigo tem como proposta apresentar um trabalho que está sendo realizado no âmbito do programa PET-Conexões de Saberes – Diversidade, na Universidade Federal do Rio de Janeiro. Este programa trabalha com a temática da diversidade e tem como pilares a pesquisa, o ensino e a extensão universitária. A pesquisa aqui apresentada, ao discutir sobre as tensões presentes na relação cultura *versus* política, tem por objetivo refletir sobre o viés cultural como forma de atuação na luta contra o racismo, a partir das características do Festival Comunitário Negro Zumbi (FECONEZU), analisando a sua estrutura, os objetivos que pretendia alcançar e histórias de seus participantes e idealizadores. O FECONEZU é um festival realizado em cidades do interior de São Paulo anualmente, desde 1978, e que acontece até os dias de hoje, sempre no mês de novembro. A metodologia da pesquisa contou com a observação participante na edição do FECONEZU em

---

* Cuti é o pseudônimo de Luiz Silva. Doutor em Literatura Brasileira pelo Instituto de Estudos da Linguagem da Unicamp, foi um dos fundadores e membro do Quilombhoje - Literatura, de 1983 a 1994, e um dos criadores e mantenedores da série *Cadernos negros*, de 1978 a 1993.

2012, em Aparecida do Norte (SP), com entrevistas e análise de fontes primárias como cartazes e documentos do evento.

## DÉCADA DE 1970: A EXPANSÃO DO MOVIMENTO

A década de 1970 foi um período de suma importância para o que podemos chamar de "movimento negro contemporâneo", que em meio ao período de abertura política durante a ditadura civil-militar, a partir de 1974, começou a se expandir, se consolidar e ganhar força no cenário político e social da época, com suas perspectivas, formas de atuação e características próprias. Muitas entidades e grupos voltados para a luta contra o racismo foram surgindo nesse período em todo o país, entidades que marcaram a história do movimento negro contemporâneo, que deram surgimento a novas formas de atuação e novos grupos. Alguns exemplos são: o Centro de Cultura e Arte Negra (CECAN), surgido em São Paulo em 1974, o Instituto de Pesquisas das Culturas Negras (IPCN), criado no Rio de Janeiro em 1975; o bloco Ilê Aiyê e o Núcleo Cultural Afro-Brasileiro, fundados em Salvador em 1974. Outras entidades surgiram e o movimento foi se consolidando, se organizando e intensificando suas ações, sobretudo após a criação do Movimento Unificado Contra Discriminação Racial (MUCDR), que mais tarde se chamaria apenas Movimento Negro Unificado (MNU), criado no ano de 1978, em São Paulo.

Nesse processo de surgimento e expansão do movimento negro contemporâneo, ainda sob um regime de ditadura no Brasil, foi preciso construir novas formas de atuação, com as quais pudessem dar conta dos problemas que já existiam, como o racismo, mas também das novas demandas que surgiam numa sociedade marcada pela ditadura civil-militar. Pelo quadro político do Brasil à época, muitos militantes tradicionais, que lutavam nas décadas anteriores em partidos de esquerda, tiveram que ficar "de lado" no curso dos movimentos, ficando à frente das mobilizações pessoas que não levantavam, a princípio, suspeitas junto aos órgãos de informação do regime. Coube, na maior parte, à juventude e a pessoas que nunca tinham tido contato com os militantes das décadas anteriores liderarem o movimento negro naquele momento. Foi ao longo dos anos 1970 que os militantes foram conhecendo os trabalhos anteriores e os outros militantes "com mais experiência".

Porém, mesmo com o contato com outros militantes mais antigos, novas formas de atuação tinham que ser montadas, o contexto histórico era diferente das décadas anteriores, existiam muitos militantes jovens que estavam tendo contato pela primeira vez com o movimento negro, como afirma Amauri Mendes Pereira (2008, p. 35):

*Foi uma arrancada difícil. Tudo estava por refazer. Os militantes negros precisavam, por exemplo, quase sempre, de justificar-se perante suas próprias famílias ou antigos companheiros – negros e brancos – que mal tinham ouvido falar de [...] movimento negro [...] Tinham também de elaborar, construir uma nova visão dos problemas raciais no Brasil, capaz de questionar com mais consciência o mito da democracia racial; bem como estruturar suas novas entidades para denunciar, com mais eficácia, o racismo e a discriminação racial. Era necessário assentá-lo em bases nunca antes alcançadas, frente a exigências tão diferentes e bem maiores que a história lhe impunha.*

## QUAL O CAMINHO A SEGUIR? CULTURA *VERSUS* POLÍTICA

Dentro dessa esfera de busca por novas formas de atuação, por adaptação ao contexto do momento, entre outras coisas, podemos observar ao menos duas formas de atuação da militância das entidades nos anos 1970: uma mais tradicional, radical, com viés político explícito; outra com viés mais cultural, mais informativo.

Havia tensão no final da década de 1970 entre militantes que adotavam essas duas formas de atuação. Muitos grupos radicais, com uma atuação política "tradicional", eram contrários às práticas culturais que alguns outros grupos praticavam. Entre esses radicais, as práticas políticas eram mais tradicionais, ligadas ao sindicalismo, aos partidos políticos de esquerda, por exemplo. O pensamento majoritário entre esses grupos era de embate direto com a ditadura, de busca por uma mudança social profunda, através de manifestações, de atos públicos das populações negras.

Os que acreditavam no movimento cultural estavam "preocupados" em publicar, em organizar festivais, em informar, em trocar experiências, em aglutinar todo o movimento negro para se consolidar, para pensar na luta a partir das lutas no âmbito cultural. Sobre essa tensão entre os diferentes grupos, Ivair Augusto Alves dos Santos, militante em São Paulo, disse o seguinte em entrevista:

*Em 1976, 77, já havia uma tensão, no meio do movimento negro, entre aqueles que defendiam que era uma mudança cultural e os que defendiam uma mudança mais profunda. Os primeiros achavam que a mudança tinha que acontecer através de informação: "temos que publicar mais, organizar poesia, organizar contos, fazer eventos esportivos, tentar reunir a comunidade". Era a linha do FECONEZU, era a linha do Quilombhoje – uma tendência que a gente batizou de "culturalista". Eram pessoas que tinham feito as opções corretas, mas que a gente não sabia avaliar naquele momento. E havia as pessoas oriundas, como eu, do movimento político, que queriam uma manifestação mais política, mas nós não tínhamos nenhum cabedal para fazer isso. Eles tinham um projeto específico de literatura, de teatro, de festival, e nós querendo transformar aquilo em uma coisa política, negando que aquilo fosse política. No bojo disso surge uma cisão e, na minha opinião pessoal, o MNU surge dessa cisão.* (PEREIRA, 2010, p. 172)

## FECONEZU: O MELHOR É SUA GENTE*

Dentre as "organizações" que acreditavam em um viés de movimento cultural está o FECONEZU. O Festival Comunitário Negro Zumbi teve sua primeira edição em novembro do emblemático ano de 1978, na cidade de Araraquara, interior de São Paulo. O festival nasceu da articulação do CECAN e da Federação das Entidades Afro-Brasileiras do Estado de São Paulo (FEABESP), uma entidade criada a partir do CECAN com o objetivo de aglutinar as entidades existentes em São Paulo.

O FECONEZU nasceu como uma oportunidade das entidades e movimentos se reunirem, trocarem experiências e também celebrarem. O festival aconteceu em três dias, durante os quais se pôde escutar poesias, dançar jongo, praticar esportes, ouvir música, fazer discussões diversas, debater, conhecer publicações, etc. O festival não teve um "criador" específico, os organizadores foram, principalmente, as pessoas que participavam do CECAN e da FEABESP. Mas para que criar um festival com música, poesia, debates, esportes?

Para Márcio Mucedular Aguiar,** as manifestações culturais no movimento negro tinham o objetivo de criar identidades que levassem a mobilizações políticas. Identidades que se formam a partir das manifestações culturais afro-brasileiras e de matrizes africanas. O negro deveria ter uma identidade à qual ele se encaixasse para assim passar a ter uma mobilização política. Segundo ele,

*As manifestações culturais aparecem como uma forma de conscientização da identidade que leva a uma ação política. Ou seja, a cultura e a identidade são concebidas com fins eminentemente políticos. Para que as pessoas sejam participantes da militância em tais movimentos é necessário que as pessoas se identifiquem como negras e sejam sensíveis aos problemas que afetam os negros na sociedade.* (AGUIAR, 1998, p. 3)

Márcio Mucedular Aguiar identifica o conceito de identidade como uma construção social; sua elaboração é produto das relações a que nós estamos submetidos enquanto sujeitos sociais. Para ele, a imagem que se tem do negro no Brasil é pesada, negativa, e isso acaba atrapalhando na construção dessa "identidade negra". O negro não quer se ver

---

\* Referência ao lema da festival, que é: "O melhor do FECONEZU é a sua gente".

\*\* Doutor em Ciências Sociais pela Universidade Federal de São Carlos. Temas de Pesquisa: movimento negro, identidade, discriminação e racismo, ações afirmativas.

como negro, porque a imagem que ele vê nas relações sociais que tem é uma imagem negativa, associada ao escravo, relacionada a inferioridade, a bandidos, etc. Pouco se vê ressaltado o papel do negro na construção da sociedade brasileira de maneira positiva.

Podemos relacionar essa visão com a perspectiva do autor Michael Hanchard,\* que usou o conceito de "hegemonia", em termos gramscianos,\*\* para explicar as relações raciais no Brasil. Para Hanchard (2001), essa hegemonia é exercida por meios ideológicos, não só pela força bruta, da classe dominante para com a classe dominada. As classes dominantes manipulam uma visão de mundo de acordo com os seus interesses, repassam essa visão para o resto da sociedade e a difundem como "universal" e verdadeira. Podemos dizer que o branco cria uma imagem do negro e repassa essa imagem para a sociedade, que a difunde como universal. Essa imagem é a imagem dominante do negro na sociedade, que faz com que essa "identidade" que o movimento negro busca dificilmente se crie. Essa hegemonia também se manifesta no mito da democracia racial, que cria uma falsa imagem de que no Brasil o racismo não existe, pelo menos não nas proporções dos outros países, e que as relações raciais no Brasil são um caso específico no mundo, pois a escravidão por aqui teria sido mais branda.

Dessa maneira, a perspectiva cultural do movimento negro atuava em uma dinâmica de tentar reelaborar identidades, atacar essa visão hegemônica, atacar os aspectos negativos criados sobre o negro na sociedade e transformá-los em aspectos positivos. A partir dessa "tomada de consciência negra" é que o negro se engajaria em movimentos políticos de fato. Era preciso "voltar às origens", manifestando o orgulho do passado africano e o valor de suas culturas.

Para que essa reelaboração de identidades fosse construída era preciso informação, e é esse o outro pilar do movimento cultural. Informação > Identidade > Política. Essa informação necessária era transmitida a partir das manifestações culturais diversas realizadas: poemas, jornais, debates, apresentações de dança, música e outras muitas coisas. Eram maneiras de informar o negro sobre o racismo, sobre essa visão hegemônica, divulgar conhecimentos sobre as práticas culturais africanas, celebrar essas culturas, suas origens.

Temos que chamar a atenção para essas manifestações culturais como um ato político em si. Muitas vezes o trabalho com essas informações e essas identidades que o movimento negro na vertente cultural trazia e buscava fomentar levava sim a manifestações políticas de fato, que poderiam ir ao encontro da política tradicional que os militantes radicais defendiam. O que diferenciava esses militantes chamados "culturalistas" era o fato de tratarem a própria manifestação cultural como um ato político. Fazer política ia além de passeatas, atos, assembleias; fazer política também era colocar um bloco afro

---

\* Hanchard é bacharel em Relações Internacionais pela Tufts University, mestre pela New School for Social Research, Ph.D. em ciência política pela Universidade de Princeton (todas nos EUA).

\*\* Termo se refere ao filósofo Antônio Gramsci.

nas ruas e sair cantado e dançando em meio a uma sociedade racista. Fazer política para eles significava, além de outras coisas, informar o próprio negro sobre sua história, que era manipulada; era celebrar seus ancestrais quando os mesmos eram colocados como inferiores e marginais.

Gerar essa "identidade através de informação", independentemente de se engajarem em algum movimento político tradicional, já era para eles uma transformação política na sociedade. Quebrar paradigmas, valorizar a cultura africana e afro-brasileira. No Festival Comunitário Negro Zumbi, como um exemplo de entidade com esse viés cultural do movimento negro, podem-se observar, a partir de suas práticas, de entrevistas com seus organizadores, da observação dos materiais produzidos, das histórias de pessoas que participaram do festival, entre outras coisas, todos esses aspectos mencionados acima.

Em entrevista, Efigênia Augusta dos Santos,* uma das organizadoras da edição do FECONEZU de 2012, falou sobre o objetivo do festival:

> [...] *é trazer o povo negro para que em um final de semana dance, cante, se apresente culturalmente, mas principalmente faça uma discussão sobre o negro no Brasil, sobre a cultura negra no Brasil. Nós discutimos esse ano vários feixes, um era a identidade negra, outro era a educação que queremos, outro a segurança pública, outro grupo de estudos foi sobre as mulheres negras, então são vários grupos de muita reflexão.* [...] *quando você lida com pessoas, você lida com várias ideias, então nós temos um movimento que acha que tem que ser político de enfrentamento. E nós achamos que dá para caminhar culturalmente trazendo a periferia para a discussão, assim eu acho que só tem a somar. Mas hoje a gente nem briga mais.* [Risos]

Analisando também ações promovidas pelo festival, colocamos como exemplo o lançamento da série de livros *Cadernos negros*,** que foi realizado, na primeira edição do FECONEZU, em 1978, que contava com a organização e publicação de poesias de Cuti (Luiz Silva). O *Cadernos negros* se tornou um livro de grande importância para a literatura; além de abrir espaço para escritores negros, possibilita que os mesmos passem de objetos apenas para sujeitos da escrita e enriquece a discussão sobre a questão racial. Luiz Silva, em entrevista concedida a Ana Paula Fanon*** para o blog Literatura Subversiva, comenta sobre a questão da literatura que ele chama de negro-brasileira:

---

\* Efigênia Santos é professora de História. A entrevista citada foi feita pela autora deste artigo, em 24 de novembro de 2012, no próprio FECONEZU.

\*\* Livro de poesia de autores negros de todo o país, publicado pelo grupo Quilombhoje. Sua primeira edição foi publicada em 1978, e segue sendo publicado até os dias atuais.

\*\*\* Jornalista, produtora, apresentadora e repórter.

*A literatura negro-brasileira, como a nomeio, não tem uma função específica. Costumamos relevar a política em detrimento de outros aspectos da vida, mas o sentido gratuito da arte literária empresta-lhe um amplo espectro de influência. No caso negro-brasileiro, por exemplo, o reforço da autoestima é um aspecto importante, pois a subjetividade de cada um de nós é alimentada por conteúdos culturais dos mais diversos. No Brasil, a literatura feita por brancos quase sempre arrasa com a autoestima negra, seja invisibilizando-a, seja tratando-a com descaso e desumanidade. A literatura negro-brasileira traz também na função cognitiva ensinamentos valiosos sobre o racismo renitente em nosso país, como também noções a respeito dos valores culturais de origem africana, além de ressignificar conteúdos escolares ou da cultura popular equivocados e racistas. Além disso a literatura ensina a história dos povos negros e de sucessivas manifestações do Movimento Negro através dos séculos. No campo ideológico, nossa literatura também investe contra concepções de mundo eurocêntricas que ainda tentam fazer da hierarquia das raças uma verdade. [...] Ler literatura significa, portanto, aprender, além de outras coisas, a fazer política. Lamento que parte considerável da militância negra não leia literatura, ignorante que é das múltiplas funções desta arte. Alguns militantes até consideram a literatura algo sem importância, descartável. Por isso continuam reféns de um discurso pouco eficiente, sem inovação, que não dá conta da complexidade do racismo e de suas consequências. Sem o exercício da imaginação, por meio da linguagem adequada, nenhuma ação coletiva pode prosperar. (FANON, 2014, 9 maio 2012)*

## OFICINA – EXTENSÃO UNIVERSITÁRIA

Como parte das atividades do PET-Conexões – Diversidade, a extensão universitária nos permite levar os resultados adquiridos com o ensino e a pesquisa para além dos limites da universidade. A extensão acontece em forma de uma oficina temática que é elaborada a partir de cada pesquisa. A oficina é realizada em escolas públicas do Rio de Janeiro que são parceiras do nosso projeto. Essa oficina foi realizada numa escola pública localizada no bairro da Penha, com turmas de EJA da escola.

A oficina também dialoga e ressalta a importância da Lei 10.639/03, que alterou a Lei de Diretrizes e Bases da Educação Nacional (LDB, 9.394/96) e tornou obrigatório o estudo sobre a cultura e história afro-brasileira e africana nas instituições públicas e privadas de ensino. Essa lei é uma conquista da luta do movimento negro ao longo dos anos. Um avanço para a luta contra o racismo e, dialogando com a ideia de hegemonia no trabalho de Hanchard (2001), a implementação dessa lei pode ser vista como uma ação contra-hegemônica, visto que o ensino de cultura e história afro-brasileira e africana, com qualidade e seriedade no tratamento dos conteúdos curriculares, pode acabar desconstruindo toda uma visão estabelecida sobre o negro na sociedade brasileira e sobre as práticas e culturas africanas, visão que hoje em geral é negativa e distorcida, devido, entre outras coisas, ao silêncio e à manipulação dessas histórias ao longo dos séculos.

A oficina foi pensada com o objetivo de mostrar para os alunos a importância das manifestações culturais negras como elementos da luta política contra o racismo e pela afirmação de identidade negra. A metodologia da oficina partia da tentativa de buscar manifestações culturais que estivessem na realidade dos alunos e que talvez eles não enxergassem com esse viés, como escolas de samba, músicas populares, capoeira, etc. Mostrar para os alunos como uma música, um poema, entre outras coisas, podem fazer a diferença, podem denunciar o racismo e podem promover grandes atos político-culturais.

A reflexão final deveria vir dos alunos. Falariam sobre o racismo e o papel do negro na sociedade. No primeiro momento da oficina foram distribuídas para os alunos letras de músicas populares: "Olhos coloridos" (MACAU, 2014), cantada por Sandra de Sá, e "Racismo é burrice", de Gabriel o Pensador (2003). Todos responderam que as músicas falavam sobre o negro e o racismo. Depois, o objetivo era que eles analisassem as letras e respondessem do que a música falava, para que então pensassem nas manifestações culturais, como música, danças existentes perto das casas deles, na capoeira que alguns praticavam, e como essas manifestações poderiam ser um meio de lutar contra o racismo.

Em um segundo momento, apresentei para eles o FECONEZU, falei sobre sua história e seus objetivos. Discursei sobre a importância do festival para o movimento negro, para a luta contra o racismo no país. Também havia uma preocupação de levar aquele discurso para a realidade dos alunos. Então, sempre pedia a eles que pensassem em coisas do cotidiano deles que pudessem se encaixar no que o festival propunha. Então, falei sobre, por exemplo, o enredo de uma escola de samba, como a Vila Isabel em 1988 (RODOLPHO; JONAS; VILA, 2014), que falou sobre o Quilombo dos Palmares e sobre Zumbi, sobre como era importante para a informação, a celebração e essa busca da luta contra-hegemônica.

Depois foram apresentados para eles poemas presentes no *Cadernos negros*, fotos, danças e histórias apresentadas no FECONEZU de 2012. Por último, os alunos produziram uma reflexão, que poderia ser uma poesia, uma música, um desenho, qualquer manifestação artística na qual eles falassem sobre o racismo no Brasil e o negro na sociedade. Todos os alunos falaram e admitiram que o racismo está muito presente no país. Alguns confessaram não entender o porquê dessa discriminação existir no Brasil, sendo este "um lugar de todos os povos, raças e nações, lugar de muitas maravilhas" (aluna Maria).*

Outros alunos foram além da discriminação racial e se posicionaram também sobre a

---

* Os nomes foram trocados, para preservar a identidade dos alunos da escola.

discriminação contra os nordestinos, existente nas regiões sul e sudeste do Brasil, e a discriminação social. O aluno João disse o seguinte: "[...] meu pai é nordestino, nasceu em São Luís (MA), e vivem chamando ele de paraíba, cabeça chata." Já Marcelo, em sua reflexão, disse o seguinte: "O preconceito é um problema que atinge a nossa sociedade, não só com a cor da pele, mas também com questões sociais."

O que percebi em quase todas as reflexões foi uma certa "esperança" de mudança, de que as pessoas em um futuro vão mudar, vão se conscientizar. Eles receberam de maneira positiva a discussão sobre esse tema e admitiram que o racismo existe. Isso nos faz refletir sobre as lutas do movimento negro, as ações promovidas na sociedade até hoje. E nos mostra que com ações educacionais, com a Lei 10.639/03, entre outras coisas, podemos contribuir para mudar a realidade das relações raciais no Brasil.

**Parte II**

*Educação e diversidade, pesquisa e extensão*

# EXTENSÃO, CONHECIMENTO E FORMAÇÃO ACADÊMICA: ARTICULAÇÕES EM MEIO A PROCESSOS DE DEMOCRATIZAÇÃO UNIVERSITÁRIA

*Patricia Santos*
**Carmen Teresa Gabriel**

> *[...] a extensão é percebida como um entrelugar produtor de ambas as estratégias, uma vez que nele se luta por sua aceitação formal nos currículos acadêmicos, apostando tanto na negociação com o já estabelecido quanto na produção de "novos" sentidos subversivos de conhecimento e de currículo.*
>
> (FERREIRA; GABRIEL, 2008, p. 6)

Este texto tem por objetivo contribuir para o debate sobre o lugar da extensão no processo de produção e distribuição do conhecimento científico e seus efeitos na formação acadêmica de estudantes universitários de origem popular. Nossa reflexão parte de algumas apostas políticas e epistemológicas no que se refere à democratização do ensino superior.

Em termos políticos, trata-se de investir, em meio às diferentes definições de extensão universitária disponíveis nos debates contemporâneos, naquela que oferece a possibilidade de fixar seu sentido como um espaço "de produção de 'novos' sentidos subversivos de conhecimento e de currículo" (FERREIRA; GABRIEL, 2008, p. 6). Isso significa reconhecer que o processo de democratização da universidade extrapola a questão do acesso e nos remete diretamente aos debates curriculares que problematizam as imbricações políticas do conhecimento científico legitimado pelos currículos acadêmicos. Para tal tomamos como empiria as ações de formação mobilizadas pelo Projeto Conexões de Saberes: Diálogos entre a Universidade e as Comunidades Populares,* de iniciativa do

---

* Projeto da parceria MEC/SECAD, Observatório de Favelas e pró-reitorias de extensão das universidades públicas federais que será mais detalhado na segunda parte do texto. Utilizamos, neste texto, a sigla PCS ao fazermos referência a esse projeto.

MEC/SECAD e que esteve presente em diferentes universidades federais do país entre 2004 e 2010.*

Não se trata de fazer um balanço do processo de formação realizado junto aos estudantes universitários envolvidos no projeto Conexões dessa instituição ao longo desse período, nem tampouco a apologia deste projeto de extensão. Interessa-nos, sim, analisar os efeitos produzidos pelo mesmo no processo de formação acadêmica dos estudantes universitários de origem popular da UFRJ que, em algum momento de suas trajetórias acadêmicas, participaram do PCS/UFRJ. Desse modo, operamos neste texto com alguns fragmentos discursivos produzidos pelos estudantes universitários envolvidos neste projeto, procurando evidenciar o impacto do mesmo no processo de identificação mobilizado por esses jovens de origem popular em relação à posição de sujeito "estudante universitário".

Do ponto de vista epistemológico, nossa aposta se expressa pela escolha de uma interlocução teórica que permita fazer trabalhar algumas aporias presentes no campo do currículo e que incidem diretamente nos debates sobre produção e distribuição do conhecimento. Referimo-nos às contribuições das teorizações discursivas na pauta do pós-fundacionismo que oferecem um quadro possível de inteligibilidade pautado em uma critica radical às perspectivas essencialistas na leitura do social. Afinal, como afirma Marchart (2009), a perspectiva pós-fundacional não nega a existência da proposta de fundamento na definição das coisas deste mundo, mas altera seu *status* ontológico, radicalizando a ideia de contingência no ato de nomear. São justamente essas múltiplas possibilidades de nomear o mundo que mantêm a provisoriedade dos fundamentos, que, ao invés de serem percebidos como estanques, definitivos, únicos, completos e transcendentes, passam a ser significados como fechamentos precários, provisórios, parciais, exercendo uma função discursiva indispensável em meio ao jogo da linguagem para que a significação aconteça.

De acordo com Gabriel (2011, p. 5),

*Esses estudos procuram romper com uma definição do social pautada em noções como fundamento, essência, centro; percebidas ora como um "fundo firme", ora como um "gancho no céu", metáforas que utiliza Veiga Neto (2004), onde seriam produzidas as verdades e certezas sobre as coisas deste mundo. A crítica à ideia de essência, tal como*

---

* O Programa Conexões de Saberes, originário do Observatório de Favelas e encampado pelo Ministério da Educação, iniciou as atividades em 2004 com projeto piloto em cinco universidades; sendo gradativamente expandido. Em 2008 esteve presente em 33 universidades federais em todo o Brasil. Uma mudança significativa ocorre com a inserção do Conexões de Saberes junto ao PET (Programa de Educação Tutorial), o que foi denominado PET-Conexões. Essa fase, iniciada em 2011, demarca uma outra estratégia política que possibilita um maior diálogo com a Secretaria de Educação Superior (Sesu) do MEC e mudanças não apenas metodológicas, mas também da própria gerência coletiva e organizacional.

*formulada nessas perspectivas, obriga reconhecermo-nos, ou melhor, assumirmos as implicações políticas e epistemológicas de nossa condição de ser na e da linguagem e que é dessa e nessa condição que pensamos, significamos e agimos no mundo.*

Isso significa que partimos do pressuposto de que não existe um sentido prévio, unívoco e correto de "conhecimento acadêmico" e "extensão universitária". Ao contrário, reconhecemos a pluralidade de significações possíveis e disponíveis em diferentes contextos discursivos. Importa, desse modo, analisar os mecanismos que são acionados no âmbito da cultura universitária da instituição em foco e que tornam possível a hegemonização, ainda que provisória, de um sentido de extensão entre tantos outros.

Assim, o processo de significação é percebido como um processo discursivo* em meio ao qual as articulações estabelecidas disputam e produzem sentidos de mundo. Isso significa que ele é "[...] compreendido, a partir de sua miríade de formas, das várias possibilidades de se alcançar múltiplas verdades, note-se, sempre contingentes e precárias" (MENDONÇA, 2009, p. 3). Em diálogo com esse quadro teórico, é assim possível perceber as provisórias reinterpretações resultantes de operações discursivas hegemônicas em meio a lutas de significação.

Estruturamos nossa argumentação em duas partes. Na primeira, contextualizamos o debate sobre extensão universitária e formação acadêmica tendo em vista o projeto Conexões de Saberes no contexto político da atualidade. Apresentamos, assim, as linhas gerais do Projeto Conexões de Saberes, destacando as relações estabelecidas com o conhecimento, levando em conta a centralidade do *estudante universitário de origem popular* (EUOP) assumida nesse projeto. Na segunda parte, tomando como base o próprio *olhar de dentro* dos bolsistas de extensão a partir do duplo lugar – sujeito de pesquisas e sujeitos pesquisadores – que ocupam neste projeto, identificamos alguns vestígios dos possíveis efeitos do mesmo na sua formação acadêmica.

## EXTENSÃO E CONHECIMENTO ACADÊMICO: QUE ARTICULAÇÕES NO ÂMBITO DO PCS?

> *[...] alguns traços constitutivos da "cara" e da "identidade" desse programa [Conexões de Saberes], a saber: a intencionalidade explícita de ser uma experiência que pretende ir além da linguagem da denúncia e apostar na linguagem das possibilidades; o reconhecimento de que*

---

* De acordo com a as contribuições da teoria do discurso de Ernesto Laclau (2005, p. 86, tradução nossa), o termo *discurso* não se limita à ideia da fala e escrita, mas sim a "[...] um conjunto de elementos nos quais as relações desempenham um papel constitutivo. Isso significa que estes elementos não preexistem ao complexo relacional, mas se constituem por meio dele. Assim 'relação' e 'objetividade' são sinônimas".

> *a discussão sobre democratização do ensino superior pressupõe a problematização e redefinição de políticas públicas educacionais; e, por fim, a centralidade da questão dos "saberes" (como sugere o próprio nome do programa) como "porta de entrada" privilegiada no debate do acesso das classes populares ao ensino superior e sua permanência nesse nível de ensino."* (GABRIEL; MOEHLECKE, 2007, p. 6)

Os sentidos atribuídos à extensão têm sido objeto de debates e reflexões no meio acadêmico, traduzindo as disputas internas à cultura universitária em torno da legitimação e prestígio das atividades acadêmicas que configuram o currículo dessas instituições de ensino superior. Nos limites deste texto não cabe explorar a polissemia deste termo, mas sim sublinhar alguns significados possíveis para o significante "extensão universitária" que entendemos irem ao encontro de uma visão de universidade democrática, isto é, de uma instituição de formação capaz de combater a situação de "injustiça social cognitiva" de que nos fala Santos (2010), ao caracterizar o mundo que nos é contemporâneo.

Entre esses sentidos, destacamos aqueles que mobilizam em uma mesma cadeia de equivalência, definidora de extensão, o significante conhecimento. Isso pressupõe, logo de saída, nos situarmos em uma posição contrária àquelas definições que reforçam essa atividade acadêmica, como "lócus da prática", da "transmissão" de um conhecimento produzido em outro espaço. Interessa-nos, pois, afastarmo-nos de definições que investem em um sentido de extensão que a fixa, como nos apontam Ferreira e Gabriel (2008, p. 197), como "um 'não lugar' epistemológico".

Interessa-nos apostar na definição de extensão tanto como atividade acadêmica produtora de conhecimento quanto como terreno potencialmente fértil para subverter algumas definições hegemônicas de conhecimento acadêmico que contribuem para qualificar a cultura universitária de elitista e excludente.

O conhecimento produzido nas universidades está historicamente caracterizado pela distinção do conhecimento científico de outros tipos de conhecimentos, como os nomeados de "populares", "artísticos", "senso comum". Ao identificar-se e ser identificada como espaço privilegiado de conhecimento científico, a universidade tende a se afastar da sociedade, contribuindo para fortalecer o entendimento dessa instituição como um espaço destinado a poucos.

De acordo com os estudos de Santos (2005), o conhecimento universitário, ao longo do século XX, esteve estreitamente relacionado com uma organização predominantemente disciplinar, e como resultado de um processo de produção aparentemente descontextualizado em relação ao cotidiano da sociedade. "A universidade produz conhecimento que a sociedade aplica ou não, uma alternativa que, por mais relevante socialmente, é indiferente ou irrelevante para o conhecimento produzido" (SANTOS, 2005, p. 40).

Hoje, nos debates epistemológicos contemporâneos, o conhecimento científico se torna objeto de problematização no momento em que é confrontado com outros conhecimentos, e dele se requer maior responsabilidade social dentro das instituições e universidades que o produzem (SANTOS, 2005). As reflexões sobre as relações entre "universidade", "conhecimento científico" e "sociedade" têm sido afetadas por esses debates, permitindo desestabilizar sentidos fixados hegemonicamente no âmbito da cultura universitária.

Um dos caminhos que vem sendo explorado para reinventar a relação entre universidade e sociedade consiste justamente em reafirmar o compromisso social da universidade (NOGUEIRA, 2005), isto é, reconhecer que esta instituição, que detém certos conhecimentos, também se insere nas ações voltadas para promoção e garantia dos valores democráticos, de igualdade e desenvolvimento social. É, pois, nessa linha de reflexão que os sentidos de extensão universitária vêm se afirmando como prática acadêmica que interliga, do lugar da universidade, as atividades de ensino e pesquisa com as demandas da sociedade. Essa posição mediadora assumida pela extensão permite um deslocamento da fronteira definidora de universidade, que passa a ser vista também como espaço de outras atividades para além da pesquisa e do ensino, nomeadas de "extensão".

Defendemos, no entanto, que, se de um lado a crítica acerca da relação estabelecida hegemonicamente entre universidade e sociedade permite problematizar a natureza e centralidade do conhecimento científico e abre brechas importantes para a emergência de outras atividades que se legitimam como "acadêmicas", de outro, ela não é suficientemente potente para questionar as articulações hierárquicas estabelecidas entre pesquisa, ensino e extensão internas à cultura universitária. Com efeito, esse tipo de crítica não problematiza necessariamente o sentido de "extensão para fora" dos muros da universidade, mobilizado de forma recorrente nos debates acadêmicos. A associação de extensão com "ação de aplicar", em outros espaços, conhecimentos produzidos no âmbito da pesquisa, contida nessa expressão, fragiliza o argumento que a fixa como lócus igualmente produtor de conhecimento. Nessa visão de extensão, o que se valoriza são prioritariamente as atividades acadêmicas voltadas para o entorno da sociedade, seja em função dos sujeitos a quem são endereçadas as ações extensionistas, seja em função do lugar de desenvolvimento das atividades de extensão. Essa visão de extensão historicamente hegemônica não seria uma potente estratégia discursiva mobilizada pela cultura universitária ao fazer a gestão das demandas políticas de democratização que lhe são endereçadas, sem deslocar, no entanto, a fronteira definidora de "universidade" em relação ao que ela legitima e valoriza como conhecimento produzido dentro de seus muros?

O significado atribuído ao papel da extensão na cultura universitária tem se fortalecido com os crescentes debates sobre democratização do ensino e suas implicações para a reflexão sobre a reforma curricular.* Afinal, não é por acaso que, no momento em que as questões que envolvem o acesso ao ensino superior das classes populares se tornam pauta política, por exemplo, nas discussões sobre ações afirmativas, outros movimentos internos referentes à proposta de potencializar as ações da extensão em sua dimensão curricular, como anteriormente pontuado, se intensifiquem. Nesses debates, a disputa para potencializar a extensão assume contornos precisos, com o intuito deste saber ser reconhecido e legitimado pela e na lógica acadêmica.

A construção da legitimidade epistemológica do espaço da extensão (ABREU, 2005) pode, pois, contribuir para subverter as relações hierárquicas historicamente construídas entre os diferentes saberes, permitindo sustentar apostas em outros modelos de currículo acadêmico. Com efeito, esses debates contribuem para a problematização do entendimento de "conhecimento acadêmico" validado nos currículos dos diferentes cursos, reafirmando a importância do desafio de pensar o lócus da extensão na cultura universitária na pauta de um novo paradigma de universidade que possa estar na base da construção de uma instituição "democrática, autônoma, cidadã e comprometida com os interesses da maioria da população" (SILVA, 2007, p. 167).

É, pois, nessa perspectiva que defendemos igualmente um sentido de extensão que não se limite às ações acadêmicas para fora da universidade, como já mencionado, apostando assim em uma extensão cujas ações estejam também voltadas para dentro dos muros dessa instituição. Esse deslocamento nos parece potente para o enfrentamento dos desafios que se colocam hoje para as universidades públicas face às demandas de igualdade que a interpelam em nosso presente. Reduzir o papel social das universidades e a legitimação política das atividades de extensão a *ações voltadas para as comunidades populares do entorno não permite explorar os efeitos políticos e epistemológicos possíveis das ações extensionistas no processo de democratização, quando essas comunidades já se encontram representadas – pela presença dos estudantes universitários de origem popular – no âmbito da cultura universitária.* O Projeto Conexões de Saberes, sem dúvida, significou um passo nessa direção, justificando a escolha do mesmo como empiria para a nossa análise.

Implementado em dezembro de 2004 pela Secretaria de Educação Continuada, Alfabetização e Diversidade – Secad/MEC,** o Conexões de Saberes, tal como configurado no

---

* Está sendo discutida pelas pró-reitorias de extensão e implementada pelas universidades, em particular pela UFRJ, a creditação nos projetos e programas de extensão, na perspectiva de 10% do total de créditos a serem cursados pelos estudantes, de acordo com a Lei federal 10.172/01 e derivada do princípio constitucional da indissociabilidade entre ensino, pesquisa e extensão. Tal perspectiva possibilita repensar o modo como a extensão se localiza nas grades curriculares dos cursos de graduação.

** A Secretaria de Educação Continuada, Alfabetização e Diversidade/Ministério da Educação. Hoje denominada de Secretaria de Educação Continuada, Alfabetização, Diversidade e Inclusão (SECADI).

primeiro documento,* que sela a parceria com o MEC, surge da expansão de uma experiência desenvolvida no âmbito de uma OSCIP** voltada para o desenvolvimento de atividades nas comunidades populares em parceria com as universidades. Desde sua implementação gradativa em diferentes universidades públicas,*** esse projeto buscou caminhos para o fortalecimento institucional, seja na parceria com o Programa Escola Aberta,**** na relação com o MEC a partir de editais,***** seja se articulando, mais recentemente, ao Programa de Tutoria (PET).****** Embora reconheçamos que o PCS se configurou como um projeto em permanente transformação e expansão, interessa-nos, neste texto, evidenciar uma de suas dimensões que se manteve central ao longo de todas as fases pelas quais esse projeto passou. Referimo-nos ao papel atribuído à questão do conhecimento/saberes pelo PCS no processo de democratização do ensino superior.

De acordo com a coordenação geral do programa, o Conexões foi pensado como um projeto que pudesse ampliar a relação entre a universidade e as comunidades populares, expandindo a troca de saberes entre esses dois territórios. A ideia central era explorar acadêmica e politicamente a dupla inserção territorial – na comunidade e na universidade – desse novo sujeito social que passa a frequentar as salas de aula das universidades públicas de nosso país.

---

* Trata-se do projeto inicial elaborado pelo Observatório de Favelas para o Ministério da Educação em 2004, que descreve a origem do Conexões de Saberes e o início da parceria com as cinco primeiras universidades públicas.

** Criado em 2001, o Observatório de Favelas é desde 2003 uma organização da sociedade civil de interesse público (OSCIP), com sede no Complexo da Maré (Rio de Janeiro-RJ) e atuação nacional. O Observatório é uma organização social de pesquisa, consultoria e ação pública dedicada à produção coletiva do conhecimento e a proposições sociais e políticas sobre as favelas e fenômenos urbanos, na promoção de uma cidadania participativa.

*** A adesão das IES ao Projeto Conexões de Saberes foi feita de forma gradativa, inicialmente por convite do MEC/SECAD e depois por meio de edital público. Em 2004 estabeleceu-se parceria com cinco universidades, e no ano seguinte esse número aumentou para nove. Em 2006, mais doze instituições se tornaram parceiras, seguidas nos anos seguintes (2007, 2008) por mais sete universidades, chegando a 33 instituições federais e mais de 3.000 alunos integrantes do PCS.

**** O Programa Escola Aberta foi criado em 2004 e desenvolvido, nos finais de semana, em escolas públicas de Ensino Fundamental e Médio localizadas em regiões urbanas com vulnerabilidade social. A parceria com o Conexões resultou no Projeto Conexões de Saberes na Escola. Os objetivos principais dessa parceria foram: articular a vivência do aluno da universidade de origem popular com as comunidades escolares envolvidas no Programa Escola Aberta, por meio de sua participação em oficinas pedagógicas visando atender as demandas da escola e das comunidade do entorno, contribuindo para a diversificação e qualificação das ações oferecidas durante o final de semana.

***** O edital nº 11/MEC/SECAD/2009 tinha como intencionalidade institucionalizar o processo de adesão das IES ao Conexões de Saberes por meio da apresentação de propostas de desenvolvimento de projetos voltados para os estudantes universitários de origem popular.

****** O Programa de Educação Tutorial, de relevância acadêmica inconteste, se caracteriza historicamente pelo peso atribuído ao desempenho acadêmico dos discentes, sendo o mérito um dos critérios mais importantes para o ingresso e permanência de estudantes neste programa. A articulação entre esses dois programas acarreta mudanças substantivas para ambos, cujos efeitos em médio e longo prazo ainda é cedo para qualificar. Em curto prazo e em termos do PCS, essa nova configuração trouxe mudanças não apenas metodológicas, mas também da sua própria gestão política coletiva e organizacional que não cabe neste texto debater.

Na perspectiva privilegiada neste estudo, a universidade não é vista apenas como um lugar de produção e de transmissão de conhecimentos científicos, mas também como território e campo de pesquisa/intervenção, isto é, como "um campo de forças, uma teia ou rede de relações sociais que se projetam no espaço" (ALBAGLI, 2004, p. 26), sobre as quais torna-se igualmente importante e urgente refletir e produzir conhecimento. Esta percepção do espaço universitário traz implicações importantes para a implementação do projeto de extensão em tela, na medida em que a universidade deixa de ser apenas o lócus privilegiado da construção do olhar de fora sobre as comunidades e passa a ser um *lócus observado* sobre o qual se projetam olhares de dentro e de fora do seu território.

Ao apostar na necessidade de se repensar a permanência com qualidade de estudantes universitários vindos de outras classes sociais, moradores de espaços populares, portadores de outras subjetividades, movidos por outros desejos para subsidiar as políticas públicas, esse projeto permitiu uma outra abertura intelectual para o enfrentamento do desafio da construção de um espaço universitário democrático. Trata-se, assim, de repensar esse desafio por meio da própria legitimação dos múltiplos saberes que se entrecruzam nas práticas cotidianas universitárias, assumindo que o reconhecimento de suas especificidades não significa nem pressupõe a afirmação de hierarquias epistemológicas e/ou de exclusões sociais.

Importa sublinhar que o entendimento de democratização das universidades públicas veiculado pelo PCS amplia essa noção na medida em que no seu desenho institucional, para além da defesa do acesso, fica evidente a importância igualmente atribuída à questão da permanência, que, por sua vez, mobilizava sentidos de conhecimento que circulam e são legitimados nas universidades. O próprio nome do projeto carrega essa preocupação que se materializa no investimento na formação acadêmica dos bolsistas desse projeto, como procuraremos evidenciar a partir da experiência do Conexões/ UFRJ.

## Extensão e formação acadêmica: que efeitos têm no processo de construção do estudante universitário de origem popular?

> *Apesar de todas as dificuldades encontradas já relatadas, podemos verificar que o que mais nos fortalece na caminhada é a vontade de transformar o espaço acadêmico para que o mesmo seja mais democrático. (Bolsista do PCS, oficina de textos voltada para a produção do livro* Caminhadas*)*

A questão da formação acadêmica e política dos bolsistas representou um desafio permanente para as equipes de coordenação – nacional e locais – do Conexões de Saberes.* Afinal, desde sua criação,

> [...] no Programa Conexões de Saberes, salienta-se a importância da participação efetiva do estudante de origem popular na vida universitária, na produção de conhecimento sobre sua realidade de estudo e de moradia, além da criação de condições para a transformação institucional da universidade. (MEC/ SECAD, Termo de Referência do Programa Conexões de Saberes, 2006, p. 8)

Esse desafio era proporcional aos objetivos traçados já no desenho inicial do projeto, no que se refere tanto ao perfil do seu público alvo, quanto à questão da permanência privilegiada no âmbito do mesmo. Em relação ao primeiro objetivo, importa colocar em evidência a categoria Estudante Universitário de Origem Popular (EUOP), construída em meio a intensos processos de articulação entre os coordenadores nacionais e regionais.

Com efeito, essa categoria de análise tornou-se, no âmbito do programa, uma potente chave de leitura para os processos de democratização da cultura universitária. Interessa-nos destacar aqui sua potencialidade no que diz respeito ao reconhecimento do papel desempenhado pela relação estabelecida com o conhecimento nestes processos. Entre os diferentes critérios estabelecidos para a construção dessa categoria, cabe aqui destacar, portanto, aquele que mobiliza diretamente a articulação entre sujeitos e conhecimento. Referimo-nos especificamente ao critério "escolaridade dos pais" adotado no processo de seleção desses bolsistas. Esse critério permitiu operar analiticamente com a ideia de "primeira geração universitária", bastante fecunda se considerarmos as contribuições dos estudos da sociologia da educação que apontam os efeitos do pertencimento social e/ou do capital cultural dos estudantes na escolarização.

Nas discussões entre os formadores que participavam do PCS, asumia-se o pressuposto de que a origem socioeconômica e cultural dos EUOPs produzia efeitos significati-

---

* O programa oferecia aos estudantes bolsas de extensão no valor correspondente às bolsas PIBIC da época, com o intuito de apoiar a inserção desses novos sujeitos sociais na cultura universitária. No processo de formação política desenvolvido pelo Conexões, cabe destacar a importância atribuída pela coordenação geral ao Fórum de Estudantes de Origem Popular. Esse fórum, organizado pelos estudantes, articula universitários com origens sociocultural e econômica análogas, e simpatizantes, independente de sua participação nas ações do Programa Conexões de Saberes. Aos poucos, ele se constituiu como um espaço nacional de discussões e proposições políticas entre os EUOPs a respeito de questões que envolvem ingresso e permanência com qualidade na universidade, contribuindo assim para a reflexão sobre a democratização da universidade pública, de um outro lugar, ainda pouco explorado nos estudos sobre essa temática. Alguns temas receberam especial atenção nos debates realizados nesse fórum: implementação de políticas públicas de ações afirmativas; assistência estudantil; política educacional antirracista (implementação das Leis 10.639/03 e 11.645/08); extinção do vestibular como processo de acesso à universidade; redefinição dos conteúdos acadêmicos de ensino, pesquisa e extensão; e revisão de programas federais, como reforma universitária, REUNI e PROUNI.

vos na inserção desses jovens na cultura universitária que mereciam ser considerados na elaboração de uma política de permanência. Cabe porém sublinhar que, na perspectiva defendida no/pelo Conexões, essa constatação não resultava em uma percepção negativa desses jovens estudantes, nem tampouco na adoção de estratégias de formação pautadas em lógicas compensatórias que implicam na adequação unilateral desses estudantes à cultura universitária. Esse pressuposto permitia igualmente questionar e problematizar a dimensão elitista e excludente dos currículos acadêmicos, bem como reconhecer nas leituras e experiências de mundo dos EUOPs contribuições significativas para que a cultura universitária possa pensar sobre si mesma.

Embora seja difícil negar que esses estudantes tendem a apresentar dificuldades na apropriação de determinados traços dessa cultura, o que muitas vezes tende a ser confundido com um verdadeiro "obstáculo epistemológico", estudos sobre o desempenho de estudantes universitários têm apontado que algumas das dificuldades de aprendizagem do conhecimento acadêmico não estão necessariamente condicionadas ao pertencimento a uma determinada classe social. Análises recentes apontam que o que diferencia os estudantes universitários de classes sociais distintas é menos a natureza das dificuldades do que as estratégias mobilizadas para enfrentá-las e superá-las.

Uma das razões dessa diferenciação pode ser encontrada nos efeitos ambivalentes causados pela entrada das camadas populares em um universo representativo de uma forma de estar e significar um mundo ao qual lhes foi impedido o acesso. Como apontam os depoimentos de muitos EUOPs, a inserção na cultura universitária tende a ser compreendida como um estranhamento ambivalente, oscilando entre desejo e frustação na medida em que a experiência da conquista de ocupar um lugar que historicamente lhes foi negado é constantemente atravessada pela experiência da subalternidade, quando os fazem se sentir como intrusos em um mundo que não lhes pertence.

Desse modo, na perspectiva defendida, uma política de permanência nesse contexto implicava necessariamente no enfrentamento com questões que envolviam tanto processos de subjetivação por parte dos estudantes bolsistas do PCS quanto processos de objetivação de currículo acadêmico. Como assumir a posição de EUOP sem reforçar uma posição de subalternidade no âmbito da cultura universitária? Como positivar em meio às disputas acerca dos conhecimentos legitimados nos currículos acadêmicos a condição de origem popular? Quais são as implicações para a definição de "cultura universitária" de uma conexão entre saberes oriundos de contextos discursivos diferenciados – "cultura popular" e cultura acadêmica – e historicamente posicionados de forma hierárquica? Ou ainda, como articular em uma mesma cadeia definidora de currículo acadêmico sentidos de "cultura popular" e de "ciência"?

Essas são algumas das muitas interrogações que nos desafiavam cotidianamente na gestão pedagógica do PCS, no lugar de coordenadores e formadores, e nos impulsionavam a elaborar propostas de formação que pudessem dar conta desses desafios. No caso da UFRJ,* a organização dos eixos de formação variaram ao longo do tempo, mas certas características e/ou elementos garantiram algumas permanências em meio às mudanças. Entre elas, destacamos algumas intencionalidades que se mantiveram ao longo desse período: (i) a de formação política e acadêmica voltada para o entendimento da universidade como um espaço público e de direito, portanto de formulação da crítica à própria cultura universitária; (ii) a da construção de uma relação positiva com o conhecimento científico, articulada simultaneamente à crítica à meritocracia acadêmica e à importância do estudo rigoroso; (iii) a do estabelecimento de um vínculo com os "territórios de origem" como espaço de pertencimento e objeto de investigação; (iv) a de ressignificar a escola publica como lócus importante de produção e democratização da educação básica e (v) a de considerar os EUOPs como autores e produtores de conhecimento reconhecido pela comunidade acadêmica. Essas intencionalidades do PCS/UFRJ aqui resumidas traduziam o propósito de olhar para os bolsistas como sujeitos-pesquisadores e, como tais, leitores e produtores do/no mundo.

Neste estudo, selecionamos para análise um conjunto de fragmentos textuais produzidos pelos EUOPs da UFRJ que consideramos corresponderem a momentos emblemáticos das suas trajetórias de formação e que trazem à tona vestígios da relação com o conhecimento estabelecido em diferentes etapas de seus percursos formativos. Desse modo, o acervo empírico é composto por textos produzidos em quatro contextos discursivos diferentes: (i) o livro *Caminhadas de universitários de origem popular*,** produzido pelos bolsistas da UFRJ; (ii) depoimentos de bolsistas registrados em momentos de formação ao longo de sua inserção no PCS/UFRJ; (iii) depoimentos de ex-bolsistas do PCS/UFRJ produzidos durante a realização de um grupo focal que ocorreu no final de 2011 com cerca de 15 bolsistas*** para um trabalho de sistematização do próprio Conexões de Saberes da UFRJ, e (iv) um conjunto de respostas a um questionário enviado para os ex-bolsitas do PCS/UFRJ em virtude do processo de doutoramento**** de uma das autoras deste texto.

---

\* Vale sinalizar que, na UFRJ, tivemos mais de 320 bolsistas vinculados a este projeto, distribuídos ao longo do período que teve início em 2005 e foi até o final de 2011.

\*\* O livro *Caminhadas* (ANACLETO, 2006) foi uma iniciativa da coordenação geral do PCS com o intuito de "dar voz" aos estudantes universitários de origem popular que ingressaram no programa em todas as IES envolvidas. O processo de construção desse livro ocorreu a partir de encontros e oficinas sistemáticas sob a responsabilidade das coordenações locais, que constituíram momentos importantes do processo de produção dos relatos presentes nessa publicação.

\*\*\* Esse número corresponde aos bolsistas convidados que compareceram ao encontro.

\*\*\*\* O projeto de tese intitulado *Extensão universitária e a formação acadêmica: conexões possíveis nos espaços-tempos do currículo* se propõe – em diálogo com a teoria do discurso na perspectiva pós-fundacional e tendo como empiria o Programa Conexões de Saberes – a analisar a interface conhecimento acadêmico/extensão universitária no âmbito dos currículos acadêmicos de algumas das IES envolvidas nesse programa.

Essa seleção de textos se justifica na medida em que temos o interesse de focalizar alguns momentos em que a relação estabelecida com o conhecimento pelos bolsistas pode ser evidenciada. Destacamos três momentos do processo formativo dos estudantes: antes da entrada no Conexões de Saberes, o processo de formação que tiveram ao longo do Conexões, e o momento pós-Conexões, que corresponde à (re)inserção acadêmica ou profissional dos estudantes que vivenciaram a experiência do Conexões em suas trajetórias.

A leitura atenta desses depoimentos confirma a pertinência da suspeita da equipe de coordenação do PCS sobre a importância de trabalhar, como ponto de partida, a autoestima desses estudantes. Depoimentos realizados nas oficinas de produção de texto ao longo do processo de elaboração do livro *Caminhadas* deixam transparecer a violência simbólica sofrida por esses sujeitos desde a escola, violência essa cujos efeitos na relação estabelecida com o conhecimento puderam se fazer sentir ao longo de suas trajetórias de estudante universitário.

> *Se tenho lembranças boas deste colégio, muitas mais são as ruins. As humilhações que sofria por parte dos funcionários, dos professores e dos próprios alunos, pois meus materiais eram sempre inferiores aos deles, e na hora da merenda era sempre constrangedor... Não era o meu mundo. Eu o odiava e ao mesmo tempo o amava.* (Bolsista Conexões, Caminhadas, p. 50)

> *Uma das professoras repetia a todo tempo para a turma que éramos burros e que a professora anterior só podia estar embriagada quando nos passou de série, dizendo ainda que bons eram os alunos a quem ela própria tinha dado aula no ano anterior.* (Bolsista Conexões, Caminhadas, p. 50)

Interessante observar, no entanto, que nesses depoimentos a escola da educação básica emerge como um objeto também de desejo e de investimento das classes populares. Em muitos depoimentos, essa fase é demarcada pela presença de familiares ou pessoas próximas com entendimento de que a escola é uma fase muito importante na vida, incentivando a permanência no espaço escolar.

> *[...] Sempre escutei meus pais falarem para mim e minhas irmãs que se quiséssemos uma vida melhor era para a gente estudar, por isso faziam questão do ensino nas nossas vidas, falando que era para terminarmos os estudos.* (Bolsista Conexões, Caminhadas, p. 57)

Do mesmo modo e paradoxalmente, representa também o início de um percurso marcado por diferentes sentimentos e sensações ao lidar com a relação entre conhecimento na/da escola e suas experiências iniciais como estudante de origem popular.

*A escola era uma válvula de escape, uma fuga, pois lá eu era e me sentia importante, na escola não importava ser branca ou preta, gorda ou magra, bonita ou feia, tudo isso ficava em segundo plano, pois na escola eu encontrava o meu paraíso.* (Bolsista Conexões, Caminhadas, *p. 50*)

As experiências de escolarização vivenciadas pelos bolsistas marcaram de maneira decisiva os processos de subjetivação relacionados às relações estabelecidas com o conhecimento escolar e acadêmico. A mudança do olhar colocado sobre esses sujeitos se impunha, pois, como um passo importante para o deslocamento do lugar da subalternidade epistêmica que historicamente lhes tinha sido atribuído e consequentemente a reativação da possibilidade, agora na universidade, de um novo "encontro com o paraíso". Nos depoimentos dos estudantes, o investimento do Conexões nesse deslocamento vêm à tona de forma recorrente, como por exemplo no trecho abaixo:

*O mais interessante nessa pesquisa* [Perfil social do estudante de origem popular] *era que pela primeira vez alguém estava disposto a saber quem somos, de onde viemos e quais saberes viemos trocar com a universidade. Nesse percurso, tivemos que nos perceber autores e transformadores da nossa história e acabamos por nos conhecer como parte integrante do universo da pesquisa e ao mesmo tempo mediadores de saberes assim como agentes de mudanças internas e externas ao espaço acadêmico.* (Bolsista do PCS, oficina de textos voltada para a produção do livro Caminhadas)

O processo de desqualificação e de apagamento ao longo de suas trajetórias de escolarização tende a ser tão violento que impede a percepção, por parte desses sujeitos, da dimensão coletiva da situação desigual na qual estão submersos. Nos processos de seleção para o ingresso no PCS/UFRJ eram comuns depoimentos dos estudantes nos quais suas próprias vitórias e fracassos eram analisados apenas como movimentos individuais e não como resultantes também de processos estruturais que, ao colocarem-nos em uma posição subalterna em meio às relações assimétricas de poder, reduziam consideravelmente as suas possibilidades de escolha.

Um dos grandes desafios nos processos de formação, em particular naqueles momentos diretamente relacionadas à produção do livro *Caminhadas*, consistiu justamente em deslocar essa visão individualista sintetizada na máxima do "querer é poder" sem, todavia, escorregar em um determinismo estruturalista por meio do qual a ação do sujeito é condicionada exclusivamente ao lugar ocupado pelos mesmos nas estruturas sociais. Articular narrativas individuais e coletivas que permitissem fechar ainda que provisoriamente um sentido hegemônico de EUOP passou a ser um objetivo central dos processos de formação que ocorriam no âmbito do Conexões. A fala a seguir indica que esse objetivo foi aos poucos sendo alcançado.

*E como cada ser humano possui uma história, no Projeto Conexões de Saberes isso não é diferente. Percebe-se que cada bolsista, mesmo sendo todos originários de comunidades populares, teve uma trajetória diferente para chegar à universidade.* **O que é inegável é a semelhança existente entre as dificuldades vividas por cada um de nós.** (*Bolsista Conexões de Saberes, grifos nossos*)

Ao longo desse processo de construção coletiva da categoria de estudante universitário de origem popular, foi sendo possível, por parte desses sujeitos, o reconhecimento de aspectos semelhantes nas trajetórias escolares e de vida que justificavam a presença deles naquele grupo apesar das suas singularidades individuais. Como aponta o depoimento que se segue:

*Foi muito importante para a formação do nosso grupo de pesquisadores o período em que conhecíamos as nossas realidades tanto no espaço acadêmico quanto no espaço popular, e desta maneira nos conhecíamos uns aos outros. Além dessas reuniões tivemos contato com outros projetos da UFRJ que visavam trocar saberes com a comunidade.* (*Ex-bolsista, Grupo Focal*)

O momento de preparação que antecede a entrada na universidade traduz igualmente as possibilidades futuras de estabelecimento de uma relação com o conhecimento acadêmico. Como já mencionado anteriormente, esses estudantes representam a primeira geração de universitários em suas famílias, e a opção por essa trajetória tem impactos importantes não apenas nas suas vidas individuais, mas também no lugar por eles ocupado no núcleo familiar. Entre as semelhanças encontradas nos depoimentos destacou-se, entre outros, o papel desempenhado por algumas redes de sociabilidade nesse momento de escolha e enfrentamento desse desafio. Para muitos, as barreiras foram superadas com muita dedicação, ajuda e incentivo dos familiares e amigos:

*Quando não tinha ânimo para prosseguir nos meus estudos, as palavras e a própria presença de meus tios me levavam a ir além.* (*Ex-bolsista, Grupo Focal*)

*Meus pais sempre me apoiaram muito e hoje reconheço que, sem a ajuda deles, dificilmente conseguiria chegar aonde cheguei. Minha mãe sempre foi uma mulher lutadora e nas dificuldades assumiu a casa e supriu nossas necessidades. Meu pai me levou ao local de prova para os diferentes vestibulares que prestei na maioria das vezes. Sempre me apoiando e falando que iria dar tudo certo, que estava orando por mim.* (*Bolsista, oficina de textos voltada para a produção do livro* Caminhadas)

Outro aspecto comum recorrente nesses depoimentos, relacionado a esse momento da trajetória, refere-se ao tom de vitória, de conquista quando se trata de falar da sua entrada na universidade pública, apesar de todos os percalços por eles apontados. A grande maioria se sente orgulhosa e feliz por ter vencido esta batalha, bem como seus familiares.

A inserção na cultura universitária torna-se um momento ímpar na construção da relação estabelecida com o conhecimento. Entre dificuldades objetivas e processos subjetivos de pertencimentos, a permanência no espaço universitário tornou-se um desafio cotidiano para esses estudantes.

*Além das dificuldades de acesso, encontramos vários outros obstáculos no que concerne à permanência. É nítido que vivemos situações que demonstram que a universidade não está devidamente preparada para atender às necessidades de nós discentes. Se não fosse suficiente, ainda há o alto custo de manutenção dos estudos, devido ao deslocamento, alimentação e aquisição de materiais. (Bolsista Conexões de Saberes, encontro de formação)*

Ao lado das dificuldades impostas pela condição financeira, eles destacam igualmente a sensação de estranhamento sentida na pele, causada pela sua presença no ambiente universitário e tão bem expressa na fala de uma das bolsistas:

*A sensação que a maioria dos universitários menos favorecidos economicamente tem é a de que eles entraram em uma festa como penetras e ninguém quis servi-los, ou seja, a sensação que se tem é a de que nós não pertencemos à universidade pública e de que ela (a universidade) não foi feita para nós. (Bolsista Conexões de Saberes, encontro de formação)*

*Ser morador de comunidades populares e estudar em universidades públicas é ter que lutar a cada momento pelo seu espaço, é ter que mostrar quem é você, de onde vem e para o que veio. (Bolsista Conexões de Saberes, encontro de formação)*

É nesse contexto que a questão da formação foi pensada e valorizada no âmbito do Conexões. A partir de alguns relatos, podemos perceber o papel exercido pelo PCS/UFRJ nas trajetórias acadêmicas desses estudantes. As oficinas de texto, as "Quintas de Diálogos",* as reuniões de estudos nos diferentes eixos de formação,** as oficinas de projetos abriram possibilidades para esses estudantes reelaborarem e potencializarem os

---

\* Nome dado aos encontros mensais organizados pelo PCS/UFRJ com a participação de convidados para debater temas de interesse do processo de democratização da universidade pública.

\*\* O processo de formação do Conexões na UFRJ, ao longo dos anos, se organizou em três eixos temáticos: Conexões na Escola, Conexões na Universidade e Conexões nas Comunidades Populares, em torno dos quais se organizavam as atividades de estudo.

conhecimentos, enfrentarem os desafios da escrita e leitura e, sobretudo, repensarem o seu lugar como estudantes universitários na comunidade acadêmica.

Ao longo da formação, o processo de (re)conhecimento como estudantes universitários de origem popular vai se tornando mais crítico. O tom de vitória individual cede lugar gradativamente ao da reivindicação, ao do autorreconhecimento, como um sujeito social de direitos expressa no testemunho abaixo:

*Mas ainda há metas que precisam ser alcançadas, que equivalem ao pensamento dividido por todos nós bolsistas desse projeto: é preciso que os objetivos desse projeto sejam conquistados, quais sejam a democratização do acesso à universidade e a efetivação da permanência de universitários oriundos de camadas populares nesta. Só assim conseguiremos fazer com que um dos direitos sociais mais importantes, garantido em nossa Constituição Federal em seu art. 6º, seja realizado e assim possa possibilitar a efetivação de princípios que são vitais a um Estado Democrático de Direito, quais sejam a redução das desigualdades sociais e a dignidade da pessoa humana. (Bolsista Conexões de Saberes, encontro de formação)*

Nesse processo de formação vai se aguçando igualmente a curiosidade epistemológica dos bolsistas, e eles assumem a autoria de textos de cunho mais acadêmico ao produzirem suas "narrativas do eu", como o do trecho abaixo.

*Com base no que foi apresentado até o momento é interessante poder observar que, dentro de um grupo com características comuns, as pessoas terminam traçando caminhos muito diferentes; mais interessante ainda é observar por que isto acontece e poder de alguma maneira interferir de forma positiva na escolha desses caminhos. É possível observar que essa escolha se dá por vários motivos e um deles é a vontade da superação de obstáculos, ou seja, apesar de todas as dificuldades, algumas pessoas preferem superar limites e vencer barreiras para alcançar o objetivo de uma vida melhor. Mas essa conquista não é tão fácil. (Bolsista Conexões de Saberes, encontro de formação)*

A valorização da relação estabelecida com o conhecimento aparece de forma quase central nos discursos destes estudantes, especialmente após saírem do projeto para ocuparem outros espaços – em outros projetos de extensão, na iniciação científica ou por terminarem a graduação e irem em busca do mercado de trabalho. Ao serem questionados sobre o que destacariam na vida acadêmica após terem passado pela experiência do Conexões de Saberes, a grande maioria dos estudantes produziu relatos como, por exemplo:

*Foi o Conexões que me incentivou a ser professora universitária. Aprendi que era possível ensinar e criar relações com a universidade, também falo de democratização na universidade para os meus alunos porque pude aprender no projeto. (Ex-bolsista do PCS, Grupo Focal)*

*Em relação ao depois, pude apreciar o que diz respeito ao saber compartilhado. A construção de saberes a partir de experiências compartilhadas nas escolas, a produção de oficinas temáticas e o choque cultural culminaram por influenciar no modo de vida e na percepção das coisas à nossa volta, compreender que nem tudo pode ser visto como problemas, mas como fortes indícios de soluções para questionamentos que venham a surgir. (Ex-bolsista do PCS, Questionário)*

O aumento contínuo, gradativo e regular do número de ingressos de origem popular nas IES, em particular nas universidades públicas, coloca na pauta da agenda política universitária a necessidade e urgência de se pensar a ampliação e reinvenção de estratégias de garantia de permanência escolar voltadas para esses jovens. Identificar seu perfil, diagnosticar suas características socioculturais e econômicas, trabalhar a autoestima e contribuir para a incorporação dos EUOPs na cultura universitária por meio da qualificação crítica da relação estabelecida com o conhecimento acadêmico nos parece um caminho possível para se pensar em estratégias políticas, epistemológicas e pedagógicas que permitam reinventar possibilidades mais democráticas e menos dogmáticas de leitura de mundo (GABRIEL; MOEHLECKE, 2007, p. 7) que precisaria ser ampliado e institucionalizado.

Não pretendemos com essa afirmação preconizar ou receitar um modelo do que queremos fixar como o melhor sentido da interface formação acadêmica/extensão universitária, mas sim apontar uma possibilidade de pensar os efeitos desses processos de significação na definição de uma cultura universitária radicalmente democrática que possa ser percebida pelos jovens como "uma festa para a qual todos se sintam convidados".

# A UNIVERSIDADE COMO DEVIR: NOTAS SOBRE O PET-CONEXÕES – COMUNIDADES POPULARES URBANAS INTERDISCIPLINAR

*José Henrique de Freitas Santos*

As mudanças radicais por que está passando o ensino superior no Brasil nos últimos anos colocam o desafio-mor inadiável de que as universidades públicas se *tornem*, nietzscheanamente, *aquilo que são* como epígono da educação e de uma epistemologia brasileiras calcadas na diversidade cultural e nos saberes que nos (in)(de)(re)(trans)formam como diferença no corpo nacional. Nesse sentido, o Programa de Educação Tutorial (PET), como importante vetor histórico de formação discente nas Instituições de Educação Superior (IES) e um dos poucos *loci* acadêmicos efetivos que mobiliza indissociavelmente o tripé base da universidade (ensino, pesquisa e extensão) com o envolvimento pleno dos estudantes como protagonistas, mostrou-se sensível às intensas transformações pelas quais passou a academia, e o Ministério da Educação e Cultura incorporou ao Edital nº 9 PET 2010 (BRASIL, 2014) a possibilidade de criação em todo o país de grupos específicos de educação tutorial: indígena, quilombola e de estudantes oriundos de comunidades populares urbanas.

Na condição de tutor do primeiro grupo PET-Conexões – Comunidades Populares Urbanas (Interdisciplinar) da Universidade Federal da Bahia, delinearei primeiro, neste breve artigo, uma genealogia dos acontecimentos que fizeram emergir o referido grupo no contexto de eventos por que passaram as IFES no Brasil, em especial a UFBA; depois, discutirei a inevitabilidade de mensurar os efeitos da biopolítica e da necropolítica para esses novos corpos que adentram a universidade, afetando-nos e desafiando-nos duplamente (como abalo gnosiológico, mas também como relação afetiva desconcertante que esses jovens instauram na cena acadêmica); por fim, apontarei como a *diferença* íntima e familiar que nos forma como cultura e como saber, apesar de recalcada, pode se constituir como força plástica na constituição de um conhecimento brasileiro através da universidade.

## A UNIVERSIDADE EM PARALAXE NO SÉCULO XXI

A Lei 10.639/03, que instituiu como obrigatório o ensino de História e Cultura africana e afro-brasileira em toda a rede educacional do Brasil, ampliada depois pela Lei 11.645/08, que acrescenta o ensino de História e Cultura Indígena; o aumento do número de IFES (na Bahia, por exemplo, há quinze anos, só tínhamos a UFBA como universidade, no entanto, hoje temos UFRB, UNIVASF, UFOB, UFESBA e UNILAB); a ampliação considerável do número de vagas na graduação e pós-graduação; a criação de cursos noturnos (há pouquíssimo tempo a Universidade Federal da Bahia só possuía um curso noturno, hoje, são poucos os cursos que também não funcionam à noite); a implementação das Ações Afirmativas, em especial o sistema de cotas, desde 2005; a criação dos Bacharelados Interdisciplinares (BIs) como novos modelos acadêmicos centrados em uma formação mais geral e humanística, com a possibilidade de migração ao fim da graduação para os cursos acadêmicos tradicionais, o que tem atraído um público extremamente diversificado para os bancos da universidade, conforme constatamos na IFES a que estou vinculado na condição de docente lotado no Instituto de Letras, mas também professor colaborador dos BIs; e a adoção do ENEM como instrumento de acesso ao ensino superior público integram um conjunto de mudanças avassaladoras pelas quais passaram e passam as instituições de ensino superior brasileiras, ressaltando, portanto, o lugar estratégico que grupos como o PET - Comunidades Populares Urbanas (Interdisciplinar) podem, indubitavelmente, ocupar nesse contexto.

O Programa de Educação Tutorial tem uma relevância histórica determinante na formação de muitos discentes que se tornaram, *a posteriori*, força motriz das universidades na condição de destacados pesquisadores, professores e intelectuais. O MEC, compreendendo a importância do PET para a nova conjuntura do ensino superior, através do Edital nº 9/2010, buscou ampliar ainda mais o campo de atuação deste importante programa, instituindo a possibilidade de criação de grupos de natureza diferenciada em sua constituição no que tange ao caráter disciplinar e ao corpo discente, conforme já situamos. O referido edital (BRASIL, 2014), compreendendo, assim, a nova dinâmica por que passavam as instituições educacionais de ensino superior no país, apontava como norte para os novos grupos:

> *ampliar a relação entre a universidade e os moradores de espaços populares, assim como com suas instituições; aprofundar a formação dos jovens universitários de origem popular como pesquisadores e extensionistas, visando sua intervenção qualificada em diferentes espaços sociais, em particular, na universidade e em comunidades populares; estimular a formação de novas lideranças capazes de articular comPETência acadêmica com compromisso social.*

Em dezembro de 2010, foi criado na Universidade Federal da Bahia, sob minha tutoria, o PET-Conexões - Comunidades Populares Urbanas, que tomou, como eixo de suas ações inter/multidisciplinares de ensino, pesquisa e extensão para a formação acadêmica discente e atuação nas comunidades populares, o recorte *étnico-racial e de gênero*, tendo em vista esta relevância temática para a comunidade (acadêmica) baiana, bem como a mobilização de um capital simbólico-discursivo (BOURDIEU, 1982) e de uma tecnologia social ímpar acumulados pelo Programa Conexões de Saberes nos cinco anos anteriores em que foi desenvolvido na UFBA (um ano e meio sob minha coordenação), pondo em diálogo universidade e comunidades populares por meio de ações educacionais transversais centradas também em um recorte temático próximo ao que foi aqui apresentado.

Estudantes advindos de comunidades populares soteropolitanas vinculados a diversos cursos desta IFES integraram, desta forma, o PET - Comunidades Populares,* com o objetivo de conjugar a experiência acadêmico-científica de um programa já institucionalizado, como o PET, com a tecnologia social que é resultado também da pesquisa científica e da ação extensionista, produto da atuação nas comunidades populares soteropolitanas das quais são oriundos os bolsistas e, sobretudo, naquelas nas quais o PET desenvolve ações. Ademais, a adoção de um modelo relativo de gestão coparticipada, ou seja, os estudantes e as comunidades vinculados ao programa contribuem significativamente na construção e avaliação de metodologias e ações, possibilita uma integração produtiva entre os componentes do PET - Comunidades Populares para que ajam em conjunto nas regiões periféricas urbanas assistidas e integrem-se também a elas, apesar das diferenças de seus cursos de origem.

Esta é condição precípua para a ocorrência funcional de uma inter/multidisciplinaridade no processo de formação discente/pesquisa/ensino/ação extensionista, que não deve ser operacionalizada de forma segmentada e sucessiva como estágios a serem cumpridos, mas como um *continuum* que se atualiza nas interações com os estudantes e com as comunidades populares.

As configurações mais contemporâneas do conhecimento primam pelo incessante movimento de desierarquizar os espaços, os sujeitos e as condições de emergência dos saberes. Desta forma, as demandas da diferença desempenham papel deveras relevante na construção das mais diversas representações da intelectualidade.

A já ultrapassada noção de divisão disciplinar dos conhecimentos limita a construção de novas gnoses, uma vez que tende a estigmatizar, pelo limite da área específica de conhecimento, a interpretação do mundo. Assim, o PET-Conexões de Saberes Interdisciplinar (Comunidades Populares Urbanas) busca, em sua formulação, atentar para o questionamento das fronteiras que cercam e limitam a produção de saberes através da

---

* PET - Conexões – Comunidades Populares Urbanas.

coordenação pós-moderna de métodos, paradigmas e conceitos, buscando assim instaurar outros percursos de formação de saberes.

Pensada enquanto travessia, a construção do conhecimento torna-se potente na medida em que os lugares tradicionais de sua formação e exercício são abalados. A articulação mais que dialógica, polifônica, dos vários PET-conexistas de diferentes cursos da universidade oferece aos produtos gerados neste contexto uma capacidade de alcançar de maneira mais ampla as questões sociais que emergem como demandas na contemporaneidade (destacaremos isso mais à frente, ao apontarmos alguns dos projetos de nossos bolsistas). O foco do PET em sua perspectiva interdisciplinar é também formar cidadãos para um conceito amplo e dinâmico de cidadania, compreendendo a ação universitária como uma ação de dimensão política e subjetiva.

Neste contexto, assume-se que o trabalho de ensino, pesquisa e, em especial, de extensão deve atentar sempre para as armadilhas do poder-saber (FOUCAULT, 1972) que fundamentam suas bases, uma vez que não há conhecimento fora das relações de poder. É fundamental, pois, desconstruí-lo (DERRIDA, 1971), no sentido de compreender como esses saberes se constroem, para colocá-los em suspeição quando necessário e ativá-los quando for estratégico, através da revisão processual das ações implementadas, porque os estudantes e, sobretudo, os membros das comunidades populares que não pertencem formalmente à universidade produzem saberes que a academia ignora por não se centrarem muitas vezes em uma base etnografocêntrica, mas interessam a projetos como este pela sinergia que proporciona através dos saberes liminares (MIGNOLO, 2003) produzidos nessas intertrocas.

## A QUESTÃO RACIAL E AS COMUNIDADES POPULARES NA UNIVERSIDADE

O IBGE (BRASIL, 2008), em 2008, publicou mais uma vez o estudo intitulado *Síntese de indicadores sociais: uma análise das condições de vida da população brasileira*, no qual aponta, em relação a dados coletados em 2007, o acirramento da desigualdade nítida entre brancos e negros no país nos últimos anos, mesmo com o impacto positivo das ações afirmativas:

*Entre os estudantes de 15 a 17 anos, cerca de 85,2% dos brancos estavam estudando, sendo que 58,7% destes frequentavam o nível médio, adequado a esta faixa etária. Entre os pretos e pardos, entretanto, 79,8% frequentavam a escola, mas apenas 39,4% estavam no nível médio, representando uma taxa muito aquém da desejada. Por outro lado, enquanto o percentual de brancos entre os estudantes de 18 a 24 anos de idade no nível superior era de 57,9%, o de pretos e pardos alcançava cerca de 25%, evidenciando a enorme diferença de acesso e permanência dos grupos raciais neste nível de estudo, (BRASIL, 2008, p. 211)*

O relatório do IBGE ainda afirma:

*As consequências destas desigualdades educacionais se refletem nas diferenças dos rendimentos médios percebidos por pretos e pardos em relação aos dos brancos, se apresentando sempre menores (em torno de 50%). As informações, contudo, mostram também como as diferenças de rendimentos não são apenas explicadas pelas desvantagens de escolaridade da população de cor ou raça preta e parda, quando considerados os rendimentos-hora de acordo com grupos de anos de estudo: em todos eles, sem exceção, os brancos aparecem favorecidos. Comparando os rendimentos por cor ou raça dentro dos grupos com igual nível de escolaridade, consegue-se perceber a persistência do efeito racial, com o rendimento-hora dos brancos até 40% mais elevado que o de pretos e pardos, no grupo com 12 ou mais anos de estudo. (BRASIL, 2008, p. 212)*

A Bahia, um estado em que 77% da população é negra, revela um quadro especialmente grave em relação a essa situação, que demanda a intensificação das ações afirmativas para sua reversão.

Sensível a essa demanda é que o Programa PET-Conexões de Saberes elege a dimensão racial e de gênero como aspecto central de seu projeto pedagógico, voltado para a formação acadêmica vinculada à atuação comunitária.

A criação deste grupo objetivou auxiliar no *empoderamento* dos estudantes universitários de origem popular por meio de atividades de ensino/pesquisa/extensão que estimulassem o protagonismo (acadêmico e/ou social) tanto destes sujeitos quanto dos moradores das comunidades atendidas por este programa. Para este fim, buscou-se ampliar as relações entre a universidade e os espaços populares, através da troca de saberes e fazeres entre esses dois territórios socioculturais, compreendendo-os como fundamentais para a produção de um conhecimento plural que enriqueça a produção científico-extensionista universitária, intervindo, ao mesmo tempo, nas práticas sociais cotidianas fora do âmbito acadêmico.

Trata-se, pois, de implementar políticas que contribuam efetivamente para a permanência qualificada de estudantes cotistas (ou de origem popular, afro e/ou índio-descendentes, oriundos de escola pública) na universidade, através de suporte material e acadêmico, bem como de uma formação centrada nas questões racial e de gênero, assistindo também, por meio de cursos e oficinas, o público-alvo das ações desenvolvidas pelo PET-Conexões de Saberes, isto é, os membros das comunidades populares atingidos por nossas ações.

O PET-Conexões de Saberes alinha-se ainda às diretrizes que tornaram o programa Conexões de Saberes: Diálogos entre a Universidade e as Comunidades Populares referência para a implementação das Ações Afirmativas na UFBA, no entanto, busca complementar as atividades de formação e orientação acadêmica dos bolsistas, no intuito de que a ação estudantil em comunidade concilie-se com os interesses de pesquisa, culminando em projetos que possam ser exequíveis tanto nas oficinas e intervenções realizadas nos bairros, com o fim de formar agentes comunitários multiplicadores, quanto na continuidade da própria trajetória universitária discente, compreendendo, assim, a permanência na universidade vinculada não apenas à graduação, mas também à pós-graduação. Neste sentido, além de incorporarmos a colaboração crítica de bolsistas e formadores para o aprimoramento do grupo, buscamos ressaltar a importância dos PET-conexistas para a produção de uma pesquisa/extensão diferenciada dentro da universidade, uma vez que, ao balizar-se pelos princípios da pesquisa-ação e da diversidade, favorecem a sinergia fundamental para a renovação na produção acadêmica, fortalecendo ainda a expansão universitária a que a UFBA se propõe e com a dilatação de oferta de vagas, já que contribui, neste processo, com a inclusão e permanência de sujeitos oriundos de comunidades populares.

A atuação comunitária/extensionista foi e é o eixo da formação, dentro da perspectiva de uma educação antirracismo, orientada pelas dimensões de raça e gênero. A partir da prática social, são levantados conteúdos para a investigação e produção de conhecimentos na área da pesquisa, que, por sua vez, alimenta a prática social, num ciclo dinâmico de trocas culturais.

A desigualdade racial e de gênero é uma questão *biopolítica* (FOUCAULT, 2000, 2008), uma vez que ela incide negativamente sobre os diversos vetores que regulam a vida dos sujeitos: emprego e renda, acesso à escolarização, principalmente no nível universitário, desrespeito a direitos fundamentais, dentre outros. A necessidade de uma educação antirracismo, dessa maneira, emerge como possibilidade de superar ou, ao menos, minimizar graves problemas vivenciados pela população negra, majoritária no estado da Bahia e, sobretudo, como uma estratégia de sobrevivência na capital, Salvador, cujos números assombrosos relacionados ao extermínio de negros e negras nos bairros periféricos provocaram a mobilização da sociedade civil organizada no movimento Reaja ou será morto, reaja ou será morta! (REAJA, 2014), como resposta intempestiva ao que Abdias do Nascimento (1978) já identificara como o genocídio do negro brasileiro. O jornal *A Tarde* (27 maio 2008) aponta que entre "os anos de 1998 e 2004, das 6.308 pessoas que foram assassinadas em Salvador e região metropolitana, 92,7% (5.852) eram negras" e este número tem aumentado significativamente desde então. No que concerne ao acesso e permanência no sistema educacional, os números apontam, por sua vez, que negros e pardos estudam menos e constituem o contingente minoritário na universidade.

Esta situação desencadeou um intenso debate na capital baiana que levou a Universidade Federal da Bahia a aderir, desde 2005, ao sistema de cotas étnicas, a fim de corrigir gradativamente esta discrepância.

Aliás, o Projeto Pedagógico Institucional da UFBA, aprovado em abril de 2005, orienta para que as mudanças necessárias pelas quais passou e ainda passa esta universidade sejam conduzidas de forma a assegurar a qualidade das ações implementadas, em especial quando se trata do processo de democratização do acesso à universidade, uma vez que o objetivo é não apenas viabilizar a entrada na Academia, mas fornecer subsídios que assegurem a permanência discente qualificada na IFES, ao mesmo tempo em que esta instituição deve beneficiar-se também com a mobilização da diversidade que passa a constituí-la, para, na interação das diferenças, reconhecer e produzir outros saberes. Nesta nova configuração da UFBA, projetos que integram ensino, pesquisa e extensão, como o PET-Conexões de Saberes, são tomados como fundamentais para se consolidarem as mudanças ainda em curso, já que agrega a experiência de dois programas cujos resultados já são significativos para a universidade.

## CONTRA O DESPERDÍCIO DA EXPERIÊNCIA OU OPERANDO CONTRA A BIOPOLÍTICA

Uma vez que o *biopoder* opera a partir *do fazer viver e do deixar morrer*, camuflando-se por meio de acontecimentos que parecem acasos ou mesmo fatalidades, é sintomático que ele incida, principalmente, na educação, regulando de forma perversa os corpos dos sujeitos que driblaram o extermínio físico.

Os jovens (negros) que integram o PET - Comunidades Populares, quando conseguem escapar à necropolítica que produz a morte cotidiana nas periferias soteropolitanas e incide principalmente sobre os jovens negros, precisam ainda escapar à dimensão biopolítica a que estão sujeitos em diversos eixos. Em face de muitos problemas externos vivenciados cotidianamente pelos bolsistas que afetavam rotineiramente a concentração e o rendimento do grupo, adotamos um momento durante a semana em que fazíamos uma roda de conversa sobre nossas dúvidas, dificuldades e desejos diversos, e os encaminhamentos que resultaram desta reunião, de acordo com os próprios estudantes, contribuíram para que quase a metade do grupo não tivesse desistido tanto da universidade quanto do PET. Como tutor, devo assumir que se constituiu também para mim como um momento de ressignificação de minhas práticas docentes e de autoavaliação de meu lugar como tutor de um grupo com tamanha singularidade. Para estes jovens, não é possível simplesmente separar a vida privada, crivada por problemas graves, da vida acadêmica, como se essas duas faces da própria existência que se permeiam pudessem ser completamente apartadas. Para eles não era possível ignorar: a cobrança familiar para que trabalhassem e largassem o programa de tutoria; o baixo valor da bolsa (que, para muitos integrantes do grupo que coordeno, é a única fonte de renda familiar de que dispõem); a violência urbana tanto no bairro em que vivem como de familiares e ainda de companheiros (o caso mais grave que vivenciamos foi o de uma estudante que frequentava regularmente o grupo e sumiu inexplicavelmente por quase um mês; descobrimos que estava sendo ameaçada e, em virtude do medo, havia pensado em abandonar a universidade, mas nós a aconselhamos a reavaliar sua posição e, independente disto, fazer com urgência uma queixa na delegacia especializada em combater violência contra a mulher e tentar uma medida protetiva, o que terminou por surtir um efeito positivo, uma vez que cessaram as ações violentas e ela se reintegrou ao PET); depressão (informei e aconselhei estudantes, em alguns casos que pareciam mais graves, que procurassem o serviço médico gratuito da universidade para atendimento psicológico). Com essas pequenas ações, fortalecemos a nossa confiança como grupo, e o trabalho individual e coletivo pôde ser desenvolvido com sucesso.

Reitere-se ainda que, a partir do recorte étnico-racial e de gênero na formação e atuação discentes, foram articulados inter/multidisciplinarmente os conhecimentos liminares específicos trazidos pelas bolsitas tanto de suas comunidades de origem quanto de seus respectivos cursos acadêmicos. A potência da tessitura de pesquisas, a partir deste viés, traz possibilidades interessantíssimas para o PET, como os trabalhos desenvolvidos e apresentados por nossas bolsistas Dayana Moreira, sobre "Racismo e sexismo linguístico", adotado como material bibliográfico na graduação em face de sua abordagem consistente e de seu didatismo; "Identidade cultural no Sarau do Cosme", desenvolvido por Catiane Ferreira (este sarau criado pelo PET - Comunidades Populares da UFBA em parceria com outros agentes e com a comunidade de Cosme de Farias, devido ao seu sucesso, entrou no mapa dos principais saraus da Bahia, realizado pelo periódico *Correio da Bahia*); "Letramentos das águas", pesquisa desenvolvida por Jucilene Cerqueira sobre o processo de letramento dos pescadores da Escola das Águas (escola de pescadores na qual o PET desenvolve e também recebe diversas formações); "Pele Negra, Secretária Executiva", pesquisa metacrítica que pensa a área de secretariado executivo e a formação profissional da secretária à luz das reflexões de Frantz Fanon e dos Estudos Culturais centrados na questão étnico-racial – investigação científica realizada por Marília de Almeida; "Literatura afro-brasileira e memória cultural", pesquisa de Jaciara Nascimento que é permeada também pela articulação realizada pelo PET junto à comunidade soteropolitana e alguns grupos para a realização de lançamentos de livros e rodas de conversa com autores e autoras afro-brasileiros significativos, intitulados de Ogum's Toques dos Escritores, que já contemplou nomes do quilate de Oswaldo de Camargo, Miriam Alves, Abelardo Rodrigues, Cidinha da Silva, José Carlos Limeira, Éle Semog, dentre outros.

O PET - Comunidades Populares apoiou ainda a realização da Semana Literária Internacional Ogum's Toques Negros, que contou com a participação de escritores brasileiros e com presenças internacionais, a exemplo de Alberto Naranjo, autor cubano, e Isabel Ferreira, romancista angolana, dentre outros.

Por fim, é importante compreender que mais que um exercício benevolente de inclusão das minorias étnicas e sociais por parte das IES, derivado do processo de democratização do ensino superior, é a universidade como devir que precisa desesperadamente dos jovens (negros) das comunidades populares, dos indígenas, dos quilombolas, pois são eles, ao pautarem, no âmbito universitário, os saberes de que são agentes ou partícipes, saberes historicamente alijados da malha do poder-saber acadêmicos, e pô-los em diálogo/tensão com a tradição euro/etno/logocêntrica sobre a qual se erigiu a universidade no país, que podem rasurá-la, abrindo a possibilidade de perseguirmos com mais chances de êxito uma educação efetivamente brasileira. Contra o desperdício da experiência, esse é o único caminho possível para nos tornarmos o que somos como universidade interessada na produção de um saber atravessado pela diferença rumo ao nosso devir.

# DIVERSIDADE CULTURAL EM CONTEXTO DE INTEGRAÇÃO NA TRÍPLICE FRONTEIRA

*Diana Araujo Pereira*

*A implementação do PET na UNILA tem como objetivo principal levar os estudantes a participarem da responsabilidade político-cultural do momento histórico no qual estão inseridos: a criação de uma universidade pública cujo objetivo é a integração latino--americana; cabe, portanto, à prática acadêmica (que inclui ensino, pesquisa e extensão) a responsabilidade de fortalecer as bases deixadas pelo emblemático diálogo entre Antônio Cândido (crítico brasileiro) e Angel Rama (crítico uruguaio), cuja meta é a "construção de uma literatura". Estudar, ensinar, divulgar e produzir uma literatura entendida como espaço de "criação estética que promove o desenvolvimento histórico de uma sociedade graças a um conjunto de escritores que nela atuam e a ela se dirigem", como disse cabalmente Angel Rama em 1960, e como provavelmente diria agora, com a criação da UNILA.*

Com estas palavras introduzo o projeto "Literatura e cultura como espaços de integração da universidade no projeto latino-americano", apresentado ao MEC em outubro de 2010. Em agosto deste mesmo ano (ou seja, poucos meses antes) eu começava a atuar como professora de literatura latino-americana, como resultado do primeiro concurso para professores efetivos da Universidade Federal da Integração Latino-americana (UNILA). Uma universidade pública e federal, mas de abrangência internacional, que existia apenas como projeto e que nós, professores, deveríamos ajudar a criar sobre as bases anteriormente concebidas pela Comissão de Implantação: o sonho da integração latino--americana, o bilinguismo (português-espanhol) e a interdisciplinaridade como prática de ensino, pesquisa e extensão.

Entre os meses de agosto e outubro, a constatação da diversidade cultural, étnica e linguística era flagrante. Esta deveria ser, portanto, a base sobre a qual criar atividades que abordassem os três âmbitos (pesquisa, extensão e ensino), ainda mais em um contexto cujo objetivo era, explicitamente, o projeto de integração. Mas que integração? Integração de que elementos? E com que objetivo? Estas perguntas estão na base das minhas primeiras reflexões ao chegar à UNILA, e fazem parte também do projeto PET-Conexões de Saberes elaborado e trabalhado ao longo do período 2010-2013.

Primeiramente, ao tentar definir com que ideia de integração o grupo trabalharia, partimos de dois âmbitos principais:

1) Integração interna: pensada como processo de convivência e intercâmbio entre professores e alunos de diferentes nacionalidades, regiões, línguas e sotaques; mas também entre setores da universidade, como a recém-criada pró-reitoria de Extensão, professores e alunos.

2) Integração externa: pensada como processo de diálogo entre a universidade e a complexa região trinacional na qual estamos inseridos: Foz do Iguaçu (Brasil), Ciudad del Este (Paraguai) e Puerto Iguazu (Argentina).

A ideia de integração deveria priorizar, portanto, algumas palavras-chave: convivência, intercâmbio e diálogo; o que pode parecer simples, mas de fato não o é. O crítico Teixeira Coelho (2000, p. 167), no texto "Por uma cultura universitária", afirma a dificuldade da manutenção dos vínculos comunitários que deveriam pautar a convivência universitária e ressalta que o primeiro objetivo de qualquer universidade deveria ser a criação de um mito – ou de um significado, valor ou crença que a justifique: "Mais do que fornecer ao estudante um equipamento adequado para a vida profissional, esse núcleo lhe abre a perspectiva de um modo cultural de entender a vida e o mundo." No nosso caso, a UNILA já nascia fundamentada em um mito ou um núcleo sobre o qual estruturar-se: a integração latino-americana, tendo como bases o bilinguismo e a pluriculturalidade.

Aprofundemos um pouco mais o contexto, para que as divergências reais apareçam. Em um primeiro momento, no segundo semestre de 2010, a UNILA se compunha de mais ou menos 15 professores e 200 estudantes oriundos do Cone Sul: Brasil, Argentina, Uruguai e Paraguai. Entre estes 15 professores havia uma grande variedade de formações disciplinares e regiões do Brasil, além da presença de alguns argentinos e um colombiano. Entre os estudantes, além das diferenças de sotaque entre brasileiros oriundos de diversos estados, e da diferença de sotaque entre os hispanófonos, havia também um elemento enriquecedor, embora estranho para a grande maioria de professores, funcionários e alunos: a língua guarani, trazida com os paraguaios. O guarani – e toda a sua cultura milenar – tinha (e ainda tem, dado que a maioria proporcional de nossos estudantes hispanófonos é paraguaia) uma força e presença significativas.

Neste contexto, um projeto que se inserisse no Programa de Educação Tutorial (que por si só já possui a ambição de integrar ensino, pesquisa e extensão) deveria estar condicionado a todas estas circunstâncias que conformam a realidade da UNILA e procurar ser coerente com elas.

Um dado bastante relevante é o fato de que, no momento em que foi apresentado como proposta ao MEC, não havia ainda um curso de Letras, ou seja, um curso ligado à minha formação específica em Estudos Literários, o que me levou a trabalhar mais claramente o outro elemento que faltava para completar o tripé sobre o qual se constrói a UNILA: a interdisciplinaridade. Neste sentido, aprovado o projeto, começamos as entrevistas com os estudantes dos primeiros seis cursos abertos pela Universidade: Engenharia de Energias Renováveis; Engenharia Civil de Infraestrutura; Ciência Política e Sociologia – Sociedade, Estado e Política na América Latina; Ciências Biológicas – Ecologia e Biodiversidade; Ciências Econômicas – Economia, Integração e Desenvolvimento, e Relações Internacionais e Integração. Consequentemente, o projeto foi-se encaminhando, pouco a pouco, mais para o trabalho com a cultura em sentido amplo do que com a literatura.

As entrevistas foram feitas em dezembro, com a ajuda de um colega historiador, e o grupo foi formado por estudantes que demonstraram maior afinidade com temas de literatura e cultura: dois de Biologia, dois de Economia, dois de Relações Internacionais e seis de Ciências Políticas e Sociologia. A única restrição que mantivemos foi a de que houvesse paridade entre brasileiros e hispanófonos, dada a própria natureza do projeto, cuja integração que objetivava promover deveria ser, antes de mais nada, cultural e, portanto, também linguística.

No entanto, este grupo sofreu alterações ao longo de 2011, devido ao fato de ser excessivamente heterogêneo quanto às áreas de formação e devido à dificuldade real enfrentada pela tutora de manter um diálogo produtivo entre estudantes de áreas e contextos nacionais (portanto, linguísticos, culturais e escolares) tão diversos. Ao final de 2011, o grupo estava reconfigurado: seis estudantes mantiveram-se atuantes e participativos, e são os que se mantêm até hoje, fevereiro de 2013. Em abril de 2012 fizemos nova seleção, agora exclusivamente para o curso de Letras – Artes e Mediação Cultural (criado no primeiro semestre de 2011), na qual ingressaram cinco novos bolsistas (uma estudante chilena pediu transferência para outro curso e, após um semestre conosco, preferiu deixar também o PET em função de suas novas áreas de interesse).

O grupo hoje compõe-se de estudantes com o seguinte perfil: quatro brasileiros, três uruguaios, dois paraguaios e um colombiano. Seus cursos são: Letras – Artes e Mediação Cultural; Relações Internacionais; Ciência Política e Sociologia e Ciências Econômicas.

As primeiras ações propostas, ao longo de 2011, foram sempre no sentido de promover espaços de convivência e intercâmbio cultural e linguístico, visando, antes de mais nada, a já citada integração interna e tendo como claro objetivo o reforço da ideia e da prática de comunidade universitária. (Observem-se nossos objetivos gerais, elaborados para o projeto apresentado em 2010: 1. Contribuir para a integração entre os professores da Área de Humanas – História, Geografia, Línguas, Antropologia, Ciências Sociais e Artes – e seus projetos individuais. 2. Fortalecer o projeto de interdisciplinaridade da

UNILA. 3. Contribuir para a integração entre os alunos oriundos de diferentes regiões do país e de diferentes países da América Latina. 4. Fortalecer a política de institucionalização da Extensão na UNILA. 5. Contribuir para a inserção social mais ampla da Universidade no espaço público das cidades da Tríplice Fronteira: Foz do Iguaçu, Ciudad del Leste e Puerto Iguazu.)

Os primeiros projetos de pesquisa foram pensados nos seguintes termos: a prioridade deveria ser a promoção da autonomia dos bolsistas, através da tentativa de fazê-los "pensar" como pesquisadores, visando, principalmente, o reconhecimento de objetos e temas de pesquisa. Neste sentido, o papel da tutora não foi nada diretivo; ao contrário, procurou promover o entusiasmo dos estudantes por algum tema que fosse de seu interesse específico (segundo sua área de estudos e preferências literárias e/ou culturais), em consonância com a defesa de Michel Maffesoli (2009, p. 164) de que a autoridade deve servir apenas "como revelador do Ser coletivo. Indo além da verticalidade, põe a ênfase na imanência do mundo. Imanentismo da comunidade"; isto é, uma prática educativa condizente com a realidade contextual da UNILA e, de forma mais ampla, com um período histórico contrário a qualquer concepção ou certeza absolutas e eternas e cuja dinâmica e velocidade privilegiam, justamente, as verdades aproximativas, provisórias e parciais.

Por tudo isso, este primeiro momento seria fundamental para que a tutora observasse e analisasse os estudantes que a acompanhariam em um projeto de três anos, reconhecendo suas especificidades e prioridades, a fim de não cometer o grave erro de qualquer projeto integracionista: a homogeneização da diversidade e o não reconhecimento das divergências inerentes a qualquer relação intercultural.

Se em qualquer sala de aula do Brasil a heterogeneidade é uma constante, imagine-se em um contexto como o da UNILA, onde, além da heterogeneidade regional, a grande diversidade de nacionalidades contribui para a ênfase em uma enorme complexidade cultural, objetivada em formações escolares de distintos alcances e profundidades. Neste sentido, a própria tutora teve que se reformular ao longo do processo, repensando seu papel e procurando vias distintas de diálogo e aproximação com os seus bolsistas e, principalmente, mantendo-se aberta às alterações que foram mostrando-se necessárias para a organicidade das atividades do grupo. O grupo PET-Conexões de Saberes foi assumindo, cada vez mais, o formato de um grupo de mediação cultural. E a tutora, o papel de mediadora do processo intragrupo e deste com a comunidade externa.

As relações com os bolsistas procuraram sempre manter-se atentas ao bilinguismo, tanto nas leituras propostas como nas reuniões (bilinguismo facilitado pelo fato de a tutora atuar com facilidade nos âmbitos oral e escrito das duas línguas: o português e o espanhol). E a presença do guarani foi não apenas reconhecida como incentivada: o clube de leitura realizado ao longo de 2011 chamou-se *Ñe'e Poty*, literalmente "palavra que floresce" ou "poesia" em guarani.

Já é mais do que notório nos estudos linguísticos e, principalmente, na área de políticas linguísticas, o quanto as línguas carregam consigo os elementos basilares da memória coletiva, e como são responsáveis pela circulação de seus símbolos, metáforas e mitos; tudo isto incide em grande medida na formação das identidades individuais e/ou coletivas e nas práticas sociais que as acompanham.

No dinâmico ambiente de plurilinguismo e pluriculturalidade da UNILA, a tendência à homogeneização é vedada pela vital circulação de ideias, palavras e corpos com cores e formatos diferentes. No entanto, isso não significa que não haja discriminação e imagens estereotipadas em diversos graus. A constante atenção a este fato é primordial para delegar o necessário "empoderamento" das línguas e etnias minoritárias do continente.

Exemplos concretos da prática de tais reflexões ocorreram nos dois saraus de poesia realizados pelo grupo em 2011 e 2012, como parte da programação institucional de boas-vindas aos novos estudantes:

1) Os bolsistas pesquisaram poesias nas línguas dos novos alunos (em 2011, português, espanhol e guarani; e em 2012, além das anteriores, também o quéchua e o aimará) e as espalharam pelo auditório, motivando a leitura pelos seus falantes nativos. Uma das consequências visíveis era a surpresa daqueles que nunca tinham ouvido tais línguas.

2) Os bolsistas articularam-se com os estudantes recém-chegados, a fim de que eles apresentassem seus talentos, através de variados cancioneiros ou outras práticas artísticas como dança e encenação teatral, por exemplo.

O resultado era o sorriso estampado e a satisfação de ver sua cultura e línguas próprias não apenas não discriminadas, mas incentivadas e até enaltecidas. E para aqueles que nunca tinham tido a oportunidade de ouvir tais línguas, a percepção de que elas eram muito bem-vindas no ambiente universitário. Neste momento tão fundamental, do impacto da chegada a um país/região desconhecidos, de clara fragilidade emocional, tais ações repercutem de forma muito mais profunda do que se pode medir aparentemente. E some-se a isso o fato de que a UNILA vem recebendo alunos hispanófonos de áreas diversas, em sua maioria de regiões afastadas das grandes capitais, ou seja, de maior incidência indígena.

Faz-se necessário um breve comentário a respeito da situação linguística que encontram em seus próprios países: apesar do bilinguismo oficial e até mesmo constitucional do Paraguai, por exemplo, as línguas originárias não têm a mesma inserção e valorização social que o espanhol, assim como os grupos étnicos que as falam. Nestes contextos, como também no Peru, na Bolívia ou no Equador, tais línguas são faladas pelo povo considerado inculto e de baixa escolaridade, e estão associadas, no imaginário coletivo, a atraso e primitivismo.

Portanto, tal procedimento – simples mas absolutamente simbólico – tem um caráter político e politizador das relações culturais dentro da comunidade acadêmica. Provavelmente, foi destas primeiras ações que se originaram outras, hoje capitaneadas por professores da área específica do ensino de línguas, que organizam e promovem o ensino de línguas originárias dentro da UNILA, como projetos de extensão que alcançam também a comunidade externa e já começam a redefinir a inserção do guarani na cidade de Foz do Iguaçu. Tais cursos se organizam com as mesmas bases priorizadas pelo grupo PET--Conexões de Saberes: as línguas são elementos desencadeantes de identidades e seus professores – nossos próprios estudantes, dos mais variados cursos – sentem-se empoderados e muito mais seguros de suas culturas e raízes, de seu passado e, consequentemente, de seu presente universitário e futuro pessoal e profissional.

A preocupação com a interculturalidade é, portanto, fundamental para todas as relações que se estabelecem dentro da UNILA, e deve configurar uma marca que se estenda da comunidade acadêmica à regional, fomentando toda uma via de integração através de diálogos culturais que estabeleçam a possibilidade de colocar, no mesmo patamar, culturas e línguas historicamente subjugadas. Pensando em termos de "descolonização da mente", a reflexão e a prática acadêmicas interculturais têm muito o que revelar sobre a riqueza cultural latino-americana.

Aproxima-se, pouco a pouco, a necessidade de constituir uma comunidade universitária familiarizada com necessidade de pensar em termos interculturais. Vejamos a definição de interculturalidade proposta pelo filósofo cubano Raúl Fornet-Betancourt (2004, p. 13):

> [...] *Por interculturalidade compreende-se aqui não uma posição teórica, nem tampouco um diálogo de/e/entre culturas [...], no qual as culturas se tomam como entidades espiritualizadas e fechadas; senão que interculturalidade quer designar, antes, aquela postura ou disposição pela qual o ser humano se capacita para, e se habitua a viver "suas" referências identitárias em relação com os chamados "outros", quer dizer, compartilhando-as em convivência com eles. Daí que se trata de uma atitude que abre o ser humano e o impulsiona a um processo de reaprendizagem e recolocação cultural e contextual. É uma atitude que, por nos tirar de nossas seguranças teóricas e práticas, permite-nos perceber o analfabetismo cultural do qual nos fazemos culpáveis quando cremos que basta uma cultura, a "própria", para ler e interpretar o mundo.*

Toda esta reflexão surge com o primeiro sarau de poesia, ainda no início do projeto PET-Conexões de Saberes, alterando, de certa forma, seu rumo, a fim de priorizar os dados que nascem da própria experiência inédita no Brasil, e na América Latina como um todo, de juntar no mesmo espaço físico e temporal tamanha diversidade.

Neste sentido, e entendendo tais reflexões como uma "justiça cultural" pendente e necessária para o continente (segundo palavras de Raúl Fornet-Betancourt), as ações do grupo foram direcionadas, cada vez mais, à "politização" da concepção de cultura;

objetivando, em suas práticas, ações que fomentassem a circulação dos bens simbólicos ou do capital cultural das chamadas "culturas condenadas", segundo o escritor paraguaio Augusto Roa Bastos. A consequência natural era, portanto, que as nossas ações, que começaram restritas à Foz do Iguaçu, inevitavelmente se estendessem às cidades vizinhas: Puerto Iguazu e Ciudad del Este.

Outra atividade do grupo que merece especial atenção é o projeto de uma editora alternativa – a UNILA Cartonera –, cujo objetivo era unir o trabalho em prol da leitura, realizado ao longo de 2011 através do Clube de Leitura *Ñe'e Poty* (levado a cabo mensalmente na Livraria Kunda, no centro de Foz do Iguaçu), a uma prática de dimensões interculturais mais concretas. Assim, em 2012 o clube de leitura torna-se itinerante e a leitura passa a ser acompanhada da criação *in situ* dos livros, que, no final do evento, deverão ser levados para casa pelos assistentes.

No entanto, o trabalho de feitura artesanal dos livros, utilizando papelão, tintas e pincéis, foi o final de um processo que começara muito antes. Em maio de 2012, propusemos ao grupo a publicação de um autor que fosse de interesse para a região; um autor que representasse o imaginário local, revelando mais do que sua paisagem selvática ou imersa nas águas das cataratas e dos rios que cortam as três cidades; um autor que falasse, também, da sua paisagem humana e social. O nome do uruguaio radicado na província argentina de Misiones (na qual se situa Puerto Iguazu) Horacio Quiroga* surgiu naturalmente, pois ele havia sido lido e analisado no ano anterior, com o clube de leitura.

Sempre em diálogo com os bolsistas, propusemos a sua tradução do espanhol para o português, a fim de tornar a leitura acessível às três cidades. Qual não foi a nossa surpresa quando um dos bolsistas brasileiros, aluno do curso de Letras – Artes e Mediação Cultural, propôs a sua tradução também para o guarani, fato que seria inédito na historiografia literária latino-americana.

Aceitamos o desafio, entendendo-o como parte de uma política linguística cada vez mais clara de inserção do guarani em uma relação de igualdade com o espanhol e o português; reconhecendo, portanto, a importância cultural e a dimensão artística e estética desta língua. Formamos, para tanto, uma pequena equipe: duas alunas paraguaias e o companheiro de um dos bolsistas, também paraguaio, aceitaram colaborar com esta edição, além do professor de guarani da UNILA, Mario Ramão, que realizou a revisão final.

Ressaltemos, neste momento, que a atividade tradutória é não apenas coerente como também absolutamente necessária à prática intercultural. Segundo Raúl Fornet-Betancourt (2004, p. 14),

---

* Horacio Quiroga (1879-1937) foi um escritor uruguaio, famoso autor de contos que geralmente tratavam de eventos fantásticos e macabros e de temas relacionados à selva, sobretudo da região de Misiones, na Argentina, onde passou a maior parte de sua vida.

*Interculturalidade é experiência, vivência da impropriedade dos nomes próprios com que nomeamos as coisas. Ou, dito de maneira mais positiva, é a experiência de que nossas práticas culturais devem ser, também, práticas de tradução. Interculturalidade é o reconhecimento da necessidade de que uma dimensão fundamental na prática cultural que temos como "própria" tem de ser a da tradução dos "nomes próprios" que consolidam sua tradição.*

O processo tradutório pode ser compreendido, inclusive, como o *modus operandi* por excelência do Novo Mundo, ou seja, como uma prática inerente à constituição histórica e ontológica da América Latina e, por isso mesmo, fundamental para a compreensão de suas relações sociais e culturais da atualidade:

*Al día siguiente de la conquista, el mundo poscolombiano empezaba en un acto de traducción: en las versiones parciales y lecturas cruzadas de los hechos. El sujeto del Nuevo Mundo, que había aprendido a hablar y leer en el lenguaje del Viejo Mundo, era ya el intérprete de un traducir permanente. Y éste es el gesto que definirá la temprana modernidad del sujeto de las Américas.* (ORTEGA, 2010, p. 167)

Para estimular o interesse dos bolsistas pela árdua tarefa de tradução de contos de Horacio Quiroga – para o português e o guarani –, realizamos uma pequena viagem à casa-museu do escritor, a fim de que o cenário natural e subjetivo transmitido por sua obra, claramente ligado à paisagem da fronteira argentina, se tornasse mais visível e perceptível para os novos tradutores de sua obra. Tradução, portanto, como processo de reelaboração da expressão do outro em expressão própria e vice-versa.

A atividade de leitura e confecção dos livros pela UNILA Cartonera foi realizada em três livrarias, nas três cidades trifronteiriças: na Livraria Kunda, em Foz do Iguaçu, na Livraria Tao, em Puerto Iguazu, e na Livravia Cervantes, em Ciudad del Este. Nas três edições deste evento contamos com grande participação de moradores locais e de alunos e professores de outros cursos da UNILA. Em Puerto Iguazu, no lado argentino, o êxito foi enorme: contamos com a presença de vários escritores locais, visivelmente entusiasmados ao verem tão valorizado um escritor que, naquele lugar específico, tem enorme representatividade. Já em Ciudad del Este, os comentários posteriores à leitura voltaram-se mais para a tradução ao guarani e para o debate sobre a relação ambígua e contraditória do país com respeito a esta língua.

No âmbito da pesquisa, o ano de 2011, como já foi dito anteriormente, contou com os primeiros passos de elaboração dos projetos que foram apresentados, em dezembro desse ano, na Mostra PET-Conexões de Saberes, dentro do I Seminário de Diálogos em Arte e Interculturalidade, organizado pela professora de antropologia Danielle Araújo.

Neste evento, o grupo PET participou, também, com a organização da mesa redonda Políticas Culturais para Foz do Iguaçu, contando com a presença de importantes atores culturais da cidade.

Posteriormente, com a I Jornada de Iniciação Científica da UNILA, em junho de 2012, o grupo voltou a apresentar seus pôsteres e projetos para a comunidade acadêmica, neste momento sob avaliação de uma banca de professores. Todo este processo foi cumprido a contento, dentro do seu papel estratégico de verificação de afinidades e interesses.

No entanto, no segundo ano, 2012, verificados os itens anteriores – fundamentais para um trabalho que de fato funcionasse em equipe, contando com o interesse de cada um dos bolsistas e sua cumplicidade com o projeto coletivo –, passamos a outra etapa, fruto da anterior. O trabalho feito em dupla por dois bolsistas do grupo – o "Mapa cultural de Foz do Iguaçu" – acabou conquistando o interesse geral e dando o norte para o que passaria a ser desenvolvido pelos demais componentes. Nossa pesquisa assentou-se mais claramente sobre a região trinacional e o conceito de imaginário coletivo, a partir da reflexão sobre o processo histórico e social de "invenção" da fronteira em sentido amplo, e de invenção da "Tríplice Fronteira", depois dos atentados terroristas às Torres Gêmeas em 2001, nos Estados Unidos.

Cabe ressaltar que, para chegar a propor ações em um contexto desconhecido por todos – tutora e bolsistas – e tão complexo quanto o desta região de fronteira trinacional na qual se insere a UNILA, não poderíamos desconhecer a memória histórica bélica que a marca, principalmente entre o Brasil e o Paraguai.

Seguindo a necessária aproximação ao contexto cultural da região, elaboramos um projeto que teria como base o levantamento dos elementos mais proeminentes do seu imaginário coletivo. Imaginário entendido aqui, segundo a definição de Teixeira Coelho (2000, p. 57), como "o conjunto das imagens não gratuitas e das relações de imagem que constituem o capital inconsciente e o capital pensado do ser humano". Este capital, formado pelas imagens criadas e reproduzidas em nível histórico e/ou subjetivo, incide sobre a territorialidade geográfica e suas práticas sociais, alterando confluências antes tidas como naturais.

Portanto, concebemos o imaginário como um complexo simbólico e mítico, organizado como um campo semântico aberto, regido por suas próprias dinâmicas e capaz de condicionar a "sociabilidade" de qualquer grupo social. Segundo Michel Maffesoli (2009, p. 149), todos estes elementos se amalgamam, formando uma "centralidade subterrânea" a partir dos elementos integradores das diversas dimensões do humano: "dimensões oníricas, imaginárias, lúdicas, imateriais do dado mundano contra o aspecto puramente 'positivo' de um social racional e contratual". Vejamos o que Gilbert Durand (2001, p. 96), um dos mais importantes conceitualizadores do imaginário, acrescenta à nossa reflexão:

*Os conteúdos imaginários (os sonhos, desejos, mitos, etc.) de uma sociedade nascem durante um percurso temporal e um fluxo confuso, porém importante, para finalmente se racionalizarem numa "teatralização" [...] de usos "legalizados" [...], positivos ou negativos, os quais recebem suas estruturas e seus valores das várias "confluências" sociais (apoios políticos, econômicos, militares, etc.), perdendo assim sua espontaneidade mitogênica em construções filosóficas, ideologias e codificações.*

Tal reflexão é imprescindível para pensar a relação da universidade com todo este contexto pluriétnico e pluricultural, marcado por episódios históricos que ainda repercutem no presente: a Guerra da Tríplice Aliança (ou, como a chamamos erroneamente, a Guerra do Paraguai) e a construção da Usina Hidrelétrica de Itaipu, que significou o fim das Sete Quedas, a inundação de um grande território, o deslocamento de grupos indígenas e o nascimento dos "brasiguaios".*

A base da pesquisa é, portanto, a busca e a análise de elementos que, atualmente, conformam o imaginário coletivo que circula e define esta região de fronteira como lugar de passagem e trânsito de bens, pessoas, línguas, isto é, de capital financeiro, mercantil mas também e, fundamentalmente, de capital simbólico e de memória histórica.

Nesta região de acordos e conflitos continuamente negociados, as "guerras culturais" são não apenas inerentes como necessárias. Segundo Teixeira Coelho (2000, p. 15),

*A rede de representações que o ser humano faz e refaz para dar sentido a sua existência exige contínuas reformulações e inovações – e nesse caso as guerras culturais, ou as guerras pelo sentido cultural das representações, serão inevitáveis. E desejáveis. [...] Para enfrentá-las requer-se um projeto cultural.*

Este é o desafio assumido pelo grupo PET-Conexões de Saberes da UNILA: pensar a integração a partir de bases interculturais, não desconhecendo jamais que "cultura política é a cultura que nos permite conviver em sociedade, conviver na cidade, na pólis", como afirma ainda Teixeira Coelho (2000, p. 119). Segundo este ensaísta,

*A religião já foi, durante um tempo, um longo tempo, a liga social necessária. Substitui-a nessa função de cimento social a ideologia [...]. Uma e outra viram-se largamente corroídas, ao longo deste século e, em especial, das últimas três décadas. [...] Com a religião e a ideologia neutralizadas, e com a evidência de que a economia não alicer-*

---

* Na região, denominam-se brasiguaios aos brasileiros que, seguindo um processo de "expropriação" fundiária, desde a década de 1960, compraram novas terras em solo paraguaio, devido ao fato de que no Paraguai o valor recebido por suas terras no Brasil rendia muito mais. São também considerados brasiguaios os descendentes destes latifundiários brasileiros instalados na região de fronteira. Uma característica importante é a hibridação real que sofrem, cultural e linguisticamente, e que transparece na palavra brasiguaio, em si mesma híbrida.

*ça uma civilização, resta para assumir o papel de concreto da comunidade a cultura. Talvez não a arte, isoladamente, mas sem dúvida a cultura. Está na cultura a forma de religião laica que a modernidade vem procurando promover desde o século XVIII como o catalisador por excelência da convivência social.*

Para ajudar-nos a pensar a centralidade política da dimensão cultural (COELHO, 2000, p. 122), lançamos mão do pensamento de Milton Santos (2009, p. 61), quando este afirma que "a sociedade produz a paisagem, mas isso jamais ocorre sem mediação". Daí a necessidade de compreender que "ao lado das formas geográficas e da estrutura social, devemos também considerar as funções e os processos que [...] levam a energia social a transmudar-se em formas".

O projeto da UNILA, de integração latino-americanista, deve compreender, portanto, amplas e profundas reflexões associadas a ações de mediação cultural; neste sentido, o grupo PET-Conexões de Saberes continuará procurando atuar na criação deste lugar social, observando as práticas tradutórias tão necessárias para convivência e partilha da riqueza cultural que nos conforma e define.

# PARA ALÉM DA INCLUSÃO: PROMOÇÃO, VALORIZAÇÃO E ELABORAÇÃO DE NARRATIVAS ACERCA DA IDENTIDADE COMO AÇÃO AFIRMATIVA*

*Andréa Lopes da Costa Vieira*
*Ana Carolina Lourenço Santos da Silva*
*Laura Regina Coutinho Ghelman*

## Por que "para além da inclusão"?

A construção de um significado para "ações afirmativas" sempre foi objeto de disputas políticas, de tal forma que uma definição *stricto sensu* nunca foi consensual. De modo geral, por algum tempo, defendeu-se que seriam um mecanismo ou um conjunto de mecanismos orientados para um resgate histórico, ou seja, uma forma de compensação por um passado de exclusão e dominação através de medidas de redistribuição. Do mesmo modo, em outras vezes, tais medidas foram associadas fundamentalmente à correção das desigualdades socioeconômicas, ou ainda a meios para a promoção e visibilização de grupos subalternizados.

A ideia de que seriam instrumentos para que todo indivíduo qualificado tenha igual acesso e oportunidade de competir com base em habilidade e mérito foi, igualmente, apresentada no debate público.

Mais recentemente, sobretudo no Brasil, ações afirmativas vêm sendo fundamentalmente apresentadas como formas de inclusão, em especial no ensino superior.

De fato, esta última dimensão – a que vincula irrevogavelmente ações afirmativas à inclusão social – tem tomado os debates, monopolizado atenções e sido celebrada como o

---

* Parte integrante do projeto Patrimônio, Identidade e Ações Afirmativas: Apropriação da Narrativa e Reconstrução da Memória como Estratégia Política na Contemporaneidade, coordenado pela professora Andrea Lopes, do Programa de Pós-Graduação em Memória Social da Universidade Federal do Estado do Rio de Janeiro, com financiamento IC-UNIRIO, o qual discute as novas formas de representações e construções de narrativas patrimoniais voltadas para a reconstrução e reafirmação de identidades e memória de movimentos sociais.

mais eficiente meio de democratização. Mais ainda, inclusão e permanência tornaram-se categorias centrais e palavras de ordem, disseminadas tanto nos fóruns de debates raciais quanto nas discussões sobre desigualdade social. Ou seja: permitiram a irrevogável associação – há muito temida e combatida pelos grupos de reivindicação por igualdade racial – entre raça e classe.

Eis um problema: se inclusão, democratização e ações afirmativas, tornando-se quase sinônimos no debate público, permitem a referida associação, consequentemente, prejudicam a própria aplicação das medidas de ações afirmativas, uma vez que levam a uma visão unidimensional de tais iniciativas, dificultando a ampla compreensão acerca de seu significado e gerando, por consequência, uma visão limitadora para este conjunto de medidas que, certamente, vão além das estratégias de acesso ao ensino superior.

Este trabalho, ao apontar a necessidade de exceder a dimensão educacional, apresenta como objetivo principal a reflexão sobre outro campo igualmente relevante e, do mesmo modo, alvo de lutas significativas, mas menos midiáticas: a arena para processos que envolvem a construção e reconstrução de identidade, as utilizações e reutilizações da memória e a produção de novas narrativas sobre o mundo e que, como é defendido neste trabalho, devem ser, tanto quanto os debates acerca de inclusão no ensino superior, entendidos como ações afirmativas.

Deste modo, estamos lidando com ação afirmativa como um conceito que envolve fundamentalmente a promoção e valorização, seja de forma objetiva, pela via de inclusão em espaços tradicionalmente sub-representados como educação e mercado de trabalho, seja na dimensão a princípio subjetiva do reconhecimento e de manifestações identitárias.

Considerando tal perspectiva, será analisada a forma como se articulam patrimônio, memória e identidade, através da construção de espaços "afirmativos".* E, neste contexto, observa-se, indiretamente, a representação material, a análise de narrativa da cultura negra, os mecanismos no âmbito patrimonial nacional como formas de ações que refletem, sobretudo, instrumentos políticos para legitimação e afirmação de identidades.

A arena que vincula patrimônio, memória e identidade vem sendo alvo de crescente interesse nos últimos anos; se, até há algumas décadas, era percebida por muitos como uma instância exclusivamente técnica e burocrática, atualmente é vista como uma categoria-chave nas discussões sobre identidade e memória, fundamentando os discusos que dão suporte ao complexo debate sobre a construção das identidades étnicas e raciais, que integra o jogo dos direitos constitucionais, lutas pela terra, políticas de reconhecimento e reparações históricas.

---

* Chamaremos aqui de espaços "afirmativos" aqueles destinados a promover e estabelecer mecanismos de valorização de grupos específicos.

## Articulando patrimônio, memória e identidade

Em *A alegoria do patrimônio*, a historiadora francesa Françoise Choay (2001, p. 13) afirma que, no século XX, as portas do domínio patrimonial foram alargadas. E embora tal alargamento tenha sido mencionado em referência ao instrumento institucional jurídico *patrimônio*, percebe-se que a própria palavra sofreu expansão em seu uso: *patrimônio intangível*, *patrimônio digital*, *patrimônio genético*, enfim, tudo entra no campo possível do "patrimonializável".

No caso do *patrimônio histórico nacional*, devemos pensá-lo como uma modalidade de invenção de discursos, como sugeriu José Reginaldo Gonçalves (2002), cujo principal propósito seria o de construir uma "memória nacional" e uma "identidade nacional". Assim, patrimônios são memórias reconstruídas a partir da crença em uma dada herança cultural em comum; e como discurso, portanto, é poder, produzido em uma arena onde distintos atores disputam e negociam as práticas e objetos que serão selecionados, apropriados e excluídos nesta narrativa comum.

Deste modo, a escolha dos patrimônios de uma nação representa uma importante operação política para o estabelecimento de determinadas história, memória e cultura, as quais se pretende difundir. A definição de uma cultura nacional, socialmente construída, depende sempre dessas escolhas políticas que, a partir de instrumentos específicos – tombamento, INRC e registro –, compõem o arcabouço de elementos disponíveis para uma imagem de nação.

É claro que é necessário problematizar a ressonância que esse conjunto de bens culturais possui e até mesmo o grau de prestígio de que os institutos de preservação cultural dispõem no Brasil. No entanto, sem negar a importância de uma análise da recepção do patrimônio cultural, deve-se entender as disputas travadas acerca da construção destes patrimônios, ou seja, da própria ampliação do que seria passível de compor o patrimônio nacional brasileiro.*

Nos primeiros pedidos de tombamento de bens de referência para a cultura negra brasileira, tanto na diversidade de atores envolvidos, quanto nos embates calorosos estabelecidos, ficou claro que, para introduzir novos grupos na "memória da nação" brasileira, era necessário refletir sobre o papel político e reivindicatório do patrimônio.

*Trata-se, hoje, de procurar politizar a política federal de preservação no Brasil [...] Politizar no sentido de ter como objetivo que esses bens sejam apropriados simbolicamente pelos diferentes grupos sociais que compõem a sociedade brasileira. Ou seja, tirá-los da situação de "pesados e mudos [...] e fazê-los circular no espaço público,*

---

* Para saber mais sobre a história do patrimônio cultural no Brasil, ver, entre outros: Fonseca (1997) Gonçalves (2002), Abreu e Chagas (2003), Chuva (2009) e Chuva (2012).

*enquanto referências de identidades coletivas e enquanto conteúdos do imaginário social". (FONSECA, 1997, p. 220)*

Se durante décadas, no campo do patrimônio, predominou um discurso preservacionista (voltado para os bens de pedra e cal), atualmente, a diversidade que marca as narrativas patrimoniais contemporâneas aponta para uma renovação. De tal forma que, nos últimos anos, novos instrumentos foram somados ao tombamento (o registro de bens imateriais e o INRC), e um conjunto de temas, "culturas" e atores inseriram-se na arena, compondo narrativas patrimoniais cada vez mais polifônicas.

Assim, no ano de 1982, chegam ao Conselho Consultivo do Instituto de Patrimônio Histórico e Artístico Nacional pedidos de tombamento dos primeiros bens representativos da cultura negra brasileira: o terreiro da Casa Branca, na Bahia, e a Serra da Barriga, em Alagoas. A conjuntura era da redemocratização, e havia vários debates sobre as dimensões da cultura e a inserção cada vez maior de vários setores sociais.

O pontapé inicial para o tombamento da Serra da Barriga ocorreu em 1980, quando o antropólogo Olympio Serra, então coordenador do Projeto Etnias e Sociedade Nacional,* mobilizou intelectuais negros de todo o país e promoveu uma histórica reunião em União dos Palmares, município de Alagoas, dando origem ao Conselho Geral do Memorial Zumbi.** Como destacou o antropólogo Ordep Serra (2006), esta primeira reunião deu início ao trabalho de resgate deste sítio, culminando em uma romaria cívica ao local. De Salvador partiram rumo a Palmares centenas de jovens ligados aos movimentos negros, blocos afros e diversos representantes de instituições culturais. A partir desta primeira reunião de 1980, a peregrinação cívica a Palmares se repetiu todos os anos (principalmente na segunda metade da década de 1980), com a participação de intelectuais, artistas, estrangeiros, estudantes, sindicalistas e integrantes de diversos movimentos sociais de várias partes do Brasil. O dia escolhido era sempre 20 de novembro. Acompanhando a ação pioneira de 1980, foi iniciada uma campanha nacional que, junto com outros símbolos, ajudou a fixar na memória do país esta data como Dia Nacional da Consciência Negra.

O pedido de tombamento da Serra da Barriga foi o primeiro a ser acompanhado por uma listagem de assinaturas de diversos setores da sociedade civil – contabilizando ao

---

\* "O Projeto Etnias e Sociedade Nacional, de início voltado para o resgate de uma memória indígena, envolveu a indexação e microfilmagem de rica documentação em depósito no Museu do Índio. Mas tinha ambição maior, a saber, corrigir um sério defeito da política cultural brasileira: reparar seu etnocentrismo, sua fixação eurocêntrica. Logo passou, também, a promover iniciativas voltadas para a defesa dos valores do patrimônio negro do Brasil" (SERRA, 2006).

\*\* O Conselho Geral do Memorial Zumbi foi uma sociedade civil com personalidade jurídica, responsável pelo pedido de tombamento da Serra da Barriga e pelos estudos anexados ao pedido. Participaram do conselho, entre outros: Olympio Serra, Zezito de Araújo, Ordep Serra e Antônio Olímpio de Santana.

todo 5.084 assinaturas – e cartas de apoio de instituições culturais, de pesquisa e lideranças de movimentos sociais. Como demonstra Fonseca (1996, 1997), esse processo leva a supor que ocorreu sem dúvida um aumento da participação da sociedade civil na política de preservação federal. Porém ainda é preciso qualificar o peso da participação na decisão pelo tombamento. No caso da Serra da Barriga, coube à sociedade civil organizada mobilizar meios no sentido de pressionar o IPHAN.

Nesse período, as décadas de 1970 e 1980, os pedidos de tombamento vêm, em sua grande parte, acompanhados dos argumentos que os fundamentam; com a Serra da Barriga não foi diferente. Os argumentos explicitados no texto do pedido demonstram em que termos se operava a categoria patrimônio:

> *O tombamento da área aventada para que nela se instale o Memorial Zumbi: Parque Histórico Nacional destina-se não só à preservação do sítio histórico, mas também a cultivar a memória de todos os que, então, lutaram na busca de sua liberdade. Tal proposta vem de encontro às aspirações de grande número de brasileiros preocupados em preservar a Memória Nacional não apenas em suas manifestações visíveis, mas também no conjunto de seus símbolos, para as novas gerações.\**

Neste trecho, fica evidente como o alvo principal do processo não era a proteção do bem em si mesmo, mas, sobretudo, a repercussão simbólica e política da sua inclusão no patrimônio cultural nacional. A ênfase, no relatório da conselheira do IPHAN Maria Beltrão para a inscrição do bem no livro do tombo histórico, além do livro do etnográfico, paisagístico e arqueológico, aponta para a percepção da experiência de Palmares como um testemunho do negro na construção da sociedade brasileira e uma tentativa clara de fugir da visão folclorizante que marcava o livro do tombo etnográfico até então.

Os dois processos saem vitoriosos, alcançando, respectivamente em 1984 e 1985, o posto de patrimônio nacional brasileiro; na sequência o Instituto do Patrimônio Histórico e Artístico Nacional (IPHAN) tombou outros terreiros de candomblé: Axé Opô Afonjá, Gantois, Bate Folha e Alaketo – Ilê Maroiá Láji (em Salvador – BA), e a Casa das Minas (em São Luís – MA), assim como iniciou concessões de títulos de propriedade de terra para remanescentes de quilombos.

É interessante notar que esta estratégia se ampliou para instâncias de poder locais. No Rio de Janeiro, por exemplo, o processo deverá ocorrer após mapeamentos de terreiros de candomblé e de territórios tradicionais, o que reforça a discussão sobre as potencialidades da utilização de medidas de ação afirmativa.

---

\* Trecho retirado do pedido de tombamento do processo (1.069-T-82) disponível no Arquivo Central Noronha Santos assinado pelo antropólogo Olympio Serra, presidente do Conselho Memorial Zumbi.

Muitos valores estiveram em jogo nos processos de tombamento do Terreiro Casa Branca e da Serra da Barriga (antigo Quilombo dos Palmares). Em uma primeira análise sobre a trajetória da política federal de preservação no Brasil, estes processos parecem significar a introdução de "novos programas" para se lidar com a temática patrimonial, por meio dos quais os especialistas, a partir de uma noção antropológica de cultura, legitimam ações de setores da sociedade civil até então desconsiderados pelas políticas culturais. Tal análise, porém, não dá conta dos diversos conflitos gerados em torno da introdução desses novos "patrimônios", nem mesmo a crescente mobilização de militantes dos mais diversos movimentos sociais. Gilberto Velho, relator do processo de tombamento do Terreiro da Casa Branca, apontou muitos elementos acionados:

> *O caso do tombamento de Casa Branca poderia ser analisado como um drama social nos termos de Victor Turner (1974). Havia um grupo de atores bem definido com opiniões e mesmo interesses não só diferenciados, mas antagônicos em torno de uma temática que se revelava emblemática para a própria discussão da identidade nacional. Independentemente de aspectos técnicos e legais, o que estava em jogo era, de fato, a simbologia associada ao Estado em suas relações com a sociedade civil. Tratava-se de decidir o que poderia ser valorizado e consagrado através da política de tombamento. Reconhecendo a válida preocupação de conselheiros com a justa implementação da figura do tombamento, hoje é impossível negar que, com maior ou menor consciência, estava em discussão a própria identidade da nação brasileira. (VELHO, 2006, p. 240)*

Neste sentido, os processos de tombamento na esfera federal (IPHAN) fornecem alguns indícios do projeto em curso, de incorporação da questão racial à história oficial da nação. No mesmo caminho, oferecem pistas de como militantes e intelectuais negros se apropriaram de temas da história da escravidão – especialmente quilombos e religiosidade – como representação política da luta contra a discriminação racial e valorização da "cultura negra", iniciando, antes mesmo que se formulassem discussões entre inclusão e ensino superior, um debate sobre ação afirmativa no Brasil.

Deste modo, para os movimentos negros uma história da resistência negra apareceu como um símbolo para ser agenciado (ALBERTI; PEREIRA, 2007). Foram "resgatados" muitos dos significados dos protestos negros (heróis em luta e resistência cultural). Os quilombos, por exemplo, sobretudo Palmares, eram sinônimos de luta, uma luta armada e direta, e ao mesmo tempo representavam o ideário de resistência cultural (CASTRO, 2005).

Não é coincidência que os primeiros bens tombados tenham sido quilombos e terreiros de candomblé. Na busca de uma ferramenta para lutar contra o racismo, os grupos sociais elegeram símbolos de resistência, ou seja, na busca de sua "história" através do instrumento do tombamento se construiu uma narrativa sobre o escravo que resistiu.

Assim, o antigo Quilombo dos Palmares foi tombado pelo IPHAN (processo nº 1.069-T-82, inscrição nº 090, Livro Arqueológico, Etnográfico e Paisagístico, fl. 042, e Inscrição nº 501, Livro Histórico, fl. 91. Data: 14. VIII). Numa dimensão simbólica, o tombamento acabaria homologado em 20 de novembro de 1985 pelo então ministro da Cultura, Aluíso Pimenta. Três anos depois, em 21 de março de 1988, a Serra da Barriga foi declarada Monumento Nacional, através do Decreto federal nº 95.855.

## COMO SE CONSTROEM DISCURSOS NA PRÁTICA?

Os debates iniciados nas décadas de 1970 e 1980 no campo do patrimônio apontam para denúncias, alianças, ações políticas e lutas organizadas por intelectuais, militantes e agentes públicos. Hoje há o reconhecimento de que essas duas décadas foram paradigmáticas para a emergência da noção de participação da comunidade e da imaterialidade como valores centrais na arena do patrimônio.

Muitos valores estiveram em jogo nos processos de tombamento dos bens referentes à identidade negra. Se, em uma primeira análise sobre a trajetória da política federal de preservação no Brasil, estes processos parecem significar a introdução de novas demandas políticas, atualmente, às vésperas* das comemorações dos 30 anos dos primeiros tombamentos, não podemos perder de vista a sua excepcional dimensão histórica. Monumentalizar a "cultura negra" significou uma complexa operação de manejo da história e da política, que colaborou para alimentar práticas de ação afirmativa e, do mesmo modo, ressignificar discursos raciais no Brasil, a tal ponto que estas mudanças podem ser percebidas em novas elaborações de espaços "afirmativos".

Tomaremos como exemplos o Museu do Negro e o Instituto dos Pretos Novos para compreender como instituições podem utilizar processos de patrimonialização e como as mudanças políticas são absorvidas por seus discursos. Do mesmo modo, esta observação permite perceber a construção e apropriação de narrativas de memória, assim como as estratégias de valorização da cultura e da história negra.

O Museu do Negro do Rio de Janeiro é uma instituição originada a partir da Irmandade de Nossa Senhora do Rosário e São Benedito dos Homens Pretos.** Desde sua criação, recebeu diferentes nomeações: Museu dos Escravos, Museu da Abolição e agora Museu do Negro, e, igualmente, apresentou diferentes abordagens para seu acervo: des-

---

* Quando este artigo foi escrito.
** Fundada em 1669 pela união das confrarias de Nossa Senhora do Rosário e de São Benedito, ambas criadas por homens negros, livres e escravos, e inicialmente acolhidas pela Igreja de São Sebastião, no morro do Castelo.

de um método expositivo histórico (enfatizando o papel do negro na história da nação) até um "museu de pessoas" (contando histórias e situações de personagens representativos ou apenas simbólicos para a cultura).

Tem como instituição fundadora a Igreja de Nossa Senhora do Rosário e São Benedito dos Homens Pretos,* que tinha como uma de suas funções principais propiciar um ambiente de sociabilidade para seus devotos, durante um longo período constituídos principalmente por ex-escravos e escravos. O prédio da Igreja é pleno de significado e memória por constituir um local onde seus seguidores recordavam e socializavam, perpetuando a própria irmandade.

Se a princípio o acúmulo de objetos refletia a necessidade de salvaguarda e depósito de bens pertencentes a membros da confraria, a criação específica de um museu foi uma estratégia para preservar a memória dos anos de escravidão e, ao mesmo tempo, garantir espaço para a devoção religiosa.

Tendo sido tombados ainda em 1938, a Igreja de Nossa Senhora do Rosário e São Benedito dos Homens Pretos do Rio de Janeiro e o Museu dos Pretos representam uma tentativa de salvaguardar diferentes formas de representações da cultura negra, entre figuras religiosas e históricas:

> *Ao buscar obter uma visão histórica da relação entre os senhores e escravos e a religiosidade do negro no Brasil, é exposto, no Museu do Negro, um acervo de peças de origem escrava que guarda parte importante de "memórias". Ele reúne desde instrumentos da escravidão, como móveis, documentos, estandartes, livros, fotografias de homens que tiveram destaque na campanha abolicionista, até objetos de devoção religiosa.* (PAIVA, 2003)

Em sua origem, o museu tinha o objetivo de registrar a participação do negro na conjuntura urbana desde o século XVIII: a tradição de uma confraria religiosa cristã de negros, seu convívio com senhores, as mudanças acarretadas pela família imperial e posteriormente pela abolição. Atualmente, conta com pontos de vista peculiares para sua formação, e não apenas os explorados nas abordagens sobre a contribuição do negro ao país (o período da escravidão, candomblé, samba, etc.), mas agregando diferentes perspectivas sobre a contribuição negra, não somente no Brasil, mas igualmente em outros países.

Sua trajetória reflete movimentos políticos distintos, iniciando com o apoio de um campo em eclosão na década de 1930 (o das patrimonializações), ratificado com os obje-

---

* Construída entre 1708 e 1725 no terreno que hoje é o número 77 da rua Uruguaiana (antiga rua da Vala), no Centro do Rio de Janeiro (RJ). O museu está instalado nas dependências da Irmandade, nos fundos da igreja, tendo como endereço a praça Monte Castelo, nº 25.

tivos de unir o país com um imaginário coletivo e desenvolver a partir daí uma memória, passando por um período em que o fortalecimento do discurso se volta para a discussão no campo da educação (décadas de 1980/90) e chegando aos anos 2000 sem nunca ter alcançado grande relevância.

O Instituto dos Pretos Novos (IPN), por sua vez, fica localizado no bairro da Gamboa, zona portuária do Rio de Janeiro, e tem sua sede construída sobre o Cemitério dos Pretos Novos, que se localizava próximo ao Mercado de Escravos,* ponto estratégico no porto para a venda de escravos recém-chegados, os referidos pretos novos. A descoberta deste sítio arqueológico durante escavações no prédio, no ano de 1996, e a retirada de suas peças geraram pesquisas para a identificação e estudos sobre a população escravizada durante os séculos XVIII e XIX, e a transformação do local em um centro cultural, com o Sítio Arqueológico do Cemitério dos Pretos Novos e abrigando também o Museu Memorial, com exposição de artefatos descobertos e uma galeria de arte.

Localizado na zona portuária do Rio de Janeiro, uma área de grande efervescência cultural nos últimos anos e alvo de uma política urbana de revitalização, o IPN propõe integração com a comunidade e compromisso com a transmissão e realimentação cultural, o que se evidencia em sua classificação como ponto de cultura.** O instituto está em contato direto com a Pedra do Sal,*** marco da contribuição da cultura africana na cidade, onde se trabalha a memória do samba e da sobrevivência dos escravos após a Abolição e que, através de lideranças religiosas que viveram naquele local, ajudou a tornar a região um espaço de discussão, que já traz desde sua proposta de tombamento, em 1984, o foco para o patrimônio como ferramenta de questionamento da cultura e da história. Foi nesse contexto de reavaliação dos valores transmitidos por tombamentos e musealizações de espaços e contribuições que vão além da "pedra e cal" (FONSECA, 1997) que o IPN foi gerado.

---

* Era uma área que ia da atual Cidade do Samba (na Gamboa) até a avenida Barão de Tefé (na Saúde) e acompanhava o antigo Cais do Valongo, aterrado no século XIX para a construção do novo cais do porto do Rio de Janeiro. O cemitério ficava na altura da atual rua Pedro Ernesto, 36 (Gamboa), local onde foi instalado o centro cultural.

** Ponto de cultura vem a ser integrante do Programa Cultura Viva, do Ministério da Cultura: "ele é a referência de uma rede horizontal de articulação, recepção e disseminação de iniciativas culturais. Como um parceiro na relação entre estado e sociedade, e dentro da rede, o Ponto de Cultura agrega agentes culturais que articulam e impulsionam um conjunto de ações em suas comunidades, e destas entre si. O Ponto de Cultura não tem um modelo único, nem de instalações físicas, nem de programação ou atividade. Um aspecto comum a todos é a transversalidade da cultura e a gestão compartilhada entre poder público e a sociedade civil. A adesão à rede de Pontos de Cultura é voluntária, realizada a partir de chamamento público, em editais lançados pelo Ministério da Cultura, pelos governos dos Estados ou pelas Prefeituras. Eventualmente, outras instituições públicas podem ser responsáveis pelo chamamento público." Trecho retirado do site da Secretaria de Cidadania Cutural/MinC, em 17 de março de 2012 (<http://www.cultura.gov.br/culturaviva/ponto-de-cultura/>)

*** Sopé do morro da Conceição (no bairro da Saúde), junto ao antigo cais do porto, que era ponto de encontro dos estivadores que moravam nas proximidades e formou o núcleo da Pequena África do Rio de Janeiro.

Mantidos praticamente apenas por iniciativa privada, os dois locais enfrentam dificuldades em suas infraestruturas. O Museu do Negro ficou fechado desde o início do ano de 2010 até o começo de 2011 devido ao desabamento de parte do teto do museu, enquanto o IPN enfrenta problemas semelhantes em sua construção: uma casa do início do século XVIII com infiltrações e fragilidade no teto.

## Considerações finais: entrelaçando memória, identidade e discursos de promoção e valorização

Evidentemente, a formação de uma narrativa de memória pressupõe uma seleção de acontecimentos e uma articulação dos fatos sobre o momento em que eles são registrados, uma estruturação da memória de acordo com o contexto (POLLAK, 1992), ou seja, "trabalho de enquadramento da memória" (POLLAK, 1989, 1992).

Memórias, tanto quanto identidades, são construídas a partir de disputas e da elaboração de estratégias discursivas. Neste sentido, pode-se afirmar que, não obstante ambas as instituições se voltarem para a valorização da cultura negra, seus discursos refletem momentos e representações diferenciados. Por consequência, a identidade reforçada e a memória reportada expressam as formas distintas pelas quais o patrimônio pode ser considerado uma forma de afirmação.

É fundamental perceber como, ao construírem suas estratégias de valorização, ambos os institutos negociam com projetos e percepções hegemônicas.

O Museu do Negro reflete um diálogo com o projeto hegemônico de história e identidade nacionais construído no fluxo da modernização brasileira ainda na virada do século XIX para o XX, e, deste modo, privilegia alguns aspectos da cultura brasileira, como a contribuição (assimilação) da cultura negra à nação. Neste diálogo, privilegiou o culto a personalidades e a evidenciação do papel do negro na construção da nação, tentando abranger todos os aspectos dos acontecimentos que envolveram a cultura negra no Brasil desde a chegada do povo africano durante o período de escravidão.

A sala expositiva apresenta objetos e imagens dos mais variados tipos e histórias: possui as explicações sobre a história da irmandade, exemplares de roupas e objetos religiosos, objetos de suplício e grilhões, imagens sobre a realidade dos escravos e, ao mesmo tempo, contém peças de origem artesanal quilombola. Além dessas peças, ele traz imagens de figuras que lutaram pela abolição, como Castro Alves e José do Patrocínio, e dá grande destaque à família real, sobretudo à princesa Isabel, vista como centro de todo o movimento pela abolição.

Este movimento de preservação da história frente a uma identidade nacional "modernizadora" fez com que o Museu do Negro direcionasse seu acervo, mesmo modesto, e sua divulgação para a irmandade e para o preenchimento de lacunas que durante muito tempo existiram no que se refere a uma parte importante da História nacional.

Enquanto o Museu do Negro é gerado em uma perspectiva patrimonial que ainda poderia ser caracterizada como individualizada, o Instituto dos Pretos Novos desenvolve-se em um contexto em que o patrimônio e o reconhecimento cultural são utilizados como forma de afirmação.

Negociando com uma percepção contemporânea das relações raciais, o IPN, mais que constituir acervo, propõe-se a servir como instrumento de divulgação do conhecimento, através do qual visa não somente a compreensão dos fatos históricos passados, mas também um impacto de conscientização para o presente. Aliado às questões materiais do local – os vestígios arqueológicos –, desenvolve um trabalho sobre a valorização da participação da população negra na formação do país através de uma perspectiva educacional e interativa, privilegiadora dos instrumentos patrimoniais: a questão imaterial da cultura e sua transmissão para a perpetuação da memória, colocando em prática um princípio defendido por Gonçalves (2002, p. 31): "o patrimônio é usado não apenas para simbolizar, representar ou comunicar: é bom para agir. [...] O patrimônio, de certo modo, constrói, forma as pessoas."

Aqui, o patrimônio cultural é usado com um argumento e a memória deixa de ser apenas um símbolo, metafórica, e passa a ser física, estruturada na arquitetura imperial dos sobrados da Gamboa.

Ao observar o Museu do Negro e o IPN, podemos ver as diferentes formas de apropriação do discurso nacional para a salvaguarda de um patrimônio e para chamar a atenção para as questões sociais.

O Museu do Negro, vindo de uma sociedade secular (a irmandade), traz uma carga emocional e histórica grande, e mesmo buscando novos caminhos em uma museologia menos preocupada em mostrar o passado e mais voltada para pensar o futuro, ainda traz concepções de um patrimônio de "pedra e cal" (ABREU; CHAGAS, 2003). Já o IPN reflete um movimento contemporâneo no qual o passado é meio ativo de reivindicações. Ao também retratar um passado subjugado, leva o patrimônio diretamente a dialogar com o presente, fazendo uso de seu poder narrativo.

Bauman (1998), nos primeiros capítulos de *O mal-estar da pós-modernidade*, faz uma analogia entre o puro e o impuro para evidenciar como as sociedades elegem ideais de pertencimento e de exclusão, como elegem os estranhos e como lidam com tais sujeitos que, deslocados, em um programa de ordem, insistem em circular, atuar e interagir, implicando em constante desconforto para os não estranhos.

*Assim, construir a ordem foi uma guerra de atrito empreendida contra os estranhos e o diferente. Nessa guerra [...] duas estratégias alternativas, mas também complementares, foram intermitentemente desenvolvidas. Uma era antropofágica: aniquilar os estranhos devorando-os e depois, metabolicamente, transformando-os num tecido indistinguível do que já havia. Era esta a estratégia de* assimilação:\* *tornar a diferença semelhante; abafar as distinções culturais ou linguísticas, proibir todas as tradições e lealdades exceto as destinadas a alimentar a conformidade com a ordem nova e que tudo abarca; promover e reforçar uma medida, só uma, para a conformidade. A outra estratégia era a antropoêmica: vomitar os estranhos, bani-los dos limites do mundo ordeiro e impedi--los de toda comunicação com os do lado de dentro. Esta era a estratégia da exclusão – confirmar os estranhos dentro de paredes invisíveis dos guetos ou atrás das invisíveis, mas não menos tangíveis, proibições de comensalidade, do conúbio, e do comércio, "purificar" – expulsar os estranhos para além das fronteiras do território administrado ou administrável; ou, quando nenhuma das duas medidas fosse factível, destruir fisicamente os estranhos. (BAUMAN, 1998, p. 28-9)*

Identidade, no Brasil, serviu tanto ao projeto *antropoêmico*, do afastamento, como, e mais fundamentalmente, ao projeto *antropofágico*, da assimilação, identificados por Bauman nas interações da modernidade. Contudo, tendo iniciado o século XIX, tais projetos não são suficientes para encapsular as questões do reconhecimento e da equidade que emergem dos discursos de movimentos negros desde meados do século anterior, assim como da polifonia que caracteriza as discussões raciais contemporâneas (HALL, 2000, 2003).

Neste sentido, não permitir que a relação educação/inclusão sintetize as práticas de ação afirmativa é fundamental para levar adiante o processo de concretização de mecanismos de promoção de igualdade. De fato a articulação educação, raça e ensino superior é histórica e profundamente relevante para o debate racial nacional. Contudo, a coincidência leva ao risco de reprodução de forma mais sofisticada e, guardadas as distâncias históricas e conceituais, do discurso da assimilação.

Ações afirmativas devem incidir sobre o ensino superior, mas devem igualmente avançar por outros campos, tais como o mercado de trabalho e outros espaços tradicionalmente refratários. Do mesmo modo, deve-se ir adiante, para a revisão da tradicional aplicação de identidade. Dito assim, avançar com ações afirmativas significa tornar política a categoria identidade e, em consequência, "deslocar a identidade para o campo político leva, em um limite, à própria revisão da cidadania" (VIEIRA, 2010).

---

\* O grifo é nosso.

## Parte III

## *Experiências de educação e diversidade em diferentes contextos nacionais*

# IDENTIDADE E ETNOEDUCAÇÃO COMO ESTRATÉGIAS DE REPRESENTAÇÃO E POSICIONAMENTO POLÍTICO DOS AFRO-EQUATORIANOS*

*Rocío Vera Santos*

O processo de construção de identidades étnicas vem sendo negociado constantemente em um "regime racializado de representações", criado a partir do colonialismo e da escravidão,** no qual o africano e a africana foram chamados de *negro* e *negra*, e seus corpos utilizados como força de trabalho escravo, o que se justificou mais tarde com o errôneo pertencimento a uma raça inferior. Os africanos e seus descendentes, na formação do Estado-nação equatoriano de 1830, foram excluídos dentro do imaginário de identidade nacional branco-mestiça, privados de seus direitos de cidadania*** e, em certos casos, reconhecidos como um "problema" para o desenvolvimento nacional. Apesar de alforriados através da abolição da escravatura, assinada em 1851, sem gozar de nenhum tipo de garantia econômica, política ou territorial, foram submetidos ao *huasipungo*.**** Esse trabalho camponês modifica-se com a *Ley de Reforma Agraria y Colonización* de 1964, porém, apesar da eliminação do *huasipungo* – última forma de exploração colonial –, não se distribuiu a terra equitativamente, o que ocasionou a emigração para outras cidades e para a capital do Equador de vários grupos de famílias afro-equatorianas, provenientes de assentamentos tradicionais como o Valle del Chota e Esmeraldas, em geral tendo acesso somente a trabalhos mal remunerados e de grande esforço físico.

---

* Traduzido pela dra. Bethania Guerra de Lemos.

** A escravidão no território equatoriano iniciou-se com o colonialismo espanhol. Os escravizados, tanto *bozales* (africanos que não falavam castelhano) quanto *ladinos* (africanos que falavam castelhano) ou *criollos* (africanos nascidos na América), foram destinados a diferentes trabalhos: nas minas de ouro e prata de Zaruma, Zamora, Cuenca, Quijos e Esmeraldas; nas fazendas de cana-de-açúcar, tabaco e algodão no Valle del Chota; e no trabalho doméstico em Quito e Guayaquil.

*** Para alcançar o *status* de cidadão, não se podia ser trabalhador diarista nem servente, era necessário ter propriedades e principalmente saber ler e escrever; esse último requisito foi mantido até 1979.

**** De acordo com a definição dada pela CEPAL, citada em Galarza (2010, p. 72), o *huasipungo* era um sistema que provinha da antiga *encomienda* espanhola e que consistia na prestação de serviços durante vários dias por semana como pagamento do usufruto de um terreno e do uso de uma choça.

A partir dos anos 1980 e 1990,* quando se globalizam conceitos como o multiculturalismo, as políticas de identidade e o reconhecimento da diferença, a mobilização do setor indígena e afro-equatoriano na cidade de Quito permitiu que se redefinisse a supremacia mestiça, conseguindo que o Estado equatoriano, através da Constituição de 1998,** reconhecesse os indígenas e afro-equatorianos como cidadãos e sujeitos de direitos coletivos. Portanto, no aspecto legal, os indígenas foram reconhecidos como "nacionalidades indígenas", e os afro-equatorianos como "povo negro ou afro-equatoriano". Essas categorias permitiram que os dois grupos elaborassem importantes reivindicações, sobretudo territoriais e identitárias.

As reformas constitucionais, assim como a mensagem veiculada pelas organizações estatais com referência a essa população, construíram um discurso que se baseia em uma identidade homogênea do "povo afro-equatoriano", sem diferenças regionais, históricas, culturais e políticas, assumindo que esse povo se localiza somente em zonas ancestrais,*** isto é, territorializando os grupos e excluindo simbolicamente os afro-equatorianos habitantes das zonas urbanas.**** Esse reconhecimento das identidades étnicas não modificou as relações de desigualdade social, discriminação e racismo estrutural às quais os indígenas e afro-equatorianos se encontram submetidos, como legado da "colonialidade do poder" que, desde a instauração do colonialismo, os excluiu e subordinou como sujeitos inferiores, por muitos séculos com cidadania restrita, sem direitos e principalmente sem terem reconhecidas suas contribuições epistemológicas, culturais, econômicas e políticas.

Considero que, em contraposição à ideia essencialista de identidade afro-equatoriana, construída a partir do colonialismo e reforçada através do discurso das elites hegemônicas e do Estado (assim como a circulação de representações sumamente estereotipadas e racistas da população afro-equatoriana nos meios de comunicação, materiais educativos e discursos da vida cotidiana), desde o final dos anos 1970 foram criadas novas formas de identificação. Tais formas muitas vezes são impulsionadas pelos imaginários de "negritude", "africanidade" e "ancestralidade", e pela adoção de bens culturais internacionais,

---

* Nos anos 1960 e 1970, o ativismo negro centrou-se na luta pelo direito dos camponeses à terra, ao respeito, ao trabalho e à justiça. Foi a partir dos anos 1980 e 1990 que o ativismo negro adotou uma posição étnica e cultural e assumiu uma luta política diante da discriminação, da marginalidade e da exclusão (ver ANTÓN, 2011).

** Na Constituição de 1998, o Estado equatoriano se declarou pluricultural e multiétnico. Reconheceu a diversidade de suas regiões, povos, etnias e culturas, e estabeleceu quinze direitos coletivos para os indígenas. Já o chamado "povo negro afro-equatoriano" só recebia os direitos que lhes fossem aplicáveis. Na atual Constituição (2008), o Estado se declara intercultural e plurinacional e estabelece 22 direitos coletivos encaminhados a fortalecer a identidade, a cultura e a tradição dos povos, dessa vez especificamente do povo afro-equatoriano.

*** No Equador, os territórios considerados ancestrais se localizavam em Valle del Chota, La Concepción e Salinas, nas províncias de Carchi e Imbabura, em Esmeraldas, nos cantones San Lorenzo, Eloy Alfaro e Río Verde, localizados na costa norte do oceano Pacífico.

**** Segundo o censo de população e moradia de 2010, no Equador há 1.041.559 afro-equatorianos, isto é, eles representam 7,2% do total da população. A população urbana afro equivale a 74,4%, e a rural a 25,6% (INEC, 2010).

fazendo de suas práticas um referente positivo que reivindica as identidades e conecta as "culturas negras" em várias partes do mundo, dentro do que se chamou "Atlântico Negro".

## Aproximação teórica e metodológica

Para realizar uma análise do processo de construção de identidades e das estratégias de representação utilizadas pelos diferentes sujeitos implicados, considerei os aportes de Stuart Hall, em particular o conceito de "articulações identitárias". Utilizando essa categoria analítica, pode-se observar nas narrativas dos sujeitos como estes foram "interpelados" nos discursos, encontrando-os em certas posições ou locações sociais fixas, e, por outro lado, o "lugar de enunciação" dos sujeitos dentro do discurso, através de um processo de "subjetivação", que dá conta de um posicionamento, isto é, de sua capacidade de "agência" (HALL, 1996). Esse posicionamento pode ser evidenciado através de estratégias de representação que, por um lado, questionam os "regimes racializados de representação", reinvertendo estereótipos do negativo ao positivo através de uma modificação nas "relações de representação" sumamente desiguais, estereotipadas e discriminatórias, e, por outro lado, fazem uma intervenção nos discursos e estruturas através de representações próprias, que se constroem a partir de um reconhecimento de experiências e subjetividades, ou seja, a geração de "políticas de representação", que levem a construir novos sujeitos e "novas etnicidades" (HALL, 1997a, 1997b). Nesse sentido, o termo etnicidade "reconhece o lugar que ocupam a história, a linguagem e a cultura na construção da subjetividade e da identidade, assim como o fato de que todo discurso está localizado, posicionado e situado, e de que todo conhecimento é contextual" (HALL, 2010, p. 310). Ao se posicionarem dessa forma, os sujeitos podem falar e assumir um passado, uma tradição, uma memória e um lugar histórico. Recorre-se ao passado, porém este é agora visto e tomado como uma história, algo que deve ser narrado. Conhecendo o passado do qual procedem, os sujeitos negros e negras podem descobrir e redescobrir os recursos através dos quais são capazes de se posicionar.

O vínculo com o passado, as tradições e a memória é construído na narrativa, está na memória coletiva que se tenta recuperar, a fim de interpelar o projeto e as formações discursivas hegemônicas sumamente racializadas, mediante as quais foram imaginados os afrodescendentes, para que possam, dessa forma, falar por si mesmos (HALL, 2001). A estratégia de "políticas de representação" faz referência não só à produção de conhecimentos, mas ao mesmo tempo apresenta o objetivo de ser uma prática social e política, remete a uma intervenção dedicada a redefinir os termos nos quais o social se constitui, evidenciando a contingência das fronteiras que definem os grupos com o objetivo de combater as certezas simbólicas nas quais estão fundamentadas as práticas de discriminação e racismo (COSTA; GURZA, 2006).

Por outro lado, utilizo também o conceito de "Atlântico Negro" proposto por Paul Gilroy (1993), para fazer referência à criação de uma "cultura negra transnacional", não entendida como o resultado de uma essência, mas sim como um espaço "glocal"* que os descendentes da "diáspora africana" encontraram em cada nação, para trocar experiências e criações com outras "culturas negras" presentes em todo o mundo. Nesse conceito destaca-se o surgimento de "marcas transatlânticas" e sua capacidade de adaptação e reconstrução de elementos tradicionais e modernos. As práticas culturais foram orientadas historicamente a uma luta pela liberdade, pela cidadania e por espaços autônomos no sistema político formal dos Estados nas sociedades modernas. Nesse sentido, entende-se o "Atlântico Negro" como um "espaço de articulação de antirracismo", no qual se postula que o que une as diversas populações afrodescendentes não é necessariamente a ancestralidade africana, nem os traços físicos, mas sim as experiências similares de opressão racista e de luta contra a discriminação.

Considero que essas práticas culturais da "diáspora africana" constituem projetos que conseguem acionar os sujeitos, movimentos e povos para intervirem e transformarem os legados da "colonialidade do poder", que por séculos posicionou os afrodescendentes como "os últimos outros", desconhecendo seus aportes políticos, econômicos, epistemológicos, culturais e sociais.

O material utilizado para a análise se baseia nas publicações do *Boletín Afroecuatoriano Palenque*** de la Pastoral Afro de Quito*; no material etnoeducativo que o Centro Cultural Afroecuatoriano produziu para dar aulas no Instituto de Formación Afroecuatoriana; nas publicações impressas do Fondo Afro-Andino; e nas publicações do Centro de Investigación de la Mujer de Piel Africana, assim como na revisão de testemunhos de líderes (homens e mulheres) obtidos com base em materiais publicados, como vídeos na Internet e entrevistas semiestruturadas dos principais representantes do ativismo afro em Quito, realizadas em 2011.

## A ETNOEDUCAÇÃO COMO POSICIONAMENTO IDENTITÁRIO

No Equador, o processo de "aprender a ser negro/negra", como uma possibilidade de posicionamento diante da discriminação, da marginalização e do racismo, esteve marcado

---

* Neologismo surgido na década de 1980, que expressa a presença e contribuição da dimensão local na formação de uma cultura global.

** No Equador, a palavra *palenque* (paliçada) designa tanto os antigos quilombos quanto as atuais organizações de afrodescendentes organizados e com autonomia, como é dito mais adiante. (N. T.)

por sujeitos específicos, que se apoiaram na história e em elementos culturais, inclusive africanos, para reconstruir um "ser negro/negra" no espaço urbano. Nesse momento foram geradas transformações no significado do termo "negro", como uma postura dos sujeitos, respaldadas pela recuperação da memória coletiva e a construção de um projeto de etnoeducação. Particularmente em Quito, os processos de organização de coletivos começaram a articular dinâmicas locais, nacionais e transnacionais. Destacam-se três eventos particulares que incentivam a organização dos estudantes afro nas cidades: a luta pelos direitos civis nos Estados Unidos no final da década de 1950 e começo dos anos 1960; a luta contra o *apartheid* na África do Sul, desde os anos 1950 até os anos 1990, e, finalmente, o "Primero Congreso da Cultura Negra na América", realizado na Colômbia em 1977. Esse congresso foi organizado pelo Centro de Estudios Afrocolombianos, pela Fundación Colombiana de Investigaciones Folklóricas, e pela Asociación de Jóvenes Negros Peruanos. Depois do evento, foi fundado, no ano de 1979, em Quito, o Centro de Estudios Afroecuatorianos (CEA), pela iniciativa de jovens migrantes de Valle del Chota e Esmeraldas, que haviam chegado à capital para realizar seus estudos universitários na Universidad Central del Ecuador. Esses estudantes tentavam encontrar caminhos para enfrentar a discriminação e o racismo. Além disso, dedicaram-se a documentar os conhecimentos e a sabedoria dos anciãos em seus povoados de origem, como relata Juan García:

*Nas discussões, a princípio informais, foram concebidas muitas maneiras de preencher os espaços vazios tanto nas escolas quanto na sociedade. Havia várias propostas, entre elas a de recolher os saberes da comunidade; não estávamos certos se eram saberes, filosofias ou valores, mas sabíamos que nas comunidades havia uma memória e essa memória era o que podia nos ajudar a fortalecer nossa identidade, mas também ensinar ao outro sobre nós. (FONDO, 2014, tradução nossa)*

De fato, Juan García, em colaboração com alguns dos integrantes do CEA, realizou por mais de 30 anos um trabalho de recuperação da memória oral nas comunidades negras de Valle del Chota e Esmeraldas. Com a recuperação da memória, começaram a produzir os chamados *Cuadernos Afroecuatorianos* (PABÓN, 2011, p. 23). O objetivo do grupo era recuperar o conhecimento dos mais velhos como um elemento base para a construção e o posicionamento identitário:

*Sempre nos foi dito que somos isso, que somos aquilo; e nós, em nossa reconstrução, sabemos que não somos o que nos dizem que somos, começando pelos próprios processos históricos [...]. Então se iniciou no movimento negro uma proposta, começamos a usar exatamente o que antes nos tinha sido dito que era ruim, os conhecimentos que* *nos disseram que não eram conhecimentos, que não valiam, começamos a usá-los para propô-los às pessoas. Vamos nos organizar em quilombos,\* vamos começar a fazer quilombos de negros, as comunidades farão pequenos quilombos e os grandes quilombos vão fazer a união das comunidades. E com tudo isso começamos a ver que os anciãos tinham muitos discursos guardados, que nos iam servindo para construir essa proposta política de organizações em direção ao interior das comunidades. Trabalhamos muito com a tradição oral, com os conhecimentos que as pessoas tinham em suas cabeças [...]. A luta é voltar a essa forma de conhecimento, a essa maneira de entender a vida e nossos próprios saberes, e como também inserir nos processos educativos nossa visão da história e do conhecimento. (WALSH; GARCÍA, 2002, p. 320, tradução nossa)*

Essa narrativa evidencia o processo de "articulação da identidade": por um lado, os discursos que interpelam ("nos disseram que somos isso, que somos aquilo"), por outro, um processo de subjetividade, que Juan García chama de "reconstrução" e que o leva a se posicionar como um ser atravessado por essa interpelação, que se reconstrói através da organização de *palenques* (quilombos), retomando o conceito que se refere às territorialidades livres, construídas pelos escravizados e agora representadas como espaços de poder, de enunciação e de pertencimento. Também fica evidente a concepção de "conhecimentos e saberes" como uma ferramenta para começar a contar a história a partir de suas próprias vozes, sentidos e experiências.

O trabalho de Juan García, sem dúvida alguma, gerou valiosas contribuições na difusão da tradição oral, como demonstra a publicação em 1988 de *Cuentos y décimas afroesmeraldeñas*, e especialmente no desenvolvimento de propostas etnoeducativas, as mesmas que vêm sendo concretizadas desde 1999 através de oficinas chamadas de "sensibilização", tanto nas províncias de Imbabura e Carchi, na zona de Valle del Chota e Mira, quanto na província de Esmeraldas (PABÓN, 2011, p. 27).

Em Valle del Chota, depois da realização das oficinas sobre a história da África e dos afro-equatorianos, foi criada em 2001 a Comissão de Etnoeducação, como um eixo articulador da Federação de Comunidades e Organizações Negras de Imbabura e Carchi (FECONIC), fundada em 1997 (PABÓN, 2011, p. 46). A comissão, conformada majoritariamente por professores, homens e mulheres, afro-equatorianos e alguns líderes de movimentos, atualmente reúne mais de 60 docentes. A etnoeducação é definida pela comissão como "um projeto político e epistemológico afro-equatoriano, que se constitui como uma ferramenta para acessar o próprio saber e como um instrumento para chegar à interculturalidade em igualdade de condições e conhecimentos" (PABÓN, 2011, p. 28).

---

\* No original *palenque*. No Brasil, a palavra *quilombo* nem sempre é utilizada para definir essas organizações na atualidade, porém, optamos pela sua utilização nesse contexto, por toda a carga histórica que o termo apresenta e manifesta no uso original. (N. T.)

Esse grupo propôs-se, no Primeiro Congresso Unitário do Povo Afro-equatoriano, em 1999, "formular uma reforma curricular do Sistema Educativo para que se incluam em seus conteúdos conhecimentos sobre a etnoeducação do povo negro" (PABÓN, 2011, p. 30).

No ano de 2005, a comissão publicou o Módulo de Etnoeducação Afro-equatoriana intitulado *Nuestra historia, documento didáctico pedagógico de etnoeducación afroecuatoriana*, que desde o ano letivo de 2005-2006 é aplicado nas instituições educativas de Valle del Chota. Em 2008, a Comissão iniciou a elaboração de treze módulos ou guias etnoeducativos para cada ano escolar, a fim de aplicá-los em todas as instituições da zona norte do país. A intenção era que esses guias também fossem incorporados aos currículos nacionais de educação intercultural (PABÓN, 2011, p. 42).

Outra instituição é o Centro de Investigación de Mujeres de Piel Africana, que integra mulheres de Valle del Chota e da diáspora em Quito. Esse centro também realizou um processo de recuperação da memória, da tradição oral, contos, saberes, lendas e histórias de vida de personagens de Valle, com o objetivo de incorporar essas pesquisas na proposta de etnoeducação para o plano curricular, sendo este um processo que permite dar visibilidade à sua cultura, a seus aportes e conhecimentos, não só para os afro--equatorianos, mas também para a sociedade em geral.

> *Nós fazemos mais pesquisas sobre nossa cultura, nossas tradições, nossa história, tradições orais que nossos avós nos contaram; agora as estamos escrevendo para publicá--las, para que sirvam à educação [...], então nós estamos nesse processo de compilar coisas, para que sirvam quando a etnoeducação faça parte do currículo educativo, e que inclusive não seja somente para os nossos, mas também para os outros, que também aprendam e vejam que somos uma cultura rica e que fazemos com que este país seja tão diverso e bonito; então que venha contribuir para isso, para que os outros aprendam a amar, porque não se ama o que não se conhece, então nesse sentido estamos trabalhando. (Ofelia Lara, entrevista em outubro de 2011, tradução nossa)*

Até o momento, o Centro publicou os contos *La buena mujer y el chivo* (em 2008),* que de acordo com Ofelia Lara é um conto que se transmite na África, em Esmeraldas e em Valle del Chota, "então isso significa que o usamos para dizer que viemos lá da África, com nossa tradição, e que estamos aqui, tanto na costa como na serra, então somos os mesmos"; a história de vida de *Don Perfilio Lara, el animero mayor* (s/d), sendo este um personagem "que fazia a retirada e a vinda das almas na época de finados, tudo

---

* A publicação foi feita dentro do projeto *Consolidación de liderazgo y empoderamiento de mujeres negras organizadas en Ecuador*, cofinanciado pela União Europeia e executado pela Cooperazione Internazionale (COOPI), a CONAMUNE e o Centro Cultural Afroecuatoriano.

como um ritual"; e também um *Diccionario de Choteñismos* (em 2011), isto é, palavras próprias de Valle del Chota (Ofelia Lara, entrevista em outubro de 2011).

Em 2002, o Processo de Comunidades Negras, representado por Juan García, assinou um convênio com a Universidad Andina Simón Bolívar, em Quito, instituição à qual foram entregues, em sistema de comodato, 8 mil fotografias e uma extensa coleção de 3 mil horas de fitas gravadas com testemunhos de afro-equatorianos. Com isso foi criado o Fondo Documental Afro-Andino, e mais tarde foi impulsionada a Cátedra de Estudos da Diáspora Afro-Andina, financiada pelo Projeto Andrés Bello. O material que o Fondo Afro-Andino possui constitui um elemento para fortalecer as identidades negras e também para ser utilizado como ferramenta de etnoeducação através da tradição oral. Para Juan García, a tradição oral compilada permitirá que os negros/afro-equatorianos possam ler-se a partir de si mesmos e não a partir da leitura ainda latente da herança colonial. A tradição oral é reconhecida como um recurso de resistência, já que a escrita e a leitura foram negadas aos escravizados. Portanto, essa recuperação permite conhecer a história guardada pelo povo afro, contada a partir de sua própria voz, construindo una história paralela à que foi construída sobre eles, evidenciando o uso desses coletivos de "políticas de representação" próprias.

O Fondo Documental Afro-Andino, com o material compilado pelo CEA e a metodologia que o mestre Juan García desenvolveu, publicou em 2003 dois guias didáticos: *Cuentos de animales en la tradición oral del Valle del Chota* e *Papá Roncón, historia de vida*.* O primeiro guia pretende dar um novo significado à função social da tradição oral, como um legado ancestral que tem como base a África, afirmando que a identidade se sustenta nesse legado:

> *Assumir a tradição oral como um sistema comunitário de comunicação que tem suas bases na África é dar a ela o valor que teve para o desenvolvimento cultural e a consolidação da identidade do povo negro. Impedir que desapareça o legado ancestral como suporte da identidade cultural é fazer possível um futuro que dê sentido à existência de homens e mulheres negros/as como construtores/as da nação equatoriana. (GARCÍA, 2003, p. 6, tradução nossa)*

O segundo guia, *Papá Roncón, historia de vida*, por sua vez, aborda temáticas relacionadas com a experiência vivida por Guillermo Ayoví – principal expoente da música marimba – e sua inter-relação com os mandamentos ancestrais dentro da diáspora africana: território, tradição e identidade, uso e manejo dos recursos naturais, cosmovisão e religiosidade, saberes e tradições, relações interculturais, ordens e ensinamentos dos

---

* Ambos os guias foram publicados com o financiamento do Bureau of Educational and Cultural Affairs do Departamento de Estado dos Estados Unidos.

mais velhos. Em 2003 foi feita outra publicação denominada *Papá Roncón, Historia de vida*, sendo Juan García o seu compilador.

O Fondo Afro-Andino publicou ainda três cartilhas etnoeducativas: *Aprender haciendo: una metodología para la reconstrucción de saberes* (2007) e *Metodología de la investigación colectiva* (2008), que recolhem a experiência de pesquisa coletiva do projeto "Saberes próprios, religiosidade e lutas de existência afro-equatoriana",* e *Plantas medicinales del Valle del Chota* (2009), cartilha que reúne os conhecimentos do grupo Mulheres da Terceira Idade de Valle del Chota.** A metodologia indica que é importante entender que "a tradição oral está na cabeça dos nossos anciãos", estes são considerados "autoridades e mestres", "guardiões da tradição", já que na cultura afro--equatoriana há suficientes elementos para "reconstruir nossas identidades" e, finalmente, comprometer-se a devolver esses saberes e conhecimentos para as futuras gerações (*Cartilla Etnoeducativa*, 2007, n. 1, p. 8).

A etnoeducação se constitui como um "lugar de enunciação" que leva implícito um processo de desprender-se do que é alheio, isto é, de todas as construções essencialistas, negativas e estereotipadas que foram construídas, para retomar o que é próprio através das narrativas, histórias, memórias, sentidos, saberes e conhecimentos:

> Os mais velhos dizem que a etnoeducação deve servir-nos para construir e fortalecer nossas identidades culturais, e para eles é preciso desapegar-se do que é alheio para recuperarmos o que é próprio. O próprio não é mais do que aquilo que nos constitui como povo diferenciado, como afro-equatorianos/as; dentro do próprio estão nossas histórias construídas a partir das heranças africanas, histórias que nos ajudam a ser o que queremos ser, a reencontrarmo-nos com nós mesmos. Portanto é necessário mudar os espaços e as formas de ensino-aprendizagem, o que implica, segundo os/as mais velhos/as, ter a vontade e o compromisso com os ancestrais. (*Cartilla Etnoeducativa n.* 2007, p. 4, tradução nossa).

Em 2009 García fez parte da equipe compiladora da *Enciclopedia del saber afroecuatoriano*,*** como uma iniciativa de etnoeducação que permitia "ir ao encontro

---

\* Desenvolveu-se em coprodução com a Asociación de Estudios Latinoamericanos (LASA) dentro do projeto "Outros saberes".

\*\* Essa pesquisa foi financiada pelo Programa de Desarrollo Cultural do BID e com o apoio da LASA. Sobre esses saberes também foram produzidos os documentários *Saberes propios, religiosidad y luchas de existencia afroecuatoriana, Tinieblas y luz, semana santa en Selva Alegre, reconstrucción de saberes desde la religiosidad* e *Cantos de las siete palabras, celebración del viernes santo en La Concepción*.

\*\*\* A publicação foi feita com o financiamento da Aliança UNICEF e do Diners Club e a cooperação do Comitê Espanhol, no marco do Convenio Vicariato Apostólico de Esmeraldas. Os conteúdos em sua maioria partem dos estudos realizados pelo Instituto de Formación afroecuatoriana de la Pastoral Afro.

das necessidades educativas e de formação das comunidades afro-equatorianas" e dos equatorianos em geral, cujos conteúdos permitam "gerar processos de identificação cultural" (Mons. Eugenio Arellano, *Enciclopedia del saber afroecuatoriano*, 2009, p. 13).

Na metade dos anos 1980, o CEA se desintegra, em parte por falta de financiamento, em parte porque alguns dos líderes voltariam aos seus lugares de origem. Aqueles que ficaram em Quito se incorporaram à Pastoral Afro, criada na cidade no ano de 1981, sob a direção do missionário comboniano padre Rafael Savoia. O missionário fundou o Departamento de la Pastoral Afroecuatoriana (DPA), em 1983, e o Centro Cultural Afroecuatoriano (CCA), em 1985.

O CCA orientou a formação dos afro-equatorianos, homens e mulheres, em todos os níveis, favorecendo o surgimento de autênticos líderes que participavam dos espaços de integração denominados "Encontros de famílias negras", nos quais cada grupo começava um processo de reinvenção de tradições recriando a música e a dança das suas regiões de origem e debatendo sobre autoestima, valores e identidade. O CCA se estabeleceu como um espaço de pesquisa sobre a presença dos afrodescendentes no Equador e sua relação com a América e a África. Nele se realizavam pesquisas, recuperação da cultura e dos valores da memória coletiva. Com as pesquisas e os materiais que se produziam, tentava-se mudar o significado negativo associado ao termo *negro*, porém também se evidenciou a coexistência de estereótipos na construção da identidade negra, principalmente aqueles que vinculam a identidade com as zonas rurais, a alegria própria do povo afro, ou a música e a dança como características inatas da etnia.

O CCA, também criou a Biblioteca Alonso de Illescas, que tem aproximadamente 6.500 livros, e através da editora Ediciones Afro América publicou 90 vídeos e 12 programas de rádio, especificamente sobre a temática negra. De 1982 até 2005 o CCA publicou o *Boletín Informativo Afroecuatoriano Palenque*. O *Boletín Palenque* publicava informação de carácter local, nacional e transnacional, através do vínculo das organizações afro com outras da América Latina e África, o que evidencia o funcionamento do "Atlântico Negro".

Em 1983 a Afro Agrupación Conciencia organizou a mesa redonda sobre os afro-equatorianos "Pasado, presente y futuro en el país" (*Boletín Palenque*, 1983, 2. n. 6, p.1). Essa organização em Quito e os grupos em Guayaquil e Esmeraldas (apoiados pelo Padre Rafael Savoia e inspirados na Teologia da Libertação) criaram o Movimiento Afroecuatoriano Conciencia (MAEC). O movimento realizou pesquisas sobre a origem da população negra no Equador, a realidade dos negros e negras localizados nos bairros marginais das diferentes cidades e a difusão das problemáticas que enfrentam através de programas de rádio.

O MAEC, em uma documentação do movimento, escreve: "[...] percorrer juntos o caminho realizado pelo Grupo de União e Consciência Negra do Brasil ajudará os membros do Movimiento Afroecuatoriano Conciencia a refletirem, dando-nos ideias e, sobretudo, mostrando-nos o caminho concreto que nossos amigos do Brasil têm trilhado" (*Boletín Palenque*, 1984, 3, n. 1, p. 1, tradução nossa). O papel que o *Boletín Palenque* cumpre nesse processo é muito importante, já que o MAEC consegue acessar informações e contatos com o Grupo União e Consciência Negra do Brasil e de outros países na região. Integrantes do grupo brasileiro difundem suas experiências nesse meio de comunicação, demonstrando a dinâmica de funcionamento do "Atlântico Negro", cujos intercâmbios servem de guia ao MAEC no processo de reinvindicação da identidade da população afro-equatoriana e afro-quitenha, e na luta contra a discriminação, o racismo e as desigualdades sociais.

O padre Rafael Savoia, em particular, organizou congressos sobre a história do povo negro nos quais os estudantes universitários envolvidos com o processo de formação podiam apresentar suas comunicações e discuti-las junto a outros intelectuais negros da região andina. Como frutos desses congressos foram publicados os seguintes livros: *El negro en la historia de Ecuador y del sur de Colombia* (1988); *El negro en la historia: aportes para el conocimiento de las raíces en América Latina* (1990); *El negro en la historia: raíces africanas en la nacionalidad ecuatoriana* (1992); e *El negro en la historia del Ecuador: esclavitud en las regiones andina y amazónica* (1999).

Para cumprir os objetivos de formação de líderes, a Pastoral Afro fundou em 1998 o Instituto Nacional de Pastoral Afroecuatoriana,\* como um serviço para a capacitação dos agentes da pastoral e integrantes do povo afro-equatoriano. A formação se desenvolve em duas etapas através de onze diferentes módulos presentes nas seguintes publicações: *Historia del negro en Ecuador* (1997); *Historia del negro en América Latina* (1997); *Historia del negro en África* (1997); dois tomos de *Economía afroecuatoriana* (2004); *Sociología afroecuatoriana Módulo 1 y 2* (1997 e 1999).

Em 1998 a Pastoral Afro fundou em Quito o Centro Juvenil Daniel Comboni, que se constitui como um espaço de encontro para os eventos e atividades realizados pelos missionários combonianos na cidade. Em 2002, sob a iniciativa de jovens afro-quitenhos participantes da pastoral, foi criado o Palenque Juvenil Yowa (Quilombo Juvenil Yowa), entre seus objetivos se destacam: plasmar ações que permitam eliminar toda forma de maus-tratos e discriminação aos jovens negros, organizar oficinas para a formação e a integração utilizando os Módulos do IFA. Ao mesmo tempo criaram o programa de rádio "Entre Tambores" para difundir informações sobre as organizações, assim como a história e a cultura do povo afro-equatoriano e da diáspora. Além disso, a partir de 2010, foram criados os Centros de Educación Cimarrona (Centros de Educação Quilombola), para formar crianças e jovens, principalmente em educação cultural através de oficinas

---

\* No ano 2000 o INPA foi denominado Instituto de Formación Afroecuatoriano.

quilombolas de religião, tradições e história do povo afro-equatoriano. Os jovens líderes que participam dos Centros de Educación Cimarrona assumem o compromisso de transmitir o que aprenderam às crianças e jovens dos bairros afro. Os jovens que realizam esse trabalho em seus próprios bairros recebem meia bolsa para estudar nas faculdades de Antropologia, Pedagogia ou Desenvolvimento Local na Universidad Politécnica Salesiana, graças a um acordo da Pastoral Afro com essa universidade. Com os participantes dos Centros de Educación Cimarrona se organizam acampamentos de férias todo o mês de agosto, desde 2006. E uma vez ao ano ocorre o Encontro Juvenil Pastoral Afro (Padre Antonio D'Agostinos, entrevista em março de 2011).

Com o quinto Encontro de Famílias Negras, realizado em 1997, foi decidida a criação da Federación de Organizaciones Negras de Pichincha (FOGNEP), e o Movimiento de Mujeres Negras de Quito (MOMUNE), evocando Iemanjá, deusa ou orixá das águas do mar e símbolo da maternidade universal. Dois anos depois foi criada a Coordinadora Nacional de Mujeres Negras (CONAMUNE).

## INCIDÊNCIA POLÍTICA DO POVO AFRO-EQUATORIANO NOS ESTAMENTOS LEGAIS

O ponto de partida para questionar a discriminação aos afro-equatorianos na cidade de Quito deu-se depois da morte de homens e mulheres negros, alguns deles pelas mãos da polícia (OCLES, 2009).

> [...] *foi feita uma análise e dissemos: "por pouco aqui (em Quito) seríamos ilegais". E em que se baseava essa ilegalidade? Baseava-se na declaração de Aníbal de la Torre e Edmundo Egas, altos coronéis (do corpo de Polícia), que afirmaram existir uma "raça" que vinha invadir e criar bolsões de pobreza na cidade. Portanto, se você era invasor consequentemente era ilegal, e se vinha invadir também não era daqui. Então, sob essa reflexão, dissemos: "os negros são ilegais", desse modo, precisamos expor toda nossa energia em nos legalizarmos. E a legalização era que o Congresso Nacional reconhecesse o Dia Nacional do povo negro, que reconhecesse que há heróis negros e que também fosse obrigatório o conhecimento da nossa história, então isso nos daria o ponto de partida do reconhecimento, e tendo esse instrumento iríamos criando juridicamente outras coisas que nos dessem respaldo e nos permitissem reclamar nossos direitos.* (Juan Carlos Ocles, entrevista em março de 2011, tradução nossa)

Diante das declarações desses membros da polícia, as diversas organizações afro da cidade de Quito se mobilizaram em 7 de janeiro de 1997 em direção à Corte Suprema de

Justiça e ao Ministério de Governo. Com a marcha *Por un futuro negro digno y bonito* exigiu-se que os casos fossem julgados e que as famílias fossem indenizadas, porém os casos não foram julgados nem as famílias indenizadas. Entretanto, gerou-se pela primeira vez um espaço de representação e de exigência de respeito ao ser e aos direitos dos negros como seres humanos.

No dia 1º de outubro de 1997, produziu-se novamente uma marcha massiva por parte das organizações afro-equatorianas, dessa vez em direção ao Congresso Nacional, com o fim de exigir a *Ley especial de la institucionalización del Día Nacional del Negro y el reconocimiento como héroe nacional a Alonso de Illescas*. Mediante a Resolução Legislativa assinada em 2 de outubro de 1997 e publicada em Registro Oficial no dia 4 de novembro de 1997, o Congresso Nacional declarou o primeiro domingo de outubro como Dia Nacional do povo negro, reconheceu Alonso de Illescas como primeiro herói nacional* e recomendou a inclusão dos fatos na história do país.

Entre esses acontecimentos destacam-se dois aspectos importantes que fazem referência às estratégias de representação postas em prática pelos sujeitos, para questionar, modificar ou intervir nos "regimes racializados de representação" e com isso gerar espaços de diálogo e intervenção. O slogan "Por um futuro negro, digno e bonito" evidencia uma reinversão de estereótipos, como estratégia para incidir nas "relações de representação", isto é, nos discursos que historicamente localizaram os afrodescendentes em posições de inferioridade e exclusão, e nas representações que, amparadas em preconceitos e estereótipos, criaram imagens negativas e subordinadas. E a marcha para exigir o "Dia nacional do negro e o reconhecimento de Alonso de Illescas como herói nacional" foi justamente uma posição política assumida pela FOGNEP como forma de luta pelos direitos humanos e pela visibilidade como cidadãos e coletivos que fizeram história. Com essa marcha, a voz do povo afro fez-se ouvir na cidade de Quito, os sujeitos criaram um "lugar de enunciação", e com isso geraram certas mudanças na sociedade equatoriana, fazendo uso de "políticas de representação" a fim de intervir nos discursos, ressaltadas a partir de elementos de autoidentificação que permitem que os sujeitos se posicionem.

Esse posicionamento está relacionado com uma consciência da experiência negra da diáspora, e o que Stuart Hall denominou "novas etnicidades". De fato, a difusão da obra de Miguel Cabello Balboa sobre a chegada dos negros ao Equador, e em particular sobre Alonso de Illescas como fundador do primeiro reino quilombola em Esmeraldas, constitui-se como a descoberta mais significativa para os afro-equatorianos. A partir do conhecimento e da difusão dos conteúdos dessa obra na publicação do IFA *Historia del negro en el Ecuador* (1997), o povo negro inicia um processo de reivindicação e construção identitárias, o mesmo que Juan García explica como "dentro de casa" e "fora de casa".

---

* Em 2004 o Congresso Nacional criou a medalha de honra ao mérito "Alonso de Illescas".

O tempo "dentro de casa" se constitui pelos espaços autônomos para fortalecer o que é próprio, em nível comunitário ou de bairros, através do saber coletivo (cultura) e do direito a ser autônomos (política); o tempo "fora de casa" constitui-se pelos espaços para compartilhar com os outros (Estado e sociedade), usando os canais da interculturalidade propostos pela nação, a fim de ensinar aos demais sobre a realidade afro-equatoriana (GARCÍA apud PABÓN, 2011, p. 26).

Dessa forma, se consegue que em 1998 a Constituição reconheça os negros ou afro--equatorianos como cidadãos e sujeitos de direitos coletivos, e em 2006, através da aprovação da *Ley de Derechos Colectivos de los pueblos negros o afroecuatorianos*, se estabelece no artigo 5 que, "nos planos e programas da educação básica e ensino médio, constará como eixo transversal o conhecimento das culturas negras ou afro-equatorianas do país". Da mesma forma, na Constituição de 2008, no artigo 343, indica-se que "o sistema nacional de educação integrará uma visão intercultural, de acordo com a diversidade geográfica, cultural e linguística do país, e o respeito às comunidades, povos e nacionalidades". O *Plano plurinacional para eliminar la discriminación racial y la exclusión étnica y cultural*, de 2009, estabelece também no eixo 3, sobre Educação, Comunicação e Informação, que se deve considerar o *Programa de educación para la interculturalidad*, mediante o qual se propõe uma reforma no currículo educativo, a fim de incorporar a etnoeducação afro-equatoriana; para isso se institucionalizará a Cátedra de Estudos Afrodescendentes, que será obrigatória em todos os planos educativos do país.

Finalmente, em 2011 foi promulgada a *Ley Orgánica de Educación Intercultural*, a mesma que fomenta a educação intercultural e inclusiva, na qual, entre as obrigações do Poder Público, é garantido na alínea G que "o projeto curricular considerará sempre a visão de um Estado Plurinacional e Intercultural". Entre os objetivos do Sistema de Educação Intercultural Bilíngue se estabelece na alínea D: "A recuperação, desenvolvimento e socialização da sabedoria, o conhecimento, a ciência e a tecnologia dos povos e nacionalidades ancestrais".

## Conclusões

A recuperação da memória e da tradição oral permitiu ao povo afro-equatoriano construir uma filosofia, uma epistemologia própria e um "lugar de enunciação" que tem como base a aplicação de "políticas de representação" através da proposta etnoeducativa. Esta proposta, ao ser incluída na educação oficial, não só permitirá um reconhecimento de suas contribuições, mas também a valorização e o uso dos conhecimentos que provêm das comunidades afro-equatorianas. No entanto, as normativas legais alcançadas depois de décadas de lutas ainda não foram operacionalizadas, e por isso as organizações afro-

-equatorianas demandam ao Estado o cumprimento do que está estipulado na *Ley de Derechos Colectivos del Pueblo Afroecuatoriano*, na qual se contempla a criação da Comisión Pedagógica Nacional de Asuntos Afroecuatorianos, a fim de que essa entidade execute políticas públicas com relação à produção de insumos e materiais didáticos para gerar um uso efetivo desses aportes.

Com o mesmo objetivo, também foi proposto que dentro do programa *Sistema integral de desarrollo profesional para educadores* (SIPROFE, do Ministério da Educação) sejam elaborados livros e guias a fim de capacitar o Magistério Nacional sobre o tema da etnoeducação afro-equatoriana. Para além da aplicação da lei, o efeito que esse novo sistema causará nas futuras gerações educadas por meio dele será a possibilidade de construir uma sociedade intercultural, mais inclusiva, cujos membros respeitem as diferenças, dando respostas ao "regime racializado de representações" e às estruturas nas quais se sustentam as práticas de discriminação e racismo.

# EDUCAÇÃO E DIVERSIDADE EM CABO VERDE: UM ESTUDO SOBRE A PEDAGOGIA DE EXCLUSÃO DA LÍNGUA MATERNA DO SISTEMA DE ENSINO*

*Fernando Jorge Pina Tavares*

À diferença dos demais países africanos de expressão portuguesa, em Cabo Verde, o povoamento e a formação da sociedade ocorreram de forma peculiar, no contexto da colonização europeia da África. Ao passo que os outros países africanos já eram habitados por comunidades indígenas antes da invasão dos colonizadores europeus, Cabo Verde não era habitado antes da chegada dos portugueses. O povoamento das ilhas teve início entre 1460 e 1462, com a constituição, pela Coroa Portuguesa, de Capitanias Hereditárias que determinaram a exploração econômica do arquipélago. Segundo as fontes históricas, o povoamento do arquipélago de Cabo Verde começou com a chegada de colonos europeus, de origem predominantemente portuguesa, e escravos capturados na costa ocidental africana, mais precisamente no então chamado Rios da Guiné. A partir desse período desencadeou-se um processo de miscigenação racial e cultural, marcado pelo cruzamento do homem branco europeu com a escrava negra africana, iniciando, assim, um processo de criulização, que teve como consequência a formação de uma sociedade crioula caraterizada pelo "hibridismo transcultural" e pela identidade linguística.

A gênese e evolução da língua e cultura crioulas no território cabo-verdiano desenrolou-se num contexto multicultural de dominação e de resistência, marcado pelo encontro e desencontro de culturas dominantes e subalternas, transformando o arquipélago atlântico num verdadeiro "laboratório" da miscigenação crioula nos trópicos. É, portanto, ilusória a ideia postulada pelo colonizador e reapropriada, na actual conjuntura histórica, por uma certa elite política e "intelectual" cabo-verdiana, de que existe uma "unidade nacional" em Cabo Verde, como se o processo de criulização se tivesse desenrolado de forma pacífica e isenta de conflitos. Trata-se, na verdade, de um argumento estratégico, forjado, sobretudo, pelas elites políticas, tanto no contexto colonial quanto no contexto pós-colonial, no sentido de justificar a ideia de "Nação", cuja construção simbólica se torna propícia à dominação e/ou governação por qualquer organização política, no território cabo-verdiano. É factível que a nação cabo-verdiana (a cabo-verdianidade) começou

---

* Essa versão dá preferência à grafia original do autor, que é cabo-verdiano.

a erigir-se desde os primórdios da colonização do arquipélago, muito antes da organização do Estado decorrente da autodeterminação política. Todavia, não significa que a formação da nação tenha sido forjada isenta de conflitos étnico-raciais, tendo em vista a diversidade de povos e culturas dominantes e subalternas que se envolveu no processo da formação social cabo-verdiana. Não se deve ignorar a existência de conflitos étnicos em Cabo Verde, sobretudo se for considerada a forma violenta como se processou a formação social cabo-verdiana por via escravocrata e, posteriormente, pela forma como a língua e a cultura crioulas foram subjugadas à condição subalterna, no contexto da institucionalização da escola e do português como língua oficial do ensino. A verdade é que o colonizador soube camuflar esse conflito e a escola foi o espaço privilegiado de produção e reprodução da ideologia necessária à sua dissimulação. Enquanto porta-voz da cultura dominante e da língua legítima, a escola cabo-verdiana é perpassada por um conflito sociolinguístico, transformando-se num espaço de excelência da alienação linguística e cultural.

A adoção do multiculturalismo crítico como abordagem analítica do sistema educacional cabo-verdiano tem por objetivo desvendar um processo camuflado de assimilação e alienação linguística e cultural, herdado da colonização portuguesa e que vem sendo reproduzido pelo sistema educativo, ainda no contexto pós-independência. É por demais necessário submeter o sistema educativo e escolar cabo-verdiano à discussão teórica e epistemológica das categorias analíticas do multiculturalimo crítico, da interculturalidade e do discurso pós-colonial, no sentido de contribuir com dados teóricos e empíricos que favoreçam a construção de uma educação mais democrática, aberta à heterogeneidade das múltiplas vozes e identidades que interagem na construção social da escola.

A ausência de uma política linguística emancipatória no período pós-independência reflete nitidamente o carácter assimilacionista da identidade cultural cabo-verdiana, traduzida na dificuldade de legitimação e de oficialização da língua crioula no sistema de ensino. A autodeterminação política alcançada com a independência nacional em 1975 precisava traduzir-se também na emancipação cultural. Perante o impasse na oficialização da língua crioula no sistema de ensino, as escolas cabo-verdianas do período pós--colonial reproduzem as práticas pedagógicas coloniais, promovendo, assim, a alienação cultural dos educandos. Enquanto herança do processo colonizador, a "alienação cultural" constitui um obstáculo à política de emancipação cultural. Tal empecilho encontra sua legitimação no campo político, visto que as elites dominantes do pós-colonialismo continuam a produzir e a reproduzir a veiculação da língua portuguesa não só como instrumento de comunicação oficial mas sobretudo como símbolo de prestígio e diferenciação sociais, relegando a língua cabo-verdiana para as margens do poder.

No cenário sociolinguístico cabo-verdiano, o português continua a ser a língua hegemônica, e o crioulo, a língua subalterna, com consequências pedagógicas nefastas na relação pedagógica e nos processos de ensino e de aprendizagem, sobretudo na aquisição das primeiras letras. Neste sentido, a autodeterminação política não operou a emancipação cultural. Pesem, porém, as iniciativas políticas empreendidas pelos poderes públicos no período pós-colonial, na promoção e democratização de acesso à educação, as escolas cabo-verdianas continuam a cometer a alienação cultural, excluindo a língua e a cultura nativas do sistema oficial de ensino. Como operar a "descolonização das mentes" mediante a acção educativa, recorrendo, com efeito, à mesma língua que as "oprimiu", ou então marginalizando a língua materna? A construção de uma sociedade democrática pós-colonial requer igualmente um sistema educacional ancorado no pluralismo cultural, discursivo e identitário. A reprodução sistemática da "pedagogia de exclusão" da língua materna do sistema de ensino faz do conflito sociolinguístico um problema crucial do sistema educativo cabo-verdiano, transformando a escola no espaço de lutas e resistência culturais. No presente artigo procuro analisar, na primeira parte, a trajetória socio-histórica da educação no contexto colonial; na segunda parte analiso a educação no contexto pós-colonial e na terceira parte faço uma abordagem sobre a educação no panorama sociolinguístico cabo-verdiano, tomando a escola e o seu cotidiano como campo de estudo.

A partir de uma leitura etnográfica sobre o cotidiano escolar é possível evidenciar o tipo de discurso a que a escola confere maior hegemonia e a ação mediadora desse discurso na configuração das identidades sociais do aluno; é possível também delinear em que sentido o discurso hegemônico da escola corrobora e/ou dificulta a construção de subjetividades autônomas empoderadas. Compreender as práticas discursivas e a sua mediação na construção das identidades na sala de aula constitui igualmente um dos propósitos do presente estudo, que, na linha de Vigotsky, considera que as identidades sociais não estão nos indivíduos, mas são construídas no discurso em interação com as pessoas; deste modo, a língua materna aporta um papel fundamental na configuração identitária dos sujeitos que corroboram a construção social da escola.

## EDUCAÇÃO E MISSÃO CIVILIZADORA: A DESAFRICANIZAÇÃO DAS MENTES

Nesta parte do artigo analiso as tendências coloniais da educação em Cabo Verde, com o intuito de averiguar o modelo de homem e de sociedade preconizado pela educação, seus princípios formadores e sua ideologia dominante, a partir de dois marcos históricos emblemáticos: o regime colonial cuja "ação educativa" se afigura como "missão civilizadora"; o período emancipatório decorrente da independência e autodeterminação política, caracterizado pela ideologia da "reconstrução nacional" e "reafricanização das mentes".

O estudo da educação em Cabo Verde exige, *a priori*, uma análise sobre os discursos e as narrativas que informam a sua gênese e a sua constituição histórica. No período colonial, particularmente durante o Estado Novo de Salazar, em Portugal, a "ação educativa" afigura-se como "missão civilizadora", com o intuito de legitimar a presença e dominação colonial portuguesa em África. Neste sentido, a ação educativa do regime colonial tinha como dogma a "desafricanização das mentes" dos colonizados e a sua integração na cultura e civilização europeias, com o intuito de transformá-los em trabalhadores obedientes e conformados com o *statu quo* colonial. Nessa ótica, as escolas foram espaços de excelência na reprodução da cultura europeia dominante, fazendo-se tábua rasa da história e da cultura nativa dos africanos. A escola na sociedade colonial conjugava, assim, uma dupla função: deserdar os nativos de sua cultura e aculturá-los a um modelo colonial preestabelecido. Nesse sentido, ela funcionava como parte de um "aparelho ideológico de estado" (ALTHUSSER, 1985, p. 93), destinado a assegurar a reprodução ideológica e social do capital e de suas instituições.

O recurso à metáfora "missão civilizadora" como justificação ideológica da presença colonial em África estava sempre presente nos discursos políticos da época, como se pode confirmar pelo extracto a seguir:

*Estamos aqui depois de mais de quatro séculos e meio, estamos aqui mais engajados hoje do que nunca numa grande e bem-sucedida tarefa. Domesticando o mato, construindo cidades e fazendo-as progredir, ensinando e dirigindo a massa rude dos indígenas para uma vida melhor, disciplinando os seus instintos primitivos [...], moldando suas almas nas formas superiores de cristandade, administrando-lhes a justiça, com compreensão afectiva e desgastante, mas nobre e dignificante, como poucas há. É a nossa vocação histórica emergindo outra vez [...]. Tudo seja para o bem comum e engrandecimento da Mãe-Pátria. [Discurso proferido em 1946 pelo Governador do Distrito de Manica e Sofala na cerimónia de recepção do então Presidente de Portugal Craveiro Lopes em Moçambique (MAZULA, 1995, p. 67).]*

Após a Conferência de Berlim (1884-1885) e a Conferência Antiesclavagista de Bruxelas (1889), que determinaram, respectivamente, a partilha da África entre as principais potências coloniais europeias e a abolição do trabalho escravo, Portugal passa a se preocupar com a ocupação efectiva das suas possessões em África, tendo uma presença mais efectiva nas suas colónias, justificando a dominação colonial como "missão civilizadora" e desenvolvendo uma práxis coerente com os interesses político-econômicos do sistema. Essa práxis foi afirmada, nas ex-colônias, pela política de assimilação que atribuía ao "nativo civilizado" o *status* de "cidadão português" (MAZULA, 1995, p. 70). O Estatuto do Indigenato, decretado pelo Estado Novo de Salazar, previa a separação entre os indígenas e os assimilados, tendo engendrado, nas ex-colônias portuguesas da África, uma "elite" restrita de indivíduos "letrados", "utilizados" como pequenos e médios funcionários na "colonização indireta". Essa força de trabalho "instruída" compunha-se principalmente de funcionários de "nível inferior", cujas tarefas mais importantes eram a promoção e a manutenção do *statu quo* colonial.

Perante o insucesso dessa política assimilacionista, o regime passou a reconhecer as reivindicações dos nativos pela sua personalidade como indivíduos, mas não como sujeitos políticos (MAZULA, 1995, p. 70). A política assimilacionista instituída pelo governo colonial pretendia criar uma "sociedade multirracial", legitimada pelo estatuto do indigenato, que não passava, na realidade, de "um *apartheid* à portuguesa" (CABRAL, 1978, p. 61). O pretendido "não civilizado" é tratado como um objeto e entregue aos caprichos da administração colonial. Ao classificá-lo como "não civilizado", a lei oficializa a discriminação e justifica a dominação portuguesa na África. Estudo apresentado por Cabral (1978, p. 61) revela que, nesse período histórico, 99,7% da população africana de Angola, Guiné e Moçambique era considerada "não civilizada" pelas leis coloniais portuguesas e 0,3% era considerada assimilada. Nos termos da política assimilacionista, para que uma pessoa "não civilizada" adquirisse o estatuto de "civilizada", teria que fazer prova de estabilidade econômica e gozar de um nível de vida mais elevado do que a maior parte da população de Portugal. Teria de viver "à europeia", pagar impostos, cumprir o serviço militar, saber ler e escrever corretamente o português. A teoria colonialista da pretendida "assimilação" era inaceitável não só do ponto de vista teórico, como mais ainda na prática. Tal teoria se baseava na ideia racista da incapacidade e da falta de dignidade dos africanos e tinha implícito o nulo valor das culturas e civilizações africanas.

A ação educativa desenvolvida por Portugal nas antigas colônias africanas está diretamente relacionada com a sua política de exploração colonial. Em finais do século XIX, "intelectuais" e teóricos do colonialismo português sustentavam ideias muito pessimistas e racistas em relação à educação e escolarização dos africanos. Refiro-me, entre outros, a Oliveira Martins, Mouzinho de Alburquerque e António Enes, "verdadeiros teóricos" da nova política colonial portuguesa do período pós-conferências de Berlim e de Bruxelas. Oliveira Martins considera absurda a ideia de uma educação para negros: "Só pela força se educam povos bárbaros; a educação dos negros era absurda não só perante a história, como também perante a capacidade mental dessas raças inferiores"; o autor prossegue ainda afirmando ser uma ilusão pensar em "civilizar os negros com a bíblia, educação e panos de algodão", tendo em vista que "toda a história prova [...] que só pela força se educam povos bárbaros" (MARTINS *apud* MAZULA, 1995, p. 70). Mas as depreciações de Oliveira Martins não param por aí. O trecho a seguir evidencia a magnitude do preconceito que esse teórico do colonialismo português sustentava relativamente à raça e à cultura negras:

> *A precocidade, a mobilidade e a agudeza própria das crianças não lhes faltam; mas essas qualidades infantis não se transformam em qualidades intelectuais superiores (...). Há decerto e abunda documentos que nos mostram ser o negro um tipo antropologicamente inferior; não raro do antropoide, e bem pouco digno de nome de homem. A transição de um para outro manifesta-se, como se sabe, em diversos caracteres; o aumento da capacidade da actividade cerebral, a diminuição inversamente relativa do crânio e da face, a abertura do ângulo facial. Em todos estes sinais os negros se encontram colocados entre o homem e o antropoide. (MARTINS apud MAZULA, 1995, p. 70)*

Criticando ainda os missionários portugueses católicos que, segundo Eduardo de Noronha, "ensinavam ao preto em língua europeia, moendo-lhe a inteligência com dogmas incompreensíveis", Oliveira Martins ironiza, interrogando:

> *E se não há relações entre a anatomia do crânio e a capacidade intelectual e moral porque há de parar a filantropia do negro? Porque não há de ensinar-se a bíblia ao gorila ou ao orangotango, que nem por não terem fala não deixam de ter ouvidos, e hão de entender quase tanto como o preto, a metafísica da encarnação do Verbo e o dogma da Trindade? (MARTINS apud MAZULA, 1995, p. 70)*

Na mesma linha ideológica, Albuquerque considera a educação dos negros uma ficção: "As escolas são uma ficção [...]. Quanto a mim, o que nós devemos fazer para educar e civilizar o indígena é desenvolver-lhe de forma prática as habilidades para uma profissão manual e aproveitar o seu trabalho na exploração da província" (ALBURQUERQUE *apud* MAZULA, 1975, p. 70). Por seu lado, Enes considerava que a educação não era prioritária; era mais "uma exigência formal que necessidade real".

Os discursos supracitados tornam evidente o ambiente agressivo e controverso em que se desenrolou a "missão civilizadora", metáfora educacional do regime colonial na África, mas revelam igualmente a hostilidade da relação social no contexto colonial. De igual modo, os depoimentos de Amílcar Cabral, citados a seguir, ilustram a percepção desse controverso ambiente "civilizacional" nos territórios colonizados:

> *As línguas africanas estão proibidas nas escolas. O homem branco é sempre apresentado como um ser superior e o africano como um ser inferior. Os conquistadores coloniais são descritos como santos e heróis. As crianças africanas adquirem um complexo de inferioridade ao entrarem na escola primária. Aprendem a temer o homem branco e a ter vergonha de serem africanas. A geografia, a história e a cultura de África não são mencionadas, ou são adulteradas e a criança é obrigada a estudar a geografia e a história da Europa. (CABRAL, 1978, p. 62)*

Moldada na pedagogia da dominação e opressão, a ação educativa do regime colonial não oferece tréguas à diferença cultural e dignidade do homem africano, transformando-se, por vezes, naquilo que a "Teoria da Reprodução Cultural" denomina de violência simbólica. Nesse sentido, cabe o argumento de Bourdieu, que considera que "toda ação pedagógica é objectivamente uma violência simbólica enquanto imposição, por um poder arbitrário, de um arbitrário cultural" (BOURDIEU; PASSERON, 1975). Não obstante as restrições epistemológicas que hoje se colocam à teoria da reprodução cultural, a ideia de violência simbólica encaixa-se perfeitamente na análise da ação educativa do regime colonial. Nesse contexto, a educação escolar não tem outra finalidade senão a produção e reprodução da força de trabalho com vista à exploração econômica dos territórios colonizados. Com efeito, o lucro, e somente o lucro, afigura-se princípio axiológico essencial da sociedade colonial, sobrepondo-se esse princípio aos outros valores fundamentais da dignidade da pessoa humana.

A catequização, a educação e o ensino (aprendizagem das primeiras letras) constituíram a trilogia que Portugal confiou às ordens e congregações religiosas que desde os primórdios da expansão europeia procuraram a conquista das populações para a Igreja Católica. A ação missionária, como prática assente na ideologia do poder colonial, implicou uma conjugação recíproca de interesses entre o Estado e a Igreja. Apesar de serem concepções aparentemente contraditórias, Estado e Igreja conseguiram, no entanto, complementar-se, pois a instituição religiosa vai representar um papel político: ensinar e espalhar os valores ocidentais em colaboração com o poder colonial. A participação dos missionários no processo de expansão portuguesa tinha a pretensão não só de instalar ou consolidar a Igreja, mas também de preparar estruturas sólidas para que a política colonial se instalasse definitivamente. Com efeito, a par da evangelização propriamente dita, estava a divulgação da cultura e do saber. Assim, não se pode separá-los porque foram as "missões católicas" que primeiramente se encarregaram do ensino nas colônias, constituindo-se em veículos de uma verdadeira política de assimilação que visava fazer dos autóctones da África trabalhadores ou artesãos na ótica exclusivamente materialista e economicista da expansão europeia.

Ao introduzir este processo de enculturação, o objetivo do colonizador foi, talvez, "unir a grande diversidade de culturas que integravam um império espalhado por vários continentes e daí a escola ter servido como um dos meios escolhidos para a obtenção desse resultado" (LOPES, 1996, p. 207). A instrução, no regime colonial, foi um processo demasiado drástico e violento, impondo ao aluno o estudo de matérias como a história e a geografia de um país que ele nunca visitou e provavelmente nunca chegaria a conhecer. Nas ex-colônias portuguesas, a escola tornou-se, deste modo, o veículo de excelência na consolidação do poder vigente, preparando homens com uma formação moral, religiosa e política baseada nos padrões europeus, com o intuito de incrementar o poder da metrópole nas colônias. O conformismo e a obediência afiguram-se, assim, premissas fundamentais da ação educativa do regime colonial em África.

## Educação e emancipação: a reafricanização das mentes

A independência e a autodeterminação política de Cabo Verde, em 1975, inauguram uma nova fase na história política, econômica e cultural do país. A ideologia da "reconstrução nacional" e a reafirmação da identidade cultural foram as palavras de ordem consignadas nos discursos políticos da nova elite dirigente. Com efeito, a instauração de uma nova ordem política e institucional coincide com a proliferação de um novo discurso pedagógico-educacional, marcado pela busca de reafricanização das mentes, diaceradas pelas práticas sociais coloniais.

Esse novo discurso começa a configurar-se já nas narrativas do nacionalismo independentista, liderado por ativistas políticos, nomeadamente, Amílcar Cabral, Agostinho Neto, Eduardo Mondlane,* entre outros, no decurso da luta de libertação das ex-colônias. Na mesma perspectiva de Gramsci,** os líderes do movimento independentista postulavam o "suicídio da pequena burguesia como classe, e sua ressurreição como povo", como condição para a autenticidade da revolução. Esse postulado é reconfirmado por Pereira*** em discurso proferido nos primórdios da independência nacional, em que afirmava: "expulsamos os colonizadores, agora precisamos descolonizar nossas mentes" (FREIRE; MACEDO, 1990, p. 91).

Com a proclamação da independência política, e no âmbito do projeto de reconstrução de uma nova sociedade nas ex-colônias africanas, designadamente Cabo Verde, as escolas assumiram, como tarefa mais importante, a descolonização e a reafricanização das mentes. Para as novas elites dirigentes, era imprescindível a criação de um sistema de ensino em que se formulasse uma nova mentalidade, purgada de todos os vestígios do colonialismo. "Sistema de ensino em que era imprescindível reformular os programas de geografia, história e língua portuguesa, mudando todos os textos de leitura que estavam tão visceralmente impregnados da ideologia colonialista" (FREIRE; MACEDO, 1990, p. 92).

---

* Os nacionalistas supramencionados, Amílcar Cabral, Agostinho Neto e Eduardo Mondlane, são, respectivamente, líderes da luta de libertação que conduziu à independências de Cabo Verde e da Guiné, de Angola e de Moçambique.

** Em sua obra *Os intelectuais e a organização da cultura*, Gramsci refere-se ao conceito de "suicídio de classe", reportando-se à pequena burguesia.

*** Aristides Pereira foi combatente da liberdade da pátria e primeiro presidente da República de Cabo Verde Independente.

Para os novos dirigentes, tornava-se imperiosa uma reforma curricular consentânea com a realidade endógena dos educandos. Uma reforma radical que possibilitasse aos alunos o estudo da sua própria história e geografia e não a de Portugal. A "descolonização das mentalidades", que equivale à reafricanização dos espíritos, pressupõe, mais do que a emancipação política, também a revolução cultural, que deveria traduzir-se principalmente na valorização e inclusão da língua e cultura nativas no sistema de ensino. Não obstante iniciativas empreendidas pelos governos pós-coloniais na promoção e democratização do acesso à educação e emancipação, as escolas perpetuam a alienação cultural, excluindo línguas e culturas nacionais dos sistemas de ensino.

A proposta de incorporar às escolas uma pedagogia radical foi recebida com pouco entusiasmo pelas elites dirigentes que assumiram o comando do poder no período pós-colonial em África. Como observam Freire e Macedo (1990, p. 92), "[...] a desconfiança de muitos educadores africanos está profundamente enraizada na questão da língua (africana *versus* portuguesa) e levou à criação de uma campanha de alfabetização neocolonialista sob a bandeira superficialmente radical de acabar com o analfabetismo nas novas repúblicas". A resistência à utilização das línguas nativas nos programas curriculares de instrução levou à criação de alfabetizados funcionais em língua portuguesa. Ignorando o capital cultural dos africanos, o programa de alfabetização, nas ex-colônias, incorporou abordagens positivistas e instrumentais, marcadas principalmente pela aquisição mecânica de habilidades na língua portuguesa. A única abordagem da alfabetização compatível com a construção de uma sociedade anticolonial nova é a que se alicerça na dinâmica da produção cultural e que é animada por uma pedagogia radical. A reconstrução nacional e a reafricanização dos espíritos pressupõe um programa de alfabetização que represente a afirmação do povo oprimido e lhe permita recriar a própria história, cultura e identidade; aquele que ao mesmo tempo ajude a levar os indivíduos assimilados que se sentem cativos da ideologia colonial a "cometer suicídio de classe".

Sem descurar a importância estratégica da língua portuguesa nas relações nacionais e internacionais de Cabo Verde, é pertinente perguntar: como operar a descolonização das mentes pela educação, utilizando, para o efeito, a única língua, isto é, a língua que as oprimiu? O recurso ao uso do português como única língua de instrução no arquipélago ameaça o projecto político de reafricanização das mentalidades, perpetuando a reprodução daqueles valores colonialistas que eram e ainda são inculcados por meio do uso da língua portuguesa. Como dizia Paulo Freire (1975), é impossível "reafricanizar" o povo utilizando o meio que o "desafricanizou", no caso, a língua portuguesa (o grifo é nosso).

A abertura ao multipartidarismo, no início da década de 1990, conduziu Cabo Verde para a senda da liberalização econômica e do mercado global, fazendo emergir um novo discurso, dominante em todos os setores do desenvolvimento, inclusive a educação.

Trata-se da lógica neoliberal economicista, que substitui o discurso econômico estatizante, outrora informado pela ideologia do "Estado-nação". Com efeito, aliado a uma certa mentalidade neocolonial emergente no período pós-independência, o discurso neoliberal passa a ter um papel preponderante na redefinição de políticas educacionais em Cabo Verde.

Sob o signo do Banco Mundial (BM) e do Fundo Monetário Internacional (FMI), o processo educativo conhece uma nova fase no arquipélago a partir da década de 1990. Esse período coincide com a publicação da primeira Lei de Bases do Sistema Educativo, por conseguinte, o início das "grandes reformas" operadas na educação com o financiamento do BM e do FMI. Com efeito, as grandes opções políticas implementadas no setor da educação passam a ser diretamente determinadas pelos princípios neoliberais postulados pelos *experts* das instituições financeiras supramencionadas. É o início da era neoliberal e da "mercantilização da educação".

No contexto africano, a educação e a escolarização têm sido, historicamente, informadas por um legado teórico-cultural eurocêntico e neoliberal, ancorado em princípios universalistas, homogeneizantes e unificadores do sujeito, do conhecimento e da história, relegando o "Outro" para as margens do poder, porquanto exclui a sua própria história, cultura e identidade do sistema de ensino.

As orientações pedagógicas emanadas do regime colonial, do pós-colonialismo e do neoliberalismo em Cabo Verde refletem uma profunda crise de identidade ideológica, repercutindo diretamente no processo de construção de sujeitos e identidades na educação e escolarização. Aliada a essa crise, reporta-se, ademais, a agravante de o sistema educativo não ter conseguido incluir a língua crioula nas escolas.

## Educação e conflito sociolinguístico

Como instituição, as escolas cabo-verdianas privilegiam determinados discursos e subestimam outros, dando configuração hegemônica à língua oficial portuguesa em desabono da língua materna – o crioulo. Neste sentido, impõe-se um *recorte etnográfico* sobre o quotidiano escolar com o intuito de observar como o discurso oficial é estruturado pelo professor na sala de aula; em que medida esse discurso define a prática docente e como é que os alunos constroem e/ou reconstroem suas identidades sociais nas práticas discursivas da escola. Como observa Lopes (2002, p. 21), "a vida institucional precisa ser interrogada na tentativa de colaborar na construção de uma sociedade mais justa e, nessa direção, as práticas discursivas institucionais são espaços cruciais de estudo". Se as escolas como instituições são lugares democráticos, é essencial o desenvolvimento da consciência crítica de como agimos nas práticas discursivas escolares. Para compreender como os educandos constroem as suas identidades sociais na sala de aula, é necessário focalizar as práticas discursivas com as quais alunos e professores estão envolvidos nas escolas para construir o significado ou o papel de mediação do discurso. No contexto cabo-verdiano, importa saber como é que os educandos interagem e/ou constroem suas identidades a partir de uma relação pedagógica marcada pelo conflito sociolinguístico. O foco principal da análise é o discurso situado em uma prática social particular que são as práticas escolares. Esta abordagem permite também compreender como, desde os primórdios da institucionalização da escola e do sistema educativo, foi-se construindo um processo camuflado de marginalização e subalternização da língua crioula na conjuntura sócio-histórica do Arquipélago de Cabo Verde. Esse processo tem sido corroborado pelas elites políticas e "intelectuais", que, sendo assimiladas, não querem oficializar a língua crioula por várias razões, entre as quais a preservação da sua "porção identitária lusófona".

Subestimando as diferentes possibilidades de discursos ou legitimando a língua oficial em detrimento da língua materna, a escola cabo-verdiana escamoteia um traço importante do aluno. Enquanto porta-voz da língua oficial do ensino, o professor cabo-verdiano personifica a autoridade hegemônica da língua oficial, subestimando o aluno quando eventualmente, por várias razões, este veicula o seu discurso em crioulo na sala de aula. No contexto sociolinguístico cabo-verdiano, a escola corrobora um processo permanente de legitimação e subestimação de discursos que são veiculados pelos diferentes sujeitos e/ou "interlocutores" que interagem no seu cotidiano. Neste sentido, a identidade do aluno é construída e reconstruída a partir da conflituosa relação discursiva que se estabelece entre a língua oficial portuguesa e a língua "subalterna", o crioulo, no quotidiano escolar.

Ao aceder à escola, a criança cabo-verdiana encontra-se, via de regra, já estruturada, de alguma forma, do ponto de vista discursivo, tendo já incorporado em parte as múltiplas facetas da identidade crioula. No entanto, é a escola, como primeiro contexto social do qual a criança participa fora de casa, que vai ter a função de legitimar ou recusar essas identidades, entre outros significados construídos previamente. E é por esse motivo que a compreensão de como as identidades sociais são construídas é tão central nas práticas discursivas nas salas de aulas, tendo em vista os espaços que ocupam como legitimadores de significados e, portanto, de identidades sociais.

A partir de uma hermenêutica sócio-histórica mobilizada no sentido de compreender o processo de construção discursiva e identitária, passa-se doravante a analisar de forma mais empírica alguns extratos da interação comunicativa observada na pesquisa de campo efectuada em 2003 em uma escola cabo-verdiana situada no bairro de Salineiro, na periferia do Concelho da Ribeira Grande de Santiago (na Ilha de Santiago), antiga Cidade Velha, atualmente Património Histórico da Humanidade. Um dos primeiros constrangimentos verificados na observação do tipo etnográfico sobre a interação comunicativa em sala de aula refere-se aos primeiros 15 minutos do início das aulas, durante os quais, diariamente, alunos que chegam à escola com atraso devem justificar os motivos do atraso perante a professora e os colegas de classe. A "sentença de justificação" deve ser veiculada em português – língua oficial da escola –, representando, quase sempre, um enorme constrangimento para uma grande maioria de alunos que mal consegue expressar-se em língua portuguesa. Essa dificuldade encontra-se ilustrada no cenário descrito a seguir, protocolado na pesquisa de campo:

*André: Porsora, ñ kiga atrasado pamodi [...]/ Professora Carmem: Como é que é?// Escuta-se uma risada geral da classe.// Prof. Carmem: André, explique corretamente por que chegastes atrasado. Estou cansada de dizer que é proibido falar crioulo na sala [...].// Escuta-se um silêncio. André fica cabisbaixo e parado à porta da escola e não diz uma palavra, apesar da insistência da professora Carmem.// No mesmo instante, chega uma aluna, Aliana. Escuta-se uma risada geral.// Prof. Carmem: Silêncio, por favor! Aliana, explique para a turma porque chegastes atrasada hoje, para que o André aprenda como é que se fala corretamente!// Aliana: Porsora, cheguei atrasado porque [...] // Prof. Carmem: Atrasado não! Atrasada.// Aliana: Cheguei atrasada pamodi minha mãe ka estava.// Escuta-se de novo uma gargalhada geral da classe.// Prof. Carmem: Silêncio! Assim é que se diz: "Cheguei atrasada porque a minha mãe não estava em casa". Repete a frase!// Aliana: Cheguei atrasada porque minha mãe não estava em casa.// Prof. Carmem: Muito bem!// Ouvistes, André? Assim é que se diz,// agora podem entrar,// mas já sabem:// quem chegar atrasado amanhã e não souber explicar corretamente o motivo// não entra na sala.//*

A situação ilustrada na cena anterior retrata a realidade do cotidiano escolar em Salineiro, refletindo o drama da "interação comunicativa" da grande maioria de escolas cabo-verdianas. A dificuldade de justificar os motivos do atraso, na língua oficial da escola, pelos alunos André e Aliana, e a intransigência da professora Carmem em corrigi-los demonstram claramente a imposição pela escola de um discurso oficial que não constitui referência para as subjetividades e as histórias de vida dos alunos em causa. A mistura de léxicos da língua materna com a língua oficial é a revelação de que a metodologia de ensino da língua portuguesa não é a mais adequada, pois ensina-se o português como se fosse a língua materna, quando, na verdade, a língua materna do aluno é o crioulo. A contradição entre o discurso hegemônico e institucional da escola e a resistência ou contradiscurso dos alunos constitui o drama do conflito sociolinguístico que perpassa os processos de ensino e de aprendizagem na escola de Salineiro e, certamente, se repete em muitas outras escolas de Cabo Verde.

A reação em forma de gargalhada e/ou risada e zombaria (*bullying*), representada pelos colegas de classe, reflete, por sua vez, o "reconhecimento" e a "confirmação" do "erro" inerente ao discurso dos seus condiscípulos, André e Aliana, bem como a aderência ao "discurso correto" e "discurso competente" (CHAUÍ, 2000, p. 2-7) da professora Carmem. Esse reconhecimento é, em última análise, a legitimação e a consagração de um discurso que, muito embora não reflita a realidade dos alunos, passa a ser reconhecido por eles como sendo o "discurso correto" e, portanto, legítimo. Por outro lado, a reconfirmação do "discurso correto" da professora pela classe acaba legitimando também o "discurso incorreto" que é o contradiscurso dos alunos. Nesse sentido, o discurso em crioulo passa, ideologicamente, a ser incorporado pelos alunos como sendo um discurso ilegítimo ou incompetente, em contraposição ao discurso competente da professora. É importante, aqui, observar a forma como se impõe o "discurso instituído" (CHAUÍ, 2000, p. 2-7) e o modo como esse discurso interfere na construção de identidades forjadas, fragmentadas e fronteiriças. Como bem observa Marilena Chauí,

*O discurso competente é o discurso instituído. É aquele no qual a linguagem sofre uma restrição. É o discurso que se instala e se conserva graças a uma regra que poderia assim ser resumida: "não é qualquer um que pode dizer qualquer coisa a qualquer outro em qualquer ocasião e em qualquer lugar". Com esta regra, ele produz sua contraface: os incompetentes sociais. (CHAUÍ, 2000, p. 2-7)*

É na dinâmica da interação comunicativa, da estruturação discursiva na sala de aula que também devemos analisar a construção da identidade social do aluno, isto é, a partir da contradição instaurada entre o "discurso legítimo" da escola e o "discurso ilegítimo" do aluno; entre o "discurso correto" do professor e o "discurso incorreto" do aluno; entre a língua hegemônica da escola e a língua subalterna do aluno; e a forma como cada aluno, particularmente, adere a um ou outro discurso. Como argumenta Lopes (2002, p. 21), "os sujeitos sociais são formados por práticas discursivas, contudo também são capazes de remodelar e reestruturar estas práticas". Neste sentido, os significados que construímos sobre o mundo e as pessoas são ideológicos, visto que incorporam visões particulares do mundo e contribuem para a produção, reprodução e transformação das relações de dominação. Esta dinâmica explica também a dimensão fronteiriça e fragmentada das "identidades pós-coloniais", que por sua vez identificam-se com o tipo de identidade a que se refere o presente estudo.

Outro exemplo ilustrativo do drama inerente ao conflito sociolinguístico nas salas de aulas observadas é a comunicação gestual, verificada nas diferentes observações de aulas em Salineiro. Trata-se de uma reação manifestada por alunos sempre que as professoras colocam questões de caráter geral, que podem ser respondidas coletivamente. Nesses casos, os alunos reagem às interpelações das professoras levantando o dedo indicador. A comunicação gestual é normalmente complementada pela sentença verbal: "*Porsora, eu sei.*" Aliás, constatamos, em diferentes observações de classe, que as únicas palavras em língua portuguesa pronunciadas espontaneamente pelos alunos são: *"porsora, eu sei"*, quando a professora levantava uma questão, e, *"porsora, já está"*, quando ela passa uma tarefa. Por via de regra, os alunos proferem tais sentenças levantando o dedo indicador. Comunicar-se em língua portuguesa com as crianças da escola de Salineiro não é tão diferente de interagir com elas em uma outra língua estrangeira, como, por exemplo, em francês ou inglês, que também fazem parte do currículo do ensino secundário. Na sala da professora Carmem observamos alguns casos de alunos que, embora estejam na sexto ano de escolaridade, não conseguem ler corretamente. São alunos que não conseguem ler na idade normal de escolarização e que exigem cuidados especiais de ensino. Porém, nos exercícios de leitura, constatamos que mesmo aqueles alunos que conseguem ler pronunciam as palavras de forma incorrecta, como se se tratasse de leitura no idioma cabo-verdiano, embora os livros de leitura estejam escritos em língua oficial. Nas observações da professora Carmem, esses alunos não sabem ler, isto é, "são analfabetos".\* O hábito de transposição de léxicos da língua materna para a língua oficial, que é uma situação quase "normal" no quotidiano escolar cabo-verdiano, sobretudo no nível do ensino básico, torna-se, entretanto, uma situação ambígua e constrangedora para a avaliação da professora, que imputa aos seus alunos o estigma de "analfabetos".

Na verdade, esses alunos conseguem ler, porém, considerando a professora que eles não sabem ler, acabam incorporando o estigma de "analfabetos". Trata-se de uma conotação que pode ser prejudicial para a autoestima das crianças em causa, visto que muitas delas concluem o ensino básico e, por motivos socioeconômicos, não conseguem aceder ao ensino secundário (ensino médio), carregando o rótulo de analfabetos. Assim, eles incorporam o estigma de "analfabetos" a partir do discurso mediatizado pela professora de que não sabem ler, quando, na verdade, se trata de um problema de pronúncia que pode ser considerado normal numa situação sociolinguística de bilinguismo ou diglossia.

Mesmo aqueles alunos que conseguem aceder o ensino médio passam por situações constrangedoras quando, nas escolas da cidade da Praia, capital do país, têm de confrontar-se com colegas cuja pronúncia da língua oficial é mais apurada. Esses alunos enfrentam situações de dupla marginalização: primeiro, pelos colegas de classe, que geralmente desdenham o seu "linguajar" e muitas vezes se tornam vítimas e/ou autores do *bullying*; segundo, pelos professores que os submetem à "hipercorreção", gerando um complexo de inferioridade em relação aos colegas de classe, que possuem uma pronúncia mais aprimorada da língua oficial. Perante este cenário, muitos acabam abandonando a escola por desmotivação. Como observa Bourdieu (2001, p. 308),

---

\* Sentença proferida pela professora Carmem quando do estudo etnográfico desenvolvido pelo autor na escola de Salineiro em fevereiro de 2003.

*o sistema de ensino, eximindo-se de oferecer a todos explicitamente o que exige de todos implicitamente, quer exigir de todos uniformemente que tenham o que não lhes foi dado, a saber, sobretudo a competência linguística e cultural e a relação de intimidade com a cultura e com a linguagem, instrumentos que somente a educação familiar pode produzir quando transmite a cultura dominante.*

No contexto cabo-verdiano, é fundamental que os processos de ensino e de aprendizagem sejam processados mediante a contextualização curricular como forma de atender às diversidades dos educandos que acedem as diferentes escolas do país, suas narrativas pessoais, suas histórias de vida e suas expectativas em relação à escola. A democratização do ensino em Cabo Verde passa necessariamente pela diferenciação curricular na construção de sentidos para os educandos, e a desigualdade estatutária entre a língua oficial e a língua nativa constitui, seguramente, um dos maiores constrangimentos da educação e do ensino no arquipélago.

A pronúncia incorreta das palavras, verificada nos exercícios de leitura em Salineiro, revela a falta de prática interacional com a língua oficial, mas pode traduzir, por vezes, uma certa "resistência" da parte do aluno, face ao "discurso oficial" da escola. Por outro lado, a dificuldade de pronunciar corretamente as palavras em língua portuguesa cria uma situação constrangedora na qual o aluno é permanentemente corrigido pelo professor, no sentido de aprimorar a língua oficial da escola, ou seja, a língua legítima. Nesta ordem de ideias, Bourdieu (1998, p. 48) observa que

*a língua legítima é uma língua semiartificial cuja manutenção envolve um trabalho permanente de correção de que se incumbem tanto os locutores singulares como as instituições especialmente organizadas com esta finalidade. [...] por intermédio de seus gramáticos, responsáveis pela fixação e codificação do uso legítimo, e de seus mestres, que impõem e inculcam tal uso através de inúmeras ações corretivas, o sistema escolar tende a produzir a necessidade de seus próprios serviços, produtos, trabalhos e instrumentos de correção.*

O ato constante e insistente de correção submete o aluno a um complexo de inferioridade perante a sua língua nativa e transforma a sala de aula num espaço de reprovação dos seus referenciais culturais, no caso concreto, a língua crioula. Nesse sentido, a sala de aula submete o aluno a um conflito permanente de assimilação e resistência no qual ele deve, por um lado, aderir ao discurso hegemônico e legítimo representado pelo professor, sob pena de se sentir excluído da escola, e, por outro lado, não abrir mão de sua língua nativa, com receio de sentir-se excluído do seu *ethos* sociocultural. Como observa Marilena Chauí (2000, p. 111), "a língua é uma totalidade singular, um sistema de relações internas, de puras diferenciações articuladas e determinadas que não só fazem sentido, mas fazem o sentido". A forma como a língua materna é censurada na escola de Salineiro, ilustrada pelo cenário anterior, transforma os processos de ensino e de aprendizagem em atos essencialmente mecânicos e artificiais. A construção de sentidos na sala de aula é permanentemente confrontada com os processos de "hipercorreção" inerentes à obrigatoriedade imposta pela língua oficial da escola. Com efeito, argumenta Bourdieu (2001, p. 71), "a hipercorreção se inscreve na lógica da pretensão, fazendo com que os pequeno-burgueses tentem se apropriar precipitadamente, ao preço de uma tensão constante, das propriedades dos dominantes". As categorias sociais alcunhadas por Bourdieu de pequeno-burgueses se destinguem dos membros das classes populares cujo único recurso são "as formas defeituosas de uma linguagem emprestada, a fuga pela abstenção e pelo silêncio, não dispondo das condições para impor as liberdades do falar desenvolto, estritamente reservadas ao uso interno ou doméstico" (BOURDIEU, 2001, p. 71). Nesta ordem de ideias, cabe o argumento de Giroux (1999, p. 56), segundo o qual,

> *a construção do significado dentro da escola é muitas vezes estruturada mediante uma gramática social dominante, que limita a possibilidade do ensino e aprendizagem críticos nas escolas. A linguagem dominante estrutura e regulamenta não só o que deve ser ensinado, mas também o que deve ser ensinado e avaliado. A ideologia combina-se com a prática social na produção de uma voz da escola – a voz da autoridade indiscutível – que busca demarcar e regulamentar os modos específicos pelos quais os alunos aprendem, falam, agem e se apresentam.*

A construção de discursos e identidades nas escolas cabo-verdianas deve ser analisada a partir da relação de tensão resultante da sobreposição do discurso hegemônico da escola, representado pelo professor, sobre o discurso subalterno do aluno. As observações empíricas sobre o cotidiano escolar permitem perceber que o português e o crioulo não auferem o mesmo estatuto, nem no contexto escolar nem no contexto sociolinguístico. Se, efetivamente, não se faz o uso da língua crioula na mesma proporção em que se usa a língua portuguesa, na sala de aula, é evidente que o português detém um estatuto ideologicamente superior ao do crioulo. Esta situação contraria a ideia postulada por uma certa elite letrada sobre a existência de um bilinguismo no panorama sociolinguístico cabo--verdiano. Na verdade, estudos mais recentes sobre a situação linguística do arquipélago defendem, em vez de um bilinguismo, a ideia de uma diglossia, visto que as duas línguas veiculadas não detêm igual estatuto. Enquanto instituição estatal, a escola é o espaço pivilegiado de produção e reprodução da desigualdade estatutária entre o crioulo e o português.

Apesar da obrigatoriedade imposta à língua portuguesa pelo sistema de ensino, constatamos, nos estudos empíricos, que o seu uso é normalmente restrito ao ambiente formal da sala de aula. Fora desse espaço, mesmo ainda dentro do recinto escolar, tanto alunos quanto professores se comunicam em língua crioula. A alternância de esferas interativas reflete a existência de um "duplo espaço" na escola: um espaço oficial, no qual é proibido o uso da língua nativa, e um espaço informal, extrassala, em que se pode veicular livremente a língua crioula. No caso de Salineiro, é contraditoriamente o espaço interativo extrassala que oferece ao educando a oportunidade de estabelecer uma verdadeira relação comunicativa, visto que é fora da sala de aula, nos momentos de recreio, que o aluno sente-se mais livre para se exprimir e interagir com colegas e professores. Podendo comunicar-se em língua nativa, livre dos constrangimentos impostos pela hipercorreção do professor, o aluno cabo-verdiano encontra, no espaço extraoficial da escola, um ambiente mais consentâneo com a sua realidade existencial, um espaço que melhor o identifica com a sua história, cultura e identidade. Esse espaço extraoficial equivale, na linguagem de Habermas, ao "mundo da vida", como contraponto ao "mundo sistêmico", que corresponde ao "espaço colonizado" da sala de aula. Seguindo a filosofia de Habermas, é no "mundo da vida", isto é, no espaço extraoficial da escola que o aluno consegue expressar a sua voz. A voz dos alunos é "o meio discursivo para que se faça ouvir e para que se definam como autores ativos do próprio mundo" (GIROUX, 1999, p. 56); "recontar uma história em suas próprias palavras" (BAKTIN, 1981). E para fechar esta parte vale citar Paulo Freire e Macedo em *Cartas a Guiné Bissau*, interpelando o então ministro da Educação, Mário Cabral, sobre a importância da alfabetização em língua materna:

> *É da máxima importância que se dê a mais alta prioridade à incorporação da língua dos alunos como língua principal do ensino na alfabetização. É por meio da própria língua que os alunos são capazes de reconstruir a própria história e a própria cultura. A língua dos alunos é o único meio pelo qual podem desenvolver sua própria voz, pré-requisito para o desenvolvimento de um sentimento positivo do próprio valor. (FREIRE; MACEDO, 1990, p. 91)*

## Considerações finais

Os limiares críticos da educação contemporânea, em Cabo Verde, revelam uma face oculta da escola, marcada pela proliferação de discursos e "identidades subalternas", formatados na fronteira da cultura e do currículo oficiais. Contudo, o território escolar não se confina ao espaço oficial da sala de aula. A escola dispõe igualmente de um outro espaço não oficial, de um "espaço descolonizado", de entretenimento (HABERMAS, 2003). No "espaço descolonizado" da escola, na região de fronteira da "cultura da escola" (CANDAU, 2000), configuram-se outros discursos, outras identidades. Discursos e identidades formatados nas margens e fronteiras da cultura oficial, cuja interpretação e cujo reconhecimento requerem uma nova abordagem pedagógica, uma "pedagogia de fronteira" (MCLAREN, 1997).

A "pedagogia de fronteira" é um discurso pedagógico de oposição, estruturado no bojo dos discursos pós-coloniais, da pedagogia crítica. É um novo paradigma epistemológico germinado nas margens da pedagogia convencional, do paradigma pedagógico dominante. A pedagogia de fronteira é uma tendência pedagógica pós-colonial que se demarca dos modelos pedagógicos tradicionais, universalistas, eurocêntricos e homogeinizantes do sujeito, do conhecimento e da história. É um discurso pedagógico heterogêneo, centrado na valorização das "subculturas" endógenas, das esferas epistemológicas não convencionais, centradas na afirmação do "outro" e do "diferente", na emancipação das múltiplas vozes e histórias de vida dos diferentes sujeitos que interagem na construção social da escola.

Ao contrário da "pedagogia de exclusão", a "pedagogia de fronteira" deve ser uma "pedagogia de inclusão" da língua e da voz oprimidas, que se coloca na fronteira do conhecimento e das culturas dominantes. É uma nova abordagem pedagógica ancorada nos princípios dos direitos humanos e da cidadania ativa. É uma pedagogia de vanguarda na luta pela inclusão do corpo e da voz. A "pedagogia de fronteira" é um projecto pedagógico e curricular compartilhado e negociado no contexto do multiculturalismo e da interculturalidade, da globalização e da "diasporização" (HALL, 1999). Por fim, a pedagogia de fronteira é uma "pedagogia do sul" cujo projecto é superar as desigualdades étnico--raciais, culturais, linguísticas, etc., nas esferas da educação e da escolarização. A construção de um sistema educativo consentâneo com a realidade endógena de Cabo Verde sugere um discurso pedagógico transformador e emancipatório, passível de superar as narrativas educacionais eurocêntricas e homogeneizantes dominantes, estabelecendo um diálogo intercultural permanente com as diferentes sensibilidades étnicas existentes no arquipélago. Refiro-me, concretamente, à problemática da exclusão da língua crioula do sistema de ensino que, como ficou evidenciado no presente artigo, constitui uma das maiores lacunas do processo educacional no arquipélado de Cabo Verde.

O recurso aos métodos autoritários nos processos de ensino e de aprendizagem da língua oficial, bem como a indiferença ideológica face ao papel e à importância da língua materna na aquisição da lecto-escrita, constituem causas imediatas do insucesso escolar em Cabo Verde, e se afiguram fatores determinantes dos sucessivos fracassos verificados nas políticas e reformas educacionais implementadas no arquipélago no contexto pós-colonial.

As pesquisas sociolinguísticas empreendidas em Cabo Verde, desde a independência nacional, no campo da tradição oral, da gramaticalização e do alfabeto fonético e fonológico para a escrita do crioulo (ALUPEK*) comprovam, definitivamente, que o crioulo não é um dialeto, mas sim uma língua, com identidade própria e aberta à evolução como qualquer outra língua moderna, possuindo, deste modo, todas as condições para ser veiculado como língua de ensino nas escolas. O confronto dos indicadores teóricos e empíricos provenientes das pesquisas efetuadas em Cabo Verde e nos Estados Unidos da América** deixa antever que a exclusão da língua cabo-verdiana do sistema de ensino é um problema essencialmente político e ideológico, legado pelo colonialismo e que vem sendo sustentado por uma "vanguarda" e uma categoria social dominante, culturalmente assimilada e alienada. Nesse sentido, resta concluir que a viabilização do crioulo como veículo de ensino nas escolas cabo-verdianas depende tão somente da conscientização dos actores políticos dominantes da sociedade na mobilização de recursos com vista à inclusão da língua materna no sistema de ensino. Esperamos que as discussões teóricas e empíricas abordadas no presente estudo possam, de alguma forma, contribuir para o amadurecimento da "consciência nacional" sobre o papel e a importância da língua crioula no desenvolvimento de um sistema educativo pluralista e democrático em Cabo Verde e na consolidação da crioulidade e da cabo-verdianidade como símbolos legitimadores da identidade nacional.

---

* Alfabetu Unifikadu Pa Skrita di Kriolu Kabuverdianu, Alfabeto Unificado para a Escrita do Cabo-Verdiano, também abreviado como ALUPEC.

** Estudo realizado por nós em escolas bilíngues - *bilingual education* - que atendem alunos da comunidade de imigrantes cabo-verdianos residentes em New England - USA, demonstram que o ensino em lingua crioula como primeira língua e em inglês como segunda língua, facilita sobremaneira a aprendizagem dos conteúdos ensinados e a relação pedagógica, contrariando, assim, a ideologia dominante em Cabo Verde, a qual considera que a língua crioula constitui um obstáculo tanto para a aprendizagem da língua portuguesa como para a assimilação dos conteúdos ensinados em língua oficial portuguesa.

# EDUCAÇÃO E DIVERSIDADE NA FRANÇA: UMA QUESTÃO DE INTEGRAÇÃO

*Aderivaldo Ramos de Santana*

Existe um importante debate sobre educação e diversidade na França. A educação é vista como processo civilizador, passarela da ascensão social, e a diversidade como um elemento constitutivo da França moderna. Contudo, reconhece-se uma diversidade de origens, mas a cultura permanece una, tiranizando as demais manifestações culturais, reduzindo a diversidade das tradições ao folclore nacional. Isso implica dizer que, atualmente, não há um modelo bem-sucedido de integração, embora existam indivíduos que sejam mais assimilados do que outros, de acordo com seu passado e a relação desse passado com a França. Talvez seja necessário repensar mesmo a ideia de integração, uma vez que não se pode negar o contributo da diversidade cultural. A verdade é que esse debate ultrapassa os limites acadêmicos e políticos, atingindo cada cidadão sob a forma de questionamentos, também, sobre a identidade nacional. Todos reconhecem a diversidade como elemento forjador da atual nação e a defendem através da educação e da laicidade,* que garantem as liberdades individuais e o respeito ao próximo. O presente artigo analisa imigração e educação, compreendendo a educação e a diversidade como uma questão de integração.

## À GUISA DE INTRODUÇÃO

Quem tomasse o metrô nas estações de République ou Place de Clichy em Paris, entre os dias 8 e 15 de julho de 2013, provavelmente prestaria atenção nos *outdoors* publicitários da campanha de comunicação do Museu da Imigração.** Em um deles há uma imagem

---

* Foi publicado no dia 25/06/2013, pelo Observatório da Laicidade, um relatório chamado "ponto de partida" (*le point d'étape*). Esse observatório é uma instituição ligada à presidência da República para assegurar a aplicação do princípio da laicidade nos organismos públicos.

** A Cité Nationale de l'Histoire de l'Immigration (CNHI), museu da imigração francês, foi inaugurada em 2007, no Palácio da Porta Dourada, a leste de Paris.

de imigrantes chegando a um porto francês e mais abaixo lê-se a seguinte frase: "nossos ancestrais não eram todos gauleses". Num outro, quatro jovens amigos estão abraçados, contemplando o mapa-múndi. Na legenda dessa imagem consta que "de cada quatro franceses, um é de origem imigrante".* Tais afirmações não são surpreendentes, pois, entre os países europeus, a França é considerada o mais mestiço.** Nos últimos quinze anos de imigração, essa realidade intensificou-se.

Entre casamentos, contratos de residência, vistos temporários e de estudante, tem-se uma ideia do que a imigração representa para a sociedade francesa. Em 1999, dos 14 milhões de casais, oficializados ou não, com ou sem filhos, um total de 860.000 (6,1%) eram formados por dois imigrantes e 960.000 (6,8%) eram casais mistos, sendo um dos cônjuges imigrante (DOMERGUE; JOURDAN, 2012). Em 2009, 97.700 estrangeiros assinaram o Contrato de Integração (CAI) e receberam a carteira de residente. Desses, a maioria eram mulheres (52%), com idade média de 31 anos, e entre os homens a média de idade era de 33 anos. Três motivos definiam o perfil administrativo desses novos residentes: 1) uma migração profissional; 2) uma migração familiar; 3) uma migração do tipo político-econômico, como os refugiados. Dentre os novos cidadãos, 90% residiam na França havia pelo menos dois anos e, contando com as cartas entregues por motivo de migração temporária, em 2009, foram entregues ao todo 191.323 cartas (DOMERGUE; JOURDAN, 2012).*** Em 2012, um quarto da população, ou 26,6%, descendia de ao menos um imigrante.**** Ao todo, a França conta atualmente com 12 milhões de descendentes de cidadãos estrangeiros, dos quais 34% são de imigrantes europeus, 30% de magrebinos, 14% de asiáticos e 11% de africanos da região subsaariana. Três gerações de imigrantes vivem hoje em solo francês, que continua a receber, em média, 180.000 novos imigrantes por ano. Desses, 50.000 são estudantes estrangeiros que permanecem algum tempo antes de regressarem a seus países (INSEE, 2012).***** Pelos fatores descritos, o imaginário popular dos que chegam ao país, com pretensões de melhoria de vida,

---

* A campanha publicitária visa mostrar como a imigração auxilia e auxiliou na construção do país, de sua história e da história pessoal de cada cidadão francês.

** Em 1998, os franceses nominaram *Black-Blanc-Beur* (negro, branco e magrebino) a seleção francesa, campeã da copa do mundo de futebol, como símbolo de uma sociedade multirracial com um modelo de integração bem-sucedido.

*** Algumas das migrações temporárias são: estudantes, trabalhadores temporários, estagiários, assalariados em missão, missão científica e comerciantes.

**** Se compararmos com os Estados Unidos, entre os anos 1950 e 1985 a porcentagem de residentes estrangeiros estava entre 5% e 6%. Atualmente o percentual de imigrantes é de 13%.

***** Faz-se necessário distinguir *imigrante* de *estrangeiro*. O primeiro é alguém que pretende estabelecer-se na França, conquistando ou não a nacionalidade. O segundo se refere a uma pessoa que vive ocasionalmente na França mas que não pretende, num primeiro momento, permanecer. É o caso típico dos estudantes bolsistas que, após terminar suas formações, retornam para suas casas.

relacionam a França como terra das oportunidades.\* Mesmo com todas as medidas burocráticas\*\* para conter esse fluxo migratório, é impressionante o número de estratégias e articulações desses novos *arrivants*.

Apesar da certeza numérica da presença estrangeira, o debate sobre integração é um dos mais espinhentos e difíceis de abordar. Isso porque o país sempre recebeu os estrangeiros dando-lhes o direito à cidadania, desde que os mesmos respeitassem os valores nacionais em detrimento de suas origens – espécie de *contrato integrador*.\*\*\* A França é uma república una, indivisível e laica, terra da liberdade, igualdade e fraternidade – ao menos em seus princípios formulados depois da revolução de 1789 –, e os que pretendiam fazer parte dela deveriam abraçar esses princípios. Porém, nos últimos anos, cresceu o discurso xenofóbico da extrema direita, protagonizado pelo partido da Frente Nacional (FN). Por sua vez, os partidos de centro-direita, como o União por um Movimento Popular (UMP), depois de 11/09/2001, viram no Islã um bode expiatório fácil de perseguir em nome do anticomunitarismo. Os socialistas do PS, atualmente no poder, querem garantir a igualdade a qualquer preço, mas perseguem e tentam expulsar os romenos, cidadãos do Leste Europeu.\*\*\*\* Todos esses fatores fazem da imigração um tema crucial e recorrente durante o período eleitoral. Nenhum político escapa da seguinte questão: como medir a integração social?

Historicamente assimilacionista, o governo francês, em 2007, pretendeu respondê-la criando um Ministério da Imigração, da Integração, da Identidade Nacional e do Desenvolvimento Solidário, que não durou até novembro de 2010, quando foi suprimido.

O fato é que, mesmo com toda a diversidade de origens – europeus, magrebinos, subsaarianos e asiáticos –, que remontam a mais de três gerações, a elite francesa não reflete a sua diversidade populacional. Os imigrantes e seus descendentes são sub-representados na função pública assim como na esfera política, porém eles são *super-representados* nas estatísticas de desemprego. Em 2010, o percentual de desemprego entre os imigrantes com idade entre 15 e 64 anos era de 16%, contra 9% dos não imigrantes. A situação de desemprego é diferente segundo o país de nascimento e a categoria socioprofissional do imigrante. O desemprego atingia 20% dos que nasceram fora da União Europeia (UE) contra 8% dos imigrantes da UE. O nível de desemprego é maior entre imigrantes

---

\* O romance gráfico de Laurent Maffre *Demain, Demain – Nanterre bidonville de la folite* ilustra as dificuldades por que passavam muitos imigrantes argelinos nas periferias de Paris durante os anos 1960.

\*\* A União Europeia votou em 2007 a criação de uma *carte* que permite aos imigrantes trabalharem nos países da união por um período de cinco anos, como uma espécie de *green card* americano. O modelo europeu chama-se carta azul – referência ao azul da bandeira europeia – e equivale a uma autorização de trabalho temporária para estrangeiros qualificados. Na França, as primeiras cartas foram entregues durante a primavera de 2012.

\*\*\* Herança do *indirect rule* da administração direta, modelo assimilacionista francês.

\*\*\*\* No dia 1º de janeiro de 2007, a Romênia passou a fazer parte da União Europeia, que, com a Bulgária, passou a contar, ao todo, com 27 países.

de categoria socioprofissional superior comparados com os que ocupam profissões de nível intermediário (BREEM, 2012). Isso porque os postos qualificados são, por via de regra, os mais concorridos. De modo geral, os jovens, imigrantes ou não, são os mais prejudicados. Entre os com idade entre 15 e 24 anos, nascidos fora da UE, 35% estavam sem trabalho, contra 22% dos não imigrantes. A situação dos descendentes de imigrantes difere um pouco, porém as desigualdades sociais restam significativas (BREEM, 2011).

A fim de tratar o problema da ascensão social e de lutar contra as discriminações, o governo francês refletiu, em 2009, sobre a possibilidade da utilização de estatísticas étnicas. Esse projeto gerou muita polêmica porque existe, não somente na França mas também em outros países europeus, uma interdição quanto à realização de estatísticas que utilizem critérios de origem, raça ou religião. Alguns especialistas acreditam que essas estatísticas acentuariam mais as diferenças existentes entre os grupos sociais. Patrick Simon, pesquisador do Instituto Nacional de Estudos Demográficos (INED), em contrapartida, acredita que elas estão em conformidade com os valores republicanos e que são necessárias para combater as discriminações, tendo em vista a existência de uma relação entre origem étnica e desigualdade social (SIMON, 2000). Elas permitiriam aos políticos e sociólogos identificar discriminações através de entrevistas objetivas para enfrentá-las por meio de políticas públicas. Além desses argumentos, a história europeia não nos permite esquecer da má utilização dos recenseamentos dos judeus durante o Holocausto, o que resultou na morte de milhões de pessoas.

Essa era, na verdade, uma medida que permitiria *escanear* a sociedade francesa, conhecer de que maneira as discriminações "raciais"\* e sociais se manifestam e medir a eficácia das políticas públicas existentes para combatê-las.\*\* Porém, tais estatísticas jamais foram aprovadas e tentou-se avaliar a desigualdade a partir de critérios sociais.

Durante seu quinquênio (2007-2012), o governo de Nicolas Sarkozy, pela primeira vez na história da República Francesa, buscou conhecer quais eram as consequências sociais das discriminações existentes,\*\*\* dentre elas a discriminação étnica. De tendência, ainda que não manifesta, multiculturalista,\*\*\*\* o governo deu maior visi-

---

\* O termo *raciais* corresponde aos conteúdos sociopolíticos que permitem a um indivíduo excluir outro por ser culturalmente diferente e não se aplica, em nosso caso, ao termo biológico de raça. Para uma melhor compreensão do conceito utilizado ver Munanga (2005-2006, p. 52) e Strauss (1952, p. 11).

\*\* Em 2005, os filhos e netos de imigrantes das grandes periferias (*banlieues*) de Paris, Lyon e Montpellier, para citar apenas algumas, queimaram carros para protestar contra a falta de oportunidade e as discriminações que eles sofriam e de que eram vítimas.

\*\*\* Os países europeus estão adaptando suas políticas ligadas à imigração e testemunham as mudanças que decorrem dessas adaptações em suas sociedades. O surgimento de "guetos" e comunidades fez com que o governo francês repensasse sua postura face a seus imigrantes.

\*\*\*\* O multiculturalismo nasceu nos anos 1970 para integrar as culturas. O Canadá foi, em 1971, o primeiro país a adotá-lo como política oficial. Em seguida foi a vez do Reino Unido, da Dinamarca e da Holanda. Os dois últimos inverteram suas políticas pouco tempo depois e em 1981, após os conflitos em Brixton e Birmingham, foi a vez dos ingleses repensarem seu modelo de integração cultural. A Alemanha e a França sempre se mostraram avessas à utilização de políticas multiculturalistas.

bilidade às minorias, fomentou a aplicação de políticas de Ações Afirmativas (mais conhecidas na França como Discriminação Positiva) e encomendou um Programa de Ação e Recomendação pela Diversidade e Igualdade de Oportunidades coordenado pelo então secretário da igualdade e diversidade, Yazid Sabeg (2009). O programa elaborado por Sabeg continha 76 proposições de ações que pretendiam dar a cada cidadão, sem distinção de categoria, do jovem ao mais idoso, perspectivas de sucesso, de orientação e de inserção (no caso dos jovens) no mundo do trabalho ao longo de suas vidas. Num planejamento de ação global, fundado em critérios objetivos, sociais e territoriais, esse programa buscava criar ao mesmo tempo mecanismos capazes de medir o progresso e o atraso da igualdade de fato, em todos os níveis sociais. A aplicação dessas proposições no combate às desigualdades transgeracionais e cumulativas (escolar, social e territorial) deveria, por fim, ter resposta no plano da formação profissional, no mundo do trabalho e na vida pública. Nesse sentido, os jovens eram o alvo prioritário de tais ações, e a educação surgia como principal campo de trabalho: *este era o plano.*

Foi justamente nesse período, no quinquênio do governo Sarkozy, que cheguei à França. Em setembro de 2007, durante o mestrado realizado na Universidade de Rennes 2, pesquisei sobre a implementação de políticas de ação afirmativa relacionadas com o acesso ao ensino superior na França e no Brasil. Analisei – como pude, com dificuldades, sem bolsa de estudos – os modelos pioneiros de políticas de ações afirmativas na Universidade do Estado do Rio de Janeiro (UERJ) e na Universidade de Ciência Política de Paris (Paris Science-Po). Essa pesquisa me possibilitou uma imersão documental e prática* a fim de compreender um pouco mais sobre o sistema educacional francês, adicionando mais indagações a respeito do processo de integração sociocultural dos imigrantes a partir da educação. Para o presente artigo, busquei entender como a diversidade cultural é trabalhada nas escolas e me deparei com um canteiro de obras de um velho prédio em reformas. Algumas delas abrem perspectivas para repensar a sociedade francesa dos últimos trinta anos. Vamos ao alicerce!

## UM RESUMO DO SISTEMA DE ENSINO FRANCÊS

Na França, a educação é uma prioridade nacional. Ela é o resultado de um processo evolutivo pelo qual passou a sociedade francesa e que começou no século XVIII. Foi a partir da revolução de 1789 que o país, em sua maioria agrário – 69% de sua população –, pas-

---

* Entre os anos 2010 e 2012, trabalhei como professor substituto no departamento de português da Universidade de Rennes 2, ministrando aulas de civilização brasileira, civilização da África lusófona e português.

sou a considerar a educação como algo tão importante e essencial quanto a alimentação básica. Porém, no início, apenas alguns bem-nascidos, a elite econômica e política, se beneficiaram dela. As escolas eram, em sua maioria, confessionais e dirigidas por padres. Depois de 1848, elas deixaram de ser meros centros de formação de bons agricultores e das futuras donas de casa* e se inclinaram na preparação de quadros administrativos e políticos que teriam como missão impulsionar o crescimento do país.

Depois da queda de Napoleão III e do surgimento da república, nos anos 1870, a escola francesa entra num processo de laicização do ensino, sendo o mesmo consolidado depois da separação entre a Igreja e o Estado, em 1905.** A escola republicana passa então a ser gratuita, laica e obrigatória, oferecendo a todos condições de se instruírem a fim de se tornarem cidadãos. Um dos seus fundadores, Jules Ferry, no dia 10 de abril de 1870, a definia da seguinte forma:

> *Nosso ideal educativo foi traçado. A educação do povo tem, hoje, uma dimensão pessoal. Seu objetivo é dar a cada um a oportunidade, sem servir a todos a mesma sopa amarga em nome da igualdade mal-interpretada, mas permitindo a cada um ter uma educação adaptada a sua necessidade. (FERRY, 1893)*

Dessa maneira, aberta a todos, a escola oferece a esperança de um possível progresso social também para os pobres. Muitos poderão, graças a ela, se tornar professores, empregados, trabalhadores especializados e até mesmo conquistar postos de funcionários do Estado. A escola republicana era um meio pelo qual se conseguiam melhores condições de trabalho.

A criação de uma escola única, para alunos que estudariam durante 12 e até mesmo 14 anos, ao final dos quais poderiam ingressar em classes complementares e, se capazes, nas universidades ou escolas superiores, não existiu sem polêmicas (PERETTI, 2004, p. 46). Nessa época, a classe média se opôs à democratização do ensino, porque não desejou ver seus filhos misturados com os filhos de agricultores que, segundo ela, depreciavam o sistema educativo. Mas o processo engajado de universalização do ensino seguiu seu curso. Em 1930, as universidades se tornaram gratuitas. A partir de então, elas podiam acolher estudantes de origem popular. Estes foram, num primeiro momento, pouco numerosos, e a universidade continuou a refletir a desigualdade social do país.

---

* Antes da 2ª República a educação para as meninas era, sobretudo, religiosa e de difícil acesso. Em 1850, a lei Falloux fixa como objetivo a criação de escolas primárias para meninas em todas as cidades com mais de 800 habitantes.

** Três leis são importantes e marcam o processo de laicização da educação nacional francesa, a saber: 1ª. Lei Ferry, 1881, que institui a gratuidade do ensino; 2ª. Lei de 1882 que corresponde a obrigatoriedade e laicidade; 3ª. Lei Goblet, 1886, que progressivamente substituiu os professores congregacionistas por laicos.

Durante a Segunda Guerra Mundial, cai a quantidade de mão de obra agrícola e aumenta o trabalho assalariado nas indústrias. A unidade de produção familiar, característica das sociedades rurais, deixa de ser o modelo de base, e a família operária passa a representar o novo modelo cultural. Esse modelo encarna o progresso; ele promete um mundo onde as crianças, graças a suas formações, poderão ter melhores condições sociais, se comparadas às que tiveram seus pais. Nesses novos tempos, a educação será objeto de maiores investimentos por parte do poder público.

*O final da Segunda Guerra Mundial é marcado, na França, pelos trabalhos da comissão Langevin-Wallon, que propõe uma reforma no ensino integrando os princípios da igualdade de oportunidades, em particular propondo medidas de acompanhamento psicológico e pedagógico para os estudantes em dificuldade escolar. (KOUBI; GUGLIELMI, 2000, p. 238, tradução nossa)*

Uma ordenança de 6 de janeiro de 1959, nº 59-45, sobre a prolongação da escolaridade, a torna obrigatória dos 6 aos 16 anos de idade aos franceses e estrangeiros de ambos os sexos. Entre os anos 1960 e 1970, a França unifica seu sistema de ensino (escolas, colégios e liceus) (RAYNAUD, 2008). Depois do terceiro ano, que corresponde ao último ano do ensino fundamental no Brasil, os estudantes são orientados em direção a uma das três divisões do segundo ciclo (o ensino normal, o tecnológico ou o profissionalizante).

*A escola é introduzida como elemento de igualdade de oportunidades no início dos anos 1960, quando se trata de planejar a distribuição da população sobre o território. [...] Uma circular do dia 30 de maio de 1960 define a redistribuição da população rural como meio de estabelecer entre as cidades e o campo uma igualdade de oportunidades no plano econômico, demográfico, social e cultural. (KOUBI; GUGLIELMI, 2000, p. 239, tradução nossa)*

Apesar dessa abertura democrática do ensino, segundo Karim Amellal, a escola, na França, pode ser considerada como uma encruzilhada de sucesso que não exclui, na realidade, a dificuldade para um jovem imigrante de ter acesso a esse mesmo sucesso.

*[...] para todos nós, franceses filhos de imigrantes, a escola se torna o único meio de vencer, numa sociedade que, às vezes, temos a impressão de que faz de tudo para nos manter em situação de exclusão. (AMELLAL, 2005, p. 143, tradução nossa)*

Nos anos 1980, o ministro da Educação Nacional Alain Savary, a partir da circular nº 81-238 de 1º de julho de 1981, encaminhada aos diretores e inspetores de escolas, colégios e liceus de toda a França, cria as zonas de educação prioritária (ZEP),* iniciativa de combate à exclusão, visando atender uma determinada parcela da população que reside nas periferias das grandes cidades e que é composta em sua maioria por imigrantes e seus descendentes. A criação das ZEPs faz parte de uma política de educação prioritária (PEP) que propõe agir contra as desvantagens escolares a fim de reduzir as desigualdades sociais. As ZEPs têm como ambição proporcionar a crianças em idade escolar, desfavorecidas por sua origem social e por isso em situação de atraso, repetição ou abandono do ano letivo, a oportunidade de se beneficiarem de condições de aprendizagem específicas. Atualmente, a França conta com mais de 900 ZEPs, que recebem 1,8 milhão de estudantes. Quando dotados de meios de funcionamento, esses estabelecimentos conseguem reduzir o risco de abandono escolar, abrindo uma via de acesso a muitos desses alunos oriundos das regiões menos privilegiadas, permitindo-lhes ingressarem no curso normal que os levará às universidades.

O sistema universitário também sofreu reformas que visavam ampliar as vias de acesso ao mesmo. A partir dos anos 1960 houve uma massificação do acesso aos estudos superiores, sobretudo depois da exclusão do processo seletivo. As universidades passaram a aceitar o resultado do *baccalauréat* (bac), que corresponde ao atual Exame Nacional do Ensino Médio (ENEM). Mas massificação não significa o mesmo que democratização (SANTOS, 2004). Vejamos: se a obtenção do *bac* abre as portas das universidades, o mesmo não ocorre com as escolas superiores conhecidas como *grandes écoles*. No caso delas o acesso se dá por concurso (como ocorre entre as universidades brasileiras). Nessas instituições a desigualdade aparece claramente. A origem social dos candidatos está relacionada com o nível de escolaridade de seus pais.

Nos anos 1960, um estudante de origem popular tinha 23 vezes menos oportunidades de ingressar numa escola superior que um estudante oriundo da classe média. Nos anos 1990, esse número era ainda maior. O acesso ao ensino superior dos estudantes da classe popular era ainda mais restrito. Segundo Luiz Felipe de Alencastro, professor titular de História do Brasil e do Atlântico Sul na Universidade Paris – Sorbonne:

> *Os funcionários públicos e os profissionais liberais representam somente 14% dos franceses que têm filhos entre 18 e 25 anos. Mas essas categorias sociais são representadas na ordem de 62% dos alunos das escolas superiores e 35% de estudantes nas universidades.* (ALENCASTRO, 2006, p. 5)

---

* Em 2006, o Ministério da Educação pôs em prática o plano *Réseau Ambition Réussite* (RAR), literalmente "rede de sucesso", com vistas a melhorar o resultado escolar, favorecendo a igualdade de oportunidades e estreitando a relação entre escola, familiares e instituições parceiras. As escolas, colégios e liceus ZEP passaram assim a se chamar *ECLAIR*, como parte do programa *écoles, collège et lycées pour l'ambition, l'innovation et la réussite*. Em setembro de 2011, foi o início do ano letivo das primeiras *ECLAIR*. No entanto seguiremos utilizando a nomenclatura ZEP, que situa cronologicamente nossa pesquisa.

Isso significa que existe uma reprodução dos níveis de ensino. Os filhos de economistas serão ou terão mais oportunidades de seguir a profissão dos pais, os filhos dos banqueiros e políticos idem, e assim por diante. Existem cursos específicos de preparação ao concurso de entrada das Escolas Superiores (CPGE). Assim, 77,7% dos alunos da Escola Normal Superior da rua d'Ulm, em Paris, 77% da Escola Politécnica e 81,5% do Instituto de Estudos Políticos da capital são originários de famílias de funcionários ou profissionais liberais. Diante desse quadro nos perguntamos: o que poderia estar bloqueando a ascensão social na França?

Os desequilíbrios no acesso ao sistema de ensino superior subsistem de outras maneiras, uma vez passada essa primeira etapa de entrada. Enquanto os estudantes oriundos da elite ocupam os cursos de Direito e de Medicina, os das classes menos favorecidas devem se inscrever em Letras, em Sociologia, em História ou nas outras disciplinas classificadas na área das ciências humanas. Os que precisam trabalhar e são mais voltados aos estudos tecnológicos se apresentam aos exames dos Institutos Universitários de Tecnologia (IUT) nas Seções de Técnicas Superiores (STS). Esses estabelecimentos lhes garantem uma formação e os preparam para estudos mais longos, permitindo que se tornem engenheiros ou funcionários no setor comercial.

Essa divisão entre os "beneficiários" do ensino superior pode parecer imutável e corresponder a uma lógica do mercado de trabalho e perversa reprodução social (BOURDIEU; PASSERON, 1970). Porém, existe atualmente um forte desejo de reverter esse quadro, buscando melhores condições de acesso e igualdade de oportunidades para todos, quer seja nas universidades, quer seja nas escolas superiores. Instituições como a Escola Nacional de Administração (ENA) e o Instituto de Ciências Políticas (Sciences-Po), ambos de Paris, se comprometeram a aplicar políticas positivas buscando diversificar seu público e contemplar as minorias desfavorecidas.

Em 2001, a Sciences-Po criou um programa de admissão a partir da "convenção de educação prioritária" que consiste em criar parcerias entre essa escola superior e alguns liceus de Zonas de Educação Prioritárias. Inicialmente, a Sciences-Po estabeleceu parceria com sete estabelecimentos de ensino secundário. Criaram um modelo de seleção para aproveitar os melhores alunos das ZEPs, que participariam de um curso preparatório antes de concorrerem a uma vaga para essa renomada escola. Esses alunos eram pré-selecionados pelos professores do liceu e recebiam um complemento em suas formações, reforço em todas as matérias, de forma a serem preparados para o concurso de admissão. Essa modalidade de acesso em nada fere a constituição republicana, posto que não exclui o aspecto meritocrático do processo seletivo, nem tampouco pode ser considerada como uma política de cotas, porque não estabelece percentual de vagas a serem preenchidas. Assim sendo, no primeiro ano da convenção educação prioritária, foram aprovados 17 alunos. Em 2006, esse número passou para 75. Em 2009, a Escola Superior de Ciência

Política da capital francesa contava com 264 aprovados desde o início da parceria com os liceus de ZEPs.

Dessa forma, utilizando critérios socioeconômicos e geográficos e/ou territoriais, sem cotas, a Sciences-Po encontrou um caminho para produzir uma diversificação sociocultural do seu processo seletivo: 3/4 dos alunos de ZEP são aceitos como bolsistas e de 50% a 70% deles são oriundos de categorias sociais desfavorecidas. Esse índice é superior aos 29% das universidades francesas. Uma vez admitidos, esses estudantes seguem o mesmo curso que os demais, passam pelos mesmos exames orais e escritos e obtêm os mesmos resultados, por vezes melhores do que os dos alunos que não participaram da convenção educação prioritária. Essa postura democraticamente aberta parecia fazer parte da vontade política do governo anterior, e até o presente momento não foi modificada. Restará avaliar como os alunos de categoria social desfavorecida, uma vez formados por escolas superiores reputadas, se integram no mercado de trabalho.

Vimos que a França é um dos países europeus com uma enorme diversidade cultural se comparado com Polônia, Suécia ou Rússia.* Constatamos, ainda que *en passant*, algumas das dificuldades atuais para conjugar de maneira harmoniosa tamanha diversidade: integração, desemprego, exclusão social. Também vimos resumidamente como a realidade escolar francesa pode ser representada, em sua "seleção natural", como um funil, ou seja, há acesso para todos nas fases primárias e secundárias de suas formações e, à medida que nos aproximamos do ensino superior de melhor qualidade, esse acesso se torna mais seletivo.** No que concerne justamente ao ingresso no ensino superior, o ensino secundário representa uma etapa decisiva para o futuro universitário. Dependendo da localização território-espacial do liceu, próximo ou distante do centro da cidade, define-se parte da vida ativa de um estudante, porque este terá maior acesso aos bens culturais e construirá um capital relacional que lhe permitirá aceder mais facilmente ao mundo do trabalho. Essa realidade institucional, embora não desejada, nos parece similar à de outros países nos quais se disponibilizam menos recursos para as regiões suburbanas, como, por exemplo, o Brasil (SANTANA, 2012). Porém nos falta entender como a diversidade cultural integra a sala de aula e talvez, a partir daí, entender por que o elevador social francês se encontra momentaneamente paralisado.

---

\* Países como Inglaterra, França, Holanda, Bélgica, Alemanha, Espanha e Portugal, que se lançaram na aventura colonialista, possuem hoje um maior fluxo imigratório se comparados aos que não tiveram a mesma experiência.

\*\* O sistema de ensino francês possui um programa de bolsa que auxilia o estudante desde sua infância até a universidade, de acordo com a faixa etária e renda *per capita* familiar.

## Diversidade cultural: uma ameaça à educação na França?

Dois aspectos são importantes para compreender o grau de diversidade cultural e humana no seio escolar: a origem socioeconômica dos pais e a localização geográfica do estabelecimento de ensino. Os problemas fractais que existem atualmente com relação a diversidade e integração no sistema de ensino entre a escola e seu público ocorrem, mais frequentemente, em estabelecimentos situados nas grandes periferias\* do que nas instituições localizadas no centro das cidades. Um imigrante ou seu descendente que vive no quinto, no sexto, no sétimo e no décimo-sexto *arrondissements*, alguns dos bairros mais ricos de Paris,\*\* não terá as mesmas dificuldades em se integrar na sociedade. Compartilhará valores e experiências socioculturais que o assemelharão à elite, embora muitas vezes ele só faça parte dela do ponto de vista econômico. Porém, a maioria dos imigrantes e seus descendentes se encontram concentrados nas aglomerações que rodeiam as cidades, formando verdadeiras cidades periféricas e, nesse contexto, a escola exerce um papel fundamental no desafio à integração dos que estão à margem da sociedade. Ela é ou deveria ser, para os excluídos, um espaço de coesão nacional, transmissora dos valores fundamentais da República: liberdade, igualdade, fraternidade, laicidade e segurança. Deveria ser, porque são inúmeras as dificuldades enfrentadas pela escola republicana, a saber:

O Alto Conselho para a Integração (HCI), em um estudo publicado em 2010, demonstra que a dimensão cultural da integração no espaço escolar é fortemente questionada, na medida em que o domínio da língua, como base de acesso à formação de identidade e a valores partilhados, encontra sérias dificuldades. Além desse problema, existe um outro, o da transmissão dos elementos da cultura republicana que não são reconhecidos por alguns pais de alunos e, por consequência, são rejeitados dentro e fora do espaço escolar.

Em decorrência da super-representação dos imigrantes ou de seus descendentes nas escolas das Zonas Urbanas Sensíveis (ZUS), as instituições enfrentam dificuldade em formar novos cidadãos num espaço onde mesmo os pais não falam a língua francesa e quase sempre os alunos comungam de uma mesma crença religiosa. Um sério problema, posto que é a partir da célula familiar que a criança se inicia na língua e nos diferentes

---

\* Nem sempre a periferia está distanciada geograficamente do centro da cidade. A literatura e, posteriormente, o cinema reproduziram, no livro e no filme Entre os muros da escola (*Entre les murs*), o cotidiano de trabalho de François Bégaudeau, um professor de língua francesa de um liceu situado no décimo-nono bairro de Paris que luta para ensinar a língua nacional a alunos que parecem vir de um outro "mundo".

\*\* A cidade de Paris possui a forma de um caracol, é dividida em 20 bairros chamados *arrondissements*, partindo do centro da cidade, nas proximidades do Museu do Louvre, até sua extremidade. Segundo a Direção Geral de Finanças Públicas (DGFIP), o cálculo foi realizado com base no ISF, Imposto Solidariedade sobre a Fortuna, do ano de 2011.

códigos da sociedade (BLAIS; GAUCHET; OTTAVI, 2008, p. 45-46). A ausência desses códigos representa um impasse ao ensino.

O programa de ensino francês em suas diferentes etapas escolares (ensino fundamental, básico e médio) é um dos mais completos de que se tem conhecimento. Nos primeiros anos de escolarização o aluno toma contato com a língua francesa, matemática, história, geografia, estudos de línguas vivas (como exemplo inglês, alemão e espanhol), química e física, além de estudos sociais e cívicos que ensinarão aos pequenos, aos adolescentes como viver em sociedade, com base nos valores da República. Porém nem todos os alunos se sentem representados nesse modelo e, nos últimos anos, surgiram novos desafios e algumas proposições pretenderam contemplar os "excluídos".

O relatório anexado à Lei nº 2005-380, aprovada em 23 de abril 2005, "pelo futuro da escola", incluía, em suas orientações e seu programa, o ensino do fenômeno religioso. Mesmo com muita polêmica, a lei foi aplicada e percebeu-se um interesse do Ministério da Educação em adaptar a escola a seu público – ou boa parte dele –, uma prova de inteligência. Adotou-se, do 1º ao 6º ano (currículo brasileiro) e também no ensino médio, o curso de conhecimento religioso. Por via de regra, um curso dessa natureza não significa, necessariamente, e nem equivale a curso de doutrina, mas busca apresentar, descrever o fenômeno religioso dentro da História. Mostrando, assim, que todas as culturas possuem religiões e que todos devem conhecê-las para melhor respeitarem as diferenças individuais, sem negativá-las. A educação nacional francesa mostrava dessa forma que a escola laica não é espaço de clientelismo, e ao mesmo tempo atuava dentro do seu tempo.

Em 2009-2010, o debate mediatizado sobre a questão da utilização do véu integral (*le niqab*) em ambiente escolar gerou polêmica e dividiu a sociedade.\* O HCI interferiu, buscando globalizar o debate sobre a presença de elementos religiosos no espaço público. Decidiu-se pela adoção de uma pedagogia da laicidade\*\* de acordo com a qual nenhum grupo deveria impor, nos espaços públicos, suas convicções religiosas. Entre o aconselhado e a prática por vezes há um espaço vazio, sem diálogo possível.

Anna Topaloff (2012) publicou, na revista *Marianne,* nº 776, de março de 2012, um interessante artigo intitulado "Essas matérias que não podemos mais ensinar na escola", sobre os problemas que podem surgir quando as crenças religiosas adentram o espaço escolar. A sala de aula se transforma num verdadeiro ringue. Temos os alunos que se recusam a participar das aulas de biologia porque, segundo suas religiões, Darwin ques-

---

\* O *niqab* é um véu que cobre todo o rosto da mulher, deixando à mostra apenas os olhos. É usado em algumas vertentes islâmicas.

\*\* O relatório norte-americano *United States commission on international religious freedom – anual report 2013* sobre as liberdades religiosas, publicado no dia 30/04/2013, no seu capítulo dedicado à Europa Ocidental acusa países como França e Bélgica de possuírem uma laicidade agressiva, que acaba criando situações desconfortáveis para as pessoas religiosas, limitando a integração social no ambiente escolar e de trabalho. O relatório evoca precisamente a interdição do véu integral, votada em 2011 nos países mencionados (p. 285-287).

tiona a existência de Deus; os que faltam às aulas de história quando o programa pretende abordar o conflito entre Israel e a Palestina; pais que se recusam a levar os filhos para assistir aulas de história em que a professora aborda a expansão cristã sobre o mundo galo-romano e que interferem nas visitas a professores que não sabem como fazer para terminar o programa proposto pelo Ministério da Educação Nacional e que, por vezes, têm que escolher não dar a parte do programa que causaria constrangimento ou inventar novas estratégias pedagógicas para driblar a situação. Alguns têm medo de sofrer represálias dos parentes de seus alunos, enquanto outros convidam os imanes de suas regiões para irem à sala de aula e assegurarem aos alunos que o Corão não proíbe os estudos de biologia nem de história. Durante o curso sobre a Torá (*Torah*), um professor convidou seu melhor amigo, de origem argelina, cuja família havia escondido judeus durante a Segunda Guerra Mundial, evitando os típicos clichês antissemitas. Todos os professores entrevistados por Topaloff são funcionários de estabelecimentos periféricos das cidades de Paris e Marseille, cidades onde existe uma forte tensão entre poder público e população imigrante ou descendente de imigrante.

O Alto Conselho pela Integração e a maioria dos especialistas em educação reconhecem que o maior problema é a concentração de imigrantes nas periferias e, atualmente, a situação de dificuldade econômica em que muitos se encontram. Por conta desse quadro de exclusão, a escola é exposta a tensões étnico-culturais em decorrência do crescimento progressivo do comunitarismo que divide a população entre os da cidade e os do "gueto" e, por vezes, entre os diferentes "guetos". Assim sendo, segundo o HCI, a escola precisa vencer três desafios: 1) o desafio migratório; 2) o desafio social; 3) o desafio cultural. Em suas 42 recomendações, o HCI focaliza: no apoio aos pais, para que os mesmos compreendam as diretrizes da escola republicana; na importância do ensino da língua francesa, que criará uma identidade comum; na transmissão de um patrimônio comum de valores, visando unir todos os franceses e os que almejam se tornar franceses; na busca do sucesso escolar contra a evasão; no combate contra a segregação escolar, socioeconômica e étnica nas Zonas Urbanas Sensíveis; e na reafirmação do princípio da laicidade. Espera-se que a prática dessas recomendações traga resultado em curto prazo.

## À GUISA DE CONCLUSÃO

Refletir sobre educação e diversidade na França implica em pensar na escola e seu papel de formador, transformador e complementador – junto à família –, ou seja, uma via de acesso à vida social (LAVAL, 2004, p. 9). Implica também em pensar na diversidade humana, sociocultural, nos diversos grupos de imigrantes e seus descendentes, pensar no outro, em como esse outro e eu – nós – nos relacionamos na escola, no trabalho e no dia a dia. Nos últimos anos tem-se a impressão de que o outro se tornou um problema e que viver juntos passou a ser um embate dicotômico que divide os cidadãos na França. Para o sociólogo e professor da Escola de Altos Estudos em Ciências Sociais – EHESS Alain Touraine (2005, p. 6),

> *nos últimos dez anos vivemos um período de desintegração, marcado pela rejeição aos grupos minoritários e pela insistência, por parte destes, em defender seus valores comunais. Pelo recurso crescente a uma violência que se traduz na incapacidade da sociedade francesa em mudar de modelo cultural.*

Qual modelo cultural adotar? Assimilacionismo, multiculturalismo, republicanismo, comunitarismo, universalismo? Todos esses *ismos* implicam, de alguma forma, na rejeição daqueles que são diferentes e na impossibilidade de uma verdadeira integração. É preciso que reconheçamos as diferenças, aceitemos e tentemos criar uma sociedade mais equânime, sem que a celebração do legado cultural de cada um seja imposta ao outro. Esta é uma tarefa importante para o sistema de educação francês.

Analisando os trinta anos do lançamento das ZEPs, em comparação com a escola genérica, podemos afirmar que a escola não foi capaz de reduzir os obstáculos à integração porque sua concepção de ensino como processo separado da educação implica em não auxiliar os que mais precisam. Para tentarmos resolver o problema da exclusão social, deve-se, de uma vez por todas, bloquear a super-representação dos imigrantes e de seus descendentes nesses estabelecimentos, indo contra qualquer tentativa de segregação. Eles não devem ser o único público a frequentar as escolas das periferias. Deve-se proporcionar um intercâmbio constante entre franceses de "raiz", franceses de "origem" e futuros franceses, com vistas a pulverizar essas estratificações categóricas.

Outra reflexão importante e necessária diz respeito à formação professional. Atualmente se questiona o modelo de formação escolar, pois os ditames da globalização antes a direcionavam para o campo das profissões, para o mercado de trabalho. Entretanto, visto que a maioria das usinas fecham suas portas nesse momento de crise, não temos certeza de quais oportunidades existirão no futuro. Depois de cinco anos da crise econômica mundial, o nível de desemprego na França, no segundo trimestre de 2010, chegou a 9,4% e, segundo a Organização para a Cooperação e Desenvolvimento Econômico (OCDE), atingirá o percentual recorde de 11,2% no final de 2014. A atual batalha é pela criação de novos postos de trabalho.*

---

* Segundo a OCDE o índice de desemprego deve aumentar em 2014 nos 34 países que assinaram a convenção da organização de cooperação pelo desenvolvimento econômico. Esse desemprego atinge mais os jovens e profissionais pouco qualificados.

Além do intercâmbio escolar, um outro elemento positivo de integração nacional é, sem dúvida, o trabalho. No trabalho passamos mais tempo com os outros, e a troca de experiências se faz naturalmente. Por exemplo: durante o período da reconstrução do país, no pós-guerra, os primeiros imigrantes eram conscientes de suas dificuldades de adaptação e se ajudavam e interagiam constantemente, entre si e também com a sociedade francesa. Suportavam todas as provas porque tinham a certeza de que a situação de seus filhos não seria a mesma. Hoje os filhos desses imigrantes, franceses pelo direito do solo, lutam para não serem discriminados durante uma convocação de trabalho, por sua origem ou pelo fato de possuírem uma ou outra crença religiosa. A situação atual é delicada e nunca se discutiu tanto sobre a importância da laicidade como fundamento de base para "vivermos juntos". O grande desafio francês será o de conciliar a integração e as diferenças, o universalismo e os direitos culturais de cada um, extrapolando assim a oposição entre um republicanismo intolerante e um comunitarismo agressivo, caso contrário não existirá progresso possível. O papel da educação será fundamental na construção dessa nova sociedade.

# O ENSINO DO MOVIMENTO PELOS DIREITOS CIVIS DOS NEGROS NO ALABAMA*

*Briana Royster*
*Teresa Cribelli*

Os Estados Unidos têm uma longa história de desigualdade racial. Além da escravidão, da opressão jurídica e extrajurídica aos afro-americanos no Sul pós-abolição, do confinamento de famílias japonesas durante a Segunda Guerra Mundial e da discriminação contra imigrantes hispânicos e nativos americanos, o país tem lutado para reconciliar-se com seu legado de injustiça racial. Uma vez que o Movimento pelos Direitos Civis dos Negros revelou um dos mais sombrios exemplos de discriminação nos Estados Unidos, com seu desafio à violência racial da era Jim Crow, serve como uma importante caixa de ressonância para o ensino da tolerância e igualdade para as gerações futuras, com o objetivo de evitar os erros do passado.** Além de testemunhar a discriminação racial pela qual os afro-americanos passaram, o Movimento pelos Direitos Civis proporciona um modelo para o ensino da tolerância em face de diferenças religiosas e étnicas, de gênero, orientação sexual, bem como deficiências físicas e mentais. Além disso, as dimensões globais do movimento americano dos Direitos Civis são importantes para demonstrar sua conexão com as lutas contra a discriminação e a opressão em sociedades do século XX da África, Oriente Médio, Ásia e América Latina. O Movimento pelos Direitos Civis foi parte da miríade de movimentos políticos e sociais que surgiram para contestar a opressão colonial, racial, e religiosa pelo mundo (GAINES, 2007, p. 57).

O presente ensaio traz um breve panorama do Movimento pelos Direitos Civis, tal como ensinado no Alabama, por meio de entrevistas a professores e alunos e de uma análise do Course of Study for Social Studies Manual do Alabama (MORTON, 2014), currículo obrigatório em nível estadual para escolas primárias e secundárias. As diretrizes do Alabama apresentam o mais completo programa para o ensino do Movimento pelos Direi-

---

\* Traduzido para o português por Valeria Lima de Almeida.

\*\* Jim Crow é a denominação atribuída ao conjunto de medidas jurídicas e extrajurídicas destinadas a garantir a posição subalterna dos afro-americanos nos estados do Sul dos Estados Unidos, bem como Maryland e Distrito de Columbia (Washington D.C.). Para estudos sobre o Movimento pelos Direitos Civis, ver Clayborne Carson (1995, 2013), Robert J. Norrell (1998) e Charles M. Payne (1995).

tos Civis nos Estados Unidos, embora ainda possa ser melhorado. Por exemplo, o retrato minimizado da violência sofrida pelos afro-americanos no Sul Profundo (*Deep South*), bem como a omissão das figuras mais polêmicas do movimento, evidenciam fraquezas no currículo estadual. Dever-se-ia enfatizar mais o fato de que, além da correção das injustiças sofridas pelos afro-americanos, o Movimento pelos Direitos Civis das décadas de 1950 e 1960 reivindicou ideais sobre os quais se fundou a nação americana, incluindo a famosa expressão da Declaração de Independência de 1776 "todos os homens são criados iguais". Nesse viés, os participantes do movimento exigiam reconhecimento total como cidadãos americanos e, assim procedendo, deram força às reivindicações de outros grupos oprimidos, principalmente mulheres, hispânicos, indígenas, portadores de deficiência e gays. Situar o Movimento pelos Direitos Civis, em primeiro lugar, como luta pela cidadania plena e como exigência da implementação das liberdades civis delineadas na Constituição ressalta a experiência afro-americana como legitimamente *americana* e a incorpora a uma narrativa nacional mais ampla. Ademais, o Movimento pelos Direitos Civis influenciou e foi influenciado por movimentos e fatos no Oriente Médio, África, Índia, América Latina e Europa. Ignorar esse contexto reduz o alcance do Movimento pelos Direitos Civis e limita seu impacto a uma definição estreita de justiça racial e social, restrita aos Estados Unidos, que o separa de um discurso maior de direitos humanos desenvolvido em âmbito internacional durante o século XX (GAINES, 2007, p. 58).

Conquanto reconheçamos a existência de um ativismo mais longo pelos Direitos Civis, algumas vezes referido como o Longo Movimento pela Liberdade Negra (Long Black Freedom Movement), o presente ensaio define o Movimento pelos Direitos Civis como iniciado em meados da década de 1950, estendendo-se até o final da década de 1960.* O Alabama, em particular, tinha algumas das leis mais discriminatórias da era Jim Crow, e, como consequência, o estado teve um papel de relevo no Movimento pelos Direitos Civis. Alguns momentos cruciais incluíram o Boicote aos Ônibus de Montgomery em 1955-56, a Cruzada das Crianças em 1963, o atentado a bomba à igreja batista da Sixteenth Street, em 1963, e a Marcha de Selma a Montgomery, em 1965 (WILLIAMS, 2013). Embora estes e outros eventos fossem acontecimentos locais, ganharam atenção da imprensa nacional e internacional pela violência e injustiça demonstradas. O uso de mangueiras de incêndio e cães contra manifestantes pacíficos em Birmingham, em 1963, pelo comissário de Segurança Pública Bull Connor e a tentativa do governador George Wallace de impedir estudantes afro-americanos de integrar a Universidade do Alabama, em Tuscaloosa, no mesmo ano, resultaram em algumas das imagens mais difundidas da era dos Direitos Civis. O uso do vídeo e das fotos criou uma imagem sombria do

---

* Para estudos que situam as origens do Movimento pelos Direitos Civis para afro-americanos desde o século XIX, ver John Hope Franklin e Evelyn Brooks Higginbotham (2010), Steven Hahn (2005, 2009) e Stephen G. N. Tuck (2010).

Alabama durante as décadas de 1950 e 1960 e contribuiu para o êxito do movimento em desmantelar a segregação e fazer aprovar a Lei de Direitos de Voto de 1965.

A partir de entrevistas orais e diretrizes curriculares, o presente trabalho examina a instrução dos estudantes a respeito do Movimento pelos Direitos Civis, tanto durante quanto após os eventos das décadas de 1950 e 1960, do jardim de infância até o décimo segundo ano no Alabama. Os entrevistados tiveram experiência educacional no sistema escolar de Tuscaloosa como alunos, professores, ou ambos. Apesar das entrevistas terem sido focalizadas em Tuscaloosa, as exigências dos cursos de Estudos Sociais se aplicam aos currículos escolares em todo o estado. Exige-se dos professores que abordem os tópicos mencionados, porém os exemplos utilizados em sala podem variar e os docentes podem adicionar material complementar, a seu critério.

## Informações gerais sobre os entrevistados

O Dr. Eddie Thomas é um afro-americano de 74 anos de idade que começou sua carreira no sistema educacional do Alabama em 1962. Ele foi professor de estudos sociais e de inglês na Westlawn Middle School e na Central High School. Posteriormente, tornou-se diretor-assistente na Tuscaloosa Jr. High School, e diretor na Tuscaloosa High School. No tempo em que trabalhou no Sistema Escolar da Cidade de Tuscaloosa, ele também atuou como diretor de integração das escolas. Aposentou-se do Sistema Escolar da Cidade de Tuscaloosa em 1995 e atualmente é professor adjunto na Universidade do Alabama e vice-presidente de Assuntos Externos no Stillman College.

Elizabeth Edwina Hall Thomas é uma afro-americana de 73 anos de idade e durante toda a sua carreira esteve envolvida com o sistema educacional do Alabama. Ela ensinou computação e educação para negócios no Sistema Escolar da Cidade de Tuscaloosa, incluindo a Escola Vocacional da Área de Tuscaloosa. Mais tarde, tornou-se instrutora adjunta no Shelton State Community College. Agora está aposentada.

A sra. Sandra Hopkins é uma afro-americana de 56 anos e obteve sua educação formal no Sistema Escolar do Condado de Tuscaloosa. Ela é agora uma psicoterapeuta licenciada em Tuscaloosa.

Ensinar sobre o Movimento pelos Direitos Civis começou como uma escolha individual para os professores no Alabama nas décadas de 1950 e 1960. Durante o movimento, os alunos estavam cientes do que ocorria, mas o assunto não era necessariamente ensinado nas escolas públicas. Alguns alunos, como a sra. Elizabeth Thomas (à época, aluna da High School*), lembram-se de ter participado de boicotes, mas não de discutir em aula o

---

* Correspondente ao Ensino Médio brasileiro.

que acontecia em locais como Birmingham.* Por outro lado, o dr. Eddie Thomas lembra-se de ter aprendido sobre o movimento na sala de aula. Ele diz que, enquanto frequentava o Ensino Médio, na segunda metade da década de 1950, "sabíamos o que estava acontecendo, mas estávamos lá para estudar."** De acordo com o dr. Thomas, ele ouviu sobre o movimento e sabia que estavam se iniciando coisas que poderiam levar a oportunidades melhores. Em vez de enfatizar as marchas ou protestos, seus professores ressaltaram a importância da educação como meio de avançar em suas carreiras e criar uma vida melhor para suas futuras famílias. Para a família de Thomas, a escola não era vista necessariamente como o local de discussão sobre o movimento durante o desenrolar dos acontecimentos.

Com a integração, nem o dr. Thomas nem a sra. Thomas vivenciaram conflitos ao ensinar aos alunos brancos sobre o movimento. A sra. Thomas formou-se no Stillman College, uma universidade historicamente negra.*** O Sistema Escolar da Cidade de Tuscaloosa já era integrado quando ela iniciou a atividade docente; notou então o equipamento mais novo para ensinar (carteiras e projetores, por exemplo), que facilitava seu trabalho, mas disse que seu "ensino era baseado nas necessidades dos meus alunos."**** O dr. Thomas relata ter ensinado o Movimento pelos Direitos Civis como uma extensão da Declaração de Independência. "Ensinamos vida, liberdade e a busca da felicidade. Isso é o que era o Movimento pelos Direitos Civis. Eles [os líderes do Movimento pelos Direitos Civis] remontavam a Abraham Lincoln... e ele voltava à declaração."***** Como professor, o dr. Thomas achava importante que os alunos percebessem que os participantes do movimento não eram apenas figuras significativas na história afro-americana, mas representavam conquistas para todos os cidadãos americanos.

Como de início não havia no Alabama obrigatoriedade no que tange ao ensino do Movimento pelos Direitos Civis, a experiência educacional era heterogênea para os alunos. Com a integração, as escolas nas quais o dr. Thomas lecionava para alunos afro-americanos mantiveram essa característica. A experiência da sra. Hopkins foi um pouco diferente. No princípio, ela frequentou a Boteler Jr. High School, que era uma escola afro-americana antes da integração. Com a integração em Tuscaloosa, ela foi levada à Holt High School. Quando questionada sobre o que aprendeu acerca do Movimento pelos Direitos Civis na escola, sua resposta foi "pouca coisa". Aprendeu sobre Martin Luther King apenas quando ele foi assassinado. "Lembro-me dos professores chorando. Foi algo grande." Na

---

\* Entrevista com sra. Elizabeth Thomas, 13 de outubro de 2013.

\*\* Entrevista com o dr. Eddie Thomas, 13 de outubro de 2013.

\*\*\* O Stillman College, uma faculdade historicamente negra, foi fundado em 1875 pela Igreja Presbiteriana em Tuscaloosa. O Stillman teve um papel importante na formação de professores afro-americanos no Condado de Tuscaloosa e arredores, especialmente antes da integração das universidades do Alabama.

\*\*\*\* Entrevista com sra. Elizabeth Thomas, 13 de outubro de 2013.

\*\*\*\*\* Entrevista com o dr. Eddie Thomas, 13 de outubro de 2013.

época, ela estava no sexto ano. Durante o Ensino Médio, apenas se lembra de ter aprendido sobre Martin Luther King Jr., a Marcha de Selma a Montgomery e Rosa Parks. "Não nos ensinavam como um movimento que estivesse acontecendo de verdade. Não sabia que havia pessoas brancas ajudando até ficar adulta." Também não lhe contaram o alcance total do envolvimento da comunidade afro-americana no movimento.* Quando indagada se lhe ensinaram que as pessoas envolvidas no movimento estavam expressando ideias dos fundadores dos Estados Unidos, ela simplesmente riu e disse: "Por Deus, não!"**

Como visto nos parágrafos anteriores, a composição da escola e dos professores era relevante em termos de quais aspectos do movimento os alunos aprendiam ou não. Sendo professores afro-americanos ensinando a crianças afro-americanas em uma escola majoritariamente afro-americana, a experiência do sr. e da sra. Thomas divergiu daquela da sra. Hopkins. Nas escolas Boteler e Holt, a sra. Hopkins tinha professores brancos de estudos sociais, e a composição racial da Holt High School era predominantemente branca. Mais adiante em sua educação, aprendeu sobre Rosa Parks, Martin Luther King Jr. e sobre a marcha de Selma a Montgomery.*** De acordo com o dr. Thomas, o que os alunos aprendiam dependia da eficiência e das predileções de cada professor.****

Os entrevistados não se recordam de reações violentas contra o ensino do Movimento pelos Direitos Civis em escolas integradas. É provável que isso em parte seja devido à forma como o Dr. Thomas escolheu ensinar o assunto e à composição racial de suas escolas. Incluir o Movimento pelos Direitos Civis no âmbito das ideias mais amplas da fundação dos Estados Unidos transformou o movimento de um acontecimento afro-americano em algo com significado histórico para os Estados Unidos de forma geral. O aumento do escopo do material didático tornou o Movimento pelos Direitos Civis algo com o que todo cidadão pode se identificar, e também explicou sua relevância para quem não era de origem afro-americana.

No que tange ao aprendizado sobre o movimento, a integração não mudou muita coisa para nenhum dos entrevistados. Tanto o dr. Thomas quanto a sra. Thomas afirmam que seus métodos de ensino eram "baseados nas necessidades dos alunos."***** Para a sra. Hopkins, sua educação no que diz respeito ao Movimento pelos Direitos Civis não mudou porque ela tinha professores brancos em ambas as escolas, e a integração ou mudança causou uma melhora na pequena quantidade de informação transmitida pelos professores sobre o movimento. Isso demonstra que, embora a composição do corpo discente seja importante, são os professores que controlam a mensagem recebida pelos alunos.

---

* Entrevista com Sandra Hopkins, 1º de outubro de 2013.
** Entrevista com Sandra Hopkins, 14 de outubro de 2013.
*** Entrevista com Sandra Hopkins, 1º de outubro de 2013.
**** Entrevista com o dr. Eddie Thomas, 13 de outubro de 2013.
***** Entrevista com o dr. Eddie Thomas e a sra. Elizabeth Thomas, 13 de outubro de 2013.

Como vimos anteriormente nas declarações do dr. Thomas, o Departamento de Educação do Alabama não tinha um programa obrigatório com relação ao Movimento pelos Direitos Civis, nem no momento em que ocorria nem na década posterior a certos acontecimentos marcantes. Não havia exigências específicas para ensinar o Movimento pelos Direitos Civis ou fornecer informações biográficas de figuras de relevo, tais como Martin Luther King Jr. e Rosa Parks no *Alabama Course of Study for Social Studies* (Curso de Estudo do Alabama para Estudos Sociais) de 1975. O manual dava espaço aos professores para discutir o movimento a seu critério. Por exemplo, encorajava-se os professores de primeiro ano a "incluir pessoas de várias origens étnicas" ao falar de americanos famosos (BROWN, 1975). Os professores eram instruídos a discutir o "problema racial" nas aulas de história do Alabama no quarto ano (Ibid., p. 50-52). Todas as outras menções a afro-americanos ou ao Movimento pelos Direitos Civis constavam como cursos eletivos (opcionais) sob as rúbricas de "assuntos contemporâneos" ou "estudos sobre minorias". Em nenhum momento o manual se referiu de forma específica ao Movimento pelos Direitos Civis ou aos eventos ocorridos no Alabama durante as décadas de 1950 e 1960.

Desde então, a educação para a diversidade no Alabama percorreu um longo caminho. As diretrizes curriculares mais recentes para as exigências de estudos sociais no estado foram desenvolvidas em 2004, e agora existe um currículo obrigatório para o ensino do Movimento pelos Direitos Civis começando no segundo ano. A educação sobre os Direitos Civis continua no décimo segundo e no último ano do Ensino Médio. O currículo imposto pelo estado fornece uma rubrica pormenorizada descrevendo alguns temas obrigatórios, acontecimentos e pessoas do movimento, incluindo o ano em que cada tópico deve ser apresentado. Como o foco das aulas de história no quinto, oitavo e décimo ano localiza-se em História Mundial e História dos Estados Unidos antes da Reconstrução, não há menção ao Movimento pelos Direitos Civis no currículo desses anos (MORTON, 2014).

O primeiro contato dos alunos com o movimento começa com o discurso de Martin Luther King Jr., *I Have a Dream*, mostrado como um acontecimento histórico seminal da nação (MORTON, 2014, p. 19). O currículo do terceiro ano concentra-se na geografia do Alabama, enfatizando locais importantes do movimento, como Selma ou Birmingham (MORTON, 2014, p. 27). As aulas da quarta série expandem-se no impacto social, político e econômico do Movimento pelos Direitos Civis. Os educadores delineiam os acontecimentos relacionados aos personagens principais: Rosa Parks, Martin Luther King Jr. e George Wallace, bem como aos fatos mais relevantes: o Boicote aos Ônibus de Montgomery, o atentado contra a igreja da Sixteenth Street e a Marcha de Selma a Montgomery. Nesse momento apresentam-se aos alunos a Lei de Direitos Civis de 1964 e a Lei de Direito de Voto de 1965 (MORTON, 2014, p. 33). A apresentação do envolvimento generalizado das pessoas, além de figuras históricas principais como Martin Luther King, começa no sexto ano. Os alunos aprendem a respeito das Viagens da Liberdade, dos *sit-ins* em todo o país e da marcha em Washington em 1963. Apresenta-se também a figura do líder mais polêmico Malcolm X, mas fica a critério de cada educador a forma de discutir seu chamado à proteção armada dos afro-americanos (MORTON, 2014, p. 46). Os alunos do sétimo ano examinam o Movimento pelos Direitos Civis de 1954 até o presente e discutem sua relação com as questões de cidadania e proteção das liberdades civis para todos os americanos (MORTON, 2014, p. 52). O oitavo, o nono e o décimo ano não incluem em sua grade curricular o Movimento pelos Direitos Civis. Os alunos do décimo primeiro ano entram em contato com um currículo mais detalhado e amplo, que começa com a Segunda Guerra Mundial e continua até 1970. Ensina-se aos alunos novamente sobre figuras principais como Rosa Parks e Martin Luther King Jr., mas também se lhes apresentam personagens menos conhecidos como Medgar Evers, Autherine Lucy e George Wallace. Cobrem-se organizações locais e nacionais também, tais como a *Southern Christian Leadership Conference* (Conferência de Lideranças Cristãs Sulistas), o *Student Nonviolent Coordinating Committee* (Comitê de Coordenação Não Violenta Estudantil), os *Black Panthers* (Panteras Negras) e o *Congress of Racial Equality* (Congresso da Igualdade Racial). Explora-se o impacto do movimento em aulas sobre a integração das forças armadas, a abolição de impostos de votação, o atentado à igreja da Sixteenth Street, a Marcha de Selma a Montgomery, a Marcha sobre Washington e as Viagens da Liberdade. Por fim, as legislações estadual e nacional, uma das vias mais importantes para legitimar os objetivos do Movimento pelos Direitos Civis, são abordadas no décimo primeiro ano, incluindo o caso *Brown vs the Board of Education* (Topeka, Kansas, 1957), as Leis de Direitos Civis de 1957 e 1964 e a Lei de Direitos de Voto de 1965 (MORTON, 2014, p. 79). Apresentam-se também aos estudantes figuras locais como o pastor de Birmingham Fred Shuttlesworth, e uma das primeiras alunas afro-americanas a estudar na Universidade do Alabama, Vivian Malone. O último ano na escola cobre o impacto do Movimento pelos Direitos Civis na expansão do sufrágio (MORTON, 2014, p. 89). Uma matéria adicional eletiva de sociologia, oferecida no Ensino Médio, analisa como o Movimento pelos Direitos Civis levou ao desenvolvimento de novos movimentos sociais em defesa dos direitos das mulheres, imigrantes mexicanos e nativos americanos (MORTON, 2014, p. 103).

Embora haja omissões importantes no currículo do Alabama, o estado tem a dianteira no ensino aos alunos de escolas públicas sobre o Movimento pelos Direitos Civis. Um estudo de 2011 (SHUSTER, 2011), publicado pelo *Southern Poverty Law Center*,[*]

---

[*] "O *Southern Poverty Law Center* é uma organização de direitos civis sem fins lucrativos dedicada a lutar contra o ódio e a intolerância, bem como buscar justiça para os membros mais vulneráveis da sociedade. Fundado pelos advogados de direitos civis Morris Dees e Joseph Levin Jr. em 1971, o SPLC é conhecido internacionalmente por acompanhar e expor as atividades dos grupos de ódio. Nosso programa inovador *Teaching Tolerance* [Ensinando Tolerância] produz e distribui gratuitamente documentários, livros, planos de aula e outros materiais que promovem a tolerância e o respeito nas escolas do país" (SPLC, 2014, tradução nossa).

de Montgomery, colocou o Alabama à frente de todos os outros estados no que diz respeito à qualidade de seu ensino para os Direitos Civis. De acordo com o relatório (ver Tabela 1 no final deste artigo), o Alabama obteve conceito "A" por ensinar 70% do que o *Southern Poverty Law Center* indica como fundamental para um currículo de Direitos Civis (SHUSTER, 2011, p. 32). A ênfase do Alabama em ensinar o Movimento pelos Direitos Civis é, em parte, devido à localização de muitos dos mais significativos – e turbulentos – fatos do movimento no estado, durante as décadas de 1950 e 1960. Infelizmente, o estudo do *SPLC* aponta que, quanto mais distante do sul um estado está localizado e quanto menor sua população afro-americana, menor a exigência curricular sobre os Direitos Civis. Dezesseis estados, incluindo Vermont, Wyoming e Alaska, não têm exigências para o ensino do Movimento pelos Direitos Civis (SHUSTER, 2011, p. 8).

Não obstante, apesar de sua alta colocação, o currículo do Alabama omite aspectos importantes do movimento, notadamente o tremendo nível de violência que manifestantes e ativistas tiveram de encarar. Faltam no currículo as táticas de intimidação da Ku Klux Klan que tinham como alvo tanto lideranças do movimento quanto seguidores, bem como as ações radicais de pessoas como Bull Connor, que usava a polícia estadual para reprimir os protestos de forma violenta. A razão mais óbvia pela qual alguns dos aspectos mais sombrios do Movimento pelos Direitos Civis não são cobertos é o desejo dos habitantes do Alabama de se distanciarem do legado – e da má imagem – perpetuado pelo seu passado violento em termos raciais. Por várias décadas, o Alabama vem tentando melhorar sua imagem diante do tumulto dos anos 1950 e 1960. Infelizmente, o legado da discriminação racial persiste com a recente aprovação da Lei HB 56 em 2011, uma lei anti-imigração que tem como alvo imigrantes mexicanos sem documentos e é considerada uma das mais severas do país. Sem um reconhecimento integral da ligação entre desigualdade racial e legislação discriminatória, os altos e baixos da história do Alabama serão algo difícil de superar.

Outra razão possível para a omissão dos aspectos mais sombrios do movimento no currículo estadual obrigatório seria o objetivo de ensinar aos alunos que a discriminação é algo errado em si, e não apenas sob condições de opressão violenta. Alguns educadores creem que expor os alunos à crueldade da era Jim Crow em sua íntegra poderia levar as crianças a colocarem o foco na violência da segregação e não no racismo em si. Os educadores desejam garantir que os alunos tenham um entendimento básico de que qualquer discriminação, seja violenta ou fisicamente mais branda, é inapropriada e prejudicial tanto às minorias quanto à sociedade como um todo. Por outro lado, minimizar as condições perigosas que os ativistas encararam – tanto lideranças quanto bases – diminui a tremenda coragem exigida para enfrentar a discriminação da era Jim Crow. A armadilha inerente a essa visão é que os alunos não percebem totalmente o que estava em jogo para os participantes do movimento;

ignorar os perigos minimiza também a enorme coragem e sacrifício pessoal dos ativistas dos Direitos Civis.

Por fim, omitir o nível de oposição que os militantes encontraram também apaga o papel cúmplice de grande parte da população na segregação racial, e, como consequência, os cidadãos comuns não são considerados responsáveis por sua participação nas práticas discriminatórias cotidianas que garantiam a continuidade da opressão aos afro-americanos. As ações de Bull Connor e George Wallace não podem ser entendidas de forma completa sem uma apreciação do apoio que recebiam de seus constituintes.

As exigências estaduais também estão focalizadas nos maiores eventos e temas do movimento. As pessoas mais conhecidas recebem atenção, mas deveria haver também um foco nos muitos indivíduos menos conhecidos e grupos que foram igualmente responsáveis pelo sucesso do movimento. Os alunos são apresentados rapidamente a eles no sexto ano, mas não voltam sua atenção para os líderes locais até o décimo primeiro ano. Não significa que todos os acontecimentos das lutas do movimento – que duraram décadas – precisem ser cobertos, porém, mostrar que o Movimento pelos Direitos Civis não era circunscrito ao Alabama, ou a um pequeno grupo de líderes, é muito importante para estabelecer uma ligação desses eventos importantes com uma discussão maior e de âmbito nacional sobre a cidadania americana e a opressão das minorias.

O ensino da história do Movimento pelos Direitos Civis no Alabama percorreu um longo caminho desde o início do movimento, em meados da década de 1950. Em comparação com o restante dos Estados Unidos, o Alabama faz bem em ensinar a seus alunos sobre os fatos turbulentos do movimento. O estado tem exigências severas, porém, como mencionado anteriormente, a profundidade desse ensino e os exemplos são deixados a critério de cada educador, o que pode causar inconsistências na qualidade da instrução e nos resultados educacionais no estado. Além disso, o ensino do movimento como parte da história dos Estados Unidos, e não dentro de uma definição mais estreita de história afro-americana, é parte importante dessa educação. Nesse sentido, o movimento fornece o contexto histórico necessário para temas atuais relacionados aos direitos civis. Por exemplo, em junho de 2013 a Suprema Corte dos Estados Unidos invalidou parte da Lei de Direitos de Voto de 1965. Aqueles com um entendimento das implicações dessa legislação e de sua necessidade tiveram melhores condições de compreender os argumentos para a manutenção ou a derrubada de partes da lei. Hoje em dia, o Alabama também está num momento de reação contra os imigrantes, principalmente os de origem hispânica. A especificidade do Movimento pelos Direitos Civis pode ajudar a ilustrar uma ligação mais próxima entre a discriminação da década de 1960 contra os afro-americanos e a discriminação atual contra os imigrantes no Alabama. O ensino do movimento como componente integral da história americana não apenas traz os afro-americanos para uma narrativa mais ampla dos Estados Unidos como também envolve os alunos de outras etnias nesse movimento político, econômico e social de grande importância que ajudou a moldar seu mundo atual. O movimento oferece uma lente de grande importância para o ensino da tolerância racial, mas seu potencial para ensiná-la perante os de diferentes orientações sexuais e religiosas e diferentes origens étnicas é igualmente significativo. Através do estudo do Movimento pelos Direitos Civis, munem-se os alunos de ferramentas para tomar decisões informadas a respeito de cidadania, direitos civis e direitos humanos tal como eram e continuam a ser expressados nacional e internacionalmente.

## Situação do ensino dos Direitos Civis nos Estados Unidos em 2011

**Tabela 1**
Conceitos de 2011 para abordagem dos Direitos Civis nos padrões de cada estado

| Estado | Conceito | Pontuação |
|---|---|---|
| Alabama | A | 70% |
| Nova York | A | 65% |
| Flórida | A | 64% |
| Georgia | B | 57% |
| Illinois | B | 54% |
| Carolina do Sul | B | 52% |
| Mississippi | C | 40% |
| Louisiana | C | 43% |
| Tennessee | C | 39% |
| Texas | C | 35% |
| Virgínia | C | 32% |
| Maryland | C | 31% |
| Distrito de Columbia | D | 28% |
| Massachusets | D | 24% |
| Arizona | D | 22% |
| Arkansas | D | 20% |
| Califórnia | F | 15% |
| Nova Jersey | F | 15% |

| | | |
|---|---|---|
| Novo México | F | 14% |
| Michigan | F | 13% |
| Washington | F | 11% |
| Ohio | F | 10% |
| Kansas | F | 8% |
| Nevada | F | 8% |
| Utah | F | 8% |
| Indiana | F | 7% |
| Virgínia do Oeste | F | 6% |
| Oklahoma | F | 4% |
| Minnesota | F | 4% |
| Carolina do Norte | F | 4% |
| Rhode Island | F | 4% |
| Idaho | F | 2% |
| Missouri | F | 1% |
| Colorado | F | 1% |
| Nebraska | F | 1% |
| Alaska | F | 0% |
| Connecticut | F | 0% |
| Delaware | F | 0% |
| Iowa | F | 0% |
| Havaí | F | 0% |
| Kentucky | F | 0% |
| Maine | F | 0% |
| Montana | F | 0% |
| New Hampshire | F | 0% |
| Dakota do Norte | F | 0% |
| Oregon | F | 0% |
| Pensilvânia | F | 0% |
| Dakota do Sul | F | 0% |
| Vermont | F | 0% |
| Wisconsin | F | 0% |
| Wyoming | F | 0% |

Fonte: Kate Shuster (2011, p. 8).

## Guia para as colocações estaduais

A maior pontuação possível era de 100%, o que significa que o estado tem como currículo obrigatório todo o conteúdo recomendado para uma base sólida na história do Movimento pelos Direitos Civis. Os conceitos por letra foram atribuídos numa escala que reconhece os melhores esforços.

### Conceito A

O estado inclui ao menos 60% do conteúdo recomendado. Embora esses estados pudessem fazer mais para garantir que os alunos tenham uma compreensão ampla do Movimento pelos Direitos Civis, seus padrões são mais elevados do que os dos outros.

### Conceito B

O estado inclui ao menos 50% do conteúdo recomendado. Estes estados deveriam fazer mais para garantir que os alunos tenham um quadro completo do Movimento pelos Direitos Civis, porém demonstraram um compromisso com a instrução dos alunos a esse respeito. Os padrões foram claros, porém limitados.

### Conceito C

O estado inclui ao menos 30% do conteúdo recomendado. Estes estados têm uma quantidade significativa de trabalho adicional a fazer para garantir que os alunos tenham um quadro amplo e satisfatório do Movimento pelos Direitos Civis. Em geral, falta a estes estados conteúdo em mais de uma área – a abordagem do movimento é feita em retalhos e não de forma sistemática. Os padrões são frequentemente confusos.

### Conceito D

O estado inclui ao menos 20% do conteúdo recomendado. Esses estados deveriam rever seus padrões de forma significativa para que seus alunos tenham um quadro amplo e satisfatório do Movimento pelos Direitos Civis. De forma geral, falta a esses estados conteúdo em diversas áreas-chave e a abordagem do movimento é feita de modo incidental ou aleatório.

Conceito F

O estado inclui menos de 20% do conteúdo recomendado – ou, em muitos casos, não o inclui. Dezesseis desses estados não exigem que os alunos aprendam sobre o Movimento pelos Direitos Civis. Os que o fazem não abordam conteúdos essenciais na maioria das áreas-chave. Esses estados deveriam revisar seus padrões de forma substancial para que os alunos tenham um entendimento satisfatório do Movimento pelos Direitos Civis.

# REFERÊNCIAS

## Apresentação

BOURDIEU, Pierre. Os excluídos do interior. In: NOGUEIRA, Maria Alice; CATANI, Alfredo (Org.). **Escritos de educação**. 10. ed. Petrópolis: Vozes, 2008. p. 217-228.

BRASIL. Secretaria de Educação Fundamental. **Parâmetros Curriculares Nacionais**: terceiro e quarto ciclos: apresentação dos temas transversais. Brasília: MEC/SEF, 1998.

SANTOS, Boaventura de S. **Reconhecer para libertar**: os caminhos do cosmopolitanismo multicultural. Rio de Janeiro: Civilização Brasileira, 2003.

## Parte I: A Universidade face aos novos desafios: O PET-Conexões de Saberes na UFRJ

### A Comunidade vai à Universidade: sobre os processos de identificação e integração dos estudantes de origem popular no espaço acadêmico e as novas conexões de saberes (Warley da Costa)

BURITY, Joanildo. Discurso, política e sujeito na teoria da hegemonia de Ernesto Laclau. In: MENDONÇA, Daniel; RODRIGUES, Léo Peixoto. **Pós-estruturalismo e teoria do discurso:** em torno de Ernesto Laclau. Porto Alegre: EDIPUCRS, 2008.

CHAUÍ, Marilena. A universidade pública sob nova perspectiva. **Rev. Bras. Educ.**, Rio de Janeiro, n. 24, p. 5-15, set./dez. 2003. Disponível em: <http://www.scielo.br/scielo.php?pid=S1413-24782003000300002&script=sci_arttext>. Acesso em 11 nov. 2014.

GABRIEL, C. T.; FERREIRA, M. S.; MONTEIRO, A. M. Conhecimento escolar, universalismos e particularismos: sobre fixações de fronteiras no campo do currículo. In: ENCONTRO NACIONAL DE DIDÁTICA E PRÁTICA DE ENSINO. CONVERGÊNCIAS E TENSÕES NO CAMPO DA FORMAÇÃO E DO TRABALHO DOCENTE: POLÍTICAS E PRÁTICAS EDUCACIONAIS, 15, 2010, Belo Horizonte. **Anais...** Belo Horizonte: UFMG, 2010.

GABRIEL, C. T.; FERREIRA, M. S.; MONTEIRO, A. M. Democratização da universidade pública no Brasil: circularidades e subversões nas políticas de currículo. In: LOPES; A.C.; LOPES; A.; LEITE; C.; MACEDO; E.; TURA; M. de L. **Políticas educativas e dinâmicas curriculares no Brasil e em Portugal.** Rio de Janeiro: DP&A, 2008. p. 251-266.

GABRIEL, Carmen Teresa; MOEHLECKE, Sabrina. Estratégias para a permanência de EUOPs na UFRJ: a experiência do Projeto Conexões de Saberes. **Extensão na UFRJ**, Rio de Janeiro, n. 0, p. 40-44, jun. 2011.

HALL, Stuart. **A identidade cultural na pós-modernidade.** Rio de Janeiro: DP&A, 1992.

HALL, Stuart. **Da diáspora, identidades e mediações culturais.** Belo Horizonte: UFMG; Brasília: UNESCO, 2003.

HALL, Stuart. Quem precisa de identidade? In: SILVA, Tomaz Tadeu (Org.). **Identidade e diferença:** a perspectiva dos estudos culturais. Petrópolis: Vozes, 2000.

HERINGER, Rosana. **Desigualdades raciais na educação e ação afirmativa no Brasil.** Disponível em: <http://www.abep.nepo.unicamp.br/docs/anais/pdf/2002/Com_RC_ST24_Heringer_texto.pdf.> Acesso em 22 mar. 2013.

LACLAU, E.; MOUFFE, C. **Hegemonía y estratégia socialista**: hacia una radicalización de la democracia. Buenos Aires: Fondo de Cultura Económica de Argentina, 2004.

LACLAU, E. **Razón populista**. Buenos Aires: Fondo de Cultura Económica de Argentina, 2005.

SANTOS, Boaventura de Sousa. **A universidade no século XXI**: para uma reforma democrática e emancipadora da universidade. São Paulo: Cortez, 2004.

SANTOS, P. E. P. Extensão universitária e saberes mobilizados no ensino superior: um olhar para os documentos oficiais. In: REUNIÃO NACIONAL DA ANPEd, 36, 2013, Goiânia. **Anais...** v. 1. Goiânia: ANPEd, 2013.

SILVA, Jaílson de Souza e. **Por que uns e não outros?** Caminhada de jovens pobres para a universidade. Rio de Janeiro: 7Letras, 2011.

SILVA, Tomaz Tadeu. A produção da identidade e da diferença. In: WOODWARD, Kathryn. **Identidade e diferença**: a perspectiva dos estudos culturais. Petrópolis: Vozes, 2004.

UFRJ. **Pró-Reitoria de Extensão - PR-5**. Disponível em: <http://www.pr5.ufrj.br/index.php?option=com_content&view=article&id=74&Itemid=90>. Acesso em 30 set. 2014.

## PERTENCIMENTO E IDENTIDADE: DISCUTINDO O ACESSO E A PERMANÊNCIA DE ESTUDANTES DE ORIGEM POPULAR NO ENSINO SUPERIOR (ELISA MENDES VASCONCELOS)

ALBAGLI, Sarita. Território e territorialidades. In: LAGES, Vinícius; BRAGA, Christiano; MORELI, Gustavo (Org.). **Territórios em movimento**: cultura e modernidade como estratégia de inserção competitiva. Rio de Janeiro: Relume Dumará; Brasília: Sebrae, 2004.

BOURDIEU, Pierre; CHAMPAGNE, Patrick. Os excluídos do interior. In: NOGUEIRA, Maria Alice; CATANI, Alfredo (Org.). **Escritos de educação**. 10. ed. Petrópolis: Vozes, 2008. p. 217-228.

GABRIEL, C.T.; FERREIRA, M. S.; MONTEIRO, A. M. Democratização da universidade pública no Brasil: circularidades e subversões nas políticas de currículo. In: LOPES, A. C.; LOPES, A.; LEITE, C.; MACEDO, E.; TURA, M. de L. **Políticas educativas e dinâmicas curriculares no Brasil e em Portugal**. Rio de Janeiro: DP&A, 2008. p. 251-266.

GABRIEL, Carmen Teresa; MOEHLECKE, Sabrina. Estratégias para a permanência de EUOPs na UFRJ: a experiência do Projeto Conexões de Saberes. **Extensão na UFRJ**, Rio de Janeiro, n. 0, p. 40-54, jun. 2011.

MELO NETO, João Cabral de. **A educação pela pedra**. Rio de Janeiro: Alfaguara, 2008.

SANTOS, Boaventura de Sousa. **A universidade no século XXI**: para uma reforma democrática e emancipadora da universidade. São Paulo: Cortez, 2004.

SANTOS, Boaventura de Sousa. Para uma sociologia das ausências e uma sociologia das emergências. **Revista Crítica de Ciências Sociais**, Coimbra, n. 63, p. 237-280, out. 2002.

SANTOS, Boaventura de Sousa. **Toward a new common sense**: law, science and politics in the paradigmatic transition. New York: Routledge, 1995.

SILVA, Jaílson de Souza e. **Por que uns e não outros?** Caminhada de jovens pobres para a universidade. Rio de Janeiro: 7Letras, 2011.

## Estudantes universitários de origem popular: retrato da presença da comunidade na universidade (Ágatha Miriã Pereira e William Santos)

BOURDIEU, Pierre. Os excluídos do interior. In: NOGUEIRA, Maria Alice; CATANI, Alfredo (Org.). **Escritos de Educação**. 10. ed. Petrópolis: Vozes, 2008. p 217-228.

CHAUI, Marilena. A universidade pública sob nova perspectiva. **Rev. Bras. Educ.**, Rio de Janeiro, n. 24, p. 5-15, set./dez. 2003. (Disponível em: <http://www.scielo.br/scielo.php?pid=S1413-24782003000300002&script=sci_arttext>. Acesso em 11 nov. 2014)

GABRIEL, Carmen Teresa; FERREIRA, Márcia Serra; MONTEIRO, Ana Maria. Democratização da universidade pública no Brasil: circularidades e subversões nas políticas de currículo. In: LOPES, Alice Casimiro; LOPES, Amélia; LEITE, Carlinda; MACEDO, Elisabeth; TURA, Maria de Lurdes (Org.). **Políticas educativas e dinâmicas curriculares no Brasil e em Portugal**. Rio de Janeiro: FAPERJ, 2008.

GABRIEL, Carmen Teresa; MOEHLECKE, Sabrina. Estratégias para a permanência de EUOPs na UFRJ: a experiência do Projeto Conexões de Saberes. **Extensão na UFRJ**, Rio de Janeiro, n. 0, p. 40-54, jun. 2011.

HALL, Stuart. Quem precisa de identidade? In: SILVA, Tomaz Tadeu (Org.). **Identidade e diferença**: a perspectiva dos estudos culturais. Petrópolis: Vozes, 2000.

SANTOS, Boaventura de Sousa. **A universidade no século XXI**: para uma reforma democrática e emancipadora da universidade. São Paulo: Cortez, 2004.

SILVA, Jaílson de Souza e. **Por que uns e não outros?** Caminhada de jovens pobres para a universidade. Rio de Janeiro: 7Letras, 2011.

SKLIAR, Carlos. **Pedagogia (improvável) da diferença**: e se o outro não estivesse aí?. Rio de Janeiro: DP&A, 2003.

## A UFRJ E A EXTENSÃO UNIVERSITÁRIA POR MEIO DAS AÇÕES DA DIUC (ANA CLAUDIA REIS CORRÊA; ROGERIO LAURENTINO; WALLACE SOUZA; WARLEY DA COSTA)

FREIRE, Paulo. **Extensão ou comunicação**. 13. ed. São Paulo: Paz e Terra, 2006.

GABRIEL, Carmen Teresa; MOEHLECKE, Sabrina. Estratégias para a permanência de EUOPs na UFRJ: a experiência do Projeto Conexões de Saberes. **Extensão na UFRJ**, Rio de Janeiro, n. 0, p. 40-54, jun. 2011.

MARTINS, Gisele Ribeiro. **Núcleo Interdisciplinar de Ações para a Cidadania**: a importância da extensão no processo de formação profissional. UFRJ, Escola de Serviço Social, 2010. (Trabalho de conclusão de curso de graduação)

PET Conexões de Saberes: a comunidade vai à universidade... Disponível em: <http://sigproj1.mec.gov.br/projetos/imprimir.php?modalidade=12&projeto_id=62013&local=home&modo=1&original=1>. Acesso em 21 dez. 2013.

SANTOS, Boaventura de Sousa. **A universidade no século XXI**: para uma reforma democrática e emancipadora da universidade. São Paulo: Cortez, 2004.

SERRANO, Rossana Maria Souto Maior. **Conceitos de Extensão Universitária:** um diálogo com Paulo Freire. Disponível em: <http://www.prac.ufpb.br/copac/extelar/atividades/ discussao /artigos/conceitos_de_extensao_universitaria.pdf>. Acesso em 10 set. 2012.

SILVA, Jaílson de Souza e. **Por que uns e não outros?** Caminhada de jovens pobres para a universidade. Rio de Janeiro: 7Letras, 2011.

UFRJ. **Núcleo Interdisciplinar de Ações para a Cidadania**. Disponível em: <http://niac.pr5.ufrj.br/index.php>. Acesso em 10 set. 2012.

UFRJ. **Pró-Reitoria de Extensão - PR-5**. Disponível em: <http://www.pr5.ufrj.br/index.php?option=com_content&view=article&id=74&Itemid=90>. Acesso em 30 set. 2014.

# O GRUPO PET-CONEXÕES DE SABERES – DIVERSIDADE E AS CONSTRUÇÕES DE IDENTIDADES NA UNIVERSIDADE E NAS ESCOLAS (AMILCAR ARAUJO PEREIRA)

BHABHA, Homi. **O local da cultura**. Belo Horizonte: UFMG, 2003.

BOURDIEU, Pierre. **A economia das trocas simbólicas**. São Paulo: Perspectiva, 1982.

CARVALHO, José Jorge; SEGATO, Rita Laura. **Uma proposta de cotas para estudantes negros na Universidade de Brasília**. Brasília: Departamento de Antropologia da Universidade de Brasília, 2002. (Série Antropologia n. 314)

FANON, Frantz. **Pele negra, máscaras brancas**. Porto: Paisagem, 1975.

FEBVRE, Lucien. **Combates pela História**. Lisboa: Presença, 1989.

FERNANDES, Florestan. **A integração do negro à sociedade de classes**. São Paulo: Nacional, 1965.

GILROY, Paul. **O Atlântico negro**: modernidade e dupla consciência. São Paulo: 34; Rio de Janeiro: Universidade Cândido Mendes, Centro de Estudos Afro-asiáticos, 2001.

HALL, Stuart. **A identidade cultural na pós-modernidade**. 9. ed. Rio de Janeiro: DP&A, 2004.

HALL, Stuart. Que "negro" é esse na cultura negra?. In: _____. **Da diáspora**: identidade e mediações culturais. Belo Horizonte: UFMG, 2003.

HASENBALG, Carlos. **Discriminação e desigualdades raciais no Brasil**. Rio de Janeiro: Graal, 1979.

LE GOFF, Jacques. Memória. In: ENCICLOPÉDIA Einaudi: V. I - Memória-História. Lisboa: Imprensa Nacional-Casa da Moeda, 1984.

PAIXÃO, Marcelo; CARVANO, Luiz (Org.). **Relatório anual das desigualdades raciais no Brasil**, 2007-2008. Rio de Janeiro: Garamond, 2008.

PEREIRA, Amilcar Araujo; FERREIRA, Ana Angélica C.; SOUSA, Juliana Marques de; OLIVEIRA, Julio Cesar Correia de; SILVA, Luciana Santos da; LIMA, Thayara Cristine Silva de. **Empoderamento como estratégia de formação**. Disponível em: <http://www.portalpet.feis.unesp.br/media/grupos/enapet2014-santamaria/atividades/enapet-2014/artigos/Enapet%20-%20PET-Conex%C3%B5es%20-%20Diversidade%20UFRJ.pdf>. Acesso em 3 dez. 2014. (Trabalho apresentado no XIX Encontro Nacional de Grupos PET, Universidade Federal de Santa Maria, 28 jul.-2 ago. 2014)

PEREIRA, Amilcar Araujo; MONTEIRO, Ana Maria. **Ensino de história e culturas afro-brasileiras e indígenas**. Rio de Janeiro: Pallas, 2013.

PEREIRA, Amilcar Araujo. **O mundo negro**: relações raciais e a constituição do movimento negro contemporâneo no Brasil. Rio de Janeiro: Pallas/FAPERJ, 2013.

POLLAK, Michael. Memória e identidade social. **Estudos Históricos**. Rio de Janeiro, v. 5, n. 10, p. 200-212, 1992.

SAID, Edward W. **Orientalismo**: o Oriente como invenção do Ocidente. Tradução de Rosaura Eichenberg. São Paulo: Companhia das Letras, 1990.

SOARES, Luís Eduardo; ATHAYDE, Celso; MV BILL. **Cabeça de porco**. Rio de Janeiro: Objetiva, 2005.

SOARES, Luís Eduardo. A escola e as manifestações da violência. **Raça Brasil**, São Paulo, n. 99, 2001. Disponível em: <http://racabrasil.uol.com.br/Edicoes/99/artigo19082-1.asp/>. Acesso em 8 ago. 2014.

# ENTRE A NOITE E A ALVORADA: UMA ANÁLISE DE DIFERENTES PERSPECTIVAS SOCIAIS NO INÍCIO DO SÉCULO XX (THAYARA CRISTINE SILVA DE LIMA)

CAPELATO, M. H.; MOTA, C. G. **História da Folha de S.Paulo**: 1921-1981. São Paulo: IMPRES, 1981.

CLARIM da Alvorada, O. São Paulo: O Clarim da Alvorada, 1924-1940. Mensal. (os primeiros números, em 1924, foram publicados com o nome O Clarim)

FOLHA da Noite. São Paulo: Folha da Noite [Folha da Manhã], 1921-1959. Diário. Disponível em: <http://acervo.folha.com.br>. Acesso em 11 set. 2011.

HASENBALG, C. **Discriminação e desigualdades raciais no Brasil**. Rio de Janeiro: Graal, 1979.

JORNAL do Brasil. Rio de Janeiro: Jornal do Brasil, 1891-. Diário. Disponível em: <http://www.jb.com.br/>. Acesso em 16 set. 2013.

LEITE, José Correia; CUTI. **E disse o velho militante José Correia Leite**. 19. ed. rev. São Paulo: Noovha América, 2007.

MEIA Hora de Notícias. Rio de Janeiro: O Dia, 2004-. Diário. Disponível em: <http://acervo.folha.com.br>. Acesso em 11 set. 2011. Acesso em 30 set. 2014.

PEREIRA, Amilcar Araujo. **O mundo negro**: a constituição do movimento negro contemporâneo no Brasil (1970-1995). Rio de Janeiro: Pallas/FAPERJ, 2013.

PILAGALLO, Oscar. **História da imprensa paulista**: jornalismo e poder de D. Pedro I a Dilma. São Paulo: Três Estrelas, 2012.

REFINANDO O MASCAVO NACIONAL: UMA ANÁLISE DA EDUCAÇÃO PÚBLICA DA CIDADE DO RIO DE JANEIRO ENTRE AS DÉCADAS DE 1920 E 1930 (STEPHANIE DE SOUSA ALBUQUERQUE)

ACCÁCIO, Liéte Oliveira. Os anos 1920 e os novos caminhos da educação. **HISTEDBR On-line**. Campinas, n.19, p. 111-116, set. 2005.

ANDRADE, Carlos Drummond de. O Lutador. In: _____. **Poesias**. Rio de Janeiro: José Olympio, 1942.

AZEVEDO, Giselle Nielsen Arteiro. Arquitetura escolar no Brasil: cronologia histórica. In: _____. **Arquitetura escolar e educação**: um modelo conceitual de abordagem interacionista. Rio Janeiro: UFRJ-COPPE, 2002. (Tese de doutorado em Engenharia)

BRASIL. Constituição da República dos Estados Unidos do Brasil. **Diário Oficial da União**, Rio de Janeiro, Seção 1, Suplemento, 16 jul. 1934. Disponível em: <http://www.planalto.gov.br/ccivil_03/Constituicao/Constituicao34.htm>. Acesso em 18 ago. 2013.

COSTA, R. C. O pensamento social brasileiro e a questão racial: da ideologia do "branqueamento" às "divisões perigosas". **Revista África e Africanidades**. Belford Roxo, v. 3, n. 10, ago. 2010.

DÁVILA, Jerry. **Diploma de brancura**: política social e racial no Brasil - 1917-1945. São Paulo: UNESP, 2006.

DOURADO, Antonio Carlos Mateus. **Políticas educacionais, discurso eugênico e o pensamento pedagógico de Fernando de Azevedo**. Disponível em: <http://29reuniao.anped.org.br/trabalhos/posteres/GT02-2263--Int.pdf>. Acesso em 27 maio 2011.

LOBATO, Monteiro. **Urupês**. São Paulo: Revista do Brasil, 1918.

MAGALHÃES, Lívia D. Rocha. **A educação na Primeira República**. Disponível em: <http://www.histedbr.fae.unicamp.br/navegando/artigos_pdf/Livia_D_Rocha_Magalhaes_artigo.pdf>. Acesso em 17 maio 2012.

MALATESTA, Errico. **Definição de anarquia**. Disponível em: <http://www.cedap.assis.unesp.br/cantolibertario/textos/0015.html>. Acesso em 17 maio 2012.

OLIVEIRA, Inês Barbosa de. **Currículos praticados**: entre a regulação e a emancipação. Rio de Janeiro: DP&A, 2003.

ORTIZ, Renato. Da raça à cultura: a mestiçagem e o nacional. In: _____. **Cultura brasileira e identidade nacional**. 2. ed. São Paulo: Brasiliense, 1985.

PEREIRA, Amilcar Araujo. A ideia de raça e suas diferentes implicações. In: _____. **O mundo negro**: relações raciais e a constituição do movimento negro contemporâneo no Brasil. Rio de Janeiro: Pallas/FAPERJ, 2013.

RIO, João do. **A alma encantadora das ruas**. Disponível em: <http://www.dominiopublico.gov.br/pesquisa/DetalheObraForm.do?select_action&co_obra=2051>. Acesso em 3 dez. 2014.

SCHWARCZ, Lilia Moritz. Uma história de "diferenças e desigualdades": as doutrinas raciais do século XIX. In: _____. **O espetáculo das raças**: cientistas, instituições e questão racial no Brasil 1870-1930. São Paulo: Companhia das Letras, 1993. Capítulo 2.

SEYFERTH, Giralda. Colonização, imigração e a questão racial no Brasil. **Revista USP**, São Paulo, n. 53, p. 117-149, mar./maio 2002.

VIDAL, Diana Gonçalves (Coord.). **Reforma da instrução pública no Distrito Federal (RJ) 1927-1930**. [recurso eletrônico] São Paulo: IEB-USP, 1999. 1 CD-ROM (Arquivo Fernando de Azevedo).

## A QUESTÃO RACIAL E A DESIGUALDADE: A DISCUSSÃO DO RACISMO ENQUANTO ESCOLHA PEDAGÓGICA (JULIANA MARQUES DE SOUSA)

ADESKY, Jacques d'. Pluralismo étnico e multiculturalismo. **Afro-Ásia**. Salvador, n. 19/20, p. 165-182, 1997. Disponível em: <http://www.afroasia.ufba.br/pdf/afroasia_n19_20_p165.pdf>. Acesso em 9 mar. 2014.

BOLETIM de Análise Político-Institucional. Brasília: Ipea, 2011-. Disponível em <http://www.ipea.gov.br/portal/index.php?option=com_alphacontent&view=alphacontent&Itemid=161>. Acesso em 21 jan. 2014.

CARDOSO, Adalberto. **A construção da sociedade do trabalho no Brasil**: uma investigação sobre a persistência secular das desigualdades. Rio de Janeiro: FGV, 2010.

COSTA, Sérgio. Construção sociológica da raça no Brasil. **Estudos Afro-Asiáticos**. Rio de Janeiro, v. 24, n. 1, p. 35-62, 2002. Disponível em: <http://www.scielo.br/scielo.php?pid=S0101-546X2002000100003&script=sci_arttext>. Acesso em 7 mar. 2014.

FERNANDES, Florestan. **O negro no mundo dos brancos**. 2. ed. rev. São Paulo: Global, 2007.

FREYRE, Gilberto. **Casa-grande & senzala**. 52. ed. São Paulo: Global, 2013.

GUIMARÃES, Antônio Sérgio A. **Racismo e anti-racismo no Brasil.** Rio de Janeiro: 34, 1999.

HASENBALG, Carlos. Desigualdades raciais no Brasil. In: HASENBALG, Carlos; SILVA, Nelson do Valle. **Estrutura social, mobilidade e raça.** São Paulo: Vértice, 1988.

HENRIQUES, Ricardo. **Desigualdade racial no Brasil**: evolução das condições de vida na década de 90. Disponível em: <http://www.ipea.gov.br/pub/td/td_2001/td0807.pdf>. Acesso em 21 jan. 2014.

HOMICÍDIOS reduzem expectativa de vida dos negros. Disponível em: <http://www.ipea.gov.br/portal/index.php?option=com_content&view=article&id=20248>. Acesso em 12 ago. 2014.

**Ilha das Flores.** Produção de Giba Assis Brasil, Mônica Schmiedt, Nôra Gulart. Porto Alegre: Casa de Cinema, 1989. Roteiro e direção de Jorge Furtado. Documentário, 35 mm, 13 min, cor.

MORAES, Vinicius de; POWELL, Baden. Samba da bênção. Intérprete: Vinicius de Moraes. In: MORAES, Vinicius de. **Vinícius: poesia e canção.** Rio de Janeiro: Forma, 1966. 1 LP. Volume 1, Faixa 1.

PAIXÃO, Marcelo; CARVANO, Luiz M. (Org.). **Relatório anual das desigualdades raciais no Brasil 2007-2008.** Disponível em: <http://www.laeser.ie.ufrj.br/PT/relatorios%20pdf/RDR_2007-2008_pt.pdf>. Acesso em 9 nov. 2012.

PEREIRA, Amilcar Araujo. **O mundo negro**: relações raciais e constituição do movimento negro contemporâneo no Brasil. Rio de Janeiro: Pallas/FAPERJ, 2013.

## Contos e recontos: análise de temas e personagens nos contos tradicionais africanos (Luciana Santos da Silva)

BÂ, Amadou Hampaté. A tradição viva. In: KI-ZERBO, J. (Ed.). **História geral da África - I**: Metodologia e pré-história da África. 2. ed. rev. Brasília: UNESCO, 2010. p. 167-212.

CASCUDO, Luís da Câmara. **Contos tradicionais do Brasil.** São Paulo: Ediouro, 1986. (Coleção Terra Brasilis)

GANCHO, Cândida Vilares. **Como analisar narrativas.** São Paulo: Ática, 2006.

GOMES, Nilma Lino. Cultura negra e educação. **Revista Brasileira de Educação,** Rio de Janeiro, n. 23, p. 75-85, mai./ago. 2009.

LIMA, Heloisa Pires. Personagens negros: um breve perfil na literatura infanto-juvenil. In: MUNANGA, Kabengele (Org.). **Superando o racismo na escola.** Brasília: Ministério da Educação, Secretaria de Educação Continuada, Alfabetização e Diversidade, 2005.

MACHADO, Irene Araújo. O conto popular como gênero narrativo. In: _____. **Conteúdo da metodologia da língua portuguesa**: literatura e redação: os gêneros literários e a tradição oral: livro do professor. São Paulo: Scipione, 1994. (Série didática - Classes de magistério)

MANDELA, Nelson. **Meus contos africanos**. Tradução de Luciana Garcia. São Paulo: Martins Fontes, 2009.

VANSINA, Jan. A tradição oral e a sua metodologia. In: KI-ZERBO, J. (Ed.). **História geral da África - I**: Metodologia e pré-história da África. 2. ed. rev. Brasília: UNESCO, 2010.

## FELIZES PARA SEMPRE? DISCUTINDO O USO DA LITERATURA INFANTIL PARA TRABALHAR DIVERSIDADE ÉTNICA NA ESCOLA (ANA ANGÉLICA CARVALHO FERREIRA)

ANDRADE, I.P. Construindo a auto-estima da criança negra. In: MUNANGA, Kabengele (Org.). **Superando o racismo na escola**. Brasília: MEC/Secad, 2008.

BAG, Mario. **13 lendas brasileiras**. São Paulo: Paulinas, 2005. (Coleção Mito & Magia)

CANDIDO, Antonio. O direito à literatura. In: _____. **Vários escritos**. São Paulo: Duas Cidades, 1995.

DALY, Niki. **Feliz aniversário, Jamela!** Tradução de Isa Mesquita. São Paulo: SM, 2009.

ESTEBAN, Maria Teresa (Org.). **Avaliação**: uma prática em busca de novos sentidos. 2. ed. Rio de Janeiro: DP&A, 2000.

FÁVERO, Leonor Lopes. História da disciplina Português na escola brasileira. **Diadorim**. Rio de Janeiro, v. 6, p. 11-35, 2009. (Revista de Estudos Linguísticos e Literários, Programa de Pós-Graduação em Letras Vernáculas, UFRJ)

FERREZ. **Amanhecer esmeralda**. Rio de Janeiro: Objetiva, 2005.

FREIRE, Patrícia Adriana Silva. Literatura infantil brasileira e poder. **Revista Litteris**, Rio de Janeiro, ano 4, n. 10, p. 291-300, set. 2012. Disponível em: <http://revistaliter.dominiotemporario.com/doc/LITERATURA_INFANTIL_BRASILEIRA_E_PODER_Patrcia_Freire__RL10.pdf>. Acesso em 11 nov. 2014.

FREIRE, Paulo. **Pedagogia da autonomia**: saberes necessários à prática educativa. São Paulo: Paz e Terra, 1996. (Coleção Leitura)

HASENBALG, Carlos. Desigualdades Raciais no Brasil. In: HASENBALG, Carlos; SILVA, Nelson do Valle. **Estrutura social, mobilidade e raça**. São Paulo: Vértice, 1988.

LIMA, H. P. Personagens negros: um breve perfil na literatura infanto-juvenil. In: MUNANGA, Kabengele (Org.). **Superando o racismo na escola**. Brasília: MEC/SECAD, 2008.

MEC. Secretaria da Educação Continuada, Alfabetização e Diversidade. **Orientações e ações para a educação das relações étnico-raciais**. Brasília: SECAD, 2010.

PEREIRA, Amilcar Araujo. Por uma autêntica democracia racial! Os movimentos negros nas escolas e nos currículos de história. **História Hoje**, publicação eletrônica, v. 1, n. 1, p. 111-128, 2012. Disponível em <http://rhhj.anpuh.org/ojs/index.php/RHHJ>. Acesso em 11 fev. 2015.

SANTOS, Shirlene Almeida dos. **A literatura infantil e a construção da identidade étnico-racial da criança negra**. Salvador: Universidade do Estado da Bahia, 2012. (Trabalho de conclusão de curso de graduação em Pedagogia)

SILVA, Ana Celia da. **A discriminação do negro no livro didático**. 2. ed. Salvador: EdUFBA, 2004.

SILVA, Petronilha; GOMES, Nilma. **Experiências étnico-culturais para a formação de professores**. 3. ed. Belo Horizonte: Autêntica, 2011.

SILVA, Tomaz Tadeu da. **Documentos de identidade**: uma introdução às teorias de currículo. 2. ed. Belo Horizonte: Autêntica, 2007.

## Abdias Nascimento e as artes visuais (Julio Cesar Correia de Oliveira)

ABDIAS do Nascimento. Disponível em: <http://www.abdias.com.br/>. Acesso em 23/11/2012.

ABDIAS Nascimento. **Espelho**. Rio de Janeiro: Canal Brasil, 1 mar. 2010. Programa de TV. Apresentador: Lázaro Ramos. (Temporada 2008, episódio 47)

ALMADA, Sandra. **Abdias Nascimento**. São Paulo: Selo Negro, 2009.

ARAGÃO, Jorge. Identidade. Intérprete: Jorge Aragão. In: _____. **Chorando estrelas**. Rio de Janeiro: Som Livre, 1992. 1 CD. Faixa 10. Letra disponível em: <http://letras.mus.br/jorge-aragao/77012/>. Acesso em 21 de fevereiro de 2013.

GEERTZ, Clifford. **O saber local**: novos ensaios em antropologia interpretativa. 12. ed. Petrópolis: Vozes, 2012.

IPEAFRO - Instituto de Pesquisas e Estudos Afro Brasileiros. Disponível em: <http://www.ipeafro.org.br/home/br>. Acesso em 23/11/2012.

MEC, Secretaria da Educação Continuada, Alfabetização e Diversidade. **Diretrizes Curriculares Nacionais**: para a educação das relações étnico-raciais e para o ensino de história e cultura afro-brasileira e africana. Brasília: SECAD, 2004.

NASCIMENTO, Abdias. **O quilombismo**. 2. ed. Brasília: Fundação Palmares; Rio de Janeiro: OR, 2002.

NASCIMENTO, Abdias. A arte e os orixás. **Democracia Viva**, Rio de Janeiro, n. 34, jan./mar. 2007.

NASCIMENTO, Abdias. **Obras**. Disponível em: <http://www.ipeafro.org.br/home/br/acervo-digital/24/49/69/obras-abdias-nascimento>. Acesso em 4 dez. 2014.

NASCIMENTO, Abdias. **Orixás**: os deuses vivos da África. Rio de Janeiro: IPEAFRO, 1995.

NASCIMENTO, Elisa Larkin (Org.). **A matriz africana no mundo**. São Paulo: Selo Negro. 2008.

NASCIMENTO, Elisa Larkin (Org). **Abdias Nascimento 90 anos**: memória viva. Rio de Janeiro: IPEAFRO, 2006.

NASCIMENTO, Elisa Larkin. Prefácio. In: NASCIMENTO, Abdias. **O quilombismo**. 2. ed. Brasília: Fundação Palmares; Rio de Janeiro: OR, 2002.

O'NEILL, Eugene. Imperador Jones. In: _____. **Quatro peças**. Tradução de Luiz Drummond Navarro. Rio de Janeiro: Opera Mundi, 1964.

PRICE, Sally. A arte dos povos sem história. **Afro-Ásia**, Salvador, n. 18, p. 205-224, 1996.

SANTOS, Boaventura de Sousa. Para além do pensamento abissal: das linhas globais a uma ecologia de saberes. In: MENESES, Maria Paula; SANTOS, Boaventura de Sousa (Org.). **Epistemologias do Sul**. São Paulo: Cortez, 2010.


## A UNIVERSIDADE, A ESCOLA E O TEN (HUDSON BATISTA)

ALMADA, Sandra. **Abdias Nascimento**. São Paulo: Selo Negro, 2009. (Retratos do Brasil Negro)

BOAL, Augusto. **Jogos para atores e não-atores**. Rio de Janeiro: Civilização Brasileira, 2000.

ENTREVISTA: Abdias Nascimento. **Proposta**, Rio de Janeiro, v. 76, mar./maio 1998.

GONÇALVES, Luiz Alberto Oliveira; SILVA, Petronilha B. Gonçalves e. **O jogo das diferenças**: o multiculturalismo e seus contextos. 4. ed. Belo Horizonte: Autêntica, 2006.

IPEAFRO. Catty, a Boneca de Piche de 1950. **Quilombo**, Rio de Janeiro, ano 2, n. 9, maio 1950.

IPEAFRO. Teatro Experimental do Negro. Origem – nenhum auxílio do governo – O'Neill para os negros. **Diário de Notícias**, Rio de Janeiro, 11 dez. 1946.

IPEAFRO. Disponível em: <http://ipeafro.org.br/home/br>. Acesso em 23 nov. 2012.

NASCIMENTO, Abdias. Teatro Experimental do Negro: trajetória e reflexões. **Estudos avançados**, São Paulo, v. 18, n. 50, p. 209-224, jan./abr. 2004.

NASCIMENTO, Abdias. Teatro negro no Brasil: uma experiência sócio-racial. **Revista Civilização Brasileira**, Rio de Janeiro, n. 2, Caderno Especial, 1968.

NASCIMENTO, Elisa Larkin (Org.). **Cultura em movimento**: matrizes africanas e o ativismo negro no Brasil. São Paulo: Selo Negro, 2008.

O'NEILL, Eugene. Imperador Jones. In: _____. **Quatro peças**. Tradução de Luiz Drummond Navarro. Rio de Janeiro: Opera Mundi, 1964.

PR-5. **O que é extensão**: conceitos/diretrizes. Disponível em: <http://www.pr5.ufrj.br/index.php/o-que-e-extensao/conceito>. Acesso em 5 dez. 2014.

ROMÃO, Jeruse (Org.). **História da educação do negro e outras histórias**. Brasília: Ministério da Educação, Secretaria de Educação Continuada, Alfabetização e Diversidade, 2005. (Coleção Educação para Todos)

SANTOS, Erisvaldo Pereira dos. **Formação de professores e religiões de matrizes africanas**: um diálogo necessário. Belo Horizonte: Nandyala, 2010.

SANTOS, Sales Augusto dos. O negro no poder no Legislativo: Abdias Nascimento e a discussão da questão racial no Parlamento brasileiro. In: PEREIRA, Amauri Mendes; SILVA, Joselina da (Org.). **Movimento negro brasileiro**: escritos sobre os sentidos de democracia e justiça social no Brasil. Belo Horizonte: Nandyala, 2009.

## Vem dançar, vem jogar, vem lutar: a perspectiva cultural do movimento negro, a partir do FECONEZU (Maria Eduarda Bezerra da Silva)

AGUIAR, Marcio Mucedular. **As organizações negras em São Carlos**: política e identidade cultural. São Carlos: UFCS, 1998. (Dissertação de Mestrado em Ciências Sociais)

CUTI. Olhar raciscêntrico. In: _____. **Padê poemas - 32**. Disponível em: <http://www.cuti.com.br/#!padepoemas/c10lp>. Acesso em 5 dez. 2014. (publicado em **Cadernos negros**, São Paulo, n. 35, 2012)

FANON, Ana Paula [Santos]. **Entrevistas**. Disponível em: <http://litsubversiva.blogspot.com.br/p/entrevistas.html>. Acesso em 4 dez. 2014.

GABRIEL o Pensador. **Racismo é burrice**. Disponível em: <http://www.vagalume.com.br/gabriel-pensador/racismo-e-burrice-nova-versao-de-lavagem-cerebral.html>. Acesso em 5 dez. 2014.

HANCHARD, Michael G. **Orfeu e o poder**: o movimento negro no Rio de Janeiro e São Paulo (1945-1988). Rio de Janeiro: EdUERJ, 2001.

DURHAM, Carolyn Richardson; MARTINS, Leda Maria; PERES, Phyllis (Ed.). African Brazilian Literature. **Callaloo**, Baltimore, v. 18, n. 4, Special Issue, Fall 1995.

MACAU. **Olhos coloridos**. Disponível em: <http://www.vagalume.com.br/sandra-de-sa/olhos-coloridos.html>. Acesso em 5 dez. 2014.

PEREIRA, Amauri Mendes. **Trajetória e perspectivas do movimento negro brasileiro**. Belo Horizonte: Nandyala, 2008.

PEREIRA, Amilcar Araújo. **O mundo negro**: a constituição do movimento negro no Brasil (1970-1995). Rio de Janeiro: UFF, 2010. (Tese de Doutorado em História)

PINHO, Osmundo. Lutas culturais: relações raciais, antropologia e política no Brasil. **Sociedade e Cultura**, Goiânia, v. 10, n. 1, p. 81-94, jan./jun. 2007.

RODOLPHO; JONAS; VILA, Luiz Carlos da. **Kizomba, a festa da raça**. Disponível em: <http://www.vagalume.com.br/unidos-de-vila-isabel/samba-enredo-1988.html>. Acesso em 5 dez. 2014.

SILVA, Joana Maria Ferreira. **Centro de Cultura e Arte Negra – CECAN**. São Paulo: Selo Negro, 2012.

# Parte II: Educação e Diversidade, Pesquisa e Extensão

EXTENSÃO, CONHECIMENTO E FORMAÇÃO ACADÊMICA: ARTICULAÇÕES EM MEIO A PROCESSOS DE DEMOCRATIZAÇÃO UNIVERSITÁRIA (PATRÍCIA ELAINE SANTOS E CARMEN TERESA GABRIEL)

ABREU, Maria Helena Elpídio. **A política de extensão universitária da UFES no contexto neoliberal**. Vitória: Universidade Federal do Espírito Santo, 2005. (Dissertação de Mestrado em Educação)

ALBAGLI, S. Territórios e territorialidade. In: LAGE, V.; BRAGA, C.; MORELLI, G. (Org.). **Territórios em movimento**. Rio de Janeiro: Relume Dumará, 2004.

ANACLETO, Andréa M. de O. Estrella et al. **Caminhadas de universitários de origem popular: UFRJ**. Rio de Janeiro: Universidade Federal do Rio de Janeiro, Pró-Reitoria de Extensão, 2006. Disponível em: <http://observatoriodefavelas.org.br/acervo/caminhadas-de-universitarios-de-origem-popular-ufrj/>. Acesso em 5 jan. 2007.

BERNHEIM, Carlos Túrnemann. El nuevo concepto de la extensión universitária. In: FARIA, Dóris Santos de (Org.). **Construção conceitual da extensão universitária na América Latina**. Brasília: Universidade de Brasília, 2001. p. 31-55.

CORTIZO, M. C.; MENEGON, R. R.; BRAND, L. B. Extensão universitária: para uma nova configuração de saberes. In: **Extenso 2009: Extensión y sociedad**. X Congreso Iberoamericano de Extensión Universitaria "José Luis Rebellato", Montevidéu: Universidad de La República, 2009.

FERREIRA, Marcia Serra; GABRIEL, Carmen Teresa. Currículos acadêmicos e extensão universitária: sentidos em disputa. **Educação Temática Digital**. Campinas, v. 9, n. esp., p. 185-200, out. 2008.

GABRIEL, C. T.; MOEHLECKE, S. Conexões de Saberes: uma outra visão sobre o ensino superior. **Revista Contemporânea de Educação**, Rio de Janeiro, v. 1, n. 2, dez. 2006. Disponível em: <http://www.educacao.ufrj.br/revista/indice/numero2/artigos/smoehlecke.pdf>. Acesso em 5 jan. 2007.

GABRIEL, Carmen Teresa. **Estudos curriculares face às demandas de nosso presente**. Rio de Janeiro: Universidade Federal do Rio de Janeiro, 2011. (Aula realizada para concurso para Professor Titular da Faculdade de Educação da UFRJ)

GABRIEL, Carmen Teresa. Currículo e democratização da universidade pública: notas de uma pesquisa em curso. In: ENCONTRO DE PESQUISA EM EDUCAÇÃO DA REGIÃO SUDESTE, 9, 2009, Universidade Federal de São Carlos. **Trabalhos apresentados**. São Carlos: UFSCAr, 2009. 1 CD-ROM.

LACLAU, Ernesto. **La razón populista**. Buenos Aires: Fondo de Cultura Econômica, 2005.

MARCHART, O. **El pensamiento político posfundacional**: la diferencia política en Nancy, Lefort, Badiou y Laclau. Buenos Aires: Fondo de Cultura Económica, 2009.

MENDONÇA, D. Como olhar "o político" a partir da teoria do discurso. **Revista Brasileira de Ciência Política**, Brasília, n. 1, p. 153-169, jan./jun. 2009. Disponível em: <http://seer.bce.unb.br/index.php/rbcp/article/viewFile/6596/5327>. Acesso em dez. 2012.

NOGUEIRA, Maria das Dores Pimentel. **Política de extensão universitária brasileira**. Belo Horizonte: Editora UFMG, 2005.

ROCHA, Roberto Mauro Gurgel. A construção do conceito de extensão universitária na América Latina. In: FARIA, Dóris Santos de (Org.). **Construção conceitual da extensão universitária na América Latina**. Brasília: Universidade de Brasília, 2001. p. 13-30.

SANTOS, Boaventura de Souza. **A universidade no século XX**: para uma reforma democrática e emancipatória da universidade. São Paulo: Cortez, 2005.

SANTOS. Boaventura de Sousa. Para além do pensamento abissal: das linhas globais a uma ecologia de saberes. In: SANTOS, B. S.; MENESES, M. P. (Org.). **Epistemologias do Sul**. São Paulo: Cortez, 2010. p. 15-83.

SANTOS, Boaventura de Souza. **Pela mão de Alice**: o social e o político na pós-modernidade. 12. ed. São Paulo: Cortez, 2008.

SILVA, Anuska Andreia de Sousa. **O Programa UFBA em Campo-ACC**: sua contribuição na formação do estudante. Salvador: Universidade Federal da Bahia, 2007. (Dissertação de Mestrado em Educação)

# A UNIVERSIDADE COMO DEVIR: NOTAS SOBRE O PET-CONEXÕES - COMUNIDADES POPULARES URBANAS INTERDISCIPLINAR (JOSÉ HENRIQUE DE FREITAS SANTOS)

BOURDIEU, Pierre. **A economia das trocas simbólicas**. 5. ed. São Paulo: Perspectiva, 1982.

DERRIDA, Jacques. A estrutura, o signo e o jogo no discurso das ciências humanas. In:_____. **Escritura e diferença**. São Paulo: Perspectiva, 1971.

DERRIDA, Jaques. **A universidade sem condição**. Tradução de Evando Nascimento. São Paulo: Estação Liberdade, 2003.

FOUCAULT, Michel. **A arqueologia do saber**. Tradução de Luiz Felipe Baeta Neves. Petrópolis: Vozes; Lisboa: Centro do Livro Brasileiro, 1972.

FOUCAULT, Michel. **Em defesa da sociedade**: curso no Collège de France (1975-1976). Tradução de Maria Ermantina Galvão. São Paulo: Martins Fontes, 2000.

FOUCAULT, Michel. **Nascimento da biopolítica**: curso no Collège de France (1978-1979). Tradução de Eduardo Brandão. São Paulo: Martins Fontes, 2008.

IBGE. **Síntese de indicadores sociais**: uma análise das condições de vida da população brasileira, 2008. Rio de Janeiro: IBGE, 2008. Disponível em formato digital em: <http://www.ibge.gov.br/home/estatistica/populacao/condicaodevida/indicadoresminimos/sinteseindicsociais2008/>.

MEC/SESu/SECAD. **Edital PET**: n. 9 de 2010. Disponível em: <http://portal.mec.gov.br/index.php?option=com_content&view=article&id=17962&Itemid=1095>. Acesso em 18 dez. 2014.

MIGNOLO, Walter. **Histórias locais/projetos globais**: colonialidade, saberes subalternos e pensamento liminar. Belo Horizonte: UFMG, 2003.

NASCIMENTO, Abdias. **O genocídio do negro brasileiro**: processo de racismo mascarado. Rio de Janeiro: Paz e Terra, 1978.

NIETZSCHE, Friedrich Wilhelm. **Segunda consideração intempestiva**: da utilidade e desvantagem da história para a vida. Tradução de Marco Antônio Casanova. Rio de Janeiro: Relume Dumará, 2003.

REAJA ou será mort@. Disponível em: <http://reajanasruas.blogspot.com.br/p/quem-somos.html>. Acesso em 18 dez. 2014.

ROJO, Roxane. **Letramentos múltiplos, escola e inclusão social**. São Paulo: Parábola, 2009.

SANTOS, Boaventura de Souza. **Um discurso sobre as ciências**. Porto: Afrontamento, 1988.

TARDE, A. Salvador: A Tarde, 1912-. Diário. Disponível em: <http://atarde.uol.com.br/>.

YÚDICE, George. **A conveniência da cultura**: usos da cultura na era global. Tradução de Marie-Anne Kremer. Belo Horizonte: UFMG, 2004.

## DIVERSIDADE CULTURAL EM CONTEXTO DE INTEGRAÇÃO NA TRÍPLICE FRONTEIRA (DIANA ARAUJO PEREIRA)

COELHO, Teixeira. **Guerras culturais**. São Paulo: Iluminuras, 2000.

DURAND, Gilbert. **O imaginário**: ensaio acerca das ciências e da filosofia da imagem. Rio de Janeiro: Difel, 2001.

FORNET-BETANCOURT, Raúl. **Interculturalidade**: críticas, diálogos e perspectivas. São Leopoldo: Nova Harmonia, 2004.

MAFFESOLI, Michel. **El reencantamiento del mundo**: una ética para nuestro tiempo. Buenos Aires: Dedalus, 2009.

ORTEGA, Julio. **El sujeto dialógico**: negociaciones de la modernidad conflictiva. México: FCE, ITESM, 2010.

SANTOS, Milton. **Pensando o espaço do homem**. São Paulo: EDUSP, 2009.


## PARA ALÉM DA INCLUSÃO: PROMOÇÃO, VALORIZAÇÃO E ELABORAÇÃO DE NARRATIVAS ACERCA DA IDENTIDADE COMO AÇÃO AFIRMATIVA (ANDRÉA LOPES DA COSTA VIEIRA; ANA CAROLINA LOURENÇO SANTOS DA SILVA; LAURA REGINA COUTINHO GHELMAN)

ABREU, Martha; MATTOS, Hebe. Remanescentes das comunidades dos quilombos: memória do cativeiro, patrimônio cultural e direito à reparação In: ANPUH. Simpósio Nacional de História, 26, São Paulo, jul. 2011. **Anais**... Disponível em: <http://site.anpuh.org/index.php/quem-somos/simposio-nacional-de-historia>. Acesso em 11 fev. 2015.

ABREU, Regina; CHAGAS, Mário (Org.). **Memória e patrimônio**: ensaios contemporâneos. Rio de Janeiro: D&A, 2003.

ALBERTI, Verena; PEREIRA, Amilcar Araujo (Org.). **Histórias do movimento negro no Brasil**. Rio de Janeiro: Pallas; CPDOC/FGV, 2007.

BAUMAN, Zygmunt. **O mal-estar da pós-modernidade**. Rio de Janeiro: Zahar, 1998.

CASTRO, Adler Homero Fonseca. Quilombos: comunidades e patrimônio. **Patrimônio**. Brasília, n. 31 [n. 1 da versão eletrônica], set./out. 2005. (Dossiê: Brasil Afrodescendente)

CHOAY, Françoise. **A alegoria do patrimônio**. São Paulo: Estação Liberdade; UNESP, 2001.

CHUVA, Márcia. **Os arquitetos da memória**: sociogênese das práticas de preservação do patrimônio cultural no Brasil (anos 1930-1940). Rio de Janeiro: UFRJ, 2009.

CHUVA, Márcia. Por uma história da noção de patrimônio cultural no Brasil. **Patrimônio**. Brasília, n. 34, p. 147-165, 2012.

FONSECA, Maria Cecília Londres. Da modernização à participação: a política federal de preservação nos anos 70 e 80. **Patrimônio**. Brasília, n. 24, p. 153-163, 1996.

FONSECA, Maria Cecília Londres. **O patrimônio em processo**: trajetória da política federal de preservação no Brasil. Rio de Janeiro: UFRJ; IPHAN, 1997.

GONÇALVES, José Reginaldo. **A retórica da perda**: os discursos sobre patrimônio cultural no Brasil. Rio de Janeiro: UFRJ; IPHAN, 2002.

HALL, Stuart. **A identidade cultural na pós-modernidade**. Rio de Janeiro: DP&A, 2000.

HALL, Stuart. **Da diáspora**: identidades e mediações culturais. Org. Liv Sovik. Tradução de Adelaine La Guardia Resende et al. Belo Horizonte: UFMG; Brasília: UNESCO, 2003.

PAIVA, Andréa Lúcia da Silva. Museu dos escravos, museu da abolição: o museu do negro e arte de colecionar para patrimoniar. In: ABREU, Regina; CHAGAS, Mário; SANTOS, Myrian Sepúlveda dos (Org.). **Museus, coleções e patrimônios**: narrativas polifônicas. Brasília: IPHAN; Rio de Janeiro: Garamond, 2003. p. 203-225.

POLLAK, Michael. Memória e identidade social. **Estudos Históricos**, Rio de Janeiro, v. 5, n. 10, p. 200-215, 1992.

POLLAK, Michael. Memória, esquecimento, silêncio. **Estudos Históricos**. Rio de Janeiro, v. 2, n. 3, p. 3-15, 1989.

SANTOS, Myrian Sepúlveda dos. Canibalismo da memória: o negro nos museus brasileiros. **Patrimônio** - Revista Eletrônica do IPHAN, Brasília, n. 31, p. 37-57, 2005.

SERRA, O. J. T. Monumentos negros: uma experiência. **Afro-Ásia**, Salvador, v. 33, n. 00, p. 169-206, 2006.

VELHO, G. Patrimônio, negociação e conflito. **Mana** - Estudos de Antropologia Social, Rio de Janeiro, v. 12, n. 1, p. 1-262, 2006.

VIEIRA, Andréa Lopes da Costa; VIEIRA, José Jairo. Dilemas da inclusão e entraves à permanência: por uma reflexão multidimensional das políticas de ação afirmativa no Brasil. **O social em questão**, Rio de Janeiro, v. 22, n. 23 p. 72-86, out. 2010.

## Parte III: Experiências de educação e diversidade em diferentes contextos nacionais

IDENTIDADE E ETNOEDUCAÇÃO COMO ESTRATÉGIAS DE
REPRESENTAÇÃO E POSICIONAMENTO POLÍTICO DOS
AFRO-EQUATORIANOS (ROCÍO VERA SANTOS)

ANTÓN, John. **El proceso organizativo afroecuatoriano 1979-2009.** Quito: FLACSO Ecuador, 2011.

BALBOA, Miguel. **Obras:** v. 1 Quito: Ecuatoriana, 1582.

BALDA, Martín; GARCIA S., Juan; CHALA Chaterine (Coop.). **Enciclopedia del saber afroecuatoriano.** Quito: IFA, 2009.

BOLETÍN Afroecuatoriano Palenque, Quito, v. 2, n. 6, 1983.

BOLETÍN Afroecuatoriano Palenque, Quito, v. 3,. n. 1, 1984.

COSTA, Sérgio; GURZA, Adrian. Cohesión social y coexistencia intercultural en América Latina. In: COTLER, J. (Ed.). **La cohesión social en la Agenda de América Latina y de la Unión Europea.** Lima: Instituto de Estudios Peruanos, 2006. p. 247-276.

FONDO Documental Afro-Andino. **Papá Roncón:** historia de vida. Guía didáctica. Quito: Universidad Andina Simón Bolívar, 2003.

FONDO Documental Afro-Andino. Produção do Fondo Documental Afro-Andino/ Universidad Andina Simón Bolívar. Quito: Encoque Visual, 2011. Vídeo em formato digital, 14min 15s. Cores. Supervisão de Catherine Walsh, Enrique Abad e Juan García S. Apresentação de Juan García S. Disponível em: <http://vimeo.com/29752890>. Acesso em 19 dez. 2014.

GALARZA, Jaime. **El yugo feudal:** visión del campo ecuatoriano. Quito: CCE Benjamín Carrión, 2010.

GARCÍA, J. (Comp.). **Papá Roncón:** historia de vida. 2. ed. Quito: Universidad Andina Simón Bolívar; Abya Yala, 2011.

GARCÍA, Juan (Comp). **Cuentos de animales en la tradición oral:** Valle del Chota. Quito: Fondo Documental Afro-Andino/Universidad Andina Simón Bolívar, 2003.

GARCÍA, Juan. **Cuentos y décimas afroesmeraldeñas.** 3. ed. Quito: Abya Yala, 1992.

GILROY, Paul. **The Black Atlantic:** modernity and double consciousness. Cambridge: Harvard University, 1993.

HALL, Stuart: **Sin garantías**: trayectorias y problemáticas en los estudios culturales. Quito: Instituto de Estudios Peruanos; Instituto de Estudios Sociales y Culturales Pensar; Universidad Javeriana; Universidad Andina Simón Bolívar; Envion, 2010.

HALL, Stuart. Introduction: who needs identity? In: _____. **Questions of cultural identity**. London: Sage, 1996. p. 1-18.

HALL, Stuart. Negotiating Caribbean identities. In: CASTLE, G. (Ed.). **Postcolonial discourse**: an anthology. Oxford: Blackwell, 1995, 2001. p. 281-292.

HALL, Stuart. The local and the global: globalization and ethnicity. In: McCLINTOCK, A.; MUFTI, A.; SHOHAT, E. (Ed.). **Dangerous liaisons, gender nation, and postcolonial perspectives**. Minneapolis: University of Minnesota, 1997b. p. 173-187.

HALL, Stuart. The spectacle of the other. In: _____. **Representation**: cultural representation and signifying practices. London: Sage Open University, 1997a, p. 223-290.

IFA [Instituto de Formación Afro]. Historia del negro en África. 2. ed. Quito: Centro Cultural Afroecuatoriano, 2007.

IFA. **Historia del negro en América Latina**. 2. ed. Quito: Centro Cultural Afroecuatoriano, 2007.

IFA. **Historia del negro en el Ecuador**. 2. ed. Quito: Centro Cultural Afroecuatoriano, 2007.

IFA. **Sociología afroecuatoriana**: módulo 1. 2. ed. Quito: Centro Cultural Afroecuatoriano, 2007.

IFA. **Sociología afroecuatoriana**: módulo 2. 2. ed. Quito: Centro Cultural Afroecuatoriano, 2007.

INEC [Instituto Nacional de Estadística y Censo]. **VII censo de población y VI de vivienda, 2010**. Disponível em: <http://www.ecuadorencifras.gob.ec/base-de-datos--censo-2010/>. Acesso em 11 fev. 2015.

LEÓN, Edizon; SANTACRUZ, Lucy. **Cartilla etnoeducativa**: 2: aprender haciendo: metodología de investigación colectiva. Quito: Fondo Documental Afro-Andino, LASA, Universidad Andina Simón Bolívar, 2008.

LEÓN, Edizon; WALSH, Catherine. **Cartilla etnoeducativa**: 1: aprender haciendo: una metodología para la reconstrucción de saberes. Quito: Fondo Documental Afro-Andino, Universidad Andina Simón Bolívar, 2007.

OCLES, Juan. La discriminación racial en el ordenamiento jurídico ecuatoriano. **Cuaderno de Etnoeducación**. Quito, n. 10, 2009.

PABÓN, Iván. Estudios sobre educación con poblaciones afrodescendentes. In: ROBALINO, M.; VENEGAS, H. (Coord.). **Rutas de la interculturalidad**: estudios sobre educación con poblaciones afrodescendientes en Ecuador, Bolivia y Colombia.: enfoques, experiencias y propuestas. Quito: UNESCO, 2011. p. 17-71.

SANTACRUZ, Lucy; PINEDA, Juan. **Cartilla etnoeducativa**: 3: aprender haciendo: plantas medicinales del Valle del Chota. Quito: Fondo Documental Afro-Andino, Fundación Centro Ecuatoriano de Hipoterapia y Terapias Alternativas, Programa de Desarrollo Cultural-Centro Cultural del Banco Interamericano de Desarrollo, 2009.

SAVOIA, Rafael (Ed.). **Actas del primer congreso de Historia del Negro en el Ecuador y Sur de Colombia**. Quito: Centro Cultural Afroecuatoriano, 1988.

SAVOIA, Rafael (Ed.). **El negro en la historia**: aportes para el conocimiento de las raíces en América Latina. Quito: Centro Cultural Afroecuatoriano, 1990.

SAVOIA, Rafael (Ed). **El negro en la historia**: raíces africanas en la nacionalidad ecuatoriana. Quito: Centro Cultural Afroecuatoriano, 1992.

SAVOIA, Rafael; GOMEZJURADO, Javier (Ed.). **El negro en la historia del Ecuador**: esclavitud en las regiones andina y amazónica. Quito: Centro Cultural Afroecuatoriano, 1999.

TADEO, Renán; IFA. **Economía afroecuatoriana**. Quito: Centro Cultural Afroecuatoriano, 2004.

WALSH, Catherine; GARCÍA, Juan. El pensar del emergente movimiento afro ecuatoriano: reflexiones desde un processo. In: MATO, D. (Ed.). **Estudios y otras prácticas intelectuales latinoamericanas en cultura y poder**. Caracas: CLACSO, CEAP, FACES, Universidad Central de Venezuela, 2002. p. 317-327.

# EDUCAÇÃO E DIVERSIDADE EM CABO VERDE: UM ESTUDO SOBRE A PEDAGOGIA DE EXCLUSÃO DA LÍNGUA MATERNA DO SISTEMA DE ENSINO (FERNANDO JORGE PINA TAVARES)

ALTHUSSER, L. **Ideologias e aparelhos ideológicos de Estado**. Rio de Janeiro: Graal, 1985.

BAKHTIN, M. **Marxismo e filosofia da linguagem**. São Paulo: Hucitec, 1981.

BOURDIEU, P. **A economia das trocas linguísticas**. São Paulo: EDUSP, 1998.

BOURDIEU, P. **A economia das trocas simbólicas**. São Paulo: Perspectivas, 2001.

BOURDIEU, P.; PASSERON, J. C. **A reprodução**: elementos para uma teoria do sistema de ensino. Rio de Janeiro: Francisco Alves, 1975.

CABRAL, A. **A arma da teoria**: unidade e luta. Lisboa: Seara Nova, 1978.

CANDAU, V. Cotidiano escolar e cultura(s): encontros e desencontros. In: CANDAU, V. M. (Org.). **Reinventar a escola**. Petrópolis: Vozes, 2000.

CHAUÍ, M. **Cultura e democracia**: o discurso competente e outras falas. São Paulo: Cortez, 2000.

FREIRE, P. **Pedagogia do oprimido**. Porto: Afrontamento, 1975.

FREIRE, P.; MACEDO, D. **Alfabetização**: leitura do mundo, leitura da palavra. Rio de Janeiro: Paz e Terra, 1990.

GIROUX, H. **Cruzando as fronteiras do discurso educacional**. Tradução de Magda F. Lopes. Porto Alegre: Artes Médicas, 1999.

GRAMSCI, A. **Concepção dialética da história**. Rio de Janeiro: Civilização Brasileira, 1996.

GRAMSCI, A. **Os intelectuais e a organização da cultura**. São Paulo: Circulo do Livro, 19--.

HABERMAS, J. **Mudança estrutural da esfera pública**. Rio de Janeiro: Tempo Brasileiro, 2003.

HALL, S. **A identidade cultural na pós-modernidade**. Rio de Janeiro: DP&A, 1999.

LOPES FILHO, J. **Ilha de São Nicolau**: formação da sociedade e mudança cultural. V. II, Cabo Verde. Lisboa: Secretaria Geral do Ministério da Educação, 1996.

LOPES, L. P. da M. **Identidades fragmentadas**: a construção discursiva de raça, gênero e sexualidade em sala de aula. Campinas: Mercado de Letras, 2002.

MAZULA, B. **Educação, cultura e ideologia em Moçambique**. Lisboa, Afrontamento, 1995.

McLAREN, P. **Pedagogia crítica e cultura depredadora**. Barcelona: Paidos, 1997.

McLAREN, P. **Multiculturalismo revolucionário**: pedagogia do dissenso para o novo milênio. Tradução de Márcia Moraes e Roberto Costa. Porto Alegre: Artes Médicas, 2000.

## Educação e diversidade na França: uma questão de integração (Aderivaldo Ramos de Santana)

ALENCASTRO, Luiz Felipe de. Massa e elite racham sistema universitário francês. **Folha de S.Paulo**, Caderno Mais, 22 jan. 2006.

AMELLAL, Karim. **Discriminez-moi!** Enquête sur nos inégalités. Paris: Flammarion, 2005.

BÉGEAUDEAU, François. **Entre les murs**. Paris: Gallimard, 2006.

BEKKOUCHE, Adda (Org.). **Sous représentation des français d'origine étrangère**. Paris: l'Harmattan, 2005. (Cahiers de confluences)

BLAIS, Marie-Claude; GAUCHET, Marcel; OTTAVI, Dominique. **Conditions de l'éducation**. Paris: Stock, 2008.

BOURDIEU, Pierre; PASSERON, Jean-Claude. **La reproduction**: éléments pour une théorie du système d'enseignement. Paris: Minuit, 1970.

BREEM, Yves. L'insertion professionnelle des immigrés et de leurs descendants en 2010. **Infos migrations**, Paris, n. 31, janvier 2012. (Ministere de l'Interieur, Département des Statistiques des Études et de la Documentation)

BREEM, Yves. Le chômage des jeunes descendants d'immigrés. **Infos migrations**, Paris, n. 23, mai 2011. (Ministere de l'Interieur, Département des Statistiques des Études et de la Documentation)

DOMERGUE, Florent; JOURDAN, Virginie. L'intégration sur le marché du travail des signataires du contrat d'accueil et d'intégration en France en 2009. In: **IMMIGRÉS et descendants d'immigrés en France**. Paris: INSEE, 2012. p. 29-42. (Insee Références, ed. 2012)

FERRY, Jules. De l'égalité d'éducation: conférence prononcée à Paris à la salle Molière, le 10 avril 1870. In: ROBIQUET, Paul (Org.). **Discours et opinions de Jules Ferry**, Tome I. Paris: Armand Colin, 1893. p. 287 sqq.

KOUBI, Geneviène; GUGLIELMI, Gilles J. **L'égalité des chances**: analyses, évolutions et perspectives. Paris: La Découverte, 2000.

LAVAL, Christian. **L'école n'est pas une entreprise**: le néo-libéralisme à l'assaut de l'enseignement public. Paris: La Découverte, 2004.

LEVI-STRAUSS, Claude. **Race et histoire**. Paris: UNESCO, 1952.

MONDOT, Jean-François. **Journal d'un prof de banlieue**. Paris: Flammarion, 2000.

MUNANGA, Kabengele. Algumas considerações sobre "raça", ação afirmativa e identidade negra no Brasil: fundamentos antropológicos. **Revista USP**, São Paulo, n. 68, p. 46-57, dez.-fev. 2005-2006.

PERETTI, Claudine. **Dix-huit questions sur le système éducatif**. Paris: Documentation Française, 2004. (Collections Les Études)

RAYNAUD, Philippe. Les transformations du système éducatif sous la Ve République. **Cahiers Français**, Luxembourg, n. 344 [Le système éducatif et ses enjeux], p. 7-11, mai-juin 2008.

SABEG, Yazid. **Programme d'action et recommandations pour la diversité et l'égalité des chances**. Paris: Présidence de la République, mai 2009.

SANTANA, Aderivaldo Ramos de. L'égalité des chances dans l'enseignement supérieur. **Amerika** [on-line], n. 7, 2012. Disponível em: <http://amerika.revues.org/3607>. Acesso em 11 fev. 2015.

SANTOS, Boaventura de Souza. **Universidade do século XXI**: para uma reforma democrática e emancipatória da universidade. São Paulo: Cortez; Rio de Janeiro: LPP--UERJ, 2004.

SIMON, Patrick. **Les discriminations ethniques dans la société française**. Paris: Institut des hautes études de la sécurité intérieure, 2000.

TOPALOFF, Anna. Ces matières qu'on ne peut plus enseigner à l'école. **Marianne**, Paris, n. 776, p. 32-35, 3 mars 2012.

TOULEMONDE, Bernard (Dir.). **Le système éducatif en France**. Paris: Documentation française, 2009.

TOURAINE, Alain. Recusa ao real e à diferença marca a França. **Folha de S.Paulo**, Caderno Mais, 13 nov. 2005.

# O ensino do Movimento pelos Direitos Civis dos negros no Alabama (Briana Royster e Teresa Cribelli)

BROWN, Leroy. **Alabama Course of Study for Social Studies**. Montgomery: Alabama Department of Education, 1975. (Bulletin n. 5)

CARSON, Clayborne. **In struggle**: SNCC and the Black Awakening of the 1960s. 2. ed. Cambridge: Harvard University, 1995.

CARSON, Clayborne. **Martin's dream**: my journey and the legacy of Martin Luther King, Jr. New York: Palgrave Macmillan, 2013.

FRANKLIN, John Hope; HIGGINBOTHAM, Evelyn Brooks. **From slavery to freedom**: a history of African Americans. New York: Alfred A. Knopf, 2010.

GAINES, Kevin. The Civil Rights Movement in world perspective. **Magazine of History**, Bloomington-IN, v. 21, n. 1, jan. 2007. Disponível em: <http://magazine.oah.org/issues/>. Acesso em 11 fev. 2015.

HAHN, Steven. **A nation under our feet**: black political struggles in the rural South from slavery to the Great Migration. Cambridge: Harvard University, 2005.

HAHN, Steven. **The political worlds of slavery and freedom**. Cambridge: Harvard University, 2009.

MORTON, Joseph B. **Alabama Course of Study**: Social Studies. Montgomery: Alabama Department of Education, 2004. (Bulletin n. 18) Disponível em: <http://alex.state.al.us/staticfiles/2004_AL_Social_Studies_Course_of_Study.pdf>. Acesso em: 19 dez. 2014

NORRELL. Robert J. **Reaping the whirlwind**: The Civil Rights Movement in Tuskegee. Rev. ed. Chapell Hill, N.C.: University of South Carolina, 1998.

PAYNE, Charles M. **I've got the light of freedom**: the organizing tradition and the Mississippi freedom struggle. Berkeley: University of California, 1995.

SHUSTER, Kate (Coord.). **Teaching the movement**: the state of civil rights education in the United States, 2011. Montgomery, Alabama: Southern Poverty Law Center, 2011. Disponível em: <http://www.splcenter.org/sites/default/files/downloads/publication/Teaching_the_Movement.pdf.>. Acesso em 16 nov. 2013.

SPLC. **Southern Poverty Law Center**: who we are. Disponível em: <http://www.splcenter.org/who-we-are>. Acesso em 19 dez. 2014.

TUCK, Stephen G. N. **We ain't what we ought to be**: the black freedom struggle from emancipation to Obama. Cambridge: Harvard University, 2010.

WILLIAMS, Juan. **Eyes on the prize**: America's Civil Rights Years, 1954-1965. New York: Penguin, 2013.

Apêndice

Quadros de Abdias Nascimento

*Figura 1: Sankofa nº 2 - Resgate (Adinkra Asante).*
*Acrílico s/ tela, 58 x 44 cm. Rio de Janeiro, 1992. Acervo Abdias Nascimento (IPEAFRO, 2014, IPEAFRO_AN_009).*

*Figura 2: A Flecha do Guerreiro Ramos - Oxóssi.*
*Acrílico s/ tela, 106 x 156 cm. Buffalo, NY, EUA, 1971. Acervo Abdias Nascimento (IPEAFRO, 2014, IPEAFRO_AN_045).*

*Figura 3: Tema para Léa Garcia - Oxunmaré.*
*Acrílico s/ tela, 106 x 156 cm. Buffalo, NY, EUA, 1971. Acervo Abdias Nascimento (IPEAFRO, 2014, IPEAFRO_AN_011).*

*Figura 4: O Peixe - Oxum.*
*Acrílico s/ tela, 80 x 65 cm. Middletown, CN, EUA, 1970. Acervo Abdias Nascimento (IPEA-FRO, 2014, IPEAFRO_AN_014).*

*Figura 5: Onipotente e Imortal, nº 4 - Adinkra Asante.*
*Acrílico s/ tela, 154 x 104 cm. Rio de Janeiro, 1992. Acervo Abdias Nascimento (IPEAFRO, 2014, IPEAFRO_AN_023).*

# Sobre os autores

**Aderivaldo Ramos de Santana**

Graduado em História pela PUC-Rio, Mestre em Letras e Civilização pela Universidade Rennes 2 (France), é doutorando em História na Universidade Paris IV - Sorbonne. Foi durante dois anos (de 2010 a 2012) professor contratado pela Universidade de Rennes 2, onde lecionou língua portuguesa, história do Brasil e da África lusófona. Atualmente trabalha como assistente de educação contratado pela prefeitura de Clichy, na região parisiense, onde leciona história e geografia na Maison de Quartier Entrée de Ville. Seus temas de pesquisas são: Políticas de Ação Afirmativa; História da África; Estudos Afro-brasileiros; Biografias de escravos no Atlântico Negro – século XIX.

**Ágatha Miriã Pereira**

Graduanda em História na UFRJ e bolsista do Programa de Educação Tutorial PET--Conexões de Saberes – Identidades.

**Amilcar Araujo Pereira**

Bacharel e licenciado em História pela Universidade Federal do Rio de Janeiro (UFRJ), é mestre em Ciências Sociais pela Universidade do Estado do Rio de Janeiro (UERJ) e doutor em História pela Universidade Federal Fluminense (UFF), com um ano de estágio doutoral na Universidade Johns Hopkins, nos Estados Unidos (2008). Tem experiência nas áreas de ensino de História, história das relações raciais, História e Cultura afro-brasileiras, história oral, movimentos sociais e formação de professores. Atualmente é professor da Faculdade de Educação da Universidade Federal do Rio de Janeiro (UFRJ) e coordenador do grupo PET-Conexões de Saberes – Diversidade.

**Ana Angélica Carvalho Ferreira**

Graduanda em Pedagogia na UFRJ e bolsista do Programa de Educação Tutorial PET-Conexões de Saberes – Diversidade.

**Ana Carolina Lourenço Santos da Silva**

Bacharel em Museologia na Universidade Federal do Estado do Rio de Janeiro (UNIRIO). Mestranda em Ciências Sociais no Programa de Pós-Graduação em Ciências Sociais da Universidade do Estado do Rio de Janeiro (UERJ). Foi bolsista do CNPq no projeto Patrimônio, Identidade e Ações Afirmativas: Apropriação da Narrativa e Reconstrução da Memória como Estratégia Política na Contemporaneidade.

**Ana Claudia Reis Corrêa**
Graduanda em Filosofia na UFRJ e ex-bolsista do Programa de Educação Tutorial PET-Conexões de Saberes – Identidades.

**Andréa Lopes da Costa Vieira**
Doutora em Sociologia. Professora adjunta no Departamento de Filosofia e Ciências Sociais da Universidade Federal do Estado do Rio de Janeiro (UNIRIO). Professora do Programa de Pós-Graduação em Memória Social da Universidade Federal do Estado do Rio de Janeiro (UNIRIO). Coordenadora do projeto Patrimônio, Identidade e Ações Afirmativas: Apropriação da Narrativa e Reconstrução da Memória como Estratégia Política na Contemporaneidade, desenvolvido no PPGMS e financiado pelo Conselho Nacional de Pesquisa – CNPq (Edital Universal).

**Briana Royster**
Mestre em História pela Universidade do Alabama (EUA), na qual atualmente é mestranda em estudos de gênero e raça. Sua pesquisa está focada em compreender como as práticas culturais contribuíram para os resultados políticos alcançados pelos movimentos negros nas Américas. Atualmente trabalha como assistente de pesquisa do dr. David Beito e como assistente de arquivo no Instituto dos Direitos Civis em Birmingham, Alabama, onde faz pesquisas sobre as lutas pelos Direitos Civis dos negros nos EUA.

**Carmen Teresa Gabriel**
Professora titular de Currículo da FE-UFRJ. É graduada em História (UFF), Mestre e doutora em educação (PUC-RJ), coordena o grupo de estudo Currículo, Cultura e Ensino de História (GECCEH), no âmbito do Núcleo de Estudos de Currículo (NEC/UFRJ). Áreas de interesse: Currículo, Didática, Conhecimento histórico escolar.

**Diana Araujo Pereira**
Professora de Literatura Latino-Americana da Universidade Federal da Integração Latino-Americana (UNILA). Graduada em Português-Espanhol pela UFRJ (1998), Mestre em Língua e Literaturas Hispânicas (2002) e Doutora em Literaturas Hispânicas também pela UFRJ, com período de doutorado sanduíche (Capes) na

Universidad de Sevilla (2007). De 2008 a 2010 realizou estágio pós-doutoral na UFRJ. É tradutora e poeta. Suas áreas de pesquisa são: Poesia latino-americana contemporânea, Geopoética, Crítica cultural e Interculturalidade.

**Elisa Mendes Vasconcelos**
Graduanda em Ciências Sociais na UFRJ, foi bolsista do Programa de Educação Tutorial PET-Conexões de Saberes – Identidades.

**Fernando Jorge Pina Tavares**
Vice-reitor da Universidade de Santiago de Cabo Verde, Vice-presidente da Sociedade de Filosofia da Educação de Países de Língua Portuguesa e membro do Conselho Consultivo do Fórum Internacional de Pesquisa na graduação em Pedagogia. Possui doutorado e mestrado em Educação pela Universidade de São Paulo, licenciatura em Filosofia pela Universidade São Francisco, especialização em Formação Pedagógica de Professores pela Universidade do Minho e bacharelado em Filosofia pela Faculdade Eclesiástica de Filosofia JP II, RJ. Desenvolve pesquisas nas áreas de Educação, Filosofia da educação e Estudo das relações étnico-raciais.

**Hudson Batista**
Graduando em Pedagogia na UFRJ e bolsista do Programa de Educação Tutorial PET-Conexões de Saberes – Diversidade.

**José Henrique de Freitas Santos**
Professor adjunto do Instituto de Letras da Universidade Federal da Bahia, tutor do PET-Comunidades Populares e Coordenador do grupo de pesquisa Rasuras: estudos de práticas de leitura e escrita. Além de lecionar na graduação dos cursos de Letras e dos Bacharelados Interdisciplinares, é ainda professor permanente do Programa de Pós-graduação em Literatura e Cultura (PPGLitCult) e do Mestrado Profissional em Letras (PROFLETRAS).

**Juliana Marques de Sousa**
Graduanda em licenciatura em Ciências Sociais na UFRJ, bolsista do Programa de Educação Tutorial PET-Conexões de Saberes – Diversidade.

**Julio Cesar Correia de Oliveira**
Graduando em licenciatura em Ciências Sociais na UFRJ, bolsista do Programa de Educação Tutorial PET-Conexões de Saberes – Diversidade.

**Laura Regina Coutinho Ghelman**
Bacharel em Museologia na UNIRIO. Bolsista do CNPq no projeto Patrimônio, Identidade e Ações Afirmativas: Apropriação da Narrativa e Reconstrução da Memória como Estratégia Política na Contemporaneidade.

**Luciana Santos da Silva**
Graduanda em Pedagogia na UFRJ e bolsista do Programa de Educação Tutorial PET-Conexões de Saberes – Diversidade.

**Maria Eduarda Bezerra da Silva**
Graduanda em História na UFRJ e bolsista do Programa de Educação Tutorial PET--Conexões de Saberes – Diversidade.

**Patricia Elaine Pereira dos Santos**
Graduada em Pedagogia (PUC-Rio). Mestre em Educação (UFRJ) e doutora em Educação (UFRJ). Também integra o Núcleo de Estudos de Currículo (NEC) aprofundando a discussão sobre currículo, discurso e conhecimento pelo GECCEH. Tem experiência profissional na área da educação, principalmente com projetos sociais e educacionais em favelas e periferias. Desenvolve trabalho junto ao Degase na garantia do direito educacional dos jovens que comentem ato infracional.

**Rocío Elizabeth Vera Santos**
Licenciada em Comunicação Social com especialidade em Desenvolvimento pela Universidade Politécnica Salesiana, em Quito, Equador. Doutoranda em Sociologia pelo Instituto de Estudos Latino-Americanos da Universidade Livre de Berlim, em Berlim, na Alemanha. Especialista em estudos sobre afrodescendentes, etnicidade, gênero e desigualdades sociais. Tem trabalhado como jornalista para o governo do Equador, como docente na Universidade de St. Gallen, na Suíça, e como pesquisadora no projeto Black Box Afroecuador em Berlim, na Alemanha.

**Rogério Laurentino**
Graduando de licenciatura em Ciências Sociais na UFRJ, bolsista do Programa de Educação Tutorial PET-Conexões de Saberes – Identidades.

**Stephanie de Sousa Albuquerque**
Licenciada em Ciências Sociais pela UFRJ, foi bolsista do Programa de Educação Tutorial PET-Conexões de Saberes – Diversidade.

**Teresa Cribelli**

Professora de História na Universidade do Alabama, nos Estados Unidos. Sua pesquisa está focada no processo de modernização do Brasil e nos debates sobre desenvolvimento tecnológico no século XIX. Leciona em cursos sobre História da América Latina e do Brasil, com ênfases em desenvolvimento científico, modernização, imigração e escravidão e seus legados na atualidade. É mestre em Estudos Latino-Americanos pela Universidade do Novo México e Ph.D. em História pela Universidade Johns Hopkins, ambas nos EUA.

**Thayara Cristine Silva de Lima**

Graduanda em História na UFRJ e bolsista do Programa de Educação Tutorial PET--Conexões de Saberes – Diversidade.

**Wallace Souza**

Graduando em História na UFRJ e bolsista do Programa de Educação Tutorial PET--Conexões de Saberes – Identidades.

**Warley da Costa**

Professora adjunta da Faculdade de Educação da UFRJ. Leciona Didática e Prática de Ensino de História. É doutora e mestre em Educação, especialista em História do Brasil e graduada em História pela UFRJ. Desenvolve pesquisas nas seguintes áreas de interesse: ensino de história, currículo, cultura, relações étnico-raciais, imagens e livro didático. É pesquisadora do Núcleo de Estudos de Currículo (NEC) e do Laboratório de Estudos e Pesquisas em Ensino de História (Lepeh) da Faculdade de Educação da UFRJ. É coordenadora do Programa de Educação Tutorial PET--Conexões de Saberes – Identidades.

**William Helson dos Santos**

Graduando em Geografia na UFRJ e bolsista do Programa de Educação Tutorial PET-Conexões de Saberes – Identidades.